【臺灣現當代作家
研究資料彙編】37

瘂　弦

國立台灣文學館
出版

部長序

　　文學既是社會縮影也是靈魂核心，累積研究論述及文獻史料，不僅可厚實文學發展根基，觀照當代人文的思想脈絡，更能指引未來的社會發展。臺灣文學歷經數百年的綿延與沉澱，蓄積豐沛的能量，也呈現生氣盎然的多元創作面貌。近一甲子的臺灣現當代文學發展，就是華文世界人文心靈最溫暖的寫照。

　　緣此，國立臺灣文學館自 2010 年啟動《臺灣現當代作家研究資料彙編》，鉅細靡遺進行珍貴的文學史料蒐集研究，意義深遠。這項計畫歷時三年多，由文學館結合學界、出版社、作家一同參與，組成陣容浩大的編輯群與顧問團隊，梳理臺灣文學長河裡的各方涓流，共匯集 50 位臺灣現當代重要作家的生平、年表與作品評論資料，選錄其代表性的評論文章，彙編成冊，完整呈現作家的人文映記、文學成就及相關研究，成果豐碩。

　　由於內容浩瀚、需多所佐證，本套叢書共分三階段陸續出版，先是 2011 年推出以臺灣新文學之父賴和為首的 15 位作家研究資料彙編，接著於 2012 年完成張我軍、潘人木等 12 位作家的研究資料彙編；及至 2013 年 12 月，適逢國立臺灣文學館十周年館慶之際，更纂輯了姜貴、張秀亞、陳秀喜、艾雯、王鼎鈞、洛夫、余光中、羅門、商禽、瘂弦、司馬中原、林文月、鄭愁予、陳冠學、黃春明、白先勇、白萩、陳若曦、郭松棻、七等生、王文興、王禎和、楊牧共 23 位作家的研究資料，皇皇巨著，為臺灣文學之巍巍巨觀留下具里程碑的文字見證。這套選粹體現了臺灣文學研究總體成果中，極為優質的論述著作，有助於臺灣文學發展的擴展化與深刻化，質量兼具。在此，特別對參與編輯、撰寫、諮詢的文學界朋友們表達謝意，也向全世界愛好文學的讀者，推介此一深具人文啟發且實用的臺灣現當代文學工具書，彼此激勵，為更美好的臺灣人文環境共同努力。

文化部部長　龍應台

館長序

　　所有一切有關文學的討論，最終都得回歸到創作主體（作家）及其創作文本（作品）。文本以文字書寫，刊載在媒體上（報紙、雜誌、網站等），或以印刷方式形成紙本圖書；從接受端來看，當然以後者為要，原因是經過編輯過程，作者或其代理人以最佳的方式選編，常會考慮讀者的接受狀況，亦以美術方式集中呈現，其形貌也必然會有可觀者。

　　從研究的角度來看，它正是核心文獻。研究生在寫論文的時候，每在緒論中以一節篇幅作「文獻探討」，一般都只探討研究文獻，仍在周邊，而非核心。所以作家之研究資料，包括他這個人和他所寫的作品，如何鉅細靡遺彙編一處，是研究最基礎的工作；其次才是他作品的活動場域以及別人如何看待他的相關資料。前者指的是發表他作品的報刊及其他再傳播的方式或媒介，後者指的是有關作家及其作品的訪問、報導、著作目錄、年表、文評、書評、專論、綜述、專書、選編等，有系統蒐輯、編目，擇其要者結集，從中發現作家及其作品被接受的狀況，清理其發展，這其實是文學經典化**真正的**過程；也必須在這種情況下，作家研究才有可能進一步開展。

　　針對個別作家所進行的資料工作隨時都在發生，但那是屬於個人的事，做得好或不好，關鍵在他的資料能力；將一群有資料能力的學者組織起來，通過某種有效的制度性運作，想必能完成有關作家研究資料彙編的人文工程，可以全面展示某個歷史時期有關作家研究的集體成就，這是國立臺灣文學館從 2010 年啟動「臺灣現當代

作家研究資料彙編」（50 冊）的一些基本想法，和另外兩個大計畫：「臺灣文學史長編」（33 冊）、「臺灣古典作家精選集」（38 冊），相互呼應，期能將臺灣文學的豐富性展示出來，將「臺灣文學」這個學科挖深識廣；作為文化部的附屬機構，我們在國家文化建設的整體工程中，在「文學」作為一個公共事務的理念之下，我們紮紮實實做了有利文化發展的事，這是我們所能提供給社會大眾的另類服務，也是我們朝向臺灣文學研究中心理想前進的努力。

　　我們在四年間分三批出版的這 50 本臺灣現當代作家研究資料彙編，從賴和（1894～1943）到楊牧（1940～），從割臺之際出生、活躍於日據下的作家，到日據之末出生、活躍於戰後臺灣文壇的作家；當然也包含 1949 年左右離開大陸，而在臺灣文壇發光發熱的作家。他們只是臺灣作家的一小部分，由承辦單位組成的專業顧問群多次會商議決；這個計畫，我們希望能夠在精細檢討之後，持續推動下去。

　　顧問群基本上是臺灣文學史專業的組合，每位作家重要評論文章選刊及研究綜述的撰寫者，都是對於該作家有長期研究的專家。這是學界人力的大動員，承辦本計畫的臺灣文學發展基金會長期致力臺灣文學史料的蒐輯整理，具有強大的學術及社會力量，本計畫能夠順利推動且如期完成，必須感謝他們組成的編輯團隊，以及眾多參與其事的學界朋友。

國立臺灣文學館館長　李瑞騰

編序

◎封德屏

緣起

　　1995 年 10 月 25 日，在臺灣師範大學教育大樓的 201 室，一場以「面對臺灣文學」爲題的座談會，在座諸位學者分別就臺灣文學的定義、發展、研究，以及文學史的寫法等，提出宏文高論，而時任國家圖書館編纂張錦郎的「臺灣文學需要什麼樣的工具書」，輕鬆幽默的言詞，鞭辟入裡的思維，更贏得在座者的共鳴。

　　張先生以一個圖書館工作人員自謙，認真專業地爲臺灣這幾十年來究竟出版了多少有關臺灣文學的工具書，做地毯式的調查和多方面的訪問。同時條理分明地針對研究者、學生，列出了十項工具書的類型，哪些是現在亟需的，哪些是現在就可以做的，哪些是未來一步一步累積可以達成的，分別做了專業的建議及討論。

　　當時的文建會二處科長游淑靜，參與了整個座談會，會後她劍及履及的開始了文學工具書的委託工作，從 1996 年的《臺灣文學年鑑》起始，一年一本的編下去，一直到現在，保存延續了臺灣文學發展的基本樣貌。接著是《中華民國作家作品目錄》的新編，《臺灣文壇大事紀要》的續編，補助國家圖書館「當代文學史料影像全文系統」的建置，這些工具書、資料庫的接續完成，至少在當時對臺灣文學的研究，做到一些輔助的功能。

　　2003 年 10 月，籌備多年的「台灣文學館」正式開幕運轉。同年五月《文訊》改隸「財團法人台灣文學發展基金會」，爲了發揮更大的動能，開

始更積極、更有效率地將過去累積至今持續在做的文學史料整理出來，讓豐厚的文藝資源與更多人共享。

於是再次的請教張錦郎先生，張先生認為文學書目、作家作品目錄、文學年鑑、文學辭典皆已完成或正在進行，現在重點應該放在有關「臺灣現當代作家評論資料目錄」的編輯工作上。

很幸運的，這個計畫的發想得到當時臺灣文學館林瑞明館長的支持，於是緊鑼密鼓的展開一切準備工作：籌組編輯團隊、召開顧問會議、擬定工作手冊、撰寫計畫書等等。

張錦郎先生花了許多時間編訂工作手冊，每一位作家的評論資料目錄分為：

（一）生平資料：可分作者自述，旁人論述及訪談，文學獎的紀錄。

（二）作品評論資料：可分作品綜論，單行本作品評論，其他作品（包括單篇作品）評論，與其他作家比較等。

此外，對重要評論加以摘要解說，譬如專書、專輯、學術會議論文集或學位論文等，凡臺灣以外地區之報刊及出版社，於書名或報刊後加註，如中國大陸、香港、新加坡等。此外，資料蒐集範圍除臺灣外，也兼及中國大陸、香港、新加坡、日本、韓國及歐美等地資料，除利用國內蒐集管道外，同時委託當地學者或研究者，擔任資料蒐集工作。

清楚記得，時任顧問的學者專家們，都十分高興這個專案的啟動，但確定收錄哪些作家名單時，也有不同的思考及看法。經過充分的討論後，終於取得基本的共識：除以一般的「文學成就」為觀察及考量作家的標準外，並以研究的迫切性與資料獲得之難易度為綜合考量。譬如說，在第一階段時，作家的選擇除文學成就外，先考量迫切性及研究性，迫切性是指已故又是日治時期臺籍作家為優先，研究性是指作品已出土或已譯成中文為優先。若是作品不少而評論少，或作品評論皆少，可暫時不考慮。此外，還要稍微顧及文類的均衡等等。基本的共識達成後，顧問群共同挑選出 310 位作家，從鄭坤五、賴和、陳虛谷以降，一直到吳錦發、陳黎、蘇

偉貞，共分三個階段進行。

　　張錦郎先生修訂的編輯體例，從事學術研究的顧問們，一方面讚嘆「此目錄必然能成為類似文獻工作的範例」，但又深恐「費力耗時，恐拖延了結案時間」，要如何克服「有限時間，高度理想」的編輯方式，對工作團隊確實是一大挑戰。於是顧問們群策群力，除了每人依研究領域、研究專長認領部分作家外（可交叉認領），每個顧問亦推薦或召集研究生襄助，以期能在教學研究工作外，為此目錄盡一份心力。

　　「臺灣現當代作家評論資料目錄」專案計畫，自 2004 年 4 月開始，至 2009 年 10 月結束，分三個階段歷時五年六個月，共發現、搜尋、記錄了十餘萬筆作家評論資料。共經歷了三位專職研究助理，近三十位兼任研究助理。這些研究助理從開始熟悉體例，到學習如何尋找資料，是一條漫長卻實用的學習過程。

接續

　　「臺灣現當代作家評論資料目錄」的專案完成，當代重要作家的研究，更可以在這個基礎上，開出亮麗的花朵。於是就有了「臺灣現當代作家研究資料彙編暨資料庫建置計畫」的誕生。為了便於查詢與應用，資料庫的完成勢在必行，而除了資料庫的建置外，這個計畫再從 310 位作家中精選 50 位，每人彙編一本研究資料，內容有作家圖片集，包括生平重要影像、文學活動照片、手稿及文物，小傳、作品目錄及提要、文學年表。另外每本書分別聘請一位最適當的學者或研究者負責編選，除了負責撰寫八千至一萬字的作家研究綜述外，再從龐雜的評論資料中挑選具有代表性的評論文章，平均 12～14 萬字，最後再附該作家的評論資料目錄，以期完整呈現該作家的生平、創作、研究概況，其歷史地位與影響。

　　由於經費及時間因素，除了資料庫的建置，資料彙編方面，50 位作家分三個階段完成。第一階段出版了 15 位作家，第二階段出版了 12 位作家，此次第三階段則出版了 23 位作家資料彙編。雖然已有過前兩階段的實

務經驗，但相較於前兩階段，此次幾乎多出版將近一倍的數量，使工作小組在編輯過程中，仍然面臨了相當大的困難與挑戰。

首先，必須掌握每位編選者進度這件事，就是極大的挑戰。於是編輯小組在等待編選者閱讀選文的同時，開始蒐集整理作家生平照片、手稿，重編作家年表，重寫作家小傳，尋找作家出版品的正確版本、版次，重新撰寫提要。這是一個極其複雜的工程。還好有認真負責的雅嫺、寁婷、欣怡，以及編輯老手秀卿幫忙，讓整個專案延續了一貫的品質及進度。

在智慧權威、老練成熟的學者專家面前，這些初生之犢的年輕助理展現了大無畏的精神，施展了編輯教戰手冊中的第一招——緊迫盯人。看他們如此生吞活剝地貫徹我所傳授的編輯要法，心裡確實七上八下，但礙於工作繁雜，實在無法事必躬親，也只好讓他們各顯身手了。

縱使這些新手使出了全部力氣，無奈工作的難度指數仍然偏高，雖有前兩階段的經驗，但面對不同的編選者，不同的編選風格，進度仍然不很順利，再加上此次同時進行 23 位作家的編纂作業，在與各編選者及各冊傳主往來聯繫的過程中，更是有許多龐雜而繁瑣的細節。此時就得靠意志力及精神鼓舞了。我對著年輕的同仁曉以大義，告訴他們正在光榮地參與一個重要的文學工程，絕對不可輕言放棄。

成果

雖然過程是如此艱辛，如此一言難盡，可是終究看到豐美的成果。每位編選者雖然忙碌，但面對自己負責的作家資料彙編，卻是一貫地認真堅持。他們每人必須面對上千或數百筆作家評論資料，挑選重要或關鍵性的評論文章，全面閱讀，然後依照編選原則，挑選評論文章。助理們此時不僅提供老師們所需要的支援，統計字數，最重要的是得找到各篇選文作者，取得同意轉載的授權。在第一階段進度流程初估時，我們錯估了此項工作的難度，因爲許多評論文章，發表至今已有數十年的光景，部分作者行蹤難查，還得輾轉透過出版社、學校、服務單位，尋得蛛絲馬跡，再鍥

而不捨地追蹤。有了第一階段的血淚教訓,第二階段關於授權方面,我們更是如臨深淵、如履薄冰,希望不要重蹈覆轍,第三階段也遵循前兩階段的經驗,在面對授權作業時更是戰戰兢兢,不敢懈怠。

除了挑選評論文章煞費苦心外,每個作家生平重要照片,我們也是採高標準的方式去蒐集,過世作家家屬、友人、研究者或是當初出版著作的出版社,都是我們徵詢的對象。認真誠懇而禮貌的態度,讓我們獲得許多從未出土的資料及照片,也贏得了許多珍貴的友誼。許多作家都協助提供照片手稿等相關資料,如王鼎鈞、洛夫、余光中、羅門、瘂弦、司馬中原、林文月、鄭愁予、黃春明及其子黃國珍、白先勇及與其合作多年的攝影師許培鴻、白萩及其夫人、陳若曦、七等生、王文興、楊牧及其夫人夏盈盈。已不在世的作家,其家屬及友人在編輯過程中,也給予我們許多協助及鼓勵,如姜貴的長子王為鐮、張秀亞的女兒于德蘭、艾雯的女兒朱恬恬、陳秀喜的女兒張瑛瑛、商禽的女兒羅珊珊、陳冠學的後輩友人陳文銓與郭漢辰、郭松棻的夫人李渝、王禎和的夫人林碧燕,藉由這個機會,與他們一起回憶、欣賞他們親人或父祖、前輩,可敬可愛的文學人生。此外,還有張默、岩上、閻純德、李高雄、丘彥明、朱雙一、吳姍姍、鄭穎、舊香居書店吳雅慧等作家及研究者,熱心地幫忙我們尋找難以聯繫的授權者,辨識因年代久遠而難以記錄年代、地點、事件的作家照片,釐清文學年表資料及作家作品的版本問題,我們從他們身上學習到更多史料研究可貴的精神及經驗。

但如何在規定的時間內,完成第三階段 23 本資料彙編的編輯出版工作,對工作小組來說,確實是一大考驗。每一冊的主編老師,都是目前國內現當代台灣文學教學及研究的重要人物,因此每位主編都十分忙碌。有鑑於前兩階段的經驗,以及現有工作小組的人力,決定分批完稿,每個人負責 2～4 本,三位組長的責任額甚至超過 4～5 本。每一本的責任編輯,必須在這一年多的時間內,與他們所負責資料彙編的主角——傳主及主編老師,共生共榮。從作家作品的收集及整理開始,必須要掌握該作家一生

作品的每一次的出版，以及盡量收集不同的版本；整理作家年表，除了作家、研究者已撰述好的年表外，也必須再從訪談、自傳、評論目錄，從作品出版等線索，再做比對及增刪。再來就是緊盯每位把「研究綜述」放在所有進度最後一關的主編們，每隔一段時間提醒他們，或順便把新增的評論目錄寄給他們（每隔一段時間就有新的相關論文或學位論文出現），讓他們隨時與他們所主編的這本書，產生聯想，希望有助於「研究綜述」撰寫的進度。

以上的工作說起來，好像並不十分困難，身為總策劃的我起初心裡也十分篤定的認為，事情儘管艱困，最後還是應該順利完成。然而，這句雲淡風輕的話，聽在此次身歷其境參與工作的同仁耳中，一定會恨得牙癢癢的。「夜長夢多」這個形容詞拿來形容這件工作，真是太恰當也沒有了。因為整個工作期程超過一年，在這段漫長的歲月中，因等待、因其他人力無法抗拒的因素，衍伸出來的問題，層出不窮，更有許多是始料未及的。譬如，每本書的的選文，主編老師本來已經選好了，也經過授權了，為了抓緊時間，負責編輯的助理們甚至連順序、頁碼都排好了，就等主編老師的大作了，這時主編突然發現有新的文章、新的資料產生：再增加兩三篇選文吧！為了達到更好更完備的目標，工作小組當然全力以赴，聯絡，授權，打字，校對，重編順序等等工作，再度展開。

此次第三階段共需完成 23 位作家研究資料彙編，年齡層較上兩個階段已年輕許多，因此到最後的疑難雜症，還有連主編或研究者都不太清楚的部分，譬如年表中的某一件事、某一個年代、某一篇文章、某一個得獎記錄，作家本人絕對是一個最好的諮詢對象，於是幾乎我們每本書都找到了作家本人，對解決某些問題來說，這是一個好的線索，但既然看了，關心了，參與了，就可能有不同的看法，選文、年表、照片，甚至是我們整本書的體例。於是又是一場翻天覆地的大更動，對整本書的品質來說，應該是好的，但對經過一年多琢磨、修改已近入完稿階段的編輯團隊來說，這不啻是一大挑戰。

　　1990 年開始,各地縣市文化中心(文化局),對在地作家作品集的整理出版,以及台灣文學館成立後對日治時期作家以迄當代重要作家全集的編纂,對臺灣文學之作家研究,也有了很好的促進作用。如《楊逵全集》、《林亨泰全集》、《鍾肇政全集》、《張文環全集》、《呂赫若日記》、《張秀亞全集》、《葉石濤全集》、《龍瑛宗全集》、《葉笛全集》、《鍾理和全集》、《錦連全集》、《楊雲萍全集》、《鍾鐵民全集》等,如雨後春筍般持續展開。

　　經過近二十年的努力,臺灣文學的研究與出版,也到了可以驗收或檢討成果的階段。這個說法,當然不是要停下腳步,而是可以從「臺灣現當代作家評論資料目錄」所呈現的 310 位作家、10 萬筆資料中去檢視。檢視的標的,除了從作家作品的質量、時代意義及代表性去衡量外、也可以從作家的世代、性別、文類中,去挖掘還有待開墾及努力之處。因此在這樣的堅實基礎上,這套「臺灣現當代作家研究資料彙編」,每位編選者除了概述作家的研究面向外,均有些觀察與建議。希望就已然的研究成果中,去發現不足與缺憾,研究者可以在這些不足與缺憾之處下功夫,而盡量避免在相同議題上重複。當然這都需要經過一段時間去發現、去彌補、去重建,因此,有關臺灣文學研究的調查與研究,就格外顯得重要了。

期待

　　感謝臺灣文學館持續支持推動這兩個專案的進行。「臺灣現當代作家評論資料目錄」的完成,呈現的是臺灣文學研究的總體成果;「臺灣現當代作家研究資料彙編」套書的出版,則是呈現成果中最精華最優質的一面,同時對未來的研究面向與路徑,做最好的建議。我們可以很清楚的體會,這是一條綿長優美的臺灣文學接力賽,我們十分榮幸能參與其中,我們更珍惜在傳承接力的過程,與我們相遇的每一個人,每一件讓我們真心感動的事。我們更期待這個接力賽,能有更多人加入。誠如張恆豪所說「從高音獨唱到多元交響」,這是每一個人所期待的。

編輯體例

一、本書編選之目的，為呈現瘂弦生平、著作及研究成果，以作為臺灣文學相關研究、教學之參考資料。

二、全書共五輯，各輯內容及體例說明如下：

輯一：圖片集。選刊作家各個時期的生活或參與文學活動的照片、著作書影、手稿（包括創作、日記、書信）、文物。

輯二：生平及作品，包括三部分：

　　1.小傳：主要內容包括作家本名、重要筆名，生卒年月日，籍貫，及創作風格、文學成就等。

　　2.作品目錄及提要：依照作品文類（論述、詩、散文、小說、劇本、報導文學、傳記、日記、書信、兒童文學、合集）及出版順序，並撰寫提要。不收錄作家翻譯或編選之作品。

　　3.文學年表：考訂作家生平所進行的文學創作、文學活動相關之記要，依年月順序繫之。

輯三：研究綜述。綜論作家作品研究的概況，並展現研究成果與價值的論文。

輯四：重要文章選刊。選收國內外具代表性的相關研究論文及報導。

輯五：研究評論資料目錄。收錄至 2013 年 6 月底止，有關研究、論述臺灣現當代作家生平和作品評論文獻。語文以中文為主，兼及日文和英文資料。所收文獻資料，以臺灣出版為主，酌收中國大陸、香港、日本和歐美國家的出版品。內容包含三部分：

　　1.「作家生平、作品評論專書與學位論文」下分為專書與學位論文。

　　2.「作家生平資料篇目」下分為「自述」、「他述」、「訪談」、「年表」、「其他」。

　　3.「作品評論篇目」下分為「綜論」、「分論」、「作品評論目錄、索引」、「其他」。

目次

輯一◎圖片集

影像◎手稿◎文物

1946年，時年14歲的瘂弦，攝於故鄉河南南陽。（翻攝自《弦外之音——瘂弦詩稿、朗誦、手跡、歲月留影》，聯經出版公司）

1951年，時年19歲的瘂弦，攝於高雄鳳山。（文訊文藝資料中心）

1954年，瘂弦畢業於復興崗學院，以少尉銜分發至海軍陸戰隊，攝於高雄左營。（翻攝自《弦外之音——瘂弦詩稿、朗誦、手跡、歲月留影》，聯經出版公司）

1959年春，瘂弦與文友接待南下到訪的紀弦，合影於高雄大業書店。左起：張默、方艮、紀弦、瘂弦、施明正、吹黑明。（創世紀詩雜誌社提供）

1960年冬，瘂弦與文友接待來訪的鄭愁予，合影於高雄左營。左起：章斌、鄭愁予、瘂弦、張默。（創世紀詩雜誌社提供）

1961年夏，瘂弦與文友，合影於高雄鳳山司馬中原家附近的操場。前排為司馬中原的兒子吳融麾（左）、吳融戈（右）；後排左起：方艮、張默、司馬中原、陳爾靖、瘂弦。（文訊文藝資料中心）

1963年，痘弦與張橋橋戀愛時，常到永和和水牛玩耍。（翻攝自《弦外之音——痘弦詩稿、朗誦、手跡、歲月留影》，聯經出版公司）

1966年10月，痘弦（右）應邀赴愛荷華大學「國際作家工作坊」，與波蘭詩人賈考斯基（中）在密西西比河船上談流放文學。（翻攝自《弦外之音——痘弦詩稿、朗誦、手跡、歲月留影》，聯經出版公司）

約1968年，瘂弦與紀弦（左），攝影者林海音謂之為「二弦」。（翻攝
自《紀弦回憶錄【第二部】：在頂點與高潮》，聯經出版公司）

1969年4月28日，瘂弦應邀參與中國青年寫作協會「環島文藝座談
會」，與文友合影於屏東座談會後。左起：袁小玲、林海音、司馬中
原、朱西甯、瘂弦。（國立臺灣文學館提供）

1973年夏，瘂弦與文友接待訪臺的美國詩人羅森堡。前排左起：瘂弦、
葉維廉、羅森堡及其女友、沈志方；後排左起：管管、張默、辛鬱、張
漢良、洛夫、商禽、大荒。（文訊文藝資料中心）

1974年6月4日，瘂弦與文友參訪馬祖村，談戰地文藝。左起：牛哥、李
牧、李中和、朱介凡、陳紀瀅、劉枋、梁中銘、金哲夫、瘂弦、高月。
（文訊文藝資料中心）

1975年6月，瘂弦應邀出席第二屆「中國現代詩獎」頒獎典禮。前排左起：蓉子、吳晟、施友忠夫婦、管管、紀弦；後排左起：羊令野、洛夫、張默、羅門、瘂弦、商禽、林亨泰、辛鬱。（文訊文藝資料中心）

1975年12月，瘂弦應邀赴維也納參加國際筆會大會，途經香港，在余光中家作客。左起：余光中、戴天、瘂弦、也斯。（創世紀詩雜誌社提供）

1977年10月，瘂弦與返臺
參加「華府國建聯誼會」
活動的海外學人，合影於
瘂弦寓所。左起：楊牧、
非馬、瘂弦、張錯、黃
用。（創世紀詩雜誌社提
供）

1970年代，瘂弦與文友合
影。左起：段彩華、朱西
甯、瘂弦、管管。（國立
臺灣文學館提供）

約1970年代中期，《創
世紀》與《詩宗》同仁
歡宴楊牧回臺。前排左
起：彭邦楨、羊令野、
楊牧、商禽；後排左
起：洛夫、羅門、張
默、葉維廉、瘂弦、碧
果、辛鬱。（文訊文藝
資料中心）

1980年7月，瘂弦率《聯合報》副刊於淡水紅毛城與日治時期作家談文論史。左起（由上至下）：黃得時、廖漢臣、龍瑛宗；右起（由上至下）：瘂弦、王昶雄、郭水潭。（創世紀詩雜誌社提供）

1980年10月，瘂弦率《聯合報》副刊同仁赴臺中東海花園參訪楊逵。左起：彭碧玉、黃武忠、楊逵、丘彥明、瘂弦、楊樹清。（翻攝自《弦外之音——瘂弦詩稿、朗誦、手跡、歲月留影》，聯經出版公司）

1981年6月，林泠返臺，與「創世紀」詩人於臺北漳州街陸羽茶室小聚。
前排坐者：林泠；後排左起：辛鬱、羅行、瘂弦、商禽、葉泥、羊令野。
（創世紀詩雜誌社提供）

1982年8月22日，瘂弦及文友於殷張蘭熙的別墅小聚，攝於臺北白沙灣。
前排左起：林海音、彭歌、史萊、吳葆珠；後排左起：瘂弦、殷允芃、吳
魯芹、楊孔鑫、何凡、羅裕昌。（文訊文藝資料中心）

1984年2月，瘂弦及文友於臺北長風萬里樓宴請1930年代資深作家。前排左起：龍瑛宗、楊雲萍、蘇雪林、楊熾昌；後排左起：王昶雄、劉捷、郭水潭、林海音、林佩芬、張法鶴、蘇淑年、瘂弦。（文訊文藝資料中心）

1985年9月23日，瘂弦與文友於臺北雅集。前排左起：洛夫、丁雄泉、葉維廉、辛鬱；後排左起：張默、管管、瘂弦、張堃、梅新。（創世紀詩雜誌社提供）

1988年，聶華苓走出黑名單陰霾重訪臺灣，與曾參加「國際作家工作坊」的文友會面。左起：方梓、瘂弦、聶華苓、向陽。（向陽提供）

1980年代中期，瘂弦率聯副作家赴墾丁進行下鄉之旅。前排左起：端木野、李冰、瘂弦、洛夫，右一為張默；後排左起：林煥彰、胡楚卿。（創世紀詩雜誌社提供）

1980年代中期，瘂弦同「創世紀」詩人應中央廣播電臺之邀，參加「詩人節詩朗誦」的節目錄製。前排左起：羊令野、瘂弦、向明；後排左起：管管、辛鬱、張默。（文訊文藝資料中心）

1991年9月，瘂弦探訪故鄉河南南陽，攝於老家的堂屋前。（翻攝自《弦外之音——瘂弦詩稿、朗誦、手跡、歲月留影》，聯經出版公司）

1993年12月，瘂弦率《聯合報》副刊於臺北圓山飯店舉辦「四十年來中國文學會議」。左起：辛鬱、向明、張默、瘂弦、鄭愁予、梅新。（創世紀詩雜誌社提供）

1997年，瘂弦及文友於《聯合報》副刊會議室，進行年度詩選編輯委員會會議。前排左起：商禽、瘂弦、向明、張默、辛鬱；後排左起：白靈、陳義芝。（創世紀詩雜誌社提供）

1998年5月3日，瘂弦應邀出席文訊雜誌社主辦之第一屆「五四文藝雅集」，獲頒文學編輯獎，與同屆得主合影於臺北福華飯店。左起：許悔之、瘂弦、馬森、余光中、陸達誠、陳憲仁。（文訊文藝資料中心）

1998年9月，文友於臺北北京樓設宴歡送瘂弦自《聯合報》副刊退休。第一排左起：許露麟、辛鬱、商禽、張默；第二排左起：舒暢、無名氏、瘂弦、周夢蝶、張拓蕪；第三排左起：向明、麥穗、疾夫、楚戈、碧果、沈臨彬、尹玲；第四排左起：魯蛟、隱地、李錫奇、古月；第五排左起：汪啟疆、李瑞騰、蕭蕭。（創世紀詩雜誌社提供）

2001年4月，瘂弦與馬悅然（右）應邀出席香港城市大學「華文寫作與中國文化前景」研討會。（創世紀詩雜誌社提供）

2002年11月9日，瘂弦應邀出席「張秀亞教授追思紀念會」，攝於當時
的中國國民黨黨部大樓思源廳。（文訊文藝資料中心）

2004年，洪範書店成立28週年，瘂弦與共同創辦人按照剛創業時的照片
（右圖），再度合影，位置不變，風範依舊。前排左起：葉步榮、瘂弦；
後排左起：楊牧、沈燕士。（文訊文藝資料中心）

2005年11月3日，臺北市文化局於臺北內湖碧湖公園舉辦《創世紀》發行逾50年之譽揚活動，瘂弦應邀主持並為譽揚文揭幕。左起：金溥聰、瘂弦、廖咸浩。（文訊文藝資料中心）

2007年5月5日，瘂弦應邀擔任香港浸會大學「國際作家工作坊」駐校作家，出席「新詩創作與活用文字」專題討論會，會後與主辦單位「國際作家工作坊」及香港詩人合影。前排左起：飲江、關夢南、葉輝、瘂弦、蔡炎培、鍾玲、許迪鏘；後排左一為梁志華，左三起：何秀珍、洛楓、王良和、林幸謙、劉偉成、廖偉棠、黃燦然、呂永佳。（創世紀詩雜誌社提供）

2011年4月29日，育達商業科技大學主辦「瘂弦學術研討會」，瘂弦和與會者合影。左起：丁旭輝、陳東榮、賴芳伶、林明德、吳晟、瘂弦、余光中、唐彥博、莊謙亮、馬美蘭、吳宜婷。（翻攝自《瘂弦學術研討會論文集》，讀冊文化公司）

高雄左營明德新村46號，早年瘂弦與《創世紀》同仁編輯詩刊的左營電臺餐廳，因為廢屋日久，現已拆除。（創世紀詩雜誌社提供）

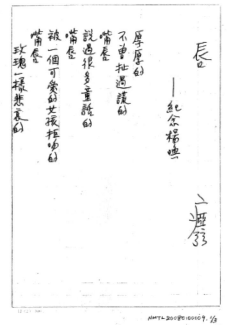

幼獅文藝專用稿紙

1958年，瘂弦〈唇——紀念楊喚〉手稿。（國立臺灣文學館提供）

1958年，瘂弦〈巴黎〉手稿。（創世紀詩社雜誌提供）

1999年，瘂弦〈說商禽——他的詩、他的人和他的時代〉手稿。（文訊文藝資料中心）

2005年，瘂弦〈張秀亞，臺灣婦女寫作的燃燈人——從早期學思生活的發軔到「美文」創作版圖的完成〉手稿。（文訊文藝資料中心）

瘂弦致王景山信函。王景山曾計畫編纂《世界華文報紙文學副刊主編人辭典》，邀瘂弦擔任主持，兩人於1996～1998年間通信討論，最終惜未能完成，王景山稱之為一個「待圓的夢」。（王景山提供）

瘂弦致文訊雜誌社總編輯封德屏信函，談及2011年「百年小說研討會」為聶華苓舉辦「愛荷華國際寫作計畫與華文小說家」座談會之相關照片及資料事宜。（文訊文藝資料中心）

輯二◎生平及作品

小傳◎作品◎年表

小傳

瘂弦（1932～）

　　瘂弦，男，本名王慶麟，幼年時期名明庭。籍貫河南南陽，1932 年 8 月 29 日生（農曆），1949 年 8 月來臺。

　　復興崗學院戲劇戲畢業，美國威斯康辛大學東亞研究所碩士。1954 年至 1960 年代中期，以海軍少校銜任左營廣播電臺編輯兼外勤記者兩年；1961 年回母校復興崗學院擔任晨光廣播電臺臺長及戲劇系教職，主講「中國戲劇史」、「藝術概論」等課程；1954 年結識張默與洛夫，加入創世紀詩社，為《創世紀》詩刊創辦人之一；1966 年應美國國務院之邀，以訪問作家身分赴愛荷華大學「國際寫作計畫」研習兩年；1969 年返國主編《幼獅文藝》，不久升任期刊部總編輯，綜理《幼獅月刊》、《幼獅少年》、《幼獅學誌》。編輯工作之外，曾兼任教職於國立藝專、中國文化大學、東吳大學、中興大學、國立藝術學院等院校；1977 年 10 月應《聯合報》之邀，擔任副刊組主任，主編《聯合報》副刊 20 年，期間曾主持《聯副三十年文學大系》編纂、創辦《聯合文學》月刊，1998 年 8 月 29 日退休，退休後僑居加拿大溫哥華，專事寫作。2013 年擔任加拿大華人文學學會主任委員兼《世界日報》《華章》文學專版主編。寫作以來，曾獲中國文藝協會「優秀詩人獎」、藍星詩獎、香港「好望角」文學創作獎、青年文藝獎、十大傑出青年金手獎、副刊主編金鼎獎、文學編輯五四獎、東元文學創作獎、中坤詩歌發展基金會創設之「中坤國際詩歌獎」，1965 年曾參加《國父傳》話

劇，飾演孫中山先生，獲年度最佳男演員金鼎獎。

　　瘂弦創作文類以詩爲主，兼及論述。1954 年首次發表詩作〈我是一勺靜美的小花朵〉於紀弦主編之《現代詩》，1959 年由香港國際圖書公司出版第一本詩集《苦苓林的一夜》，本書經創世紀詩雜誌社及眾人、晨鐘、洪範等出版社增訂改版，而有多樣面貌。瘂弦與詩結緣甚早，1954 年參加《創世紀》編務，至 1961 年在左營七年之間，創作量最爲豐厚。寫作風格方面，大致可分兩階段：其文學啓蒙於 1930 年代的新文學，受五四遺韻影響甚深，早期作品以抒情詩居多，主題多爲懷鄉憶往，具鄉土氣息，擅長經營甜美的語言意象，詩風清恬柔舒，如〈紅玉米〉、〈秋歌〉、〈土地祠〉、〈鹽〉、〈乞丐〉、〈京城〉、〈戰時〉等；後期受西方作家影響較深，神往於民謠式詩風、超現實主義的語言及當代西洋小說的形象，並揉合民族文化內涵與自身主修戲劇的經驗，創作出具異國情調的〈印度〉、〈巴黎〉、〈芝加哥〉等系列詩作，而對於現代生活之感應、衍展和批判的作品，則以〈從感覺出發〉、〈深淵〉、〈如歌的行板〉、〈一般之歌〉爲代表。瘂弦將中國古典文學及西方現代主義詩歌技巧加以融合，創造出兼具音樂性和意境美的獨特詩風，張默曾歸納其創作特色：「瘂弦的詩有其戲劇性，也有其思想性，有其鄉土性，也有其世界性，有其生之爲生的詮釋，也有其死之爲死的哲學，甜是他的語言，苦是他的精神，他是既矛盾又和諧的統一體。」楊牧也認爲「瘂弦所吸收的是他北方家鄉的點滴，三十年代中國文學的純樸，當代西洋小說的形象；這些光譜和他生活的特殊趣味結合在一起。他的詩是從血液裡流蕩出來的樂章。」

　　瘂弦詩創作的時間不長，六十年代中期以後，轉而從事中國新詩史料鉤沉整理、詩歌理論研究與現當代作家作品評析，以史家與文學批評家的角度，進行對中國新詩的思考，曾於《創世紀》開闢「中國新詩史料掇拾」專欄，長期整理評述中國早期詩人的作品，著有《中國新詩研究》。評論方面，還有「以序代評」形式的《聚繖花序》二大卷，共四十餘萬字，及《記哈克詩想》（詩話集）、《於無聲處》（詩文集）、《青年筆陣》（臺灣青

年文學活動小史）等，這些論著至今仍是研究臺灣文學發展不可不讀的重要著作。瘂弦從事報刊編輯工作達三十餘年，綜理幼獅刊物群，主編《聯合報》副刊，創辦《聯合文學》及主持華欣文化公司所屬之《中華文藝》等報刊。他反對編輯工作是爲人作嫁的傳統看法，認爲編輯工作不是職業，而是事業、偉業，把編輯工作的意義提到最高的層次，除發掘新作品、培育新作家之外，更兼及文學藝術的教育與推展。可以應證的是，當前文壇有很多重要的作家，在青年時期都不同程度地受過他的提攜。其主編《聯合報》副刊時期，曾提出「三真」的理念，即探討真理、反映真相、交流真情，認爲寫作不是作家的專利，他通過各種短小專欄（如「極短篇」等）誘發全民寫作的風氣，把文藝活動提昇爲文藝運動，使靜態平面媒體編輯動態化，並提出「副刊學」的概念，將副刊上昇至學術的層次，種種的創意作爲，使他在文藝界素有「文運推手」及「儒編」之美稱。

作品目錄及提要

【論述】

中國新詩研究
臺北：洪範書店
1981 年 1 月，32 開，249 頁
洪範文學叢書 70

本書結集作者早期針對現代詩、1930 年代中國詩人所作之詩論及新詩年表。全書分「詩論」、「早期詩人論」、「史料」三卷，收錄〈現代詩的省思——《當代中國新文學大系》導言〉、〈現代詩短札〉、〈禪趣詩人廢名〉等 14 篇。

聚繖花序（Ⅰ、Ⅱ）
臺北：洪範書店
2004 年 6 月，25 開，296 頁、376 頁
洪範文學叢書 317

本部書共兩冊，結集歷年所作之序跋文論。第一冊「詩與詩論」卷收錄〈現代詩的省思——《當代中國新文學大系》詩選導言〉、〈《瘂弦詩集》自序〉、〈美、思、力——蕭蕭編著《感人的詩》序〉、〈待續的鐘乳石——讀白靈的長詩《大黃河》〉等 32 篇。正文前有楊牧〈序《聚繖花序》〉。第二冊分「散文」、「小說」、「文學藝術論述」三卷，收錄〈時間草原——讀席慕容的《有一首歌》〉、〈大地的性格——陳義芝散文作品印象〉、〈為有源頭活水來——關於《如何測量水溝的寬度》後設小說選〉、〈盛放的風華——談聯合報小說獎創設緣起及第十屆獲獎的九個短篇〉、〈神祕經驗——讀黃炳寅的《文學創作新論》〉等 50 篇。

【詩】

苦苓林的一夜

香港：國際圖書公司
1959 年 9 月，32 開，98 頁

本書爲瘂弦的第一本詩集，後於臺灣經多次書名更易與內容增訂，而有多樣面貌。全書收錄〈春日〉、〈秋歌〉、〈斑鳩〉、〈野荸薺〉等 32 首。

瘂弦詩抄

香港：國際圖書公司
1959 年 9 月，32 開，98 頁

香港國際圖書公司贈予作者《苦苓林的一夜》300 份，由港寄臺，因領取手續繁雜，擱置海關半年之久，導致詩集封面嚴重受潮，瘂弦乃另行設計封面，改書名爲《瘂弦詩抄》，分送親朋，未於臺灣坊間發行。正文內容同《苦苓林的一夜》，正文後新增「勘誤」。

Salt

Iowa：愛荷華大學出版社 Windhover Press
1968 年 5 月，20×27 公分，21 頁

本書爲瘂弦於 1966～1968 年留愛荷華時期的自譯詩作成果。全書收錄"Starting"、"Wartime"、"Afternoon"等十首，正文前有"Introduction"，正文後附錄"Notes to the Poems"。

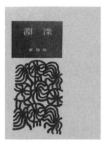

眾人出版社 1968

晨鐘出版社 1970

晨鐘出版社 1971

深淵

臺北：眾人出版社
1968 年 12 月，12.4×17.5 公分，193 頁
眾人文庫 2001

臺北：晨鐘出版社
1970 年 10 月，10.5×18 公分，256 頁
向日葵文叢 26

臺北：晨鐘出版社
1971 年 4 月，13.5×18.5 公分，269 頁
晨鐘文叢 26

本書以《苦苓林的一夜》為基礎，新增
〈三色柱下〉、〈紅玉米〉、〈鹽〉等 28 首
新作。全書分「野荸薺」、「戰時」、「遠洋
感覺」、「斷柱集」、「側面」、「徒然草」、
「從感覺出發」七卷，收錄〈婦人〉、〈蛇
衣〉、〈殯儀館〉、〈早晨〉、〈土地祠〉等 60
首。正文前有瘂弦〈剖——序詩〉，正文
後附錄王夢鷗〈寫在瘂弦詩稿後面〉、葉
珊〈《深淵》後記〉、〈作品年表〉。

1970 年晨鐘版：改「遠洋感覺」卷為「無譜之歌」卷，新增〈憂鬱〉、〈歌〉、
〈無譜之歌〉、〈佛羅稜斯〉、〈西班牙〉、〈赫雪魯夫〉、〈懷人〉、〈所以一到了晚
上〉、〈獻給 H. MATISSE〉九首。正文後刪去王夢鷗〈寫在瘂弦詩稿後面〉、葉
珊〈《深淵》後記〉，新增附錄：瘂弦〈詩人手札〉。
1971 年晨鐘版：內容與 1970 年晨鐘版相同，正文後補回王夢鷗〈寫在瘂弦詩稿
後面〉、葉珊〈《深淵》後記〉。

瘂弦自選集

臺北：黎明文化公司
1977 年 10 月，32 開，264 頁
中國新文學叢刊 14

本書分「野荸薺」、「戰時」、「無譜之歌」、「斷柱集」、「側
面」、「徒然草」、「從感覺出發」、「二十五歲前作品集」八
卷，收錄〈春日〉、〈秋歌〉、〈斑鳩〉、〈野荸薺〉、〈歌〉等 74
首，另附一篇文章〈詩集的故事〉。正文前有作家素描畫
像、生活照片、手跡、〈年表〉，正文後附錄羅青〈理論與態
度〉、范良琦訪問瘂弦〈有那麼一個人〉、〈作品評論〉。

洪範書店 1981

瘂弦詩集

洪範書店 2010

瘂弦詩集

臺北：洪範書店
1981 年 4 月，32 開，370 頁
洪範文學叢書 69

臺北：洪範書店
2010 年 9 月，25 開，338 頁
洪範文學叢書 69

本書集結《深淵》（晨鐘出版社）、《瘂弦自選集》之「二十五歲前作品集」卷、自譯詩集 *Salt*。全書分右、左翻二部分，右翻分「野荸薺」、「戰時」、「無譜之歌」、「斷柱集」、「側面」、「徒然草」、「從感覺出發」、「二十五歲前作品集」八卷，收錄〈山神〉、〈戰神〉、〈乞丐〉、〈京城〉、〈戰時〉等 86 首，另附一篇文章〈詩集的故事〉。正文前有瘂弦〈序〉、瘂弦〈剖——序詩〉，正文後附錄王夢鷗〈寫在瘂弦詩稿後面〉、葉珊〈《深淵》後記〉與「題目索引」:〈年代序〉、〈筆劃序〉。左翻收錄 "Starting"、"Wartime"、"Afternoon" 等十首。正文前有 "Introduction"，正文後附錄 "Notes to the Poems"。

2010 年洪範版：刪去右翻正文後「題目索引」:〈年代序〉、〈筆劃序〉。

瘂弦詩選／周良沛主編

成都：四川文藝出版社
1987 年 2 月，48 開，120 頁
臺灣香港新詩窗第一輯

本書為「臺灣香港新詩窗第一輯」五冊之一。全書收錄詩作〈我是一勺靜美的小花朵〉、〈藍色的井〉、〈工廠之歌〉、〈瓶〉等 33 首。正文後附錄瘂弦〈晦澀・超現實主義——摘引自〈現代詩的省思・《當代中國新文學大系》（詩卷）導言〉〉、高準〈關於瘂弦——摘自〈現代詩的歧途與應行方向〉〉、葉珊〈詩與創造——節自《深淵》後記〉、周良沛〈集後〉。

如歌的行板／鄭樹森主編

臺北：洪範書店
1996 年 9 月，50 開，57 頁
洪範二十年隨身讀 11

本書結集作者發表於 1956 年至 1960 年代中期的代表詩作。
全書收錄〈婦人〉、〈斑鳩〉、〈野荸薺〉等 21 首。

瘂弦短詩選／張默主編；葉維廉等譯

香港：銀河出版社
2002 年 6 月，12.5x18 公分，63 頁
中外現代詩名家集萃‧臺灣詩叢系列 15

本書為中、英對照詩選集。全書收錄〈鹽〉、〈坤伶〉、〈土地
祠〉等 17 首。正文前有〈出版前言〉、〈作者簡介〉。

深淵──瘂弦詩集／松浦恆雄編譯

東京：思潮社
2006 年 3 月，32 開，159 頁
台湾現代詩人ミリーズ 2

本書選輯瘂弦詩作，由松浦恆雄譯為日文。全書分「甲篇」、
「乙篇」、「丙篇」、「丁篇之一」、「丁篇之二」、「丁篇之三」、
「戊篇」七部分，收錄〈剖く〉、〈塩〉、〈C 教授〉、〈春の
日〉等 46 首。正文後附錄松浦恆雄編〈瘂弦年譜〉、松浦恆
雄〈譯者後記〉。

【散文】

記哈客詩想

臺北：洪範書店
2010 年 9 月，25 開，216 頁

本書結集作者於 2002 年間發表在《聯合報》「記哈克詩想」
專欄之文章，爲任東華大學駐校作家期間的隨筆作品。全書
收錄〈神話復興〉、〈形式的魅力〉、〈寫詩像戀愛〉等 24
篇。正文前有瘂弦〈楔子〉，正文後附錄共二部分，一爲瘂
弦早期詩論：〈夜讀雜抄〉、〈現代詩短札〉，二爲與中外作家
對談之回憶文章：〈李金髮先生答我二十問〉、〈訪安格爾談
創作〉、〈田村隆一論詩〉。

【合集】

弦外之音：瘂弦詩稿、朗誦、手跡、歲月留影

臺北：聯經出版公司
2006 年 5 月，25 開，159 頁

本書爲有聲書。全書分二部分，「瘂弦詩選」收錄〈我的靈
魂〉、〈給橋〉、〈紅玉米〉等 17 首，「瘂弦談朗誦」收錄〈朗
誦美學：中國文學中的音樂特質〉、〈飛白的趣味：從書法、
電影、戲曲到詩的朗誦〉共二篇，另錄製瘂弦談詩 CD 二
片，「瘂弦詩選」朗誦 CD 一片。正文前有〈瘂弦小傳〉、余
光中〈序詩：那鼻音——接瘂弦長途電話〉、張曉風〈幸福
的事——談瘂弦的聲音〉、白靈〈迂迴於耳渦的詩之流水〉、
趙孝萱〈聽瘂弦說詩〉、阿鍾〈大家一起醉吧〉。

於無聲處

香港：明報月刊、新加坡：青年書局
2011 年 6 月，25 開，385 頁
世界當代華文文學精讀文庫

本書為詩文合集。全書分五卷，「詩」收錄〈剖——序詩〉、
〈秋歌——給暖暖〉、〈婦人〉等 25 首，「詩話」收錄〈夜讀
雜抄〉、〈神話復興〉等七篇，「書話」收錄〈張秀亞，臺灣
婦女寫作的燃燈人——從早期學思生活的發軔到「美文」創
作版圖的完成〉、〈散文的詩人——張曉風創作世界的四個向
度〉等九篇，「文林小記」收錄〈偶像的黃昏——重讀《野
草》〉、〈想起聞一多〉等九篇，「豔陽坡小品」收錄〈文人與
異行——詩人沙牧的決絕〉、〈百無一用是詩人〉等九篇。正
文前有〈眾手合推的文化巨石——《世界當代華文文學精讀
文庫》（總序）〉、戴天〈代序之一：瘂弦的詩和人〉、劉紹銘
〈代序之二：漫說瘂弦〉，正文後附錄〈瘂弦創作年表〉。

文學年表

1932 年　9 月　29 日（農曆 8 月 29 日），生於河南南陽縣楊莊營東莊，爲家中獨子，乳名明庭。父王文清，母蕭芳生。

1937 年　本年　在父親的指導下，開始閱讀《幼學瓊林》、《古文觀止》、《唐詩三百首》，及上海兒童文學家陳伯吹等人的童話著作、商務印書館出版的「幼童文庫」。

1938 年　本年　就讀楊莊營小學，在作文方面，受王彥如老師啓發最多。

1941 年　本年　轉入陸官營村陸營中心國民小學，使用學名「慶麟」，開始讀詩寫詩，後轉讀南陽公安中心國民小學（清代崇正書院舊址）。

1942 年　本年　父親任職南陽縣民眾教育館，擔任漢畫及圖書館管理工作，創立以兒童、少年讀物爲閱讀重點的「牛車」圖書館，巡迴各鄉鎮，免費供兒童、少年看書。瘂弦隨車前往，與小朋友一起閱讀，開始接觸了一個開闊的知識世界。

1947 年　7 月　畢業於南陽公安中心國民小學，考入復興中學，受國文老師葉堯東鼓勵最多，爲生平第一位恩師。後因時局影響，轉讀南都中學。

1948 年　11 月　4 日，國共內戰，南陽吃緊，城中 16 所中學集合約五千名師生離鄉南下，與父母永訣，自河南流亡至湖北，再至湖南。

1949 年　2 月　跋涉撤退至湖南零陵，由教育部主持成立豫衡聯合中學，排除萬難復課。

　　　　8 月　離校從軍，隨軍至廣州黃埔碼頭乘惠民輪來臺，編入陸軍第

　　　　　　80 軍 340 師 1020 團通信連，任上等兵。

1953 年　3 月　考入復興崗學院業科班戲劇組第二期。

　　　　10 月　參加中華文藝函授學校，師從詩人覃子豪。

　　　　本年　在王紹清、李曼瑰、張英、張徹、崔小萍的教學啓發中，從事劇本編撰，選讀中國古典戲曲、希臘悲劇、莎士比亞及易卜生戲劇。參加校內新詩比賽，獲首獎。

1954 年　2 月　以「瘂弦」爲筆名，發表詩作〈我是一勺靜美的小花朵〉於《現代詩》第 5 期，結識詩人紀弦。

　　　　10 月　畢業於復興崗學院業科班戲劇組第二期，以少尉銜分發至海軍陸戰隊，先後擔任政治部主任辦公室幹事，及海軍左營軍中廣播電臺編輯兼外勤記者。

　　　　11 月　結識張默、洛夫，加入創世紀詩社，爲創世紀詩社創始人之一。

　　　　秋　發表詩作〈預言〉於《現代詩》第 7 期。

1955 年　2 月　發表組詩「劇場素描」：〈燈光〉、〈卸妝〉、〈劇終〉於《創世紀》第 2 期。

　　　　6 月　發表詩作〈鬼車〉、〈魔夜〉於《創世紀》第 3 期。

　　　　8 月　詩作〈火把，火把喲〉獲國防部總政治部第 44 年度「軍中文藝獎金」官佐組詩歌獎。

　　　　10 月　發表組詩「陣地吟草」：〈碉堡裡〉、〈擦槍〉於《創世紀》第 4 期。

1956 年　3 月　詩作〈火把，火把喲〉刊於史紫忱主編之《中國一周》第 307 期。

　　　　　　　發表詩作〈鬼劫〉、〈棺材店〉於《創世紀》第 5 期。

　　　　5 月　發表詩作〈冬天的憤怒〉於《文藝創作》第 61 期，此作同時獲中華文藝獎金委員會第 45 年度「五四文藝獎金」詩歌類長詩獎。

6 月　發表詩作〈屈原祭〉於《創世紀》第 6 期。

9 月　發表詩作〈劇場，再會〉於《創世紀》第 7 期。

11 月　詩作〈祖國萬歲〉獲國防部總政治部第 45 年度「軍中文藝獎金」進修級組詩歌類首獎。

12 月　發表〈詩集的故事〉於葉泥主編之《復興文藝》創刊號。

1957 年　1 月　發表詩作〈新春風景繪〉於《今日新詩》創刊號。

2 月　發表詩作〈紡花車〉於《復興文藝》第 3 期。

以「春日‧外一章」為輯名，發表詩作〈春日〉、〈四月〉於《今日新詩》第 2 期。

3 月　發表組詩「短歌集」：〈寂寞〉、〈晒書〉、〈流星〉、〈世紀病〉、〈神〉、〈火葬場〉、〈嬰兒車〉、〈動物園〉、〈天空〉、〈雨〉、〈歸去〉、〈時間〉於《創世紀》第 8 期。

發表詩作〈印度〉於《今日新詩》第 3 期。

4 月　發表詩作〈一九八〇年〉於《今日新詩》第 4 期。

5 月　發表「斷柱集」系列詩作〈阿拉伯〉、〈巴比倫〉於《今日新詩》第 5 期。

6 月　2 日，詩作〈印度〉（此作英譯曾於印度甘地墓前朗誦）獲中國文藝協會頒贈詩人節優秀詩人獎。

發表詩作〈我的靈魂〉於《創世紀》第 9 期。

以「壞人及其他」為輯名，發表詩作〈壞人〉、〈煙士波里純〉於《今日新詩》第 6 期。

7 月　詩作〈血花曲〉獲國防部總政治部「文藝創作獎金」詩歌類第一獎。

9 月　發表詩作〈憂鬱〉、〈吠月〉於《今日新詩》第 8、9 期合刊。

1958 年　4 月　以「無譜之歌及其他」為輯名，發表詩作〈無譜之歌〉、

〈剖〉於《創世紀》第 10 期。

6 月　1 日，榮獲藍星詩獎；發表詩作〈無名的歌〉於《公論報》「藍星」週刊第 200 期特刊。

發表詩作〈殘酷的海蒂〉於《幼獅文藝》第 43 期。

8 月　發表詩作〈巴黎〉於《公論報》「藍星」週刊第 208 期。

1959 年　4 月　發表詩作〈從感覺出發〉於《創世紀》第 11 期。

7 月　發表詩作〈深淵〉於《創世紀》第 12 期。

9 月　加入「中國文藝協會」，任研究委員。

經香港《學生周報》主編黃崖推介，第一本詩集《苦苓林的一夜》由香港國際圖書公司出版。該書贈送作者 300 份，由港寄臺，因領取手續繁雜，擱置海關半年之久，導致詩集封面嚴重受潮，瘂弦乃另行設計封面，改書名爲《瘂弦詩抄》，並於正文後附錄勘誤表，分送親朋，未於臺灣坊間發行。

10 月　以「瘂弦詩抄」爲輯名，發表詩作〈出發〉、〈夜曲〉、〈給 R・G〉於《創世紀》第 13 期。

1960 年　2 月　發表〈詩人手札〉於《創世紀》第 14～15 期。

9 月　以「側面」爲輯名，發表詩作〈C 教授〉、〈水夫〉、〈坤伶〉、〈上校〉、〈修女〉、〈故某省長〉於《筆匯》第 2 卷第 2 期。

12 月　詩作〈酒巴的午後〉、〈船中之鼠〉、〈土地祠〉收錄於余光中編譯 *New Chinese Poetry*，由臺北 Heritage Press 出版。

1961 年　1 月　與張默合編《六十年代詩選》，由高雄大業書店出版。

本年　以少校銜調任復興崗學院，於影劇系講述「中國戲劇史」、「藝術概論」、「名劇選讀」等課程，兼任晨光廣播電臺臺長。

1962 年　8 月　以「瘂弦作品」爲輯名，發表詩作〈戰時──一九四二・洛

　　　　　　　陽〉、〈鹽〉於《創世紀》第 17 期。

　　　　　　　補修復興崗學院影劇系大學學分。

　　　10 月　詩作收錄於胡品清編譯 *La Poésie Chinoise Contemporaine*，由
　　　　　　　巴黎 Seghers 出版。

1963 年　6 月　發表詩作〈獻給 H. MATISSE〉於《創世紀》第 18 期。

1964 年　1 月　發表〈覃子豪遺囑〉筆錄於《創世紀》第 19 期（詩人覃子豪
　　　　　　　追念特輯）。

　　　　　　　以「一九六三詩抄」為輯名，發表詩作〈另一種的理由〉、
　　　　　　　〈紀念 T.H.〉、〈所以一到了晚上〉於《創世紀》第 19 期。

　　　6 月　以「一九六四詩抄」為輯名，發表詩作〈下午〉、〈非策劃
　　　　　　　性的夜曲〉、〈如歌的行板〉於《創世紀》第 20 期。

　　　　　　　詩作「一九六三詩抄」、〈獻給 H. MATISSE〉獲香港「好望
　　　　　　　角」文學創作獎。

　　　　　　　完成復興崗學院影劇系大學學分補修，擢升少校教官。

　　　12 月　以「瘂弦詩二帖」為輯名，發表詩作〈焚寄 T.H.〉、〈庭
　　　　　　　院〉於《創世紀》第 21 期。

1965 年　1 月　31 日，獲中國青年反共救國團第一屆「青年文藝獎金」詩歌
　　　　　　　獎。

　　　2 月　發表〈二月之獻〉，同時以「一般之歌（外二首）」為輯
　　　　　　　名，發表詩作〈復活節〉、〈一般之歌〉、〈死屍〉於《幼
　　　　　　　獅文藝》第 134 期。

　　　4 月　與張橋橋女士結婚。

　　　5 月　發表〈在鋼盔與桂冠之間〉於《新文藝》第 110 期。

　　　　　　　擔任《幼獅文藝》編輯委員，負責畫展與文藝活動的介紹。

　　　6 月　以「一般之歌」為輯名，發表詩作〈復活節〉、〈一般之
　　　　　　　歌〉、〈給橋〉於《創世紀》第 22 期。

　　　9 月　應邀參加話劇《國父傳》，飾演孫中山，巡迴演出七十餘

場。

12 月　5 日，應邀出席國際青年商會中華民國總會主辦之第三屆「十大傑出青年」頒獎典禮，獲頒金手獎。

1966 年　1 月　開闢「中國新詩史料掇拾」專欄於《創世紀》第 23 期，每期介紹 1930、1940 年代大陸詩人作品，首篇爲〈廢名詩鈔〉。

2 月　出席教育部話劇欣賞演出委員會主辦的第二屆「話劇金鼎獎」頒獎典禮，以《國父傳》的演出成績獲頒「最佳男演員獎」。

3 月　15 日，出席《幼獅文藝》於「現代藝術季」舉辦的「現代文學座談會」，探討現代文學創作趨勢與創作態度等議題，與會者有侯建、朱西甯、司馬中原、陳映眞、鄭愁予、王文興、鄭文雄、張菱舲、段彩華等人。該藝術季由中美文化經濟協會發起，以慶祝青年節。

4 月　發表「中國新詩史料掇拾」專欄文章〈朱湘詩抄〉於《創世紀》第 24 期。

8 月　發表「中國新詩史料掇拾」專欄文章〈王獨清詩抄〉於《創世紀》第 25 期 。

9 月　應美國國務院之邀，赴愛荷華大學「國際寫作計畫」研習兩年。

1967 年　2 月　與張默合編《中國現代詩選》，由臺北創世紀詩社出版。

9 月　與洛夫、張默合編《七十年代詩選》，由高雄大業書店出版。

1968 年　1 月　發表〈旅人小札〉於《幼獅文藝》第 169 期。

5 月　詩集 *Salt* 由美國愛荷華大學出版社 Windhover Press 出版。

6 月　結束愛荷華大學研究工作，展開訪書之旅，前後去了華盛頓 D. C.國會圖書館，及耶魯、芝加哥、哥倫比亞等多所美國大學圖書館蒐集中國早期新詩史料，收穫甚豐。

12 月　詩集《深淵》由臺北眾人出版社出版。

1969 年　1 月　擔任中國青年寫作協會總幹事。

2 月　擔任教職於國立藝術專科學校廣播電視科，講授「藝術概論」、「廣播寫作」、「詩歌朗誦」等課程。

3 月　應邀擔任《幼獅文藝》主編。

與張默、洛夫合編《中國現代詩論選》，由高雄大業書店出版。

5 月　20 日，出席中國青年寫作協會臺北師專分會舉辦之文藝座談會，與會者有商禽、鄧文來、鍾梅音、段彩華、林懷民、梅新等人。

6 月　擔任「復興文藝營」營主任，並連任多年。

7 月　14 日，擔任耕莘文教院第四屆暑期寫作研習會講師。

1970 年　6 月　主編散文選《風格之誕生》，列為幼獅文藝叢書，由臺北幼獅文化公司出版。

7 月　3 日，長女景苹出生。

9 月　應白先勇之邀，擔任晨鐘出版社編輯顧問。

10 月　詩集《深淵》增訂本由臺北晨鐘出版社出版。

11 月　詩作〈上校〉、〈水手〉收錄於笠詩刊社編譯《華麗島詩集——中華民國現代詩選》，由東京若樹書房出版。

詩作收錄於葉維廉編譯 *Modern Chinese Poetry*，由美國愛荷華大學出版。

1971 年　2 月　8 日，應邀出席教育部文化局於臺北中國大飯店舉行之「保障文藝作家版權」座談會，與會者有何凡、王藍、林適存等。

4 月　詩集《深淵》增訂本由臺北晨鐘出版社再版。

7 月　擔任黃荷生創辦之巨人出版社《中國現代文學大系》編輯委員。

9 月　擔任第一屆「詩宗獎」評審委員。

主講「中國的儒商傳統」專題於臺灣西湖工商等五所職業學校。

11 月　以少校銜退伍。

12 月　兼任教職於復興崗學院影劇系。

1972 年　3 月　兼任教職於世界新聞專科學校廣播電視科，主講「詩歌朗誦藝術」、「聲音美學」等課程。

6 月　創世紀詩社召開《創世紀》復刊會議，決議由蘇武雄任發行人，瘂弦任社長。

7 月　詩作〈深淵〉收錄於許世旭編譯《中國名詩選》，由漢城同和出版公社出版。

8 月　應中國文化學院中國文學系新文藝組主任史紫忱之邀，講授「新詩概論」等課程。

9 月　28 日，「華欣文藝工作者聯誼會」於臺北成立，擔任聯誼會委員。

發表「中國新詩史料掇拾」專欄文章〈未完工的紀念碑——孫大雨的〈自己的寫照〉〉於《創世紀》第 30 期。

11 月　11 日，應邀出席臺灣師範大學於臺北中央圖書館舉辦的「第二屆文藝創作展覽」，主持「新詩座談會」，與會者有紀弦、余光中、商禽、大荒、羅門、周鼎等人。

12 月　發表「中國新詩史料掇拾」專欄文章〈開頂風船的人——辛笛的《手掌集》及其他〉於《創世紀》第 31 期。

1973 年　1 月　6 日，出席中國青年寫作協會舉辦的「鄉土文學座談會」，與會者有林適存、魏子雲、潘琦君、蓉子、鄧文來等以及各大專院校學生。

3 月　發表「中國新詩史料掇拾」專欄文章〈濺了血的「童話」——綠原作品回顧〉於《創世紀》第 32 期。

6 月　發表「中國新詩史料掇拾」專欄文章〈中國象徵主義的先驅
　　　──李金髮作品回顧〉於《創世紀》第 33 期。

9 月　發表「中國新詩史料掇拾」專欄文章〈早春的播種者──劉
　　　半農作品回顧〉於《創世紀》第 34 期。

　　　詩作經楊牧翻譯，刊於美國麻州大學比較文學刊物
　　　Micromegas 第 5 卷第 3 期。

　　　詩作收錄於榮之穎編譯 *Modern Verse From Taiwan*，由美國加
　　　州大學出版。

11 月　發表「中國新詩史料掇拾」專欄文章〈從象徵到現代：三十
　　　年代以「純文學」對抗「紅文學」的詩人──戴望舒作品回
　　　顧〉於《創世紀》第 35 期。

　　　擔任第一屆「中國現代詩獎」評審委員。

1974 年　1 月　發表「中國新詩史料掇拾」專欄文章〈蛹與蝶之間：過渡期
　　　的白話詩人──劉大白作品回顧〉於《創世紀》第 36 期。

　　　兼任華欣文化公司所屬的《中華文藝》等報刊總編輯，並邀
　　　張默、陳酒臣等任職。

3 月　主編《幼獅文藝二十週年目錄索引》，由臺北幼獅文化公司
　　　出版。

7 月　發表「中國新詩史料掇拾」專欄文章〈康白情詩選〉於《創
　　　世紀》第 37 期。

　　　擔任國軍第九屆「文藝金像獎」評審委員。

10 月　發表「中國新詩史料掇拾」專欄文章〈康白情作品編目〉於
　　　《創世紀》第 38 期。

12 月　應邀出席中華民國文藝界東南亞訪問團，訪問菲律賓、越
　　　南、新加坡、泰國、香港等地區的華人作家。

1975 年　1 月　幼獅文化公司成立期刊部，升任總編輯，統籌《幼獅文
　　　藝》、《幼獅月刊》、《幼獅學誌》、《幼獅少年》四份刊

物。

4 月　　發表〈李金髮先生年譜〉於《創世紀》第 40 期。

6 月　　擔任「中國文藝協會」常務理事，與陳紀瀅、趙友培、王藍
　　　　等受嚴家淦總統接見，會談文藝問題。

7 月　　發表「中國新詩史料掇拾」專欄文章〈芙蓉癖的怪客——康
　　　　白情其人其詩〉於《創世紀》第 41 期。

8 月　　擔任華欣文化公司編審委員會委員，設計華欣文學叢書系
　　　　列。

　　　　擔任國軍第 11 屆「文藝金像獎」評審委員。

　　　　擔任第一屆「國家文藝獎」新詩類評審委員。

9 月　　兼任教職於東吳大學中國文學系，講授新文藝批評等課程。

12 月　　發表〈民國以來出版新詩集總目初編——民國六年至民國三
　　　　十八年〉於《創世紀》第 42 期。

　　　　應邀出席維也納國際筆會大會，同行者有中華民國筆會會長
　　　　彭歌、殷張蘭熙、王藍、朱立民等。

　　　　詩作收錄於齊邦媛編 *An Anthology of Contemporary Chinese
　　　　Literature*，由臺北國立編譯館出版。

　　　　與廖玉蕙合編《中國古典小說論集第一輯》、《中國古典小
　　　　說論集第二輯》，由臺北幼獅文化公司出版。

1976 年　2 月　　詩作〈深淵〉、〈紅玉米〉收錄於許世旭編譯《中國現代詩
　　　　選》，由漢城乙酉文化社出版。

3 月　　發表〈民國以來新詩總目初編・詩論、翻譯、史料及其他〉
　　　　於《創世紀》第 43 期。

　　　　主編文集《資治通鑑選論》，由臺北幼獅文化公司出版。

4 月　　24～30 日，應邀出席中華民國筆會主辦之第四屆「亞洲作家
　　　　會議」，主持大會祕書處工作，接待川端康成等國際作家。

　　　　主編《現代教育論集》，由臺北幼獅文化公司出版。

	6 月	與洛夫、張默等合編《八十年代詩選》，由臺北濂美出版社出版。
	8 月	與楊牧、葉步榮、沈燕士創辦洪範書店。
		擔任國軍第 12 屆「文藝金像獎」評審委員。
	9 月	發表〈民國以來新詩總目初編・詩刊部分〉於《創世紀》第 44 期。
		就讀美國威斯康辛大學東亞研究所，選修周策縱、倪豪士、劉紹銘等所開的課程。
	10 月	與梅新合編半年刊《詩學》。
1977 年	3 月	發表〈民國以來新詩總目初編・詩刊部分（二）〉於《創世紀》第 45～46 期。
	5 月	主編《朱湘文選》，柳無忌撰序，由臺北洪範書店出版。
	7 月	獲美國威斯康辛大學東亞研究所文學碩士學位。
	8 月	主編《劉半農文選》、《戴望舒卷》，由臺北洪範書店出版。
	10 月	應聯合報社之聘，返臺擔任《聯合報》副刊主編。
		詩集《瘂弦自選集》由臺北黎明文化公司出版。
		主編《劉半農卷》，由臺北洪範書店出版。
1978 年	4 月	1 日，策劃《聯合報》副刊第一次作家雅集：「尋找中國小說自己的路──『小說的未來』座談會」，與會者有七等生、小野、司馬中原、朱西甯、吳念真、季季、花村、東年、周浩正、康芸薇、張恆豪、張大春、馬叔禮、曾心儀、鍾肇政、蕭颯 16 位作家。
	5 月	23 日，應邀出席政治大學西洋語文學系主辦之「中國現代詩的成就與發展」座談會。
		發表〈民國以來新詩總目初編・詩刊部分之三：日據時期臺灣日文詩刊〉於《創世紀》第 47 期。

	6 月	10 日，策劃《聯合報》副刊作家雅集：「中國詩人的道路座談會」，與會者有羊令野、商禽、向明、張默、蓉子、高大鵬、蘇紹連、桓夫、吳望堯、羅行等 20 人。
	8 月	發表〈中國新詩年表——光緒二〇（一八九四）～民國卅八（一九四九）〉於《創世紀》第 48～50 期。
	10 月	8 日，策劃《聯合報》副刊作家雅集：「傳下這把香火——『光復前的臺灣文學』座談會」，與會作家有王詩琅、王昶雄、巫永福、杜聰明、郭秋生、郭水潭、黃得時、陳火泉、陳逢源、葉石濤、楊雲萍、楊逵、廖漢臣、劉捷、劉榮宗。
1979 年	7 月	19 日，應邀出席星宿海書坊於臺北中心餐廳舉辦之「朱西甯小說：《八二三注》座談會」，與會者有馬叔禮、姜穆、管管、尼洛、朱西甯、趙玉明、吳念真、小野等人。
	9 月	出席聯合報社 28 週年社慶，獲頒「特別貢獻獎」。
	12 月	主編之《幼獅文藝》獲國家文藝基金管理委員會頒發第三屆「全國優良文藝雜誌」榮譽獎。
1980 年	1 月	擔任《聯合報》副總編輯，兼副刊組主任。
	3 月	發表〈瘂弦詩觀〉於《創世紀》第 51 期。
	4 月	主編《當代中國新文學大系》詩卷，並撰長序，敘述光復後臺灣新詩發展史，由臺北天視文化公司出版。
	6 月	策劃《聯合報》副刊於臺北碧潭舉辦之「水調歌頭——詩與歌之夜」水上座談會。
	7 月	29 日，次女景縈出生。
	8 月	19 日，策劃並主持《聯合報》副刊舉辦之「紅樓夢研究的未來方向」座談會，與會者有余英時、潘重規等紅學專家。
	12 月	發表〈序《文學創作新論》〉於《創世紀》第 54 期。
1981 年	1 月	《中國新詩研究》由臺北洪範書店出版。
	3 月	15 日，發表〈三十年蔚蕃成林——中華民國文壇現況與省

視〉於《聯合報》副刊。

應邀至臺南成功大學演講,並重遊曾居住的旭町營房等文學啓蒙舊地。

4 月　應邀出席耕莘文教院主辦之「七十年現代詩季」,主持「現代詩在臺灣」座談會。

25 日,應邀出席中央大學主辦之第五屆比較文學會議「詩人座談會」,主講「西方文學與早期現代詩」。

《瘂弦詩集》由臺北洪範書店出版。

6 月　6 日,應邀出席國軍詩歌研究會聯合全臺詩社舉辦的詩人節慶祝活動,與季紅、余光中、洛夫、張漢良共同主持「詩座談」。

9 月　擔任第四屆「吳三連文藝獎」評審。

12 月　發表〈中國新詩過眼錄——一九一七～一九四九新詩書刊提要〉於《創世紀》第 57 期,評陳夢家詩集《夢家詩集》。

應邀出席香港中文大學主辦之「中國現代文學研討會」,與洛夫同行。

詩作收錄於《亞洲現代詩集》第一集,由東京現代詩工房出版。

本年　應邀赴新加坡,參加第一屆「世界華文文學討論會」,並參訪《南洋商報》。

1982 年　1 月　18 日,應邀出席臺中市文化中心主辦之「中日韓現代詩人會議——中韓現代詩人座談會」,講述臺灣近三十年來詩壇概況。

3 月　兼任教職於國立藝術專科學校廣播電視科與中興大學中國文學系,分別講授「口頭傳播學」與「編輯學」課程。

6 月　發表〈中國新詩過眼錄——一九一七～一九四九新詩書刊提要〉於《創世紀》第 58 期,評臧克家詩集《罪惡的黑手》。

發表〈臧克家——早期詩人小傳之一〉於《現代詩》復刊第 1 期。

《現代詩》復刊，擔任編輯委員。

在《聯合報》的策劃下，結合臺灣文學史研究者與青年作家，通力完成《聯副三十年文學大系》共 28 冊，由臺北聯經出版公司出版。

7 月　獲教育部頒發副教授證書。

10 月　9 日，與張默共同主持《創世紀》28 週年紀念茶會。

發表〈我的詩路歷程——從西方到東方〉於《創世紀》第 59 期。

發表〈何其芳——中國新詩早期詩人小傳之二〉於《現代詩》復刊第 2 期。

當選由《陽光小集》主辦票選的「青年詩人心目中的當代十大詩人」。

本年　《聯副三十年文學大系》獲「金鼎獎」。

1983 年　1 月　發表〈中國新詩過眼錄——一九一七到一九四九新詩要籍提要〉於《創世紀》第 60 期，評何其芳、李廣田、卞之琳合著詩集《漢園集》。

2 月　論集《青年筆陣》（臺灣青年文藝運動小史）由臺北幼獅文化公司出版。

3 月　5 日，應菲律賓大學與僑社之邀，與尼洛、司馬中原、顏元叔、胡有瑞、程榕寧同行參訪菲律賓。

發表〈李廣田——中國新詩早期詩人小傳之二〉於《現代詩》復刊第 3 期。

5 月　應中國青年寫作協會之邀，與林海音、朱西甯、司馬中原作全省巡迴演講。

發表〈中國新詩過眼錄——一九一七～一九四九新詩書刊提
要〉於《創世紀》第 61 期，評戴望舒詩集《望舒草》。

7 月　發表〈艾青——中國早期詩人小傳之三〉於《現代詩》復刊
第 4 期。

9 月　18 日，應邀出席現代詩季刊社主辦之「現代派六信條的默察
與省思」討論會，與會者有羊令野、辛鬱、林亨泰、梅新、
商禽等人。

10 月　29 日，應邀出席詩人覃子豪逝世 20 週年紀念活動，於會中播
放瘂弦所錄製的覃氏遺音。

發表〈中國新詩過眼錄——一九一七～一九四九新詩書刊提
要〉於《創世紀》第 62 期，評辛笛詩集《手掌集》。

11 月　發表〈捲起袖子自己來：對尼洛大陸生活經驗作品的體會〉
於《文訊雜誌》第 5 期。

12 月　應邀出席第三屆「中韓作家會議」。

發表〈在屋頂與繁星之間——物質生活與我〉於《現代詩》
復刊第 5 期。

1984 年　2 月　發表〈中國新詩過眼錄——一九一七～一九四九新詩書刊提
要〉於《創世紀》第 63 期，評陳夢家編《新月詩選》。
兼任教職於國立藝術學院美術系與戲劇系，主講「藝術概
論」、「戲劇語言」。

6 月　發表〈中國新詩過眼錄——一九一七～一九四九新詩書刊提
要〉於《創世紀》第 64 期，評卞之琳詩集《十年詩草》。
發表〈林徽音——中國早期詩人小傳之四〉於《現代詩》復
刊第 6 期。

7 月　出席《聯合報》副刊與雲門舞集於國立藝術館合辦之「散文
朗誦會」，文學前輩梁實秋出席，並作開幕致詞。

8 月　發表〈夜讀雜抄〉於《詩人季刊》第 18 期。

9 月　　與張默、洛夫、辛鬱等合編《創世紀詩選》，由臺北爾雅出版社出版。

10 月　　6 日，主持《創世紀》30 週年慶祝酒會。

7 日，應邀主持中央圖書館主辦之「中國現代詩三十年詩刊、詩集、詩人資料特展」座談會。出席現代詩季刊社與《臺灣日報》副刊主辦之「白萩詩集《詩廣場》討論會」。

發表〈中國新詩過眼錄──一九一七到一九四九新詩要籍提要〉於《創世紀》第 65 期，評馮至詩集《十四行集》。

11 月　　《聯合文學》創刊，任社長兼總編輯，發行人為張寶琴。

1985 年　1 月　　4 日，應邀出席新加坡第三屆「國際華文文藝營」。

4 月　　發表〈美、思、力──蕭蕭編著《感人的詩》序〉於《創世紀》第 66 期。

8 月　　創辦「臺灣省巡迴文藝營」，連任 14 年營主任。

應邀至香港國際書展發表演講，並與香港作家座談，同行者有葉慶炳、何寄澎二位教授。

11 月　　6 日，應邀出席文訊雜誌社主辦之「現階段報紙副刊的檢討與展望」座談會，與會者有吳娟瑜、胡秀、黃文範、楊濟賢等人。

1986 年　1 月　　應邀至新加坡參加《南洋・星島聯合報》主辦的第二屆「國際華文文藝營」，擔任講師。

擔任第二屆「金獅獎」決審委員。

2 月　　擔任行政院文建會文藝委員。

詩作〈所以一到了晚上〉由潘皇龍譜曲為管弦樂，搭配女高音演唱，於德國柏林等歐洲城市演出。

5 月　　應泰國《世界日報》社長趙玉明（詩人一夫）之邀，出席曼谷「泰華文壇五四文藝節大會」，發表演講「副刊文化」。

6 月	7 日，應邀出席由李錫奇策劃的「視覺詩十人展」，作品〈時間、木馬、鐘擺、搖籃〉於臺北環亞藝術中心展出。
8 月	10 日，應邀出席「第二屆現代詩學研討會」，擔任講評人。
11 月	擔任第 21 屆「中山文藝獎」評審委員。
12 月	12 日，與夫人橋橋同行，出席韓國中國現代文學會於漢城舉辦的「第一屆國際學術會議」，發表論文〈艾青的文學歷程〉，並與韓國詩人許世旭小聚。

1987 年
2 月	周良沛主編《瘂弦詩選》，由成都四川文藝出版社出版。
3 月	應邀出席杜十三策劃、導演，於臺北春之藝廊舉辦的「貧窮詩劇場——趙天福有聲發表會」，欣賞詩作〈深淵〉、〈婦人〉經唐鼓及鉢伴奏，重新詮釋的表演。
7 月	4～5 日，應邀出席文訊雜誌社主辦之「抗戰文學研討會」，與會者有余光中、葛浩文、許世旭、王潤華、蔡源煌等人。 18 日，應邀出席國軍詩歌研究會主辦之「從詩歌創作看抗戰精神」座談會，發表專題演講。
8 月	發表短文於《創世紀》第 71 期，爲詩與散文的區別下新的定義。

1988 年
1 月	擔任臺北副刊聯誼會會長，率領全體會員拜訪外雙溪的錢穆書房，向大師請益。
4 月	應邀出席行政院文建會主辦之文藝創作班，主講「新詩和現代詩」。
5 月	8 日，「美國愛荷華大學寫作計畫在臺作家聯誼會」成立，當選理事。 22 日，應邀出席聯合文學與文訊雜誌社合辦之「當前大陸文學研討會」，擔任引言人，主講「大陸文學的變貌」。
7 月	主編散文集《女作家的百寶箱》，並撰序，由臺北世界日報社出版。

9 月	13 日，與殷張蘭熙共同主持《聯合報》副刊於新竹南園舉行之「文學大對談」，邀請來臺訪問之國際筆會作家金範士（Francis King）等多人，與臺灣作家彭歌、王藍、紀剛、三毛、陳長房、張漢良、李昂、陳幸蕙等交流文學理念。
11 月	獲世界詩人學會頒授榮譽博士學位。
12 月	發表〈周公扛鼎〉於《文訊雜誌》第 39 期，細述與周策縱先生之間的師生情誼。

1989 年　1 月	自美國舊金山大學陳立鷗教授所攜之大陸家書，得知父母雙亡，肝腸欲裂。
3 月	主編《聯合報第十屆小說獎作品集》，由臺北聯經出版公司出版。
7 月	擔任耕莘文教院青年寫作班講師，主講「中國新詩的回眸與前瞻」。
8 月	發表〈現代與傳統的省思〉於《創世紀》第 73、74 期合刊。
10 月	8 日，出席《創世紀》35 週年詩創作獎決審會議。
11 月	26 日，出席《創世紀》35 週年慶祝酒會。

1990 年　3 月	主編《聯合報第十一屆小說獎作品集》，由臺北聯經出版公司出版。
4 月	應菲華千島詩社之邀，赴馬尼拉擔任華文學班講座一週。
6 月	策劃《聯合報》副刊主辦之「海峽兩岸作家文藝座談會」，與會者有大陸流亡作家蘇曉康、祖慰、徐剛、老木、遠志明，及臺灣文藝界人士洛夫、鄭愁予、張默、張曉風、馬森、林載爵等。 主編散文集《一條流動的星河》，由臺北聯經出版公司出版。
7 月	發表〈長板凳上少一人——悼沉冬〉於《創世紀》第 79 期。

9 月　偕夫人張橋橋返河南南陽故鄉，為祖父母、父母、叔叔、嬸嬸掃墓立碑，並與南陽文藝界人士牛雅杰、周熠、周同賓、王遂河、廖華歌等晤談。

10 月　發表〈消除朱湘研究的盲點——讀《詩人朱湘懷念集》〉於《創世紀》第 80、81 期合刊。

1991 年　3 月　主編《聯合報第十二屆小說獎作品集》，由臺北聯經出版公司出版。

應邀出席巴黎「歐洲華文作家協會」開幕式。

5 月　獲臺灣省作家協會頒贈第 14 屆「中興文藝獎章」副刊主編獎。

8 月　26 日，應邀出席創世紀詩社主辦之「沈志方詩作討論會」，與會者有沈志方、洛夫、張默、簡政珍、楊平等人。

12 月　27 日，應邀出席行政院文建會與中國文藝協會合辦之「當前新詩、散文發展研討會」，主持綜合座談。

1992 年　1 月　應邀出席於劍潭舉行之「全國編輯人員研習會」，主講「青年刊物編輯趨勢」。

2 月　24 日，與吳宏一共同主持《聯合報》副刊與中研院文哲所籌備處合辦之「鄭樹森教授演講會」，該會講題為「西方理論與中國文學研究」。

4 月　應邀出席中國古典詩研究會主辦之「文學與傳播關係研討會」，擔任講評人。

發表〈回到中國詩的原鄉——楊平「新古典」創作試驗的聯想〉於《創世紀》第 88 期。

5 月　發表〈詩人的歷史感——寫在張默編《臺灣現代詩編目》卷前〉於《文訊雜誌》第 79 期。

6 月　5 日，應邀主持九歌文教基金會主辦之「詩歌文學的再發揚」座談會，與會者有余光中、李瑞騰、向陽、簡政珍等。

　　　　14 日，應邀出席現代詩雜誌社於臺北客中作茶藝館舉行之「現代詩的危機」座談會，與會者另有梅新、楊澤、羅智成三位副刊主編。

7 月　6 日，擔任耕莘青年寫作會「創作研習課程」講師。

8 月　24 日，主持《聯合報》副刊於臺北聯合報大樓舉行之「文學又死了嗎」座談會，對談者有鄭樹森、南方朔、廖炳惠、張大春。

　　　　偕家人第二次返鄉河南南陽老家，為外公外婆、舅父舅母掃墓立碑，同時應南陽地區文學與藝術界之邀，作有關兩岸文壇交流之演講。

9 月　兼任教職於靜宜大學中文系，講授「新聞文學」、「戲劇導論」、「中國現代文學史」等課程。

10 月　3 日，中華民國筆會慶祝會刊 The Chinese Pen 創刊 20 週年，於臺灣大學舉行會員大會，並於會中舉辦「文學在臺灣系列座談會」，分回顧、交流與展望三階段進行，分別由林海音、瘂弦、齊邦媛擔任引言人。

　　　　任中華民國筆會會刊 The Chinese Pen 編輯委員。

　　　　應邀出席香港中文大學主辦之藝文活動，主講「詩與社會——五、六十年代臺灣詩中的社會意識」。

11 月　26 日，《幼獅文藝》與幼獅電臺合作邀請韓秀（Teresa Buczacki）空中導讀其自傳體小說《折射》，瘂弦與魏子雲亦參與討論。

　　　　主編《小說潮：聯合報第十三屆小說獎暨附設新詩獎、報導文學獎作品集》，由臺北聯經出版公司出版。

　　　　主編《小說潮：聯合報第十四屆小說獎暨附設新詩獎、報導文學獎作品集》，由臺北聯經出版公司出版。

12 月　22 日，主持《聯合報》副刊主辦之「兩岸文學交流的特殊經驗」座談會，與會者有劉登翰、袁和平、白先勇、洛夫、朱西甯、商禽、李瑞騰、蘇偉貞等人。

25 日，主持創世紀詩雜誌社主辦之「兩岸新詩交流座談會」，與大陸詩評家劉登翰、小說家袁和平暢談兩岸新詩發展。

1993 年　2 月　應邀擔任教育部文學獎評審委員。

兼任教職於政治大學中文系，講授「現代詩」課程。

3 月　26 日，策劃《聯合報》副刊主辦之「海是地球的第一個名字——海洋文學座談會」，與會者有黃春明、汪啓疆、東年、夏曼·藍波安、劉克襄。

4 月　16 日，率《聯合報》副刊組舉行「作家海上聯誼活動」，陪同六十餘位作家至基隆港，登軍艦參觀並出航，在艙面上舉行海洋文學座談。

6 月　4～6 日，主持由行政院文建會策劃主辦，《聯合報》副刊與聯合文學月刊社承辦之「高陽小說作品研討會」，與會者有龔鵬程、蔡詩萍、張大春、楊照、許以祺等人。

策劃《聯合報》副刊舉辦的「文學出外景——到澎湖」活動，爲《聯合報》副刊繼本年四月「海洋文學座談會」、「海洋文學展」之後，對海洋文學的第二波試探。

與陳義芝合編《八十一年詩選》，由臺北現代詩季刊社出版。

8 月　29 日，應邀出席現代詩季刊社主辦之《現代詩》40 週年慶祝活動，擔任「現代主義：國際與本土——現代詩運的回顧與前瞻」座談會引言人。

偕夫人張橋橋女士訪蘇聯 10 天，拜謁普希金、杜斯妥耶夫斯基、托爾斯泰、柴可夫斯基等文學與音樂家故居，並遊帝俄

時期的皇宮等名勝。

10 月　9 日，出席中國文藝協會、中華民國新詩學會、現代詩季刊
社、藍星詩社、創世紀詩雜誌社、葡萄園詩社、臺灣詩學季
刊社、文訊雜誌社合辦之覃子豪逝世 30 週年紀念活動，前往
墓園憑弔並主持「覃子豪與 1950 年代臺灣詩壇」座談會。

11 月　15 日，主持《聯合報》副刊與福建省作家協會舉辦的「原鄉
行」活動，帶領臺灣作家與福建作家、學者、出版家進行座
談，交流族群記憶與文學課題。

12 月　17 日，策劃聯合報系於臺北圓山飯店舉辦之「四十年來中國
文學會議」，主持「四十年來新詩匯談」。

本年　與王潤華、何文匯合編《創作與回憶──周策縱教授七十五
壽慶集》，由香港中文大學出版。

1994 年　3 月　16 日～5 月 30 日，擔任彰化師範大學成人教育中心「新文藝
師資研習班」講師。

5 月　擔任《宏觀月刊》第一屆「全國僑生散文獎」評審。

7 月　主編散文集《散文的創造》（上、下），由臺北聯經出版公
司出版。

9 月　與簡政珍合編《創世紀四十年評論選：1954─1994》，由臺
北創世紀詩雜誌社出版。
蕭蕭主編《詩儒的創造・瘂弦詩作評論集》，由臺北文史哲
出版社出版。

10 月　5 日，擔任耕莘青年寫作班「文學與童年故鄉」系列講座講
師。

11 月　主編《飛翔之光──聯合報文學獎 1994 卷》，由臺北聯經出
版公司出版。

1995 年　2 月　12 日，主持中國青年寫作協會「現代詩創作營」，擔任講
師。

發表〈脫咒與創發——吳當《新詩的呼喚》〉於《文訊雜誌》第 112 期。

5 月　13 日，應邀出席行政院文建會策劃，文訊雜誌社主辦之「臺灣現代詩史研討會」，主持第五場「八十年代」論文發表會。

6 月　與余光中、陳秀英合編《雅舍尺牘——梁實秋書札真跡》，由臺北九歌出版社出版。

與張寶琴、邵玉銘合編《四十年來中國文學》，由臺北聯合文學出版社出版。

11 月　主編《我寫故我在——聯合報文學獎一九九五卷》，由臺北聯經出版公司出版。

1996 年　1 月　20～21 日，應邀出席文訊雜誌社主辦，佛光大學籌備處協辦之「臺灣文學出版研討會」，擔任論文特約討論人。

4 月　1～3 日，擔任中國青年寫作協會「青少年文藝研習營」講師。

21 日，應邀出席中華民國筆會 85 年度會員大會，與齊邦媛擔任「文學交流」座談會引言人。

5 月　17 日，發表〈蝴蝶的歷程——讀《世界華文成長小說得獎作品集》〉於《中華日報》副刊。

與陳義芝合編文集《站在巨人肩上》，由臺北聯經出版公司出版。

6 月　3 日，應邀出席《中央日報》副刊於國家圖書館舉辦之「百年來中國文學學術研討會」，擔任「副刊與中國文學」座談會引言人。

8 月　16 日，籌辦第 18 屆聯合報文學獎新詩類公開評審會。

9 月　鄭樹森主編瘂弦詩選《如歌的行板》，由臺北洪範書店出版。

10 月　發表〈天空、大地、河流——讀楊平、馮傑、田原三家詩小引〉於《創世紀》第 108 期。

11 月　主編《美麗新世界——聯合報文學獎一九九六卷》，由臺北聯經出版公司出版。

本年　獲《1996 臺灣文學年鑑》選為該年度十大文學人。

1997 年　1 月　7 日，獲行政院新聞局第 21 屆金鼎獎「新聞類副刊編輯獎」。

10～12 日，「世界中文報紙副刊學術研討會」於臺北圓山飯店召開，會期三天，由《聯合報》副刊承辦，行政院文建會、國家圖書館、文訊雜誌社協辦，瘂弦除負責大會祕書處會務外，並擔任「臺灣報紙副刊的未來座談會」主持人。

主編文集《眾神的花園——聯副的歷史記憶》，由臺北聯經出版公司出版。

3 月　29～30 日，出席中國青年寫作協會於臺灣師範大學主辦之「當代臺灣散文文學研討會」。

6 月　1 日，卸下《聯合報》副刊主編職務。綜理聯合報系所屬之《聯合報》副刊、讀書人專版、美國《世界日報》世界副刊、小說世界版、泰國《世界日報》湄南河副刊、湄南詩刊編務行政。

21 日，出席中華民國筆會會刊 *The Chinese Pen* 發行 100 期慶祝會，發表演說談臺灣當前文學現象。

主編《人生散步：聯副「眾生相徵文」作品集》，由臺北聯經出版公司出版。

7 月　15～16 日，發表〈詩路獨行——莊因詩集《過客》讀後〉於《中華日報》副刊。

9 月　10 日，出席中國文藝協會於臺北舉行之「兩岸文藝交流座談會」，與大陸「中國文學藝術界聯合會」進行文學交流。

20 日，擔任中國青年寫作協會主辦，靈鷲山文教基金會協辦之「小說進階薪傳班」講師。

25 日，擔任中國文藝協會主辦，行政院新聞局協辦之「編劇研究班」講師。

11 月　8 日，應邀出席中國婦女寫作協會主辦之「女性・書寫・新方向——1990 年代女作家創作類型」研討會，擔任引言人。

與陳義芝合編《世界中文報紙副刊學綜論》，由臺北行政院文建會出版。

12 月　3 日，擔任中國文藝協會「新詩研究進階班」講師。

5～6 日，發表〈披著詩裝的散文家（無名氏）〉於《中華日報》副刊。

24 日，發表〈用詩尋找母親的人——談梅新的思母詩〉於《中央日報》副刊。

24～26 日，《聯合報》副刊於國家圖書館舉辦「臺灣現代小說史研討會」，擔任「小說家的挑戰」座談會主持人。

1998 年　1 月　17～18 日，發表〈學院的出走與回歸——讀陳義芝《不安的居住》〉於《中央日報》副刊。

獲行政院新聞局第 22 屆金鼎獎「新聞類副刊編輯獎」。

4 月　25 日，擔任中國青年寫作協會「小說研究班」講師。

5 月　3 日，應邀出席文訊雜誌社主辦之「五四文藝雅集」，獲頒第一屆五四獎「文學編輯獎」。

20 日，發表〈故事是思想居住的屋宇——李家同敘事文學的人文意涵〉於《聯合報》副刊。

23 日，應邀擔任臺東縣文化中心主辦，後山文化工作協會承辦之「後山文學營」講師，與會者有吳晟、平路、路寒袖等。

30 日，發表年度詩選序言〈爲臺灣現代詩織夢〉於《聯合報》副刊。

與陳義芝合編《八十六年詩選》，由臺北現代詩季刊社出版。

6 月　19 日，應邀出席聯經出版公司舉辦之「胡適的書信與戀情」座談會，與周質平、廖咸浩、李孝悌對談。

7 月　擔任耕莘文教院「暑期寫作班」講師。

8 月　22 日，應邀出席九歌文教基金會、文訊雜誌社、幼獅文化公司、創世紀詩雜誌社、臺灣詩學季刊社、聯合文學出版社與聯合報《副刊》合辦之「弦歌不斷——瘂弦的編輯歲月」惜別茶會，會中獲中國國民黨頒贈「華夏一等獎章」，肯定文學創作與副刊編輯的成就。

29 日，屆齡退休。

9 月　5 日，應邀出席行政院文建會主辦，《中央日報》副刊主編林黛嫚承辦之「文學到校園」系列活動，於臺中女中主講「拿起筆來！你就是作家」。

26 日，應邀主持中國詩歌藝術協會主辦之「兩岸詩刊學術研討會」，與會者有羅行、丁威仁、向陽、楊牧、楊匡漢、陳紹偉等人。

應邀擔任成功大學首位駐校作家。

10 月　29 日，主持聯合報《副刊》與南華管理學院合辦之「兩岸作家展望 21 世紀文學研討會」，與會者有莫言、王安憶、蘇童、龔鵬程、陳義芝、馬森等人。

11 月　9 日，應邀擔任「第七屆裕隆文藝季——臺灣詩鄉」徵詩活動評審委員。

28～29 日，發表〈一齣「現代的」歷史劇——我看《皇帝變》〉於《聯合報》副刊。

12 月　赴加拿大溫哥華定居。

1999 年　2 月　5 日，詩集《深淵》獲選爲行政院文建會委託《聯合報》副刊評選的 30 部「臺灣文學經典」之一。

3 月　13 日，當選中華民國筆會第三屆理事，並任該會會刊 *The Chinese Pen* 編輯委員。

19 日，發表〈長泳──無名氏的文學時代〉於《聯合報》副刊。

19～21 日，自加拿大回國，出席行政院文建會主辦，《聯合報》副刊承辦之「臺灣文學經典研討會」，與會者有王文進、王德威、白先勇、白靈、平路等人

26 日，擔任「人與書的對話」節目製作單位、李連教育基金會、《中央日報》副刊合辦之「第二屆青年文藝營」講師。

27 日，應邀出席九歌文教基金會舉辦之「彭歌作品研討會」，與會者有荊溪人、張作錦、黃文範、彭鏡禧等人。

4 月　12～13 日，發表〈中國新文學的崎嶇旅程──兼論無名氏的崛起〉於《青年日報》副刊。

9 月　發表〈新詩這座殿堂是怎樣建造起來的──從史的回顧到美的巡禮〉於《臺灣詩學季刊》第 28 期。

主編《天下詩選：1923～1999 臺灣》（Ⅰ、Ⅱ），由臺北天下遠見出版公司出版。

2000 年　5 月　第三次回故鄉河南南陽，爲已故親人掃墓。到舞鋼縣探訪散文家楊稼生，並與當地文藝界友人見面座談，到鄭州會見文心出版社社長詩人牛雅杰、馬新朝、方向真等。

應邀至北京大學中文系發表演講「蝶與蛹之間──臺灣新世代文學」。

6 月　應邀出席美中西區華人學術聯誼會之千禧年年會，發表演講「世界上最大的文壇──一家親，一盤棋，華文文學的傳承

與展望」。

發表〈朗誦美學緒論：中國文學的音樂特質〉於《創世紀》第 123 期。

9 月　應聘擔任東華大學駐校作家，於創英所主講現代詩與現代散文課程。

2001 年　2 月　26～28 日，發表〈夢雨飄瓦──曾麗華散文中的生命美學〉於《聯合報》副刊。

4 月　應邀至香港城市大學參加文化節活動並發表演講。

6 月　發表〈從徐玉諾到吳瀛濤〉於《創世紀》第 127 期。

7 月　17 日，發表〈鉤稽沉珠，闡舊闡新──向明詩話賞讀〉於《中央日報》副刊。

19 日，發表「記哈克詩想」專欄文章〈神話復興〉於《聯合報》副刊。

8 月　2 日，發表「記哈克詩想」專欄文章〈形式的魅力〉於《聯合報》副刊。

16 日，發表「記哈克詩想」專欄文章〈想起聞一多〉於《聯合報》副刊。

23 日，發表〈以詩為情、以情為詩──龔華作品的內涵與向度〉於《中央日報》副刊。

25～26 日，發表〈不容青史盡成灰──王書川的文學世界〉於《聯合報》副刊。

30 日，發表「記哈克詩想」專欄文章〈重讀高爾基〉於《聯合報》副刊。

9 月　14 日，發表「記哈克詩想」專欄文章〈高爾基在中國〉於《聯合報》副刊。

27 日，發表「記哈克詩想」專欄文章〈從穿衣服到寫詩──席勒的一段妙語〉於《聯合報》副刊。

擔任育達商業科技大學駐校作家，為期半年。

10 月　15 日，發表「記哈克詩想」專欄文章〈從造園想到寫詩〉於《聯合報》副刊。

25 日，發表「記哈克詩想」專欄文章〈詩是一種製作，一個未知〉於《聯合報》副刊。

11 月　8 日，發表「記哈克詩想」專欄文章〈飛白的趣味〉於《聯合報》副刊。

22 日，發表「記哈克詩想」專欄文章〈寫詩像戀愛〉於《聯合報》副刊。

12 月　6 日，發表「記哈克詩想」專欄文章〈波赫士談片〉於《聯合報》副刊。發表〈永不凋零〉於《中央日報》副刊（王盛弘採訪整理）。

20 日，發表「記哈克詩想」專欄文章〈百無一用是詩人〉於《聯合報》副刊。

發表〈把文學的種子播在臺灣的土地上〉於《文訊雜誌》第 194 期。

2002 年　1 月　3 日，發表「記哈克詩想」專欄文章〈自我思考與寫作〉於《聯合報》副刊。

17 日，發表「記哈克詩想」專欄文章〈好文章是咬嚼出來的〉〉於《聯合報》副刊。

31 日，發表「記哈克詩想」專欄文章〈偶像的黃昏——重讀魯迅的《野草》〉於《聯合報》副刊。

2 月　28 日，發表「記哈克詩想」專欄文章〈從抒情到詠史〉於《聯合報》副刊。

3 月　14 日，發表「記哈克詩想」專欄文章〈細節的藝術〉於《聯合報》副刊。

28 日，發表「記哈克詩想」專欄文章〈一首詩的背後〉於

《聯合報》副刊。

4 月　11 日，發表「記哈克詩想」專欄文章〈從大章魚想起的〉於《聯合報》副刊。

25 日，發表「記哈克詩想」專欄文章〈最早的與最好的〉於《聯合報》副刊。

5 月　23 日，發表「記哈克詩想」專欄文章〈詩的瞬間經驗〉於《聯合報》副刊。

6 月　6 日，發表「記哈克詩想」專欄文章〈憂鬱的郵筒〉於《聯合報》副刊。

20 日，發表「記哈克詩想」專欄文章〈最洪亮的晚禱——從惠特曼的散文想起的〉於《聯合報》副刊。

張默主編《瘂弦短詩選》（中英對照），由香港銀河出版社出版。

7 月　5 日，發表「記哈克詩想」專欄文章〈前輩風範——惠特曼與愛默生的文學因緣〉於《聯合報》副刊。

9 月　偕次女景縈回故鄉河南南陽省親，會見當地文藝人士二月河、周同賓、行者、廖華歌等，並與親戚蕭先華同行至山西、陝西等地作田野調查，及拜謁司馬遷墓。

2003 年　3 月　發表〈評〈時間許下的諾言〉〉於《藍星詩學》第 17 期。

發表〈高全之，學院外文學批評的築路人——從早期寫作生活的發軔到近期「張愛玲學」的建構〉，收錄於高全之著《張愛玲學》，由臺北一方出版公司出版。

7 月　發表〈碧野朱橋幼獅事〉於《文訊雜誌》第 213 期（邱怡瑄整理）。

8 月　擔任第七屆香港中文文學雙年獎評審委員，在港逗留一週，與詩界老友小聚。

2004 年　2 月　14 日，應美國德維文學協會之邀，赴洛杉磯參加黃美之主持的「向詩人致敬‧閱讀瘂弦」活動，發表演說「詩是一種生命」。

　　　　4 月　發表〈細數文藝三十年〉於《幼獅文藝》第 604 期。

　　　　　　序跋集《聚繖花序》（二冊），四十餘萬言，由臺北洪範書店出版。

　　　　8 月　發表〈散文的詩人——張曉風創作世界的四個向度〉於《明道文藝》第 341 期。

　　　10 月　30 日，出席《創世紀》50 週年慶祝活動，主持「現代詩專題座談」。

　　　11 月　10 日，出席財團法人東元科技文教基金會第十一屆「東元獎」頒獎典禮，獲頒「人文類—文學創作獎」，典禮現場由曾永義、洪淑苓二位教授率領臺大學生，朗誦瘂弦代表作〈鹽〉、〈乞丐〉等詩，另有戲曲表演等節目，氣氛熱烈。

　　　　　　應邀赴福建福州參加福建省文聯、福建省文化經濟交流中心主辦，《臺港文學選刊》等承辦之「2004 海峽詩會——臺灣詩人海峽西岸行」系列活動，與謝冕共同主持「海洋詩研討會」。

　　　12 月　發表〈寫詩是一輩子的事〉於《詩探索》第 55～56 輯之「瘂弦專輯」。

2005 年　1 月　夫人張橋橋病逝。

　　　　3 月　發表〈張秀亞，臺灣婦女寫作的燃燈人——從早期學思生活的發軔到「美文」創作版圖的完成〉，收錄於《張秀亞全集》，由國家臺灣文學館籌備處出版。

　　　　7 月　4 日，應邀出席香港大學、武漢大學、徐州師範大學（今江蘇師範大學）合辦之「瘂弦與二十世紀華文文學研討會」，會中分別獲香港大學中文學院、武漢大學文學院、徐州師範大

　　　　學語言研究所頒贈「二十世紀詩學終身成就獎」、「二十世紀文學經典獎」、「媒體英雄獎」獎項。此次活動由香港大學黎活仁教授籌辦。

10 月　1～2 日，應邀出席國立臺灣文學館主辦之「張秀亞文學研討會」，主持「張秀亞和她的時代」座談會。

11 月　當選由臺北教育大學臺文所與《當代詩學》合辦票選的「臺灣當代十大詩人」。

2006 年　2 月　擔任育達商業科技大學中文系客座教授，爲期一年。

3 月　發表〈一壺老酒，一小碟時間──讀丁文智時間意識與詩友聚談作品之聯想〉於《創世紀》第 146 期。

　　　日本學者松浦恆雄編譯《深淵──瘂弦詩集》，由東京思潮社出版。

5 月　13 日，應邀出席國立臺灣文學館主辦之「2006 週末文學對談」，與白靈對談「如何『過』一首詩──我的創作歷程」。

　　　有聲書《弦外之音──瘂弦詩稿、朗誦、手跡、歲月留影》由臺北聯經出版公司出版。

7 月　發表〈臺灣副刊美學設計第一人──我所認識的林崇漢〉於《聯合文學》第 261 期。

9 月　發表〈《六十年代詩選》作者小評〉於《創世紀》第 148～149 期。

本年　擔任第三屆「臺積電青年學生文學獎」、第 24 屆「全國學生文學獎」評審委員。

2007 年　3 月　20 日～4 月 24 日，主持香港浸會大學國際作家工作坊連續六週舉辦的「學生新詩工作坊」。

　　　31 日，出席香港浸會大學國際作家工作坊主辦之「獅子山詩歌朗誦會」，發表演講「同行半世紀──新詩給我的人

生」。

應聘擔任香港浸會大學國際作家工作坊駐校作家，為期三個月。

發表〈青春的反顧——林婉瑜作品賞讀〉於《創世紀》第 150 期。

4 月　14 日，出席香港浸會大學國際作家工作坊主辦之「人人可以作詩人」講座活動。

21 日，擔任香港浸會大學「大學文學獎」決審會議新詩組評審。

5 月　5 日，出席香港浸會大學國際作家工作坊主辦之「新詩創作與活用文字」專題討論會。

6 日，應香港大學「金庸學術講座系列」之邀，作專題演講，談新詩創作經驗，小說家金庸全程參加，會後並與瘂弦晤談。

9 月　發表〈香港的意義〉於《新地文學》第 1 卷第 1 期。

2008 年　6 月　30 日，發表〈擁抱我們的文訊——從兩個《文訊》說起〉於《聯合報》副刊。

9 月　發表〈《調色盤》讀後筆記〉於《創世紀》第 156 期。

10 月　擔任世新大學中文系駐校作家，發表四場專題演說：「我是怎樣寫起詩來的」、「我的詩觀」、「人人可以做詩人」、「做詩人的條件」。

11 月　7～9 日，應邀赴花蓮，出席第三屆「太平洋詩歌節」活動。

11 日，應邀出席政治大學中文系與臺文所合辦之「承受與反叛——臺灣現代詩與現代繪畫的回顧」研討會，發表演說「我所知道的臺灣現代詩」。

29 日，應邀出席聯合報社主辦之「第 30 屆聯合報文學獎暨第 25 屆吳魯芹散文獎」頒獎典禮，會後與吳魯芹夫人吳葆珠女

士交換有關該獎未來發展的意見。

12 月　發表〈對時間的沉思——《創世紀》54 年圖像冊序〉於《創世紀》第 157 期。

發表〈季紅小評〉於《創世紀》第 157 期。

2009 年　6 月　發表〈吳望堯小評〉於《創世紀》第 159 期。

8 月　6～7 日，發表〈高信疆與我〉於《中國時報》「人間」副刊。

2010 年　4 月　18 日，應邀出席行政院文建會、新地文學季刊社主辦之「21 世紀世界華文文學高峰會議」，針對「書寫與跨界——創作者的文學實踐與生命地圖」議題發表看法。會後與與會作家王蒙、劉再復、劉心武、閻連科及高峰會承辦人郭楓晤談。

23 日，出席「21 世紀世界華文文學高峰會議」第二場作家座談會。

春　與林婷婷、劉慧琴等發起成立「加拿大華人文學學會」，擔任主任委員。

5 月　15 日，應邀出席彰化縣文化局主辦之「2010 文學彰化——與大師有約」專題講座，主講「新詩創作三字訣：深、真、新——思想要深、感情要真、技巧要新」。

發表〈夜裡初讀魯蛟《舞蹈》的體會〉於《文訊雜誌》第 295 期。

8 月　發表〈大融合——從歷史發展條件看華文文壇成為世界最大文壇之可能〉於中國文藝協會主辦之《文學人》第 21 期。

9 月　《記哈客詩想》由臺北洪範書店出版。

《瘂弦詩集》由臺北洪範書店校正出版。

10 月　17 日，應邀出席中國福建省文學藝術界聯合會、海峽文學藝術發展研究中心、臺港文學選刊雜誌社、中南財經政法大學新聞與文化傳播學院主辦之「2010 海峽詩會——瘂弦文學之

旅國際研討會」，於武漢華中科技大學主講「一日詩人，一
世詩人——我的詩路歷程」。

18 日，應邀出席中國世界華文文學學會、三峽大學、湖北日
報傳媒集團主辦之第 16 屆「世界華文文學國際學術研討會」
開幕式，於中南財經政法大學主講「大融合——我看世界華
文文學」。

23 日，在「2010 海峽詩會——瘂弦文學之旅國際研討會」承
辦人楊際嵐策劃下，臺灣旅美作家潘郁琦、鄭州大學臺灣文
學研究者樊洛平等一行人與瘂弦乘火車抵達南陽，此為文學
之旅的重要一站。瘂弦為南陽師範學院師生演講，講題為
「文化的熱土，詩歌的原鄉——從歷史發展條件看河南成為
全國文學大省之可能」，全程以純正的南陽家鄉話發聲，並
以當代豫籍作家的作品舉例，引起同學莫大的興趣。

24 日，在散文家周同賓等人的陪同下，返楊莊營東莊老家祭
祖。

25 日，文學之旅第二場由南陽文藝團體籌辦，會中瘂弦除針
對與會人士對其作品所提的問題詳作詮釋外，亦留下許多時
間，推介生於南陽地區的臺灣詩人周夢蝶，稱讚他是臺灣最
好的詩人之一，也是家鄉的光榮。

26 日，文學之旅第三場於鄭州大學舉行，主講「大融合——
從歷史發展條件看華文文壇成為世界最大文壇之可能」。當
晚，鄭州大學文學院籌備數月，形式新穎，極富藝術創意的
「紅玉米——瘂弦詩歌朗誦會」登場，瘂弦聆聽鄭大學生與
朗誦家的聯合演出，稱讚不已，認為是一次難得的演出。

27 日，文學之旅第四場仍於鄭州進行，由河南詩歌學會假河
南省文學院舉行「瘂弦中原行河南詩歌界座談會」。瘂弦於
會中談及蘇金傘、青勃等 1930、1940 年代河南詩人在詩藝方

面的表現已形成一個鄉土文學的可貴傳統，值得傳承、發揚，與會詩人發言踴躍，氣氛熱烈，幾乎觸及當前許多詩創作各層面的問題，收穫豐富。

30 日，「瘂弦文學之旅」完結篇，從河南移師福州，於福建圖書館演講廳發表演講「人人可以成詩人——詩歌大眾化與全民寫作之聯想」，專程赴福建與會的臺灣文藝人士有張默、尉天驄、辛鬱、亮軒、管管、碧果、白靈、古月、落蒂、顏艾琳、須文蔚、李進文等人，有人說是一次「文學的大會師」。

12 月　發表〈踩出來的詩想——懷念商禽〉於《創世紀》第 165 期。

2011 年　6 月　《於無聲處》（瘂弦詩文集）由香港明報月刊、新加坡青年書局聯合出版。

2012 年　12 月　28 日，《華章》文學專版於加拿大《世界日報》創刊，由瘂弦擔任主編，發表發刊詞〈為世界華文文壇添磚加瓦——掀起《華章》的蓋頭〉。

2013 年　11 月　獲「中坤國際詩歌獎」，該獎由中國大陸中坤詩歌發展基金會創設，北大教授詩論家謝冕主持。

參考資料：

・〈作品年表〉，《深淵》，臺北：晨鐘出版社，1971 年 4 月，頁 251～261。

・〈年表〉，《瘂弦自選集》，臺北：黎明文化公司，1977 年 10 月，頁 1～5。

・張力、王開平、楊蔚齡編〈瘂弦年表〉，蕭蕭主編《詩儒的創造：瘂弦詩作評論集》，臺北：文史哲出版社，1994 年 9 月，頁 466～480。

・龍彼德編〈瘂弦年表〉、〈瘂弦未結集詩作〉，龍彼德《瘂弦評傳》，臺北：三民書局，2006 年 7 月，頁 351～368、369～370。

・〈瘂弦創作年表〉，《於無聲處》，香港：明報月刊出版社、新加坡：青年書局，2011

年 6 月，頁 377～385。

輯三◎
研究綜述

恆久的美學影響
瘂弦研究資料綜述

◎陳義芝

一、瘂弦評傳及自述

　　很多人勸瘂弦（1932～）寫回憶錄，以他遭遇的時代、介入的場域、關心的事物、交遊的層面、敏銳的感受，會是一本很有價值、涵蓋文學斷代發展的詩人傳記文獻。然而瘂弦未爲所動，至今沒有成章。倒是 2006 年三民書局出版，由中國大陸評論家龍彼德費時五年完成的《瘂弦評傳》，以詩爲線索，以人爲中心，以評爲重點，而且「傳主瘂弦也提出了一些好的意見」[1]，可以作爲「作家傳記研究法」的重要參考。

　　龍彼德蒐羅了大批資料佐證，對瘂弦的總體評價：

> 瘂弦是驚人的。他以一本《深淵》享譽詩壇三、四十年，至今仍然具有廣泛而深遠的影響力，在五四以來的新文學史上，一時似乎尚無他例。
> 瘂弦是豐富的。他既是傑出詩人，又是優秀批評家，還是一流甚至超一流副刊主編，他的詩、他的詩論、他辦的副刊俱佳，人稱「三奇」，周夢蝶直呼他爲「才子」與「英雄」。
> 瘂弦是審美的。「一日詩人，一世詩人。」他給「詩人」的命名，體現了荷爾德林的精神、海德格爾的思想，他深諳閱讀的藝術、收藏的藝術、演講（朗誦）的藝術，並以這三大藝術啟迪人們「詩意地棲居在這大地

---
[1]龍彼得，《瘂弦評傳》（臺北：三民書局，2006 年），頁 374。

上」。[2]

書後附有〈瘂弦年表〉及〈瘂弦未結集詩作〉，對研究者也頗有助益。

瘂弦自己談論童年、家風、生長環境、新詩啟蒙的文字不多，最珍貴的要屬 1966 年 1 月發表於《自由青年》的〈我與新詩〉：

> 民國 14 年，祖父死於匪患，家道就此中落，我小的時候，只有三間茅屋……孩子們玩的是放風箏、滾鐵環、游河塘、捏泥人、聽老人們講古老的神話……在一切古舊裡，只有一樣新的東西——父親帶給我的新文學知識……。[3]

想探究瘂弦青年時期的閱讀、交遊、創作前期的心情、如何尋求突破進境的方法，本文有珍貴訊息。以此照映詩人的民謠風及刻畫小人物悲苦命運的深層義涵，也就更容易了解了。

1966 年正是瘂弦攀登寫詩高峰卻突然停下詩筆的一年。前一年四月，他與張橋橋小姐完婚，〈我與新詩〉的後段，他比較婚前、婚後的不同：

> 最近一年來，作品發表得較少，一方面是不敢輕易發表自己不滿意的作品，一方面因為忙於生計，橋橋是一個靈慧而愛思索的女孩，但身體孱弱多病，我必須給她安定而幸福的生活。……我有一個幸福的家和賢淑的妻子，心情平靜而滿足。但我仍要繼續不斷地寫下去。在我的一生，沒有一件事比寫詩更重要。[4]

他明說仍要繼續寫，不料卻突然中止，長期中止。

---

[2]同前註，頁 372。
[3]瘂弦，〈我與新詩〉，《自由青年》第 35 卷第 1 期（1966 年 1 月），頁 10～12。
[4]同前註，頁 12。

　　一個詩人的停筆，何以引來歷久不衰的探究？如果不是詩作傑出，絕不會使讀者有引頸的悵憾。1967 年楊牧（當時筆名葉珊）寫〈《深淵》[5] 後記〉說：「瘂弦的詩甚至成為一種風尚，一種傳說；抄襲模仿的人蜂湧而起，把創造的詩人逼得走投無路。」[6] 究竟是詩人自覺新聲音的不易產出？還是上引瘂弦文中所說的「安定而幸福」、「平靜而滿足」的生活導致？始終成謎。

二、宏觀瘂弦的詩風

　　一如五四以來部分中國作家的心力轉向，瘂弦後來從事的詩論、詩話、詩史研究、詩選編纂、詩運推動，成果雖也令人敬佩，畢竟不如他寫詩令人驚奇。

　　做為瘂弦的老友，當年還在念博士班的楊牧就已指出瘂弦的風格成就：

> 他的詩有一種基礎音色，控制了整部詩集的調子。……瘂弦的音樂（奏的也許是二簧，也許是梵爾琳）背後有一種極廣闊深入的同情。……瘂弦所吸收的是他北方家鄉的點滴，1930 年代中國文學的純樸，當代西洋小說的形象；這些光譜和他生活的特殊趣味結合在一起。他的詩是從血液裡流蕩出來的樂章。[7]

　　稍長瘂弦的余光中指出「瘂弦的抒情詩幾乎都是戲劇性的」，「瘂弦的另一特點便是善用重疊的句法」，「瘂弦的第三個特色是他的『異域精神』」。[8] 成於 1958 年的這篇短評，是知音者言。同一時期，老師輩的覃子

---

[5] 指臺北眾人出版社所出的版本，實際面世時間為 1968 年 12 月。
[6] 楊牧，〈瘂弦的《深淵》〉，《傳統的與現代的》（臺北：志文出版社，1974 年），頁 160。
[7] 同前註，頁 163～164。
[8] 余光中，〈詩話瘂弦〉，《左手的謬思》（臺北：大林出版社，1976 年再版），題為「簡介四詩人」；另三位詩人是同獲藍星詩獎的吳望堯、黃用、羅門。

豪也讚賞他的詩是「古老中國和現代西洋混合的產品」,「他的歌謠風格,是攫著了歌謠的神韻」,又說:「他有一部分詩深受阿波里奈爾（G. Apollinaire）和高克多（J. Cocteau）的影響。」[9]

按瘂弦自述,他讀了很多譯詩,影響他的西方詩人還包括惠特曼（Walt Whitman, 1819〜1892）、歌德（J. W. Goethe, 1749〜1832）、洛卡（F. G. Lorca, 1898〜1936）、里爾克（Rainer M. Rilke, 1875〜1926）等一大群歐美現代詩人。顯然,西化有其時代性,異國情調的塑造與對新奇陌生事物的渴望,是當年許多不甘於保守固舊的詩人的共同方向,哪怕必須經歷矯枉過正的苦痛嘗試。他吸收了這些西方的衝擊,成功地轉化出中國的現代詩風。[10]

〈詩是一種生命──瘂弦談詩〉是 21 世紀瘂弦移居溫哥華後,應邀赴美演講的語錄,除了談寫詩的三個階段、詩的學習、為何停筆,也自選了 12 首詩,透露這些詩的緣起、本事、自我評斷。例如談〈復活節〉及〈深淵〉:

> 有人說文不對題,〈復活節〉沒有提到耶穌。這首詩是復活節那天我看的街景,跟復活節沒有別的關係。
>
> 德惠街在臺北統一飯店附近,中山北路那一帶。楊牧在德惠街住了很久,他說德惠街東西向,「向南走」是不可能的。當時我也沒有去考察。這可以犯錯誤的。
>
> 還有〈芝加哥〉的第七街。後來黃用到了芝加哥也沒有找到。他說瘂弦騙人,哪裡有第七街。沒有關係。
>
> 這也是個電影鏡頭的樣子。淡淡的寫。也是個短篇小說,極短篇的寫法。人的荒涼感。……

---

[9] 覃子豪,〈三詩人作品評‧瘂弦的歌謠風格和現代趣味〉,《覃子豪全集Ⅱ》(臺北:覃子豪全集出版委員會,1968 年),頁 417〜418。

[10] 參看〈我的詩路歷程──從西方到東方〉及《瘂弦詩集‧序》,皆 1980 年代初瘂弦的回顧反思。

〈深淵〉也是一種批判的詩。有人說這首詩的作者沒有人格，是個人格破產的人。我就是寫個沒有人格的人，但是他有人格反省力，他無奈於如何改進自己。所以這等於說，這是現代人的一種，從西方現代主義的主調上發展出來，而把我們社會的不滿隱藏在裡面。

我當時非常年輕，對於造句充滿了野心，也有比較炫才這種毛病。……這首詩有很多缺點。從藝術完整性來講，這首詩比不上商禽的一些戰爭詩。他的詩的意象比較統一和完整。〈深淵〉還是零散些，不過這首詩也有個好處，它的氣很盛，情感非常充沛，激情非常一致。[11]

高全之為著名評論家，熱心整理演講錄音，精潔扼要，既見瘂弦演講的語調聲情，也凸顯了一位晚輩向前輩致敬的姿態。瘂弦說的〈復活節〉犯不犯錯，引出文學與真實的思考。文學的真實強調的是對人性真實、對人生事件真實及對人生經驗真實。〈復活節〉中的「她」愛過一個人，場景在靠近中山北路的德惠街──當年駐防臺灣的美軍大兵生活圈。我們從最後一句「牙膏廣告」，聯想到當時的「黑人牙膏」，聯想到她愛過而受傷的對象可能就是一位黑人大兵。1960 年代寫的這首詩，符合那一時代的社會故事，戰爭時期的異國戀情也符合人生事件、人性真實，至於一條街向南北或向東西，除了當地人，誰會去管它。

〈深淵〉為臺灣現代詩史名作，日本立命館亞洲太平洋大學校長是永駿甚至讚譽為現代詩的金字塔[12]，而作者仍自謙有很多缺點，就此，文學批評可進一步探討。

與瘂弦相交 60 年的張默，撰有《夢從樺樹上跌下來：詩壇鉤沉筆記》（爾雅出版），書名「夢從樺樹上跌下來」，出自瘂弦〈斑鳩〉詩：「斑鳩在遠方唱著／我的夢坐在樺樹上……斑鳩在遠方唱著／夢從樺樹上跌下

---

[11]瘂弦主講；高全之整理，〈詩是一種生命──瘂弦談詩〉，《明道文藝》第 361 期（2006 年 4 月），頁 65～67。

[12]2013 年 10 月 18 日，是永駿在國立臺灣師大「第三屆敘事文化與文學國際學術研討會」主題演講時提及。

來⋯⋯」[13] 張默以之爲名的「瘂弦詩生活描述」，不作深論，而爲速寫，以
皴染法構成的「畫像」，可當研究詩人文學履歷的參照。開篇整理了瘂弦詩
作最初發表的刊物：《現代詩》五首，《創世紀》31 首，《藍星》以覃子豪
1957 年 1 月主編的宜蘭版最多，「幾乎每期都有瘂弦的作品，可惜該刊並
未編目，很難查考」。[14]有心人據此線索追蹤，或可發現其中有更多瘂弦未
收入詩集的佚詩。[15] 有關臺灣第一本現代年度詩選：《六十年代詩選》誕生
經過，本文也有第一手訊息。1960 年瘂弦參與《六十年代詩選》工作，初
試編輯身手，作爲觀察他一生編輯事業的源頭，頗有意義。[16] 最見「詩生
活」情味的一段是：

　　在左營海軍營區中，他（按：瘂弦）也有很多迷糊事。由於薪餉微薄，
　　每月只能買幾塊肥皂和少許日用品，每個人有幾塊肥皂都記得死死的，
　　放在內務包內，有時放在臉盆中。有一回他的肥皂不見了，不禁破口大
　　罵：「哪個小子偷用了我的肥皂？我有一塊半肥皂，是哪個小子把我的半
　　塊肥皂用光，又把我的一整塊用掉了半塊？」鄰兵聽罷，立即哄堂大
　　笑。當時營區遼闊，有一天他對好友馮鍾睿說：最近越來越迷糊，常常
　　騎著單車出去，卻走路回來；馮則順水推舟說自己更迷糊，常常步行出
　　去卻騎著破單車回來。[17]

　　瘂弦長於說笑話，特別是自我解嘲，消化生命中的不順遂。其幽默情

---

[13]瘂弦，〈斑鳩〉，《深淵》（臺北：晨鐘出版社，1970 年），頁 8～9。

[14]張默，〈夢從樺樹上跌下來——瘂弦的詩生活〉：《夢從樺樹上跌下來：詩壇鈎沉筆記》（臺北：爾
雅出版社，1998 年），頁 191。

[15]瘂弦未結集詩作，據龍彼德整理計 44 首，見《瘂弦評傳》，頁 369～370。包括三、五行以內的短
詩，也有反共國策文學時代氛圍下的長詩，例如〈冬天的憤怒〉、〈血花曲〉及長達三千行的〈祖
國萬歲〉。

[16]1998 年 8 月瘂弦自《聯合報》副總編輯職位退休，文學界舉辦了一個「弦歌不絕——瘂弦的編輯
歲月」座談茶會向他致敬。翌年，詩人方娥真撰文〈博大與均衡〉，詳述瘂弦的編輯作爲與貢
獻。刊《文訊雜誌》168 期（1999 年 10 月），頁 10～15。

[17]張默，〈夢從樺樹上跌下來——瘂弦的詩生活〉，《夢從樺樹上跌下來：詩壇鈎沉筆記》，頁 199。

性影響機趣的語言風格，這一小段現實人生的紀錄可輔佐參詳。

三、多元角度下的瘂弦詩評論

蕭蕭〈瘂弦的情感世界〉，定稿於 1979 年，縷述《深淵》的成長歷程，分析第一首〈我是一勺靜美的小花朵〉及最晚的一首〈復活節〉，梳理瘂弦創作全盛時詩作特色，一面照應詩壇同輩如洛夫、商禽的詩；並以張默在《中國當代十大詩人選集》所作讚辭為本，尋索瘂弦「甜」與「苦」所表現的情感世界。《中國當代十大詩人選集》讚辭曰：

> 瘂弦的詩有其戲劇性，也有其思想性，有其鄉土性，也有其世界性，有其生之為生的詮釋，也有其死之為死的哲學，甜是他的語言，苦是他的精神，他是既矛盾又和諧的統一體。他透過美而獨特的意象，把詩轉化為一支溫柔而具震撼力的戀歌。[18]

蕭蕭提示五種不同的情感層面：1.情韻綿邈而流盪，2.情調屬北方風光，3.情節充滿戲劇感，4.情趣帶有反諷味，5.情結不免超現實。1999 年文建會主辦、《聯合報》副刊承辦的「臺灣文學經典研討會」，選出《深淵》為經典之一，蕭蕭所寫〈跌落在深淵裡的樺樹夢——論瘂弦《深淵》〉，即前文增修而成，除添加了第一節「詩神眷顧的寵兒」、第四節《深淵》在臺灣文化史上的價值」，其他兩節內容大致相同。當年舉行「臺灣文學經典研討會」時，簡政珍作〈講評意見〉提到五個層面中的 1.、3.，也就是音樂性和戲劇性，須加注意，他建議可作深度詮釋。針對蕭蕭所說「瘂弦的詩沒有臺灣的臨場感，而那正是 1950、1960 年代的臺灣，茫茫然戀著老中國，惶惶然抓著新西洋，不知身在何處」，及「《深淵》，超現實主義的深淵，卻為我們展示了最殘酷的臺灣現實」[19]，詩人學者簡政珍的補充、回

---

[18]張默等編，《中國當代十大詩人選集》（臺北：源成文化圖書供應社，1977 年），頁 261。
[19]蕭蕭，〈跌落在深淵裡的樺樹夢——論瘂弦《深淵》〉，陳義芝主編，《臺灣文學經典研討會論文

應，很有思想性，值得摘錄一大段，以供大家在談 1950 年代臺灣的超現實詩，或《創世紀》詩刊連結的超現實主義時思辨：

> 蕭蕭先生的這段文字牽扯到複雜的意識形態，不是任何人能用一兩句話可以總結。做為一個那個時代的放逐者，瘂弦心中自然牽繫的是所謂的古老的中國。而對現代思潮的撞擊，瘂弦的詩也從西方的哲學和文學裡得到滋養。超現實主義幾乎是我們對那個時期的既定反應。另外，我們也看到他詩行裡西方作家的影子，如蕭蕭先生提到的〈深淵〉這首名詩的結尾，就像極了海明威〈雪山盟〉（"The Snows of Kilimanjaro"）開頭的句子。以下是我對蕭蕭先生這段文字的一點回應：
>
> 1.超現實主義的著眼點是一種思維和寫作方式，離開臺灣的現實，而描寫大陸的現實，不一定是超現實？也許，蕭蕭先生的詮釋是展現「超現實」這三個字潛在的反諷。另外，使用某某主義這樣的標籤來詮釋作家或作品時，它可能同時暗藏肯定和否定。《深淵》裡有一些意象來自於超現實的思維，但是和那個時代的許多超現實詩畢竟不同。我們要小心不要讓詩人在標籤下，變成詮釋的犧牲品。
>
> 2.蕭蕭先生暗示：出於缺乏臺灣的時空的描寫，《深淵》「為我們展示了最殘酷的臺灣現實」。他的重點是詩人不能碰觸現實的殘酷。但，反過來說，在當前的時空，我們容許發抒對現實的感受，但現實卻有恃無恐地被導入更殘酷的現實。前後相較，到底那種現實比較殘酷？除了對「最殘酷」的「最」字，我們有所保留外，感謝蕭蕭先生的文章，讓我們有機會對臺灣的詩乃至文學、社會作一殘酷的省思。[20]

　　1994 年葉維廉發表於北京《詩探索》第 13 輯的〈在記憶離散的文化空間裡歌唱──論瘂弦記憶塑像的藝術〉，說瘂弦做為詩人的職責，是要留

集》（臺北：聯經出版公司，1999 年），頁 281。
[20]簡政珍，〈講評意見〉，《臺灣文學經典研討會論文集》，頁 284～285。

住「那由血與死、支離破碎地橫陳的中國現代史的記憶印記」，為貧苦大眾代表人物「在特殊事件中顯露的情境塑像」。[21] 早在 1960 年左右，葉維廉發現 1959 年瘂弦在香港國際圖書公司出版的《苦苓林的一夜》，沒有收入 1958 年在《南北笛》詩刊發表的〈鹽〉，「我當時幾乎不假思索地拈出他那首〈鹽〉，促他必須收在以後的版本中。其後我不但很快便將之譯成英文，而且在以後教中國現代詩時，幾乎必先講這一首。」[22] 葉維廉自 1967 年起執教於美國聖地牙哥加州大學，他出生於中日戰爭發生那年（1937 年），經歷過烽火中國，又成長於冷漠疏離的香港，對〈鹽〉詩中的二嬤嬤所代表的百姓的苦難，有深刻的感受。〈鹽〉的確是瘂弦創作的名篇，後來他赴愛荷華大學（University of Iowa）國際作家工作坊，自譯詩集，即以 Salt（鹽）為書名，亦可證葉維廉這一慧眼。

「塑像——作為抗衡時間流逝威脅下一些永恆瞬間的捕捉、印記——正是瘂弦詩的主軸。」[23] 在這一主軸，葉維廉舉出《瘂弦詩集》卷五、卷六及序詩共 17 首寫人物的詩，特別集中筆墨在〈鹽〉、〈坤伶〉、〈C 教授〉三首，說明瘂弦是用省略和壓縮故事的細節的方法，創造了一種痛傷到極致後反諷、自嘲的抒情聲音。這篇長文也引論了包括〈深淵〉、〈從感覺出發〉、〈一般之歌〉，以至於〈斑鳩〉等詩，說瘂弦詩時空跳接多變化，典故不少，但終能在一種兒歌式氛圍融成的一種完整情境，化解無法完全知解的阻礙。

劉正忠（唐捐）〈暴力與音樂與身體：瘂弦受難記〉發表於 2005 年，是其博士論文研究課題之一。從《瘂弦詩集》卷首序詩〈剖〉談起，找尋瘂弦的創作線索，他認為五四以來浪漫而氾濫的「心靈受難記」，至 1950、1960 年代臺灣軍旅詩人筆下，代之以具象而慘烈的「身體受難記」。「受難美學」、「非理性詩學」是瘂弦、洛夫、商禽的創作美學：

---

[21] 葉維廉，〈在記憶離散的文化空間裡歌唱——論瘂弦記憶塑像的藝術〉，蕭蕭主編，《詩儒的創造》（臺北：文史哲出版社，1994 年），頁 333～334。
[22] 同前註，頁 331。
[23] 同前註，頁 334。

「技巧──暴力」通過強而有力的破壞手段,使得「語言──身體」急
遽脫序(跳躍、扭曲、變形、破碎、撕裂、痙攣、流血),逼顯了幽黯魔
怪的情境,醞釀著新穎銳利的詩意。但破壞所造成的疼痛(或恐慌)亟
待安撫,而「音樂──藥物」便具鎮魂袯魔的巫術功能。[24]

　　熟悉詩創作原理的人,以此凝思瘂弦詩中的戲劇、音樂表現及生命鑑
照的幽暗,知此爲不落俗套的說法。做爲學者的劉正忠對負面詩學、魔怪
書寫,頗感興趣;做爲詩人的他近幾年的詩也有這方面的發展。

　　白靈的論文,是另一種研究路數,由於他數十年來的科學專業背景
[25],使他的論文運用了大量科學的理論、原理、圖表、方程式、符號,他談
瘂弦詩中的神性與魔性,用了愛因斯坦的質能方程式 $E＝mC^2$,以「質、
能」連結「有、無」、「色、空」,進而詮釋「秩序、混沌」、「神性、魔
性」,企圖說明瘂弦的詩展現了巨大的 E 的能量。又以時代的流離連結上一
個物理方程式 $G＝RT1nf＋B$(自由能＝一般常數×外在影響×1n 逃逸傾向＋
特殊常數……)。雖說「藝術不用怕成熟的科學,科學當然也不用怕藝術」
[26],但讀者未必能對應、適用,上述方程式中「1n」文中未解說,讀者即不
明。該文第五節實證〈深淵〉這首詩中的神、魔、人及互動方式,是較易
明白的部分。跨領域的時代喜歡挑戰新觀念、新說法的人,可以在白靈的
論文中找到刺激啓示。

　　新世紀初,楊澤有一篇論文〈天使、罌粟及蕩娃惡少:試論瘂弦的
詩〉,他自覺寫得匆忙,不夠完整,婉拒收入本彙編。該文質疑以《詩儒的
創造》爲名的瘂弦作品評論集用的「詩儒」稱號,「寫出長詩〈深淵〉的瘂
弦,再怎麼也不可能跟『儒者』、『君子』這類從《儒林》、《紅樓》以降,

---

[24]劉正忠,〈暴力與音樂與身體:瘂弦受難記〉,《當代詩學》第 2 期(2006 年 9 月),頁 103～
　106。
[25]白靈常年任教於臺北科技大學化學工程與生物科技系。
[26]白靈,〈宇宙大腦的一點燐火:瘂弦詩中的神性與魔性〉,黎活仁主編,《瘂弦詩中的神性與魔性》
　(臺北:大安出版社,2007 年),頁 14。

早就僵化了的符號連結起來」，他認為「蕩娃惡少」的華麗頹廢，頗適於形
容瘂弦的前衛作品。[27] 瘂弦行事有儒者的禮樂性，儒的傳統悠遠，落實於
人生的境界差異很大，倒不必拘限在酸儒的層次。然而從瘂弦詩作的肉體
意象、狂歡騷動與輕蔑的揭發，楊澤指出的系譜，別具新意。

四、瘂弦的詩學研究成果

　　最早注意瘂弦詩學成績的，以周玉山（茶陵）為代表。1981 年瘂弦出
版《中國新詩研究》，周玉山的評論文章發表在翌年二、三月號的《中國論
壇》。周玉山讚譽瘂弦接合新文學傳統斷層，做了別人沒做的事，「將來任
何人撰寫中國現代文學批評史，都不能無視本書」。[28] 他根據瘂弦論述脈
絡，反對「以政治廢文學」，補充政權壓迫下詩人的詩觀、處境、位置，舉
出代表性的詩例參證，娓娓道來，可作為臺灣青年了解中國新詩前期風貌
的一篇導讀文章。周玉山提到中國新文學史上第一組詩作，是胡適、沈尹
默、劉半農三位發表於 4 卷 1 號《新青年》雜誌上的詩，這與瘂弦〈中國
新詩年表──1894～1949〉的記載同，後來也被很多新詩論文援用。[29] 查
《新青年》4 卷 1 號胡適的詩以〈鴿子〉（雲淡天高，好一片晚秋天氣！／
有一群鴿子，在空中遊戲。／……）為代表；沈尹默的詩以〈月夜〉（霜風
呼呼的吹著／月光明明的照著。／我和一株頂高的樹並排立著，／卻沒有
靠著。）為代表；劉半農的詩以〈相隔一層紙〉（……屋子外躺著一個叫化
子，／咬緊了牙齒對著北風喊「要死」！／……）為代表。在這之前
（1917 年 2 月），胡適即以白話在《新青年》雜誌 2 卷 6 號作詩八首，〈朋
友〉為其中之一：

---

[27] 楊澤，〈天使、罌粟及蕩娃惡少──試論瘂弦的詩〉，政治大學中文系「現代主義與臺灣文學學術
研討會」（2001 年 6 月 2～3 日），論文抽印本，頁 2。
[28] 茶陵（周玉山），〈傳薪一脈在筆鋒──讀瘂弦的《中國新詩研究》〉，《中國論壇》第 13 卷第 10
期（1982 年 2 月），頁 44。
[29] 例如蕭蕭、白靈主編的《臺灣現代文學教程‧新詩讀本》（臺北：二魚文化公司，2002 年）中的
導論即是，參見頁 22。

　　　　兩個黃蝴蝶，雙雙飛上天。

　　　　不知為什麼，一個忽飛還。

　　　　膷下那一個，孤單怪可憐；

　　　　也無心上天，天上太孤單。

　　雖是五個字一句，但並非文言；以「蝴蝶」這一富含文化義涵的詞語比喻「朋友」，也確是具有詩意的意象。以這樣的詩作為新詩濫觴，並無不妥，應視為中國新詩史的第一組詩作。

　　2004 年瘂弦出版序跋、文論合集《聚繖花序》Ⅰ、Ⅱ冊；2010 年再出版談詩隨筆《記哈客詩想》。陳義芝撰〈詩人批評家：瘂弦詩學初探〉[30]，以《中國新詩研究》、《聚繖花序》、《記哈客詩想》三書為據，稱道瘂弦的論著盡現詩人的敏銳感受、學者的博厚學養，兼具歷史認知的縱深、當代橫切的犀利，做為批評家——詩人批評家，具有指向創作的批評方法。陳義芝任職《聯合報》副刊時期，追隨瘂弦共事十餘年，曾撰多篇論述談瘂弦的詩與詩學，另於《國語日報・古今文選》賞析瘂弦八首詩，並有散文集標明「獻給詩人瘂弦先生」，形容瘂弦是「趨於樂而困於禮的靈魂」。[31]

五、瘂弦的詩藝貢獻

　　瘂弦的詩作數量不大，但被評介、賞析將近二百篇次，何寄澎、姚一葦、劉紹銘、鍾玲、孫維民，都是一時名家。以〈深淵〉、〈一般之歌〉、〈紅玉米〉、〈坤伶〉、〈鹽〉、〈上校〉、〈殯儀館〉這幾首為例。

　　何寄澎說〈深淵〉表現生存的虛偽、荒誕，諷刺人生無奈地陷溺，焦點集中在「性」；〈一般之歌〉寫我們熟悉親切的環境，以飄忽不定、暗藏危機的境界逼使讀者省視生活的單調、悲哀；〈紅玉米〉充滿一種悲緒幽幽

---

[30]該文先發表於育達商業科技大學主辦的「瘂弦學術研討會」（2011 年 4 月 29 日），結集於《瘂弦學術研討會論文集》（新北市：讀冊文化公司，2011 年 7 月），頁 135～153。2013 年 6 月刊登於華東師大《現代中文學刊》第 24 期。
[31]陳義芝，《歌聲越過山丘》（臺北：爾雅出版社，2012 年），頁 22～25。

的故事氣氛，意象抉擇力高，從記憶追索進而凸顯對家國動亂的憂鬱。[32]

　　鍾玲運用「新批評」，解讀〈坤伶〉、〈上校〉、〈鹽〉三詩，探討瘂弦筆下三個人物——坤伶、上校、二嬤嬤的真面貌，及詩人塑造人物的手法，在引述、辯證中與此前談過這幾首詩的評析者相商榷，啟發讀者對詩的多義有更精準的鑑賞。[33]

　　劉紹銘以課堂翻譯詩的眼光，談詩人與讀者的溝通問題。他在威斯康辛大學翻譯課用了三首瘂弦的詩（〈深淵〉、〈鹽〉、〈上校〉）當教材，當時（1976 年）瘂弦正在威大進修。劉紹銘以書簡體行文，不以師長自居，強調友情溫暖，語調親切引人。[34] 1970、1980 年代劉紹銘是臺灣報刊競相爭取的一枝健筆，既有知識又有趣味。

　　姚一葦以《藝術的奧祕》論著及亞里斯多德《詩學》翻譯，受文壇敬重。他很少作現代詩評論，論瘂弦的〈坤伶〉那篇乃格外引人注目。[35] 文中指出關鍵詞、關鍵句，又說寫詩不能老是一些「眼前語」，還提示了弔詭的情境，現代詩的語言、音韻及與傳統詩的血緣。使現代詩的鑑賞融入中國的詩學、詩觀，此文是一標竿。

　　孫維民舉述的詩〈殯儀館〉，較少人討論，他掘發瘂弦有關死亡的哲學命題，說明主題並不稀奇，「怎麼說」才是不容忽視的，又說讀這詩，即使距詩人創作日期 30 年後，仍「無法否認它所帶來的樂趣」。[36]

　　中國大陸詩論家葉櫓於 2011 年 7 月在《揚子江詩刊》73 期發表〈〈深淵〉的意味和魅力〉，是最新論〈深淵〉這首經典作的評論。

　　2011 年 4 月育達商業科技大學舉行「瘂弦學術研討會」，主題演講人

---

[32]何寄澎賞析瘂弦的詩共九首，參見《中國新詩賞析 3》（臺北：長安出版社，1987 年），頁 12～41。1980 年代他和李豐楙、林明德等人推動的現代詩教育，頗具影響力。

[33]鍾玲，〈瘂弦筆下的三個人物——坤伶‧上校‧二嬤嬤〉，《現代文學》復刊第 22 期（1984 年 1 月），頁 35～47。

[34]劉紹銘，《傳香火》（臺北：大地出版社，1979 年），頁 104～114。

[35]姚一葦，〈論瘂弦的〈坤伶〉——兼及現代詩與傳統詩間的一個問題〉，原載《中外文學》第 3 卷第 1 期（1974 年 6 月），頁 186～198。

[36]孫維民，〈在蒼老的死神面前〉，《中華日報》，1995 年 5 月 1 日，第 9 版。

是與瘂弦詩緣逾半世紀的余光中。1958 年余光中簡介過瘂弦詩藝，當時余氏 30 歲，瘂弦 26 歲（真年輕啊）。2011 年兩位詩人都已稱翁，余光中說瘂弦對臺灣文藝的貢獻涵括詩作、編輯、評論、劇藝，最大的貢獻「仍應推現代詩之創作」。這篇演講稿會後發表於聯副（2011 年 5 月 11 日），「他早熟的詩藝，對我當日出發較早而成熟較遲的繆思，多少也有所啓發」[37]，這一句十分動人，在知性分析外呈現大詩人間心靈交映的光輝。余光中指出瘂弦詩藝頗得益於翻譯作品，「語言有其獨具的魅力，不以力取，而以韻勝」，「可稱傑作的，至少應該包括下列的這些：〈紅玉米〉、〈土地祠〉、〈印度〉、〈船中之鼠〉、〈馬戲的小丑〉、〈深淵〉、〈坤伶〉、〈上校〉、〈給橋〉、〈如歌的行板〉，一位詩人留下了如許傑作，對於民族母語的貢獻，也就永不磨滅了。」[38]本彙編視之爲綜論、結論，故以此文壓卷。

---

[37]余光中，〈天鵝上岸，選手改行——淺析瘂弦的詩藝〉，《聯合報》，2011 年 5 月 11 日，D3 版。
[38]同前註。

輯四◎
重要評論文章選刊

我與新詩

◎瘂弦

17 歲那年，離開了家鄉，到現在剛好是又一個 17 年，在我的生命中，這前後兩段相等的年月，過的卻是兩種截然不同的生活。

民國 21 年 8 月 29 日，我出生於河南南陽的一個小鄉村。從祖父時代起，我們家由佃農成為小地主，擁有薄田一頃，茅屋十數間，民國 14 年，祖父死於匪患，家道就此中落，我小的時候只有三間茅屋，母親在屋後闢了一小塊地，常常帶我下田做活兒。民國 31 年田地又陸續遭到蟲災乾旱，平時我們吃的是雜糧、紅薯，所有對於米的觀念只是「做粽子的東西」，災荒一來，就只好靠著豆餅和野菜過活了。

我們村子裡只有少數幾家磚房，沒有電燈、電影，沒有鐵路，沒有孩子的玩具、冰棒，沒有一切稍為「近代化」的東西，只有古老的官道和廣大無垠的平原，孩子們玩的是放風箏、滾鐵環、游河塘、捏泥人、聽老人們講古老的神話和只屬於我們村裡所流傳的故事。

對於我，在一切古舊裡，只有一樣新的東西──父親帶給我的新文學知識。

父親和叔父都是南陽簡易師範畢業，畢業後就在當地的國民小學教書，並且先後結了婚。母親是平洛村的富家女，粗通文字。嫁給父親後，只生了我一個孩子，克勤克儉的隨著父親過活，是一個典型的賢良舊式婦女。

13 歲小學畢業後，就隨著父親到城裡去念中學，因為生活困苦，只好半工半讀，在煤炭行裡當小夥計，暑假時就到鄉下去拾麥穗，往往一個麥

季過去，兩手全被麥芒刺破了。在北國原野上生長的孩子，常不免帶著北方人的野性，蠻悍和土氣。但父親的庭訓極嚴，在《幼學瓊林》、《古文觀止》、《戰國策》和一些新文藝小說散文的薰陶下，也養成了我愛沉靜、喜冥想的性格。從這些淺顯的白話書裡，引起了我對文學的興趣，也帶我進入了文學生活的第一步。

父親雖然受的新教育不多，但他酷愛文學，尤其是新文學，他曾為開封出版的《黃河流域》等雜誌寫稿。

那是父親期望我的目標——大學中國文學系畢業，努力寫作，成為中國文壇上的「亮角兒」。他說他可以在我就讀的學校門口開個文具店，爺兒倆能顧著學膳費也就心滿意足了。所以當我年紀稍大一點後，他便教我寫文章，要我用心寫日記和作文，苦讀背誦一些好文章，領悟其中的結構和意義，熟記美麗的形容詞，以便我摹擬，並且引用。他教我讀書的方式非常生動活潑；常常因為在屋子裡念書念得煩悶了，他就帶著我和鄰家的孩子們到野地裡放風箏玩，鬧夠了，玩累了，就坐在小溪邊把書攤開，每讀一段，他便用嘴奏起鑼鼓的音樂，作每一段的間隔，這樣引得孩子們發笑，讀書自然有興趣了。有一次我在父親的書櫃裡翻出來謝冰心女士的《春水》、《繁星》二詩集，還有一本陸志韋先生寫的《渡河》，每天捧著讀，很感興趣。從小學至中學，我的作文總是全班之冠，老師常在班上朗誦我的作文。後來又讀了不少鄭振鐸先生（已故）主編的《小說月報》，深受影響，所以一心一意只想學寫小說，沒有想到詩的習作，但自看了冰心的詩集後，對詩也發生了興趣。有一次作文課先生出了一個題目「冬」，我就寫了一首「詩」交上去，那是我平生第一次嘗試這種「分了行」的形式：

冬

狂風呼呼，砭肌刺骨；一切凋零，草木乾枯。

作文本發下來時，先生批道：「寫詩是偷懶的表現！」從那次以後，再也不敢寫詩了。

民國 37 年 11 月 4 日，是我一生不幸生活的開始。由於縣城的淪入匪手，學校要遷到信陽，我們一部分同學隨著學校向南方流亡，父親很希望我能到信陽去完成我的學業，他則預備下鄉把田地變賣了，再和我母親同來信陽找我。哪知道我們會不到信陽，一直起新野奔樊城，沿襄沙公路抵江陵，又乘小火輪溯江而上，在湖北省的宜都暫居兩月，又從公安沿澧水而洞庭，在長沙住了一夜，再乘火車到達冷水灘，最後在零陵定居下來。這時候南方的大局急轉直下，父親的希望完全幻滅了。猶記得離家的那天下午，父母親送我到城西三民主義青年團門前。母親給我一口袋自己做的油捲，放在我的背包上，我怕同學們見笑，竟愁著臉表示不耐煩的樣子，也不和他們談話，一點也不知道什麼離別傷心的滋味，直到出了城門，爸媽消失在街心裡，連那最後的一瞥，也沒有流一點眼淚，他們哪知道，就此永遠離開了他們 17 歲的獨子。此後每一回顧，都不禁暗自流淚，但無論怎樣傷心泣血，也換不回一次機會使我再見到父母的面，更填不滿遊子漂泊時思親思鄉的悲苦心境。

我們離開了南陽，一路上備嘗辛苦，顛沛流離數千里。時值冬季，飢餓和寒冷，在稚弱的心靈中刻下了很深的傷痕。更忘不了許多事：同學們把從家裡帶出來的東西擺地攤賣掉換食物充飢；在渺無人煙的荒村野地裡，挖到芋頭連泥吞下；更有同學餓得失去理智，把店裡的玻璃櫥打破搶東西吃。離開父親時，他曾囑我路上有何困難，可以去找一位他的好友——馬伯伯。在大雪紛飛的路上，正值我最冷最餓時碰到了他，那知我上前叫他時，他竟裝做不認識我似的走開了。

民國 38 年，我們的流亡學校在湖南零陵復課。在零陵何仙觀時，我讀過一本左傾作家詩人艾青的詩集，好像有點心得，後來因為沒有繼續接觸到新詩一方面的讀物，慢慢也就淡忘了。不久程潛轉向，湘南局勢混亂，我和十數位同學乃毅然投筆從戎。是年八月，隨軍從廣州坐船到臺灣，到

臺灣後，因爲駐防，有空閒的時間，我的寫作興趣又復燃起來，但我那時只寫一些散文和短篇小說，沒有想到寫詩。士兵的生活是辛勞的，平時又沒有什麼消遣，我們那個部隊多半是流亡學生，讀書的風氣很盛，大家就合力辦了一個類似報紙形式的壁報，每週出刊一次，我是副刊編輯，「五月畫會」的馮鍾睿則負責全部美術部分，這個壁報一直出了五十多期，爲時一年餘。這些幼稚的「文化活動」雖然微不足道，但卻爲我的文學生活做了很好的準備工作。那時我已開始讀狄更斯、彌爾敦、但丁、左拉、紀德等人的詩和小說，並且開始嘗試寫詩。但沒有發表過。民國 40 年雨季，部隊駐防林園，大家每天沒事，就躺在床上看書，看了不少詩集，最感興趣的是朱湘譯的《番石榴集》（商務版），李莎先生的短詩，和鍾鼎文先生的《行吟者》，墨人先生的《自由的火焰》等，這些書給我很多啓示，一個雨季，我居然寫了厚厚的一本詩。同志們聽我朗誦數篇，都說我進步了，有的居然把我寫的詩背下來，這給我很大的鼓勵，使我有勇氣和信心繼續寫下去。但苦於沒有人指點，後來把自己認爲滿意的作品抄下來寄給明秋水先生請他指教，他非常熱心的回信表示願意指點我寫詩的門徑，並贈我一本他的《駱駝詩集》，我寄去的信他也認真的用紅筆一一圈改，並在信中指示我許多寫作時應抱的態度和方法。

民國 42 年 3 月我以士兵的身分考進復興崗學院第二期戲劇組，同時考進來的，還有流亡時的同學，當兵時的夥伴馮鍾睿、李月亭等人。這是我一生最大的轉捩點，復興崗爲我開啓了生命的大門，我好像在一夕之間突然長成了。學校的功課非常繁重，本來我習慣每天寫三首詩的，後來連寫一首的時間都勻不出來，但還在百忙中用五天的課外時間寫了一首長詩，有四百多行，出乎意料之外，師生大會頒獎時，我竟得了新詩比賽的第一名，獎品是獎狀一紙和鋼筆一枝，心中的興奮可想而知。這時我已開始嘗試著投稿，第一首詩發表在《青年戰士報》故覃子豪先生主編的《詩葉》上，得到了他的賞識，此後數年覃先生不斷給我指導與鼓勵，更加強我寫詩的興趣和信心，現在覃先生已經去世兩年了，對這位在我的文學生活上

給我助益最多的前輩，一直有著衷心的哀傷與思念。

幹校入伍訓練後，就到金門前線實習戰士生活，那段時間算是我寫作的另一個豐收期，晚上值班夜哨兵，午覺有三小時的睡眠時間，我頂多只睡一小時，其餘的時間用來自修。住處是一個廟宇式的樓房改建成的碉堡，射口邊的土檯子就當作書桌，一坐就是兩小時，看了不少詩，也寫了不少詩。

在金門，我們一部分的同學參加了著名的東山作戰，好友李月亭為國犧牲。月亭的戰死使我的心悲痛已極，患難中的夥伴，那種生死與共的生活要比平靜生活中 20 年的兄弟還要親許多，心中巨大的愴痛，比離鄉時還強烈得多，一連好幾個月，悲慟之情鬱結在心中始終發洩不出來，很想寫一首長詩來祝禱我的亡友，敘述他的一生，但是竟不能成，只寫了一篇〈海天慟錄〉來作事實平面的記載。想寫而寫不出，使我發覺自己雖已寫了兩年的詩，對詩的修養仍然太差，於是開始檢討我自己，長時間苦思的結果，有了結論。於是訂下嚴格的自我守則，要自己照著去做，在詩的理論方面也痛下苦功，並且做下札記，寫下心得。那時我喜歡把軍中瑣事，夥伴生活，以及每日所思所得一切生活細節，全都用新詩的方式寫下來，做為句法和想像的練習，寫得最多時，每天可寫到八首。

從金門回來後，和同班的一位女同學開始來往，一切少年式的熱情全貫注在詩中，這時開始寫抒情詩。

民國 43 年復興崗學院畢業後，以少尉官階分派到海軍工作，先後擔任過政工官、左營軍中廣播電臺的編輯等職。在左營，為了找一個適於寫作的環境，我和一個同事住在一間快要倒塌的廢屋內，兩張地舖和一盞煤油燈，度過了許多冷風颼颼燈下苦讀的夜晚。我們嚴格規定，每天背誦一首唐詩、宋詞或元人的一闋小令，不管讀任何書籍，一定要有詳細的讀後札記。許多年來這習慣一直沒有改變，日積月累，現在把所有的札記疊起來，幾與人齊。如果借到太貴太好的書，讀完後愛不忍釋，而當時又碰上一文不名，無錢購書，就索性整本的抄下來。現在還保存有紀德的《地

糧》、《新糧》，王爾德的《快樂王子集》，吉卜蘭的《先知》，朗費羅的《詩
選》，舊俄詩人萊蒙托夫全集等書的手抄本。這些東西全成了我精神上的財
富。

在左營這個濱海的小城裡，結識了詩人張默和洛夫，大家本著對新詩
的狂熱喜愛和理想，創辦了《創世紀》詩刊，這個季刊沒有任何方面的資
助，完全靠我們自己出錢維持。編校發行等也一概自己負責，常常忙一整
天就靠幾個饅頭、花生米和開水度過。經濟情況是如此拮据，到了出刊時
沒有錢，只好去典當借貸了。十多年來，我們的刊物就是如此苦撐了下
來。美國哲學家梭羅說：「當掉你的褲子，保有你的思想。」從編《創世
紀》的種種困難中，我們體會到這不單是一句名言，而是為理想所付出的
一種實際體驗，一種欣慰的慨歎！這個詩刊給寫詩朋友們的影響很大。我
們也曾把一部分的詩刊於每期出版後寄到外國去，近幾年來，這份刊物已
逐漸引起國際詩壇的注意，並有數位英、美詩人開始投稿。

民國 50 年 5 月，我被調回臺北復興崗學院，先在該校附設的晨光廣播
電臺任職，後經審試合格，以少校官階任教影劇學系，教授「中國戲劇
史」、「名劇選讀」等課程。

北來以後的這幾年，是我人生和作品的成熟期。在人生方面，我於今
年四月與張橋橋小姐結婚，成立了一個小家庭；在作品上我的寫作態度也
比以前慎重。最近一年來，作品發表得較少，一方面是不敢輕易發表自己
不滿意的作品，一方面因為忙於生計，橋橋是一個靈慧而愛思索的女孩，
但身體孱弱多病，我必須給她安定而幸福的生活。

寫詩 14 年，最初的那段日子，簡直廢寢忘食，一天到晚腦子裡就是
詩，除了詩以外什麼也不想，晚上做夢夢到好句子就趕快記下，白天走路
也帶個小本子隨時備忘。然後是瘋狂的讀書和做札記。到現在雖然談不上
有什麼成就，但十幾年來為理想所付出的心血總算沒有白費。我的作品前
後得過八次詩獎，部分作品被譯為英、法、韓等國文字。美國詩人 O・納
許、保羅・安哥爾也曾為文或來信對我的詩表示讚賞，給我精神上很大的

鼓勵。我的詩結集出版的有民國 48 年香港國際圖書公司印行的《瘂弦詩抄》等。除了《瘂弦詩抄》詩集之外，這幾年已發表過的作品，分量上已夠出一至三本詩集，但因經濟關係，迄今無法付印。

　　我常想自己為什麼會寫詩，一個土頭土腦，什麼都不懂的鄉下孩子，剛出來時看見電燈會感到稀奇，看到冰棒以為冒的是熱氣，寧願走很遠的路也不敢坐公共汽車（怕坐不起）。要是一直待在河南老家是否也會寫詩？在南陽，有平原，廣漠得單純；有親情，可化解自泥土中生長的野性。戰亂使人失去太多，也得到很多。一路上的流亡生活，見到許多前所未見的，殺戮，搶劫，人性的卑微，國家的危難，以及自己身受的痛苦和委屈。假如我是個基督徒，會把這一切加諸我身上的苦難交託給宗教。但我只是農村裡一個野而又土的孩子，血管中有著父親血液裡對文學的喜愛和敏感，再加上鄉村孩子的單純，很快也很容易的就吸取了戰爭所給我的一切，反芻以後就是我的「詩」。這是一股巨大的力量，使我因流亡而麻木的感情復甦，我開始瘋狂地寫，寫，寫！寫我們苦難的民族，寫我們蒙辱的山河，寫北方古老的鄉莊和大野，寫生活在那裡受難在那裡的人物形象，寫戰爭，寫愛情，寫我們這一代中國人的悲憤和吶喊！有的詩幾乎是宣言式的，衝動的和激情的，在這種情形下就產生了長詩〈祖國萬歲〉、〈血花曲〉、〈戰時十章〉一類的史詩，而後〈京城〉、〈深淵〉、〈巴黎〉等詩，則是對現代人精神生活敗壞的一種批判，而〈乞丐〉、〈土地祠〉、〈鹽〉諸作，則全係對於北方村野的讚歌。

　　現在，我有一個幸福的家和賢淑的妻子，心情平靜而滿足。但我仍要繼續不斷地寫下去。在我的一生，沒有一件事比寫詩更重要。寫詩，寫好的詩，寫真正屬於我們這個民族，這個時代的詩，乃是做為一個現代中國詩人應有的抱負和責任。

──民國 54 年 12 月 27 日於內湖

──選自《自由青年》，第 35 卷第 1 期，1966 年 1 月

瘂弦的《深淵》

◎楊牧*

　　有一些日子裡，朋友們寫詩就像擲標槍比賽。那些日子新出版的詩刊每期總登有幾首好詩——有些「名句」我到今天還脫口背得。詩的生命極新，詩人的追求慾望極大。我們不容易聽到什麼陳腔；每一個人都在試驗，探求新意；沒有人擔憂什麼「僞詩」。田園咖啡館的詩人聚會，小酒肆的辯論談心，我們呼吸的是純粹，是詩，而不是會議和運動。那段時期奇蹟似的創造居然奠定了中國現代詩的基礎。每天你走到路上，就覺得你必須歌唱，必須飛揚，覺得你身邊就跟著繆司和三閭大夫的影子。我們不怕將未發表的原稿抄在這裡航寄友人，不怕在一束詩前冠上「近作四首」之類的總題。翻開那個時期的詩刊，大家發表作品的時候總是標著「一輯三首」一類的滿足。

　　我離開大度山後和瘂弦相處了一整個暑期。那時瘂弦早已寫好了《深淵》集子裡大部分作品，他的《詩抄》在香港出版，又題《苦苓林的一夜》。幾年來影響中國現代詩很深的〈從感覺出發〉和〈深淵〉都先後發表了，關心現代詩的人極少不讀過：

　　哈里路亞！我仍活著。

　　工作，散步，向壞人致敬，微笑和不朽。

　　為生存而生存，為看雲而看雲，

*本名王靖獻。發表文章時爲美國加州大學柏克萊校區比較文學系博士生，現爲美國華盛頓大學榮譽教授、東華大學特聘榮譽教授。

　　厚著臉皮占地球的一部分……

　　　　　　　　　　　　　　　　　　　　——〈深淵〉

　　瘂弦的詩甚至成爲一種風尙，一種傳說；抄襲模仿的人蜂湧而起，把創造
的詩人逼得走投無路。我們費了一整個暑假的時間在北投華北館飲酒論
詩，在風雨的磚樓談文評畫。所謂「學術」和「生活」被我們揉在一起。
瘂弦，張永祥，蔡伯武，和我四個人在一起創造了我們自己的文藝復興，
那就是我們一直津津樂道的「哲學宵夜」：我們談音樂，戲劇和詩。我們自
稱「性情中人」，提倡「氣氛」——口頭語是：「除了氣氛，什麼都不
是！」但那時期我們的作品還是有限的；我們都處在一種過渡的虛空狀態
下，有一種懊惱，憤懑，和矛盾。而我們顯然也生活在最充實的預備狀態
裡：一種山洪欲來的氣候鋪在每個人的額際，又像是拉得滿滿的弓，在烈
日下預備飛逸。十月我隨部隊去金門。不久覃子豪過世，瘂弦寫了兩首輓
詩，和別的短詩陸續發表。他和橋橋經常在一起，瘂弦比從前任何時期都
快樂有勁，他這時期寫的詩也融合了野荸薺時期和深淵時期的甜蜜和冷
肅，這就是他的〈夜曲〉、〈庭院〉、〈如歌的行板〉、〈下午〉這些短詩。

　　後來有些朋友們開始憂慮，〈深淵〉以後，瘂弦應該寫些什麼呢？當然
不是〈給馬蒂斯〉。瘂弦自己不是不知道，他不但知道，而且嚴厲地批判自
己，譬如他曾經對我說：「〈給馬蒂斯〉這首詩頗造作！我們都很『假』」。
後來他創造了「側面」、〈非策劃性的夜曲〉、〈出發〉一系列的作品，他依
然是詩壇的新聲音。瘂弦詩沒有濫調。《六十年代詩選》出版後，選集中
26 家詩人幾乎都有了成群的模仿者，所有的新詩都在歌唱一些定型塑造的
調子，腐爛的形象充斥，大家異口同聲追隨一些句法章節的方式——所謂
「新人」也者，也不熱心開創新氣象。創造風格的詩人被因襲者逼成啞
吧，看別人亦步亦趨，惶惶然寫不出新詩來，有些人就此停筆（如方思、
黃用），有些人另創新意（如洛夫、瘂予），瘂弦也是另創新意的詩人之
一！瘂弦的詩前後所表現的是不同面貌而又一致的文學，如早期的〈秋

歌〉和〈山神〉，彷彿濟慈或 1930 年代中國新詩的回響，但通過他純淨的語言，投之於 1960 年代的詩壇，依舊清澈美好。

第一次與瘂弦見面是在黃用家裡，那時黃用已經大學畢業了，住在臺北市中山北路七條通；我還未進大學，18 歲，住在九條通。見面以前我們都已經讀過對方的詩了。那時臺灣的現代詩剛開始，許多閃亮的新名字騷擾著中國詩傳統的城堡，我還可以一口氣說出這些名字和他們最好的詩來：這些名字有的像星辰，有的像秋風，有的像野草。可是不管像什麼，那兩三年間的詩壇是最教我們懷念的。

瘂弦寫詩寫得比我們都多。記得第一次見面時他已經寫了《深淵》集子裡大部分卷一、二、三的作品；風格早已成型，而且已經有了影響。那時他 27 歲（根據他今年 5 月 12 日的信：「……那知愁予說：你我已是將近四十歲的人——鄭今年 35，與我同庚。」）至於他為什麼從左營去臺北，我已經不記得了。那年秋天我上大度山，瘂弦仍在左營，他寫了許多好詩（其實那時期大家都在寫好詩啊！）這本集子裡卷五、六、七的作品大約多是我在大學裡讀到的，有的發表在《創世紀》，有的在《文學雜誌》、《文星》，也有的在香港的刊物上。我們通了許多信，瘂弦寫信，不拘長短總是極好。這些年朋友們總說，寫信寫得最勤，最使人招架不了，而筆跡最難認的是葉珊——去年春天在密西根，咪咪說，光中離家後她整理光中的藏信，發現我的信最多——但我想信寫得最好的應該是黃用和瘂弦：黃用嘻笑怒罵都是文章，瘂弦則溫和誠摯。我們在信裡談詩論人，見了面更是聊個不休，1960 年冬天我去左營住了幾天，軍區裡的林蔭大道是最難忘的。

事實上我個人對瘂弦的早期作品一直偏愛。而且我深信即使「暴戾」如〈深淵〉，瘂弦的風格還是一致的。光中說瘂弦的詩有種甜味，這是相當得體的形容——從〈春日〉到今天，甚至從〈我是一勺靜美的小花朵〉到今天，瘂弦的詩裡充滿了親切的話語，所謂文學的「真」，我們很容易從他的詩裡體驗出來。文學的真不是（比方說）地理的真。瘂弦寫「斷柱集」（卷四）時還沒有到過外國，但他寫的芝加哥是「真」的芝加哥：不是攝

影或測量，而是繪畫，是心靈力量所完成的繪畫。〈芝加哥〉裡說「從七號街往南」，我到芝加哥以後，才知道芝加哥根本沒有七號街這條街，但這又何妨？瘂弦在〈復活節〉裡說：「她沿著德惠街向南走」；但我們都知道德惠街東西走向，與中山北路交叉，根本不可能讓你「向南走」，但這又與詩何損？

關於繪畫和音樂的比重的問題，我認為瘂弦詩中的音樂成分是濃於繪畫成分的。他的詩有一種基礎音色，控制了整部詩集的調子。而卷一、二裡的抒情氣氛確實為卷六、七的分析實驗做了「定音」的工夫。20 年來中國新詩真正的上乘作不多，但樸實如卷一、二、三、四、五裡的早期瘂弦，安靜如《時間》裡的方思，悠美如《夢土上》裡的愁予，是不能被我們遺漏的。我無意暗示卷六、七的作品不如早期的作品——我相信不會有人這樣懷疑。我只是有一種熱忱，我有一種為好的冷肅柔美的詩定位的熱忱。我一直信仰劉勰的話：「勢有剛柔；不必壯言慷慨，乃稱勢也。」有些人以為不「壯言慷慨」，即不算現代，這是不貼切的。所謂「擁抱工業文明如擁抱一個妓女」云云固然是新路之一，但不是唯一的路，更不是一定要用淒厲的腳步去走的路；所謂「表現潛意識」云云則根本不是「新」意——不愛讀舊書的人才會斷定自己的平庸為創新。詩人應該有一層謹慎的同情心，所謂「同情心」，不止於對人對物的憐憫，還要有對人對物的了解和欣賞那份心意。瘂弦的音樂（奏的也許是二簧，也許是梵爾琳）背後有一種極廣闊深入的同情——試讀他的〈殯儀館〉、〈乞丐〉、〈水手・羅曼斯〉、〈馬戲的小丑〉和〈庭院〉，我們就了解「同情」和藝術的關係；或如：

> 去年的雪可曾記得那些粗暴的腳印？上帝
> 當一個嬰兒用渺茫的淒啼詛咒臍帶
> 當明年他蒙著臉穿過聖母院
> 向那並不給他甚麼的，猥瑣的，羸弱的年代
>
> ——〈巴黎〉

　　瘂弦所吸收的是他北方家鄉的點滴，1930 年代中國文學的純樸，當代西洋小說的形象；這些光譜和他生活的特殊趣味結合在一起。他的詩是從血液裡流蕩出來的樂章。我極相信，過了某一個年齡（譬如說 35 歲——這好像是艾略特的主張吧）詩人不能再把他的創作活動當作消遣了，因爲 35 歲，極可能是「才氣時期」的結束；詩是一種事業。瘂弦的創作態度非常嚴肅，這也可以解釋爲什麼他曾一度沉默得教人納罕。編選《深淵》的時候，他說：「此集選詩 60 首，對過去做一總結，選入的都是我認爲可傳的，沒選入的都是我認爲可恥的。」1960、1970 年代的中國現代詩是要在文學史上被討論的，我們不能不當真！

　　瘂弦來美國也一年了，在柏克萊的時候我們還談到長詩，但不知道誰先寫出一首好的真正的長詩來？我知道他在愛荷華又有了新作品，他自己說：「預料回國後當再出一集，那將全係在美所寫的了。」他的變化是多面貌的變化，從〈我是一勺靜美的小花朵〉到〈秋歌〉是一個變化，從〈秋歌〉到〈印度〉到〈給 R‧G〉是一個變化，從〈給 R‧G〉到〈深淵〉是一個變化，從〈深淵〉到〈一般之歌〉又是一個變化。我們等著看他怎麼樣從〈一般之歌〉變化出來。

——1967 年

——選自楊牧《傳統的與現代的》

臺北：志文出版社，1974 年 3 月

詩話瘂弦

◎余光中*

　　不同於黃用那種「返觀內省」恆以第一人稱爲獨白之主角的風格，瘂弦的抒情詩幾乎都是戲劇性的。艾略特曾謂現代最佳的抒情詩都是戲劇性的，而此種抒情詩之所以傑出也就是因爲它是戲劇性的。事實上，艾略特在節奏上的最大貢獻也在他的現代人口語腔調的追求。在中國，他的話應在瘂弦的身上。瘂弦在學校裡是研究戲劇的，其後更有過一段舞臺的經驗；他將自己的戲劇天賦和修養都運用在詩中了。無論小丑、乞丐、水手、賭徒、妓女，甚至土地祠裡的土地公公和海船上的老鼠，在瘂弦的詩中，都得到很鮮活的戲劇性的表現。尤其難得的是：配合著這些小人物的各殊身分，瘂弦更運用了經過鍛鍊的口語腔調。例如在〈馬戲的小丑〉一詩中，那十分可憐的丑角以適合自己身分的諷嘲口吻說道：

　　　仕女們笑著

　　　笑我在長頸鹿與羚羊間

　　　夾雜的那些什麼

　　　而她仍盪在鞦韆上

　　　在患盲腸炎的繩索下

　　　看我像一枚陰鬱的釘子

　　　仍會跟走索的人親嘴

　　　仍落下

*發表文章時爲臺灣師範大學英語學系兼任講師，現爲中山大學外國語文學系榮譽退休教授。

　　仍拒絕我的一丁點兒春天

　　「一丁點兒春天」象徵小丑卑怯而知趣的求愛，其節奏是現代人的語調，因而也是活的，有生命的，富於彈性的節奏。同樣地，「親嘴」也俗得有趣，如易以「接吻」，反而隔了一層了。

　　瘂弦的另一特點便是善用重疊的句法。在這方面，我也受了他的影響。事實上，「重複」（"repetition"）是詩的一大技巧：疊句，半疊句固然是重複，腳韻，雙聲，半諧音，行內韻等等也無不是重複。疊句是一種很危險的形式；用得好，可以催眠，可以加強氣氛，用得不好，反而成為思想貧乏，句法單調的掩飾性的「假髮」。論者或以此為瘂弦之病，不過，據我看來，他的運用大半是很成功的：

　　　遠行客下了馬鞍
　　　說是看見一棵酸棗樹
　　　結著又瘦又澀的棗子
　　　從頹倒石像的盲瞳裡長出來
　　　結著又瘦又澀的棗子

　　瘂弦的第三個特色是他的「異域精神」（"exoticism"）。異國情調如果只是空洞而無靈魂的描寫，則必淪為膚淺的「異國風光」。此風在今日的詩壇上頗為流行，但大半皆係片斷浮泛的寫景，一如抄自地理教科書者。瘂弦對於異國有一種真誠的神往，因而他的作品往往能攫住該地的精神。〈印度〉一詩是他在這方面空前的成就，其感人處已經不限於藝術上的滿足了。

　　最後，我擬在此一提瘂弦的又一特色——好用典故，且崇拜多神。此處所謂的「神」，是我對大詩人們的戲稱。論者亦有以此為瘂弦之疵者。此點擬待以後另撰專文詳論之；在此我只擬舉艾略特那首「無字無來歷」的

〈荒原〉爲例，勸批評家們不必爲此擔憂。已故詩人楊喚的〈日記〉一詩，一口氣用了五個典，並未壓死作者的才華。

　　阮囊說瘂弦的詩很「甜」，我同意。這個形容詞得來不易，喜黎克（David　Garrick）以之稱莎士比亞者，亦只是一「甜」（sweet Shakespeare）字耳。

——摘自《左手的繆思》，1963 年文星版

——選自蕭蕭編《詩儒的創造：瘂弦詩作評論集》
臺北：文史哲出版社，1994 年 9 月

三詩人作品評（節錄）

◎覃子豪[*]

瘂弦的歌謠風格和現代趣味

　　瘂弦的詩是古老中國和現代西洋混合的產品。他運用中國古老歌謠的節奏，表現中國的鄉土氣息，雜以西洋的典故。寫西洋的古代和現代，亦運用歌謠流利的口語，暗示了作者的中國身分。作者能將兩者融合無間，無生澀隔膜之感，這是作者技巧運用的成功。因此，也形成了他確屬獨創的風格。如〈紡花車〉

> 停下紡織為我講故事，媽媽
> 講姐姐出嫁和她的花轎的故事
> 講黑騎士、玩具城、公主和花朵
> 　停停呀，紡花車

寫外國景物，運用中國歌謠體最成功的，以〈耶路撒冷〉為最。

> 小小的十字星，在南方
> 以撒騎驢到田間去
> 去哭泣了一個星夜
> 去默想了一個星夜

---

*覃子豪（1912～1963），四川廣漢人。學名覃基，詩人、散文家、評論家。

　　小小的十字星，在南方

關於歌謠的運用於現代詩，法國超現實派的詩人阿拉貢（Aragcn），曾經做過實驗，這一實驗或可拓寬詩的道路，瘂弦之利用歌謠風，或許是基於拓寬新詩道路的想法，這想法使瘂弦的詩有了新的格調。因為，他的歌謠風格，是攫著了歌謠的神韻，而不是舊歌謠陳腐的繼續，且不是純粹的歌謠，是詩和歌謠的混血兒。也是西洋和中國的混血兒。他喜愛表現中國古代和北方的情調以及異國的風物。他寫了古代的〈京城〉，帶著濃厚北方泥土氣息的〈草原的風采〉、〈驢兒，驢兒啊！〉、〈紡花車〉、〈鎖吶〉、〈紅玉米〉等。同時也寫了〈耶路撒冷〉、〈希臘〉、〈羅馬〉、〈巴黎〉、〈印度〉、〈巴比倫〉、〈阿拉伯〉異國的風物。除〈巴黎〉具有現代文明的色彩外，其他均屬於古代的情調。這些異國風物的描繪，以〈巴黎〉和〈印度〉最為成功。讀了這些詩，不得不驚異作者史地智識和想像力之豐富。關於〈印度〉一詩，在拙作〈評介新詩得獎佳作六篇〉一文中，有詳細的介紹。

　　瘂弦寫作的題材，甚為廣泛，他和吳望堯均屬多產，他的取材和吳望堯一樣，否定了傳統的慣例。〈馬戲班的小丑〉、〈賭場〉、〈棺材店〉、〈劇場〉、〈酒吧〉、〈工廠〉、〈殯儀館〉，在他的筆下均有出色的表現。余光中先生說他的詩極富戲劇性，是很中肯的評語。他的詩之所以富戲劇性，在他不固定身分，他用第三人稱的手法，將自己溶化於所要表現的事物中，以什麼樣的口吻表現最適合，他便將自己溶化於什麼的人物。這是戲劇的特質。因此，他的詩有了這種特質，就特別生色。加之，他運用的口語，純熟、生動，偶爾流露出一點點幽默，顯得這些語言格外富於鮮活的生命。他的歌謠風也就是口語的重疊而形成的。成為瘂弦詩風的特色之一。

　　他有一部分詩深受阿波里奈爾（G. Apollinaire）和高克多（J. Cocteau）的影響。如〈季候病〉、〈死了的蝙蝠和昔日〉完全是阿波里奈爾無約束的抒寫。而〈夜〉、〈土地祠〉、〈羅馬〉、〈朝花夕拾〉、〈諧奏〉，則帶

有高克多童稚風的玄妙趣味。〈歌〉和〈五噚之下〉則有梅特克林的神祕感。這可以說明瘂弦亦在作詩的多方面的嘗試。

　　吳望堯和羅門的詩，是「力」的表現，黃用是「溫」的感覺，瘂弦的詩重於趣味的捕捉。他是一個現代人，所表現的是現代人的趣味，戲劇性的趣味，不火不溫，既不冷酷，又不熱情。〈婦人〉一詩，便是這趣味性的代表。

　　　　那婦人
　　　　背後晃動著佛羅稜斯的街道
　　　　肖像般的走來了

　　　　如果我吻一吻她
　　　　拉菲爾的油畫顏料一定會黏在
　　　　我異鄉的髭上的

這種趣味性的捕捉，是現代人娛樂性的一面。趣味便成爲瘂弦作品的特色之二。他的詩無論在取材上，構思上，表現技巧上來說，均不失其趣味的著眼點。他的詩，是現代的產物，完全和傳統失去了血緣。他的詩之在中國，正和高克多的詩之在法國相似；不論其作品的價值如何，在反傳統的影響之下，他的詩的確具有了新的精神。

——選自覃子豪《覃子豪全集 II》

臺北：覃子豪全集出版委員會，1968 年 6 月

我的詩路歷程

從西方到東方

◎瘂弦

　　我談談我在創作歷程上受到西方文學影響的情形。

　　我常常到臺大，看到傅園，看到那座希臘式的建築，就會想，如果傅先生今天才過世，可能就不會建那樣的建築了，而當是紅柱飛簷的中國式亭子，曰「孟真紀念亭」；過去之所以有那種希臘式的建築，是因為正當一個西化的時代下的產物。因此，我覺得每一個時代、每一個人物都有它的限制，即如傅先生那樣的人物也有他的限制。他們徹底西化，西化有它的歷史意義也有它的缺點。

　　我寫詩的時候，正是整個文藝思潮承襲著五四運動流風遺韻的時代，雖然 1950 年代上距五四已有 30 年，而五四的影響力——尤其是對寫詩的朋友——仍然非常巨大，五四的西化精神自然也震撼了我們。當時，我們對西方傳來的東西非常喜歡，對西方文學充滿幻想甚至可以說崇拜，在寫作上也一直向西走，像朝山人，像進香客，向西方頂禮膜拜，狂熱地擁抱西方現代主義的作品。像我，就受到西方許多作家的影響，如美國惠特曼，德國歌德與法國一些詩人，法國影響我尤其深。「影響」有一種極有意思的情形，往往一首詩、一篇小說或一段簡短的文字，就會對創作者產生奇妙的、精神的感應或啟發，而「一知半解」的影響力大過「全知全解」。譬如我深受法國作品的影響，我卻不懂法文，正因為懂的少，對它的神祕與嚮往也就特別強烈，這也可以說是一種浪漫精神。歐洲文學史上有浪漫主義時代，它們常常強調兩件事，也是它們的特色：異國情調與對遠方不可知的事物的渴望和幻想，在浪漫派文學作品裡，有很多這樣的例子。在

學術研究史上，全知全解非常重要，但文學創作卻不然，有時一點小小的因子就是心靈開展的原動力。大詩人龐德，對中國的東西知道的很少，他翻譯中國詩，一半翻譯一半創作，寫出了介乎翻譯與創作之間的作品。也有人說歌德受中國的影響，但我想他對真正的中國恐怕知道的也不會太多，談到影響，大概也是浪漫精神式的影響。對遠方未知事物充滿幻想，是很多人會有的經驗，像我曾經寫過一系列描述印度、巴黎、倫敦的詩，當時我根本沒去過，卻寫得「活靈活現」的，後來一位朋友到芝加哥，還寫信來問：「你怎麼說芝加哥有第七街呢？我去找了半天，芝加哥哪有什麼第七街？」唐朝也有這樣的情形，許多邊塞詩人寫的都是他們沒有去過的邊塞。因此，我們可以說，「影響」不一定要懂原文或有系統性的研究以後才能產生。

　　以今天的眼光來看，也許會覺得五四運動時候的人與事很可笑，連吳稚暉都喊出把線裝書扔到茅廁坑裡這樣的話來，還有很多人提議廢除中文，認為中文是「吃人禮教」下的產物，……說這些話時，他們的態度都很認真，由此，我們了解五四那個時代的限制，也就是矯枉過正的風氣。任何的文學革命，在革命期的過渡階段，都免不了矯枉過正，由於保守的，傳統的力量太強大，一定要有比實際上更強的力量去攻擊，再減去反彈力量，才能恰到好處。五四運動亦然，由於他們的矯枉過正，才使白話文學成就出今天的氣候。如果當時他們說文言也好，白話也好，不妨齊頭並進，可能就沒有今天這個白話的時代。至於向西走，去朝山、去進香，繞了個大圈子，認識了外面的世界，遂又回歸東方，也是矯枉過正之後很自然的現象。寫現代詩的朋友，在經過一番西化的過程後，差不多在十年以前就有現代詩「歸宗」的觀念，要把現代詩回歸到自己的母體文學裡。從早年紀弦說現代詩是移植的花朵，是從西方來的，現代詩是橫的移植而不是縱的繼承，到後來的歸宗傳統，不但要橫的移植也要縱的繼承，真是繞了個好大的圈子才得到的結論。繞圈子的人自有他的限制，但是繞這個圈子還是有意義的。我們不能用今天的眼光菲薄五四運動的人物，我們也

不能以今天得到的結論苛責 1950 年代至 1960 年代過分西化的情形。

　　縮小範圍來說，現代詩這 30 年來，頭一個十年受西方影響最大的有兩個社團，這兩個社團也對詩壇產生影響力量，其中之一是現代派。現代派又有兩個，一是上海的現代派，即戴望舒、施蟄存、蘇汶等人在上海辦《現代》雜誌，提倡現代主義，主張廣泛接受英美現代文學；之後，現代派出現了一位年輕的大個子，據戴望舒的記載，是個高大、蒼白而略微害羞的青年——紀弦，紀弦到臺灣後，便把現代派的火種傳到臺北。我常喜歡稱這兩個現代派為「前現代派」與「後現代派」，前者發源於上海，後者奠基在臺北；就像西洋繪畫上的拉斐爾前派與拉斐爾後派一樣。紀弦提倡現代主義時，我們一批寫詩的朋友都不過二十來歲，深受影響。紀弦有點神經質，卻有一種魔力，年輕人很喜歡他，他「橫的移植」的主張，與在現代派社員信條上倡議學習繼承法國波特萊爾以降所有的法國文學及世界現代文學新的技巧等論調，在當時產生很大的震撼力量，至少我個人就讀了很多譯詩，大概有幾十本吧！商禽和我都曾傳抄譯詩。那時像梁宗岱譯梵樂希的水仙辭、覃子豪譯的法國詩、余光中譯的英美作品、葉泥譯法國古爾蒙的情詩，都是我們年輕時候精神遨遊的天地。我尤其醉心西班牙詩人洛卡——就是被佛朗哥軍隊誤殺的洛卡——對他寫的〈遠遠的地平線〉、〈一匹小毛驢〉、〈一個復仇的人〉、〈一個黃黃大大快要落下來的月亮〉……等民謠風式的作品著迷極了，後來我嘗試把民謠的形式和氣氛帶入中國的生活，用中國的民謠來寫具有民謠風味的作品，這可以說明當時我對西方的學習。

　　另外，超現實主義對我的影響也很大。曾有人說洛夫和我是法國超現實主義在中國的傳人，拿了別人薪水的，其實我們對超現實主義知道的不多，至少當時是如此。由於 1940 年代中國詩壇為左翼詩人所掌握，流行「無產階級的語言」，一寫就是「我啊是農村的兒子」、「我啊是牛肚子鄉下長大的孩子」、「農村啊我的母親」……這種做作的腔調與內容，令人心煩，也遠離了詩；尤有甚者，像艾青寫延安一個農民模範的一本長詩集

《吳滿有》，寫完了，作者讀給吳滿有聽，吳不識字，凡是吳聽不懂的，艾青全部改，想想，最後這詩還成詩嗎？我們在 1950 年代之所以追求比較高層次的語言，就是對 1940 年代語言的口語化與內容的過分政治的反動，一種文學上的反動；因此我們在語言技巧上學習西方，再把它中國化，意象上也力求高度的經營，以修正 1940 年代普羅作家如田間、艾青等人的偏狹。同時，1950 年代的言論沒有今天開放，想表示一點特別的意見，很難直截了當地說出來；超現實主義朦朧、象徵式的高度意象的語言，頗能適合我們，把一些對社會的意見、抗議，隱藏在象徵的枝葉後面，這也是當時我們樂於接受西方影響的重要因素。當然，我說喜歡超現實主義，並不是一成不變的接受，我曾提出「制約的超現實主義」，把超現實主義加以修正。事實上對超現實主義我仍然一往情深，但我認為超現實主義只能做為一種表現技巧而不能代表一切技巧。

今天，那種一面倒，向西方學習的階段已經結束，已經到了終點，而終點也正是我們回歸中國傳統的起點，那個西化的時代，或功或過，歷史會有定評。今天我們已是世界文壇的一員，可以和世界上任何地方的創作者平起平坐，並做平衡而對等的交流，這樣的觀念與時代是走了一段相當長也猶疑不定的路而得來的，那麼，那段痛苦的，掙扎於西方而又歸宗傳統的歷程，也該是值得珍惜的吧！

——選自《創世紀》，第 59 期，1982 年 1 月

《瘂弦詩集》序

◎瘂弦

　　是什麼時候開始寫詩的？是在什麼樣的心情裡試筆寫下第一首詩，而又為什麼是詩？不是別的？這一切，彷彿都遙遠了。

　　民國 40 年左右，我的詩僅止於拍紙簿上的塗鴉，從未示人，41 年開始試著投稿，42 年在《現代詩》發表了〈我是一勺靜美的小花朵〉，43 年10 月，認識張默和洛夫並參與創世紀詩社後，才算正式寫起詩來，接著的五、六年，是我詩情最旺盛的時候，甚至一天有六、七首詩的紀錄。民國 55 年以後，因著種種緣由，停筆至今。

　　我常喜歡說一句話：「一日詩人，一世詩人。」喜歡詩並創作過詩的人，對於詩是永遠不會忘情的。今年春節，在漫天爆響的鞭炮聲中閉門自校這一本舊作，不禁感慨系之：活了這麼久，好像只得到如是的結論：「人原來是這麼老掉的！」又彷彿看戲，覺得才剛剛敲鑼，卻已經上演了一大半。人生朝露，藝術千秋，世界上唯一能對抗時間的，對我說來，大概只有詩了。可是這麼一本薄薄的小冊子，如何能抗拒洶湧而來的時間潮水？而在未來的日子裡，在可預見的鎮日為稻粱謀的匆匆裡，我是不是還能重提詩筆，繼續追尋青年時代的夢想，繼續呼應內心深處的一種召喚，並嘗試在時間的河流裡逆泳而上呢？我不敢肯定。雖然熄了火的火山，總會盼望自己是一座睡火山而不是死火山。

　　感慨之餘，不免要細細回味這本集子裡諸多作品的種種，我寫這些，就算是向讀者做一誠摯的告白，也是對自己做一深切的質詢吧。

　　詩集裡一部分作品，最早收在《苦苓林的一夜》裡（民國 48 年 11 月

1 日由香港國際圖書公司出版），當時是因為香港詩人黃崖先生的推介才出版的。黃崖曾任香港《學生週報》主編，我則是經常的撰稿者，後來的若干年我寫詩的精神會那麼勇壯，和黃崖的鼓勵有很大的關係；黃崖是我最早的知音，也是一位燃燈者。《苦苓林的一夜》運來臺灣只有三百冊，由於手續繁雜，擱在海關半年，等取出來時，封面都受潮腐壞了；之後我自己設計封面，把原先浪漫的，襲自徐志摩《翡冷翠的一夜》的書名改為《瘂弦詩抄》，書則分送親朋，未曾流傳坊間。民國 57 年 10 月，尉天聰兄主持「眾人出版社」，重印了《瘂弦詩抄》，並增補一些後來的作品，是為《深淵》，讀者所看到的版本大概就以此書為最普遍；但印行的份數也不多，不久就絕版了，導致一些喜歡詩的讀者不斷追詢，有些錯愛的讀者甚至有手抄本的出現。民國 60 年 4 月，白先勇兄辦「晨鐘出版社」，要我重新增訂《深淵》；並加上我的讀詩札記〈詩人手札〉彙為一集，這是流傳較廣的一個集子；只可惜先勇一向在國外，編校工作多由別人代理，是集編校相當粗糙，錯字尤多。民國 65 年 8 月，楊牧、沈燕士、葉步榮和我共同創辦「洪範書店」，目的之一，就是希望把自己的幾本書收回自印，就近照顧，免得變成出版界的棄兒。幾年來，楊牧的書差不多都收回了，自編自校自己設計封面，果然呈現了不同的風貌。而我，停筆日久，變得不敢面對過去，遲遲未能交卷；直到最近，在洪範諸友的催促下，勉力重編校訂，增添我收在黎明文化公司出版的《自選集》裡的「廿五歲前作品集」，並把當年在愛荷華念書時自譯的一些詩也編列進去，這就是這本修正版的面貌。

　　面對過去，尤其是那樣一個再也無法回復的、充滿詩情的過去，是一種傷痛。在編校這個集子的時候，情緒尤其複雜；原因之一是對這些作品不再有欣喜之情，總是不滿意，總是想修改，而要改，只有每一首每一句都改，思之再三，終於放棄了修正的企圖。畢竟「少作」代表一種過去的痕跡，稚嫩青澀是自然而理直氣壯的；以中年的心情去度量青年時代的作品，不但不必要，怕也失去個人紀念的意義。

　　寫作者的青年期是抵抗外來影響最弱的年齡，免不了有模仿的痕跡，

有些是不自覺的感染，也有自覺的，如繪畫的臨摹；在我初期的詩裡，關於這類作品，我一一存真，以紀念自己學習的歷程。早年我崇拜德國詩人里爾克，讀者不難從我的少數作品裡找到他的影子，譬如〈春日〉等詩，在形式、意象與音節上，即師承自里爾克；中國新詩方面，早期影響我最大的是 1930 年代詩人何其芳，〈山神〉等詩便是在他的強烈籠罩下寫成。何其芳曾是我年輕時候的詩神，他《預言》詩集的重要作品至今仍能背誦；直到近幾年我知道何其芳的一些事情後，這個詩的偶像才完全幻滅。世界上最大的悲哀，就是偶像的幻滅。

　　詩集裡英文的部分，曾於民國 57 年 5 月在美國愛荷華大學出版過。當時，為了使作品能追上英美語文的水準，全部譯稿曾央請同房的美國朋友──一位青年詩人高威廉（William C. Golightly）加以修正；他不諳中文，改錯了不少地方，雖然中文意思錯了，但在英文裡卻能構成新意，成為一個龐德式的美麗的錯誤。其中〈上校〉和〈蛇衣〉兩首，他勸我試投《大西洋月刊》，結果兩首分別刊出。我永遠記得那個大雪紛飛、我們圍爐斟酌字句的冬季。後來高威廉不僅是我的朋友，也成為我全家的朋友，他曾跟我回臺灣住了兩年多，朝夕相處，視同家人，我的孩子至今喊他「威廉舅舅」；如今他在紐約，擔任一家文學出版社的編輯。為了紀念這位同窗好友，對於他改錯的部分，我也不再修正，就讓這幾首「錯得多美麗」（愁予句）成為因緣與記憶的見證罷！

　　校畢全書，對自己十多年來離棄繆思的空白，不知道該不該再陳述、解釋或企求什麼。紀德曾說：「我不寫東西的時候，正是我有最多東西可寫的時候。」然而，這有最多東西可寫的時候，如果一任它僅止於可寫的境界，對於未來的創作是否有任何助益呢？像法國詩人梵樂希那樣休筆 25 年後復出、震驚文壇的例子畢竟不多。思想鈍了、筆鏽了，時代更迭、風潮止息，再鼓起勇氣寫詩，恐怕也抓回什麼了。想到這裡，不禁被一種靜默和恐懼籠罩著。

　　然而，彷彿是詩並不全然棄絕我，在長女景苹出生十年後的今天，二

女景縈（現在才八個月大）翩然來臨，家裡充滿著新生嬰兒的啼聲，似乎
又預示著生命全新的歷程。看著她在搖籃裡的笑渦，寫詩的意念是那樣細
細地、溫柔地觸動而激盪；也許，生活裡的詩可以使我重賦新詞，回答自
己日復一日的質詢與探索，或者，就在努力嘗試體認生命的本質之餘，我
自甘於另一種形式的、心靈的淡泊，承認並安於生活即是詩的真理。

——民國 70 年 3 月 7 日於聯副編輯室

——選自瘂弦《瘂弦詩集》

臺北：洪範書店，1981 年 4 月

詩是一種生命

瘂弦談詩

◎瘂弦主講
◎高全之整理[*]

這篇語錄根據了兩場文學活動（瘂弦詩座談、朗誦）的實況錄影。2004 年 2 月 14 日，下午與傍晚各一場，場地皆美國加州蒙特利公園市長青書局。兩場活動都由美國德維文學協會主辦，承辦工作人員是：黃美之、張錯、曉亞、簡捷、王露秋、陳銘華、伊犁。

語錄的文學價值似很明顯：捕捉詩人當時的心情、寫作生涯的回顧、以及難得一見的詩作詮釋。都很珍貴。我在整理時添加了小標題，以利閱讀。詩作均見《瘂弦詩集》，臺北洪範書店，1981 年 4 月初版。談話裡提到序言文學準備出書，應是《聚繖花序》兩冊，臺北洪範書店，2004 年 6 月初版。

為慎重計，本文曾經瘂弦先生親校。

以下就是瘂弦先生本人的談話。

寫詩的三個階段

我早年的詩，抒情詩比較多。而這種抒情裡面，懷鄉的作品占大部分。因為我們那個時候，戰亂中跑到臺灣的孩子，對於故鄉充滿了懷念，所以也仿造了西方很多作家寫故鄉的一些手法，把我們的故鄉也訴之為詩的對象。像〈紅玉米〉、〈乞丐〉，都是懷鄉之作。

---

[*]美國航太工業資深電腦軟體工程師。

　　第二個階段是受到西方詩的影響，對於遠方的那種嚮往。那時我們臺灣觀光還沒開放，很多地方都沒去過。只能在電影、文學作品、詩裡面，感覺到遠方都市與異國文化的風味。像巴黎、倫敦、芝加哥呀，都寫了一大堆。後來人家說：你有沒有去過那些地方？我說我沒去過。他說那爲什麼好像你寫的都「合折」押韻，風味都對。也有人爲我解圍，他說，就是因爲沒有去過才寫得出來，文學是虛擬的，唐朝時候有些邊塞詩人根本就沒去過邊塞。當時這是解嘲的說法。

　　第三個階段是受到西方超現實主義的影響，希望在意象方面經營。像抽象繪畫，無調性音樂，意識流小說，借助那種種自動性技巧做了些實驗。當然都不成功，比較長的是〈深淵〉。現在大家還常常提到這首詩。

　　這說明了我青年時代成長的精神狀態。

停筆寫詩

　　好像是所有的話都說完了，沒什麼新話好說，再寫就是重複過去，沒什麼意思。世俗一點兒說，長久不寫就造成心理的壓力。這些壓力愈來愈大，最後覺得不寫也很好。寫詩的時候很快樂，不寫詩也挺快樂。

　　我常常羨慕年紀很大，但仍然在寫作的朋友。比方說我們詩壇的常青樹，黃伯飛先生，一直在寫，今年都 90 了，還在不停的寫。所以寫詩是沒有年紀限制。

　　人生階段永遠支配著詩人寫作的方向。如果我再寫的話，絕對不會是年輕時候那些詩了，一定是有晚年感覺的詩。

　　我有很多的札記。有些也是，等於說，一個寫詩的準備。將來整理那些札記，也許有些可以寫出來。

　　我想最好是不要再寫詩了。有個美麗的傳說，不是挺有意思的嗎？挺悲壯的，是不是呀？

　　不寫以後，也有很多困擾。很多朋友仍舊期許、鞭策、激勵。這些對我是很有壓力的。現在老了，還沒有老透。還沒有老透的時間，大陸上有

句話說是晚霞時期。晚霞是很燦爛的。我有個句子:「如果不弄個滿天晚霞,太陽會憤怒的掉下去。」太陽一定要弄個滿天晚霞,它才掉下去,否則它不甘心的。所以晚霞工程也是個大的工程。

現在我自己其實也沒有停止。詩話、序言文學,還是寫得不少,也準備出書。也算是我的作品。

我常常稱年紀比較大,中晚年以後還在寫詩的詩人「高齡產婦」。我對洛夫說:你是「高齡產婦」。他說:那你是「結紮有年」了。

能寫還是要寫。因為詩是一種生命。詩與生命是一體的。你年輕時候說:我今年實在有些感覺,等到中年時代再寫。到了中年你只能寫中年的詩。如果你說把中年的感覺儲存起來,等到晚年再寫好了。到了晚年,你就寫不出中年的感覺,只能寫晚年的詩。

究竟將來是否再出點東西,現在無法預估。現在已經到了夕陽時分,天黑得快,趁著還有能見度的時候再趕一段路。這是我的心情。老馬不用揚鞭奮蹄。自己就知道怎樣去快步往前走。衰馬西風老將,你要重出江湖也會是很難堪的。現在白袍小將很多,一槍就把你挑下馬來。

火山

今天大家坐在火山口觀察。已經冷卻了的火山。它的岩漿已經凝固起來,遍山都是冰冷的火山味。大家都在討論這個山,這個昏的火山,到底是睡火山,還是個死火山。

我希望我不是睡火山,我是死火山,死掉算了。詩這個東西是很嬌嫩的。不知道為什麼就寫起來,也不知道為什麼就停頓了。我希望從此就死掉算了,不要睡了半天,又冒了一點煙,那煙的成色也不怎麼樣,反而壞了大家的印象。

但是我的私心沒有死,還做了不少的事情。我這幾年把所有工作、心情、精神都放在編輯事業上。我不大喜歡人家說編輯是為了作家。我覺得編輯是種事業。本身就是種事業。所以我編《聯副》、《幼獅文藝》。我覺得

我雖然是個失敗的作家，但是我是很成功的編輯，幫助過很多的人。

詩語言

我們早年時候造句子造得很厲害。語不驚人誓不休。就是這句子一定把對方嚇得住。如果現在寫詩，我就喜歡沖淡簡單，舉重若輕的東西。比如說我最近就看到一首小詩：你離家這麼多年了，怎麼還戴著那頂破斗笠？不，那是故鄉的屋頂。

你看多好呀，誰都聽得懂，這就適合朗誦。還有一首詩，前面幾個簡單句子也有意思：鷹，是在一次戰鬥中誕生的；在此之前，牠是一隻鳥。

羅馬（商禽早期筆名）的詩大都適合朗誦。他有個上廁所小便的詩句：在月光下，我把一排草，槍斃。

所以什麼都可以入詩。這樣的如果集成一本，朗誦起來絕對不會有冷場。

我的詩，當時寫的時候，多數是視覺的詩，現在無從改起。

大學教育

我們政工幹部學校常常給人一種誤會，認為是個情報學校。大陸有五七幹校，兩個幹校一比，有強烈的政治聯想。其實這個名字取壞了。臺灣很多軍校，像國防醫學院，是很優秀的。當時我們的校名如果叫國防文化學院或文法學院，那就非常合適。但是創辦人蔣經國先生，大概早年留學蘇聯的關係，說那不行，我是要訓練幹部，一定叫政工幹部學校。

這個校名取壞了。有些畢業生都不願說他們是政工幹校畢業的。但是張永祥和我兩人在任何地方都寫我們是政工幹校畢業的。一定是這樣寫的。因為我們是戰火孤兒，政府收留我們，而且幹校的師資都是非常好。

我們系主任是王紹清先生，西洋戲劇史是李曼瑰先生，齊如山先生也教過課，張徹先生和張英先生教導演學，顧毅先生教舞臺設計，崔小萍女士教表演學，都是一時之選。補修學分時，俞大綱先生和姚一葦先生也參

加了教學陣容。我們在那裡得到真正的學習的啓蒙。我們後來能夠發展，都跟幹校有關係。我們很感恩那個學校，以她爲榮，絕不說那是軍事學校。

其實我們在政工幹校時間只有一年半，後來當然要補修學分，但是整個說起來時間不長，我們卻打下了很好的基礎。

尤其是李曼瑰先生、王慰誠先生，都是抗戰時期的老劇人。李曼瑰先生終生沒有結婚，一生爲中國話劇運動奮鬥，自己是歷史劇的劇作家。李曼瑰過世的時候，張永祥、貢敏、趙琦彬、和我號稱四大弟子，因爲他沒有兒女，自願在靈前披麻帶孝，持孝子之禮，給來靈堂的人磕頭。可是他家人是基督徒，婉謝了我們的意願。我們師生感情就好到這種程度。

〈紅玉米〉

北方農民常常在田裡發現紅顏色的玉米，真的很稀罕，就把它掛在屋簷下，做第二年的種子。在我的回憶裡，屋簷下的紅玉米在那裡搖盪著，成爲童年很重要的印象。時間地點人物有時候都忘了，但是草、一個小小的東西、那天晚上月光的印象，卻維持得長久。

我把那時間說得比較早了一些，那個老先生童年時代是宣統年間。

我是 1932 年生的。那個時候清朝才亡了二十幾年，基本上鄉下的情況還和清朝時候一樣。婚喪喜慶。街上還有剃頭挑子。這詩裡都是那個時代的意象。

〈鹽〉

這是對家鄉的懷念。這個鹽現在我們視之爲糞土。臺灣產鹽，臺南就有鹽田。可是在北方，食鹽可真稀罕。鹽商都是肥缺，鹽到農民手裡都非常的貴。我記得幼年時候，大概民國 30 年左右，一斗麥子才能買一斤鹽。我母親向隔壁借一調羹鹽，再買鹽的時候還要記得還給對方，堆得很高，也是一調羹一調羹的算。聖經上說：你們是地上的鹽。鹽是很重要的。沒

有鹽吃，眼睛都會瞎掉。

這首詩就是寫長久不吃鹽，當然鹽也代表廣義的食物，眼睛瞎了以後，受不住飢餓，然後上吊，她的裹腳帶掛在榆樹上死的。

詩是戲劇性的。這首詩是朗誦詩的寫法。

這首詩有個典故。杜斯妥也夫斯基為什麼和這位老太太有關係？因為杜斯妥也夫斯基著名的小說《窮人》專寫俄羅斯的貧苦生活、心靈生活，俄羅斯的愛慾心靈。杜斯妥也夫斯基其實不了解我們中國的這份憂鬱。他是不了解的。中國的憂鬱大於全世界的憂鬱。中國的悲劇介於世界的悲劇之上。

〈坤伶〉

我是學戲劇的。憑良心講，戲劇交了白卷。但是我演過話劇《國父傳》。那是臺灣的戒嚴時期，對前人的傳記非常拘謹，所以那個戲裡完全都是演說，宋慶齡也沒有出現。就是乾燥的革命劇。那個戲演了七十多場。我用朗誦詩的方法處理中山先生的臺詞，使他有種崇高感。在臺詞語言上面，是有些設計的。

〈坤伶〉是寫戲劇的。坤伶是女人唱戲。中國過去多是男人唱戲。你看四大名旦都是男的。女人唱戲就很稀罕。詩裡寫 16 歲，我現在想應該改大一點。17 歲好了。

王文興說這首詩和〈上校〉有短篇小說的野心，就是希望用詩寫個人生的橫切面。前不著村，後不著店，突然冒出一句「在佳木斯曾跟一個白俄軍官混過」，這麼作法，就是小說的作法。

〈上校〉

上校的待遇很差。那時候沒有退休制度，沒有退休金。所以臺北的小巷子裡常常可以看見牆上有個小牌子說：繡學號。有時候是：補衣服。這位上校的太太，貼補家用，就用老的縫紉機每天在那裡響。

　　那個縫紉機嘀嘀達達的聲音使老上校想到抗戰時候的斥候作戰，零星的槍聲。也是雙關的說，生活也是個戰爭。對老上校來講，老妻的縫紉機達達達達的聲音使他想到戰地的回憶。誰也不能俘虜他，除了時間把他俘虜，敵人也不能俘虜。這裡就有種悲壯的感覺。

　　這位上校還是斷了腳的。玫瑰是火焰的象徵。寫蕎麥田就比較具體。

〈修女〉

　　〈修女〉是人物詩。張愛玲散文〈夜營的喇叭〉說隱隱約約聽到兵營裡喇叭的聲音，非常淒涼的感覺。從前軍隊裡有號兵。現在臺灣軍中聽不到號聲。現在軍中有些號聲是唱片或錄音帶放的。號兵這個職位沒有了。號兵調差時候把號嘴取掉，帶到新單位去，號嘴是他自己的。衝鋒時候要靠號兵來吹衝鋒號。每天早晨號兵起來要出去練號，好像京劇的練嗓子一樣。

　　聽說號兵早晨起來不要到廁所，吹到最後，那泡尿吹掉了，沒有了。那些小的號兵要跟著他學。

　　我們小的時候，民國 36、37 年，經常早晨聽到淒涼的軍營傳來的號聲。

　　這首詩寫一個修女對於塵世間事情還有模模糊糊的留戀，但不是寫得像京劇裡的尼姑思凡那樣不堪。塵世還有些掛念，無以名之的，軍營的號聲使她產生塵世的聯想。

　　詩人白靈說最後一句是個可以去掉的敗筆，我覺得很有道理。一字師。我準備把最後一句去掉。

　　其實這也是短篇小說的寫法。沒有故事。並沒有故事。

〈給橋〉

　　余光中說瘂弦的文章穩紮穩打，絕不輕易發言，連情詩也只寫一首。他的意思是說感情生活沒那麼單純，不落文字，船過水無痕。真正落下來

的就這首詩。

這位女孩是很可愛的。她叫張橋橋。橋橋跟我真是一段兒。氣氛完全對。

寫這首詩的時候我們已經結婚了。

這裡面有個典故：「酢醬草萬歲」。周作人說，當你的情人躺在你的膝蓋上的時候，你可以暫時忘掉革命。你可以被允許忘掉革命。因為那是你最神聖的時候，你怎麼想到革命。西班牙內戰時候，西班牙軍隊的領章是酢醬草做的。當然那時候我不能講：讓他們喊他們的總統萬歲。那不得了，在當時詩不能這樣寫。詩是虛擬的，所以突然出現了這樣的句子。

我在戀愛中，其他的事，他們喊他們總統萬歲，是他們的事情。這是受周作人的影響。

小女生。這首詩好美。那原是美得不得了的。

橋橋在 19 歲時候開始生病，一直病到現在，一輩子幾乎完全是生病著。現在肺只有半個，左肺完全切除，右肺又壞掉了一部分，換句話說，她現在只有常人四分之一的肺功能，24 小時靠氧氣筒。她年輕時候非常病弱非常的美。橋橋和她的姐姐都是美女。橋橋非常柔弱，這首詩想把她的味道拴住。

詩當然是虛擬的。很多情節是虛擬的。希望用文字為她畫個畫像。你看胡奇中畫的女性，我也希望造成胡奇中畫像的那種效果。

這裡邊其實沒有說什麼事情，根本沒有事情，等於說廢話。有時情人之間說了半天，就看到她嘴巴在動，就是不知道在說什麼。不知道說什麼就很好就是了。戀愛就是這樣。

〈如歌的行板〉

「如歌的行板」是音樂上的術語，指第二樂章，通常交響樂的第二樂章，才用如歌的行板的曲式。我把音樂上的術語做為詩題。

後來大家多覺得挺好的，模仿這個辦法的人也很多。比如說：九月的

行板、春天的行板、田野的行板。也很好。

往往隔行的東西拿過來是新鮮的。在音樂界誰不知道如歌的行板是什麼東西。拿來在文學裡面就比較新鮮，因為很少人這麼弄過。

跨行的借火。

詩前面很多「必要」，後面總收個頭。要收起來。像「枯藤老樹昏鴉」，最後用「斷腸人在天涯」來收一樣。好像是珍珠，用線把他們穿起來。最後四句用穿線的方法把前那些東西穿起來，產生些意義。你已經被稱為一條河，就得繼續流下去。就像被稱為詩人，就得再寫詩，是一樣的。

世界總是這樣的。善惡都是並存，有時是並行不悖的。觀音在遠遠的山上，還有人種鴉片，還有人吸毒。這就是人生。什麼都必要。是這樣的心情。

這首詩就有點中年的感覺了。其實我寫這首詩的時候還是個年輕人，可是已經未老先衰，有種中年感。什麼東西都妥協了。什麼都必要。以前是：沒有必要！年輕人沒有必要，什麼都沒有必要。到了中年，什麼都必要。

詩裡邊的意象多是從西方小說得來的。比如說，歐戰、雨、加農炮、天氣、紅十字會，都是第一次世界大戰，海明威小說《妾似朝陽又照君》那種意象。暗殺也受了拉丁美洲小說作家那些親歷事件，那些現實的影響。

〈一般之歌〉

這歌沒什麼特殊，是一般性的。

我是學，現在都招了，戴望舒，也受到西班牙詩人洛卡的影響。

這首詩前面用電影的鏡頭。遠景，慢慢的進來，而且用戲劇開場背景介紹的文字，而不是用詩意的文字。特別用這種辦法，看看能不能產生新的味道。

　　這是個靜靜的下午，沒什麼事情。一個人覺得五月到了，什麼事情也沒有發生。一個列車還在那準時的五時三刻經過，每年都經過，也過去了。河在流著，無論如何，這個人怎麼樣都會被草征服。桑德堡說過我們是草，讓我們來處理這一切，這世界都會變成草。這個草好像是動物，往那裡走，一直到墳場去，死了以後就安靜了，不用東張西望了。

　　而我現在是個東張西望的人，無所事事。其實什麼事情也沒有。主要是那邊有個男孩在吃著桃子。這是個閒筆，沒什麼意義，然後說了個抽象的東西，永恆這個東西，永恆在誰家樑上做窩。不管有沒有永恆這件事情，不管生活多麼單調無聊，我們必須接受，因為沒有辦法。安安靜靜，不許吵鬧，吵鬧也沒用。不許有意見，不能抗議。

　　這個寫法當時出現的時候，還是比較新的寫法。後來寫的人就比較多了。你要說後現代，這好像也挺後現代的，就是說去主題，沒有主題，去意義，把意義去掉。因為人生多半時候是沒有主題也沒有意義的，就是那樣感覺著，在活著。

〈秋歌──給暖暖〉

　　暖暖是個虛擬的女孩子。女孩子叫暖暖豈不是很好聽？
　　這幾句我比較得意：

　　秋天，秋天甚麼也沒留下
　　只留下一個暖暖

　　只留下一個暖暖
　　一切便都留下了

　　這幾句挺帥的，前面幾個句子今天看起來，覺得比較軟弱。

〈復活節〉

　　有人說文不對題，〈復活節〉沒有提到耶穌。這首詩是復活節那天我看的街景，跟復活節沒有別的關係。

　　德惠街在臺北統一飯店附近，中山北路那一帶。楊牧在德惠街住了很久，他說德惠街東西向，「向南走」是不可能的。當時我也沒有去考察。這可以犯錯誤的。

　　還有〈芝加哥〉的第七街。後來黃用到了芝加哥也沒有找到。他說瘂弦騙人，哪裡有第七街。沒有關係。

　　這也是個電影鏡頭的樣子。淡淡的寫。也是個短篇小說，極短篇的寫法。人的荒涼感。本來牙膏廣告這些玩意兒都放不進詩裡面。但是有時候對比起來也蠻有趣的。就是一個女人在街上走，我們對她的背景不太清楚，很憂鬱的樣子。好像有個印象，聽說她戰前愛過一個人，好像後來兩人吹了，也許因為河的關係，也許因為那天晚上星光的關係，也許因為春天等等其他浪漫的事情的關係。他們兩人不知誰該負責，誰錯了到底，不十分確定。

　　反正就那麼個人，她現在正在街上走。就像電影正在發生那樣。這些人生瑣碎的事情如果寫成一首歌，大家都沒興趣，因為不成其為情節。這麼位女士，一個街頭看到的陌生人，也許我們對她只有一知半解的印象。她正在走，也許是無意抬頭看牙膏廣告。

　　這在當時來講也是時髦的寫法。寫個戰爭的模糊的面孔，一個模糊的消息。

　　當時我們稱廣告牌，現在用日本話「看板」。

〈印度〉

　　我喜歡這首詩，因為它比較有人格精神，比較有崇高感。現代詩比較寫現代的感覺，有時是嘲弄，有時是現代人精神的荒蕪。比較少崇高的感

覺，英雄主義崇拜的東西。從前比較多。

現代詩也不善於寫這方面。英雄主義的，寫戰歌的，都是浪漫主義的比較多。

這首詩是我看了羅聖提先生《在甘地先生左右》，非常感動，受了影響。這首詩是一段一段，用印度人一生的生老病死來歌頌他。我到印度旅行，在甘地墓前朗誦，一位印度詩人用印度人的英文唸這首詩，我唸中文。

詩人彭邦楨曾隨部隊去過印度，說我寫印度還大多對。我以前喜歡浪漫主義的特點，對遠方嚮往，愈沒去過的地方愈有興趣。我寫倫敦、芝加哥、巴黎、印度的時候，都沒去過。以後我去了，要我再寫，也寫不出來了。

〈深淵〉

有人批評我們那一代的詩人沒有社會性，其實是有社會性的。像商禽的〈逢單日的夜歌〉就是對政治與戰爭高度的批判。不過都是通過象徵的形式。這樣審查人員看不懂，我們就躲過去了。就是偷關漏稅的辦法。把自己心中的不滿，對社會的批判，對政治黑暗現象的吶喊，通通經過象徵的手法處理。你要撥開象徵的枝葉，才能了解裡面的內容。這是我們那一代非常重要的特色。所以抽象畫、自動性技巧語言的詩，超現實主義的詩，就正好合乎我們那一代的想法。

如果是蘇俄的審檢制度，就沒有辦法偷關漏稅。據說他們的審檢人員可以從無標題的交響樂裡，分析出作者的資產階級意識。

〈深淵〉也是一種批判的詩。有人說這首詩的作者沒有人格，是個人格破產的人。我就是寫個沒有人格的人，但是他有人格反省力，他無奈於如何改進自己。所以這等於說，這是現代人的一種，從西方現代主義的主調上發展出來，而把我們社會的不滿隱藏在裡面。

我當時非常年輕，對於造句充滿了野心，也有比較炫才這種毛病。現

在都不要改動，就讓它維持這個樣子。

　　這首詩有很多缺點。從藝術完整性來講，這首詩比不上商禽的一些戰爭詩。他的詩的意象比較統一和完整。〈深淵〉還是零散些，不過這首詩也有個好處，它的氣很盛，情感非常充沛，激情非常一致。至於說意象的東西本身，分寸不錯，可是中間有機的聯繫不夠。就我今天看來是不很滿意的。今天這也已經是常識，常常被大家提起來。

　　我們在軍中還不那麼顯著，到了社會你就知道，我們在公司做事，看見董事長來了：「董事長您早！」對著笑，誰不是這樣？那豈不是「向壞人致敬」嗎？明知道是肉麻的玩意兒，沒辦法要生存嘛。

　　「今天的告示貼在昨天的告示上」。國共兩黨都喜歡寫標語。臺灣從前標語多，現在比較少。大陸標語現在還是很多。有些做得很好，但是還是標語。這個詩句就是說那些政治標示。

──選自《明道文藝》，第 361 期，2006 年 4 月

夢從樺樹上跌下來
瘂弦的詩生活

·

◎張默[*]

一、

　　洪範版的《瘂弦詩集》於 1981 年 4 月出版。全書概分八卷，收錄長短詩作 88 首，大概較少遺珠，是詩人創作以來自編自選體例最爲完備的定本。

　　瘂弦的詩創作始於 1951 年，開始時每天在拍紙簿上塗鴉，1953 年嘗試投稿。他的第一首習作〈我是一勺靜美的小花朵〉，凡 41 行，刊於《現代詩》第 5 期（1954 年 2 月）。

　　瘂弦在《現代詩》季刊上發表的作品不多，除上述一首外，尚有〈預言〉，刊第 7 期（1954 年秋季號）；〈工廠之歌〉，刊第 9 期（1955 年春季號）；〈殯儀館〉，刊第 18 期（1957 年 6 月）；及〈在中國街上〉，刊第 21 期（1958 年 2 月）。

　　詩人在《藍星》發表的詩作較多，以覃子豪 1957 年 1 月主編的《藍星》宜蘭版爲最，幾乎每期都有瘂弦的作品，可惜該刊並未編目，很難查考。同年六月，覃氏主編的《藍星詩選》第 1 期「獅子星座號」，刊出他的「斷柱集」，十月第 2 期「天鵝星座號」，刊出他的〈死亡航行〉。而於 1958 年 12 月創刊的《藍星詩頁》（摺疊式），瘂弦也偶有詩作，尚待查閱。

[*]創世紀詩雜誌社創辦人。

　　由於瘂弦於 1954 年 11 月，自復興崗幹校畢業分發到左營海軍陸戰隊服務，受到當時剛創刊的《創世紀》主編之一洛夫的邀約，於同年底加入。而瘂弦自第 2 期到 22 期在《創世紀》上發表的詩作篇目共 31 首，特錄如下，提供研究者參考——

- 劇場素描（燈光、卸妝、劇終）／第 2 期，1955 年 2 月
- 鬼車、魔夜／第 3 期，1955 年 6 月
- 陣地吟草（碉堡裡、擦槍）／第 4 期，1955 年 10 月
- 鬼劫、棺材店／第 5 期，1956 年 3 月
- 屈原祭／第 6 期，1956 年 6 月
- 劇場、再會／第 7 期，1956 年 9 月
- 短歌集（組詩）／第 8 期，1957 年 3 月
- 我的靈魂／第 9 期，1957 年 6 月
- 無譜之歌、剖／第 10 期，1958 年 4 月
- 從感覺出發／第 11 期，1959 年 4 月
- 深淵／第 12 期，1959 年 7 月
- 出發、夜曲、給 R・G／第 13 期，1959 年 10 月
- 戰時、鹽／第 17 期，1962 年 8 月
- 獻給馬蒂斯／第 18 期，1963 年 6 月
- 所以一到了晚上、另一種的理由、紀念 T・H／第 19 期，1964 年 1 月
- 下午、非策劃性的夜曲、如歌的行板／第 20 期，1964 年 6 月
- 焚寄 T・H、庭院／第 21 期，1964 年 12 月
- 復活節、一般之歌、給橋／第 22 期，1965 年 6 月

　　瘂弦的詩創作活動，於 1966 年導因個人諸多不便公開的理由而結束，誠然令詩壇老友迄今猶在迷惑。

　　就是這樣子的一位詩人，在戰亂中成長，在軍營裡冶煉，在大學的講堂上傳述，在文學的花圃長期撒種灌溉培植新苗，就是他，尖拔的歌聲響

徹海內外的瘂弦，以一本薄薄的詩集《深淵》，在當代詩壇享受崇隆的聲譽達 30 年之久，這不是天方夜譚的神話，而是他以極精美、深邃、生新、充滿諧趣的詩篇所造成。或如他在〈斑鳩〉一詩中所虛構的：

> 女孩子們滾著銅環
> 斑鳩在遠方唱著
> 夢從樺樹上跌下來

　　你聽，你看，你唱，他的重疊有序輕輕的詩之假寐，是多麼多麼的令人神馳。

二、

　　1932 年 8 月 29 日，本名王慶麟的瘂弦，誕生於河南南陽縣的一個小鄉村，童年在放風箏、滾鐵環、游河塘、捏泥人，聽長者說書講古老神話的荒寂歲月中度過。13 歲小學畢業，跟隨父親到縣城去念中學，由於生活清苦，只好半工半讀，在煤炭行當小夥計，暑假回鄉下拾麥穗，兩手經常被麥芒刺破，十分疼痛。但父親庭訓極嚴，在《幼學瓊林》、《古文觀止》、《戰國策》和一些新文學作品的薰陶下，無形中帶引他進入文學生活的第一步。

　　之後瘂弦陸續在父親的書櫃裡，翻出冰心的《春水》、《繁星》二詩集，陸志韋的《渡河》，……每天捧讀不輟，獲益匪淺。有一回作文課老師出了一個題目〈冬〉，他就豁然寫了一首小詩草草交卷。

> 冬
> 狂風呼呼，砭肌刺骨；
> 一切凋零，草木乾枯。

作文簿發下來，老師批道：「寫詩是偷懶的表現。」從此他再也不敢搪塞了。

1948 年 11 月 4 日，是作者一生中最慘淡的日子。縣城淪入敵手，不得已而離開南陽，顛沛流離數千里，乃與同學十餘人，投筆從戎，隨軍於次年從廣州乘船到臺灣，在陸軍 80 軍 340 師，於操課之暇，開始閱讀狄更斯、彌爾敦、但丁、左拉、紀德等人的詩和小說，而朱湘譯的《番石榴集》，尤為他所喜愛。

1953 年 3 月，作者考取政工幹校第二期影劇系，次年 11 月以少尉官階調派海軍工作，尤其在左營電臺那段日子，他嚴格苦讀，手抄紀德的《地糧》，王爾德的《快樂王子》，吉卜蘭的《先知》，朗費羅的《詩選》，還有舊俄詩人萊蒙托夫的全集，以及歐美眾多大詩人的詩作，這批手抄本足足有好幾十本，現在已是詩人最珍貴的財富。而他與洛夫、張默共同創辦的《創世紀》詩刊，為現代詩打拚典當，則更是不在話下了。

1961 年 12 月，瘂弦被調回幹校，以少校任教影劇系，教授「中國戲劇史」、「名劇選讀」，並兼晨光電臺臺長，1966 年應邀到美國愛荷華大學「國際作家工作坊」研習兩年，1969 年接任《幼獅文藝》主編，提升該刊水準，使其內容編排更加精進。1974 年接任「華欣文化事業中心」總編輯，1977 年 7 月獲美國威斯康辛大學東亞語言研究所碩士學位，同年十月回國接掌《聯合報》副總編輯兼副刊組主任，並先後繼續在若干大學講授新文學、戲劇等課程。

尤其在他主持聯副將屆滿二十載的過程中，無不全心全力的投入，使其達成「探索真理、反映真相、交流真情」的目標，舉凡中國文化傳承與國際文化交流，傳統的、現代的、鄉土的、世界的……各種題材的篇章，都在他力求「真實、高雅、生動、活潑」的規劃下，每天向臺灣及海內外的中文讀者呈現多種風貌的視覺之美。而前輩作家俞大綱曾勉勵他編刊物要「從傳統出發」，顧獻樑叮嚀他「你要告訴讀者，中國的古代，世界的現代」。這兩位先人的金玉良言，一直是瘂弦從事編輯工作最敬謹的準則。

　　瘂弦創作除詩集一冊外，另著有《中國新詩研究》（1981 年），並編有《六十年代詩選》（1961 年）、《當代中國新文學大系》詩卷（1980 年）、《聯副三十年文學大系》（1982 年）、《創世紀詩選》（1984 年）、《創世紀四十年評論選》（1994 年）等多種。曾經九次獲獎，重要者有：1956 年軍中文藝詩歌特獎、1957 年全國詩人創作第一獎、1957 年文協優秀詩人獎、1958 年藍星詩獎、1964 年香港現代文學美術協會新詩獎、1965 年救國團與《中央日報》合辦之第一屆詩歌獎。

　　1993 年 12 月，聯合報系文化基金會、《聯合報》副刊、《聯合文學》雜誌社共同舉辦「四十年來中國文學會議」，在臺北圓山飯店隆重展開四天的議程，到有海內外作家數百人，發表論文數十論，成績斐然。瘂弦及聯副同仁花費的心血可觀，有目共睹。試問當詩人每天致力於緊張繁瑣的編輯工作，他還能有以下的雅興：

　　　溫柔之必要
　　　肯定之必要
　　　一點點酒和木樨花之必要
　　　正正經經看一名女子走過之必要

三、

　　綜覽瘂弦在左營的七個春秋（1954～1961），確實是他詩創作的黃金時期，不少名篇巨構都是在那座低矮的電臺小屋完成的。其中趣事糗事也是接二連三的發生，以下特列述幾則：

　　首先必須要說一說《六十年代詩選》的緣起。那是 1960 年仲夏的某一黃昏，瘂弦和筆者相約到高雄大業書店去看書，正當咱們聚精會神閱讀的當兒，該店老闆陳暉突然走過來，並請我們到他後面的小辦公室聊一聊。

　　從而一本詩選朦朧的影子，就在咱們的眉宇間閃爍。

　　《六十年代詩選》書名，是瘂弦首先提出，我完全同意，而選入詩作的年限則以 1951～1960 年為準。咱們幾經研商，開列了二十幾個入選詩人的名字，從覃子豪到薛柏谷，約稿信於七月中發出，希望以 45 天期間把全部稿件收齊，然後再展開編選工作，不意咱們的信發出近一旬，卻傳來臺北藍星詩社某重量級詩人認為把該社好幾位優秀詩人都遺漏了，有意杯葛本書，瘂弦聞訊後，馬上找我商量，從而促使再檢討入選詩人的補救措施，我確然記得吳望堯等二位是後來加進去的。為了此事，我還到臺北走一趟，找葉泥、季紅商討全部入選者的名單。

　　同年八月底，正式展開編輯作業，咱們在「四海一家」租了一間套房，攜帶了不少參考書，尋章摘句，每天日以繼夜從事小傳的撰寫工作，九月底完成，十月初把厚厚的一大包稿件交給陳暉，三個月後也就是 1961 年的 1 月上旬正式出版。

　　該書封面由畫家馮鍾睿精心設計，26 位作者的畫像，也是馮氏的手筆，而扉頁素描，則是余光中提供保羅・克利的作品，充滿現代感。

　　該書出版後佳評如潮，但由於不少詩人未能選入，瘂弦特別以親筆信，我在旁邊簽名，向七、八位向隅的詩友致歉。此事本已忘卻，但年前向明曾在他留存的舊信中找到瘂弦這一封，日期是 1960 年的 10 月，故此提出，35 年後再檢視這部詩選，當時雖屬前衛，但也有不少的盲點，引以為憾。尤其是小評部分，雖用功撰寫，但有些詩人無年齡籍貫，後人引用十分不便，有一次巧遇羅青，在閒談中他就直言這是一項不小的疏失。

　　其次是《創世紀》第 16 期，出刊日期是 1961 年 6 月，該期有方思譯里爾克的〈旗手〉，葉維廉譯 T・S・艾略特的〈荒原〉，可惜印刷費沒有著落，不得已讓它在印刷廠的倉庫裡睡了兩個月。後來瘂弦和我商量，決定兩人同時把手錶、單車送進當鋪籌款再取出《創世紀》，想想當年那種尷尬與傻勁，實難以言語形容。

　　那時節，瘂弦在左營廣播電臺服務，北、中、南三地詩友找他十分方便，然而當年咱們是一貧如洗，來找他的詩友，總得請人家吃一碗大滷

麵，爲此瘂弦在附近每家小吃店都掛了一大串的帳單，後來找他的人太多，凡是一聽到電話的鈴聲，他都交代同室文友，說他不在。而筆者當時在陸戰隊《先鋒報》服務，由於警衛森嚴，找我的人難以登堂入室，每每念及老友爲《創世紀》借貸頂罪的窘境，愧何如之。

在左營海軍營區中，他也有很多迷糊事。由於薪餉微薄，每月只能買幾塊肥皂和少許日用品，每個人有幾塊肥皂都記得死死的，放在內務包內，有時放在臉盆中。有一回他的肥皂不見了，不禁破口大罵：「哪個小子偷用了我的肥皂？我有一塊半肥皂，是哪個小子把我的半塊肥皂用光，又把我的一整塊用掉了半塊？」鄰兵聽罷，立即哄堂大笑。當時營區遼闊，有一天他對好友馮鍾睿說：最近越來越迷糊，常常騎著單車出去，卻走路回來；馮則順水推舟說自己更迷糊，常常步行出去卻騎著破單車回來。莫非——

　　世界老這樣總這樣：——
　　觀音在遠遠的山上
　　罌粟在罌粟的田裡

四、

睽違老家 42 載，瘂弦終於在 1990 年 9 月，偕橋橋以「笑問客從何處來」的心情，回到南陽故鄉，他回家的第一件事，就是爲祖父母、父母親掃墓立碑。

他也曾尋找童年時代的老屋，可是林木淒清，家門破敗只剩一堵斷牆，他怎能不睹牆望天長歎。這面「斷牆」的照片，曾於《創世紀》第 82 期（1991 年 1 月）封底刊出，很多海內外詩友讀到後都不禁爲之黯然神傷。於是瘂弦以授田證補償金在老家的斷牆舊址上新蓋九間瓦屋，供親人們居住，同時也做爲自己返鄉的臨時寓所。

　　回想 1984 年 6 月，瘂弦得知父親於 1957 年被中共冠以「反革命」罪名判刑八年，流放到青海勞改營，1960 年 5 月 5 日亡故，母親也於不久前辭世，而今自己竟是無父無母之人了，徒徒呼喚蒼天，又能挽回些什麼呢？

　　但詩人記憶中最香的是媽媽手擀的麵條，最亮的是老屋裡的菜油燈，最懷念的是冬天下大雪的光景，大家挨在柴房裡講故事，唱河南小曲，可是如今，這些歷歷在目的往事，似乎永遠再也不會重現了。

　　瘂弦是一位特別珍視友情、親情的人，兩度寫給已故詩人覃子豪的悼詩，令人傳誦不已。請看〈紀念 T・H〉的末段。

> 在一堆發黃了的病歷卡中
> 在一聲比絲還纖細的喊聲下
> 背向世界的
> 一張臉
> 作高速度降落

　　其真摯的情懷，其獨特的藝術表現手法，希冀把已故詩人的華彩高高舉起的意念，卻是如此的熾烈。

　　而他於 1992 年在美國詩人保羅・安格爾悼念會上的發言，十分坦率而令人動容。他說：「保羅・安格爾對作家的尊重，可說影響了我一輩子。……我是軍旅出身，英文程度有限，到了愛荷華後才慢慢學來的，像商禽、管管……等，我們都是『草莽派』，中學沒畢業，就開始流亡，投入軍旅，到愛荷華去，既沒有托福，也沒有成績單，卻受到最優渥的禮遇。保羅曾說，他要找的是一個詩人，而不是一個懂英文的人，愈是不可能去的人，他愈要找他去，他甚至考慮過邀請周夢蝶。」

　　至於他對太座橋橋的照顧，可說無微不至，他曾不只一次對老友說：「如果有來生，我還是要選擇她。」而他寫的一首唯一的情詩〈給橋〉，確

屬人間最美、最驚心的絕唱。

　　常喜歡你這樣子
　　坐著，散起頭髮，彈一些些的杜步西
　　在折斷了的牛蒡上
　　在河裡的雲上
　　天藍著漢代的藍
　　基督溫柔古昔的溫柔
　　（讓他們喊他們的酢醬草萬歲）

　　鄭愁予在一篇對話中，也曾直指：「瘂弦性靈內蘊，人情爲表，這是爲什麼他在藝術觀上能涵容川中各流，他對人溫雅，其實是他延伸藝術鑑賞力的自然表徵，因爲他沒有所謂的『潛褋心理』（"complex"），所以處世落落大方。」（1987 年 9 月）

　　王鼎鈞在〈聞詩人瘂弦受浸〉所寫一詩，也深刻有味。特節錄如下：「風入寬袖／撫摩流動／我們有共同的觸覺／水，那樣溫柔／比母親的手掌還貼身／牧師怎麼說／是俯還是仰／我寧願你站著」。（1995 年 9 月 5 日）

　　有關瘂弦的筆名，以「啞」取勝，頗暗合「但識琴中趣，何勞絃上音」（陶潛）的意趣，及「大音希聲」（老子）的奧義，這一輩子他是從一而終，永不悔改。「一日詩人，一世詩人」。在他是理所當然，也是永遠的口頭禪。

　　回首瘂弦這風起雲湧熠熠奪目的大半生，你猜，他像不像在〈曬書〉兩行中所揭露的——

　　一條美麗的銀蠹魚
　　從《水經注》裡游出來

——《聯合文學》，第 148 期，1997 年 2 月號

附記：有關瘂弦評論專著，請參閱蕭蕭編《詩儒的創造》，文史哲出版社，
1994 年 9 月。

——選自張默《夢從樺樹上跌下來：詩壇鈎沉筆記》
臺北：爾雅出版社，1998 年 6 月

瘂弦的情感世界

◎蕭蕭[*]

一、完整的瘂弦

能以一本詩集 87 首詩，風行臺灣詩壇，歷數十年而不衰者，大概只有瘂弦吧！

要了解瘂弦，最主要的依據是他於民國 70 年出版的《瘂弦詩集》（洪範版）。此書是他先後出版的《苦苓林的一夜》（香港國際圖書公司，民國 48 年）、《瘂弦詩抄》（即《苦苓林的一夜》臺灣版）、《深淵》（民國 57 年）、《鹽》（英文版，民國 57 年）、《瘂弦自選集》（民國 66 年）等書的所有詩作之完整定本，有此一集，可以有系統地了解瘂弦全部寫詩歷程而無遺珠之憾。

不過，《瘂弦詩集》前身各書之出版頗多轉折，詳述如後，或可做為版本學研究之參考：

《瘂弦詩集》第一次出版，原名《苦苓林的一夜》，民國 48 年，香港國際圖書公司印行，在臺灣發行時改名《瘂弦詩抄》，包括目前集中卷一至卷三的作品。九年後，民國 57 年，易名為《深淵》，臺北眾人出版社印行，收詩 60 首分為七卷，前有序詩〈剖〉一首，後附王夢鷗〈寫在瘂弦詩稿後面〉，葉珊的〈深淵後記〉，及〈作品年表〉，版本比 32 開略小。同年，英文詩集《鹽》（*Salt*）在美國愛荷華大學出版。民國 59 年 10 月 25 日，臺北晨鐘出版社據眾人版增詩九首後刊印，所增之詩為：〈憂鬱〉、

[*]本名蕭水順。發表文章時為景美女中教師，現為明道大學中國文學學系教授。

〈歌〉、〈無譜之歌〉(〈無譜之歌〉增入卷之三,卷目即改「遠洋感覺」為「無譜之歌」)、〈佛羅稜斯〉、〈西班牙〉、〈赫魯雪夫〉、〈懷人〉、〈所以一到了晚上〉、〈獻給馬蒂斯〉。並刪去前述王、葉兩篇後記,增入 16 節瘂弦的〈詩人手札〉,書型改為 40 開本。次年,又補上兩篇後記,恢復 32 開本,仍由晨鐘出版社發行。

民國 66 年 10 月,黎明文化事業公司出版《瘂弦自選集》(32 開本),選入《深淵》集中詩作 41 首,卷目依舊,另增第八卷「25 歲前作品集」,收入〈我是一勺靜美的小花朵〉等民國 42 年至 47 年間未輯入《深淵》集中的 18 首詩。前有素描、生活照片、手跡、年表,後附〈理論與態度〉(羅青作)、〈有那麼一個人〉(范良琦訪問瘂弦)、〈作品評論引得〉等。

瘂弦自民國 40 年開始寫詩,至民國 54 年創作停止,計有 15 年的寫詩歷史。發表詩作則是民國 43 年以後的事,第一首發表的詩:〈我是一勺靜美的小花朵〉,刊登於《現代詩季刊》第 5 期,民國 43 年 2 月出版。此詩恬靜柔美,節奏輕快,25 年後的今天重讀,依然令人讚歎瘂弦之善於把握詩的內在音樂,不僅注意詩句最後一字的韻腳,而且詩章六節的最後一句都重複著「我是一勺靜美的小花朵」,其前面一句則以「墜落」結束,每節的這一句的字數和句法各有不同,使詩的節奏有所變化[1],讀至每節的最後兩句,可以讓人感覺到美的輕飄微漾,彷彿身在雲端:

不知經過了多少季節,多少年代,

我遙見了人間的蒼海和古龍般的山脈,

還有,鬱鬱的森林,網脈狀的河流和道路,

---

[1]這種方法為瘂弦所擅用,如〈在中國街上〉詩分六節,每節的最後一句分別為「詩人穿燈草絨的衣服」、「且回憶詩人不穿燈草絨的衣服」、「更甭說燈草絨的衣服」、「以及詩人穿燈草絨的衣服」、「要穿就穿燈草絨的衣服」、「且穿燈草絨的衣服」。再如〈巴比倫〉各節的結句為:「我是一個黑皮膚的女奴」、「我是一個滴血的士卒」、「我是一個白髮的祭司」、「我是一個吆喝的轎夫」,句式不變,最後一字皆有相近之音,則是更進一步的變化使用。而〈鹽〉則插在中間叫著:「鹽呀,鹽呀,給我一把鹽呀!」

高矗的紅色的屋頂，飄著旗的塔尖⋯⋯

於是，我閉著眼，把一切交給命運，

又悄悄的墜落，墜落，

我是一勺靜美的小花朵。

終於，我落在一個女神所乘的貝殼上。

她是一座靜靜的白色的塑像，

但她卻在海波上蕩漾！

我開始靜下來。

在她足趾間薄薄的泥土裡把纖細的鬚根生長，

我也不凋落，也不結果，

我是一勺靜美的小花朵。

　　癌弦最晚的一首詩，應是民國 54 年 5 月所寫的〈復活節〉（即〈德惠街〉），流暢的氣勢依然，活跳的語字依然，其中更有沉潛而在的深義，33 歲的癌弦是要不同於 22 歲的癌弦，但其間衍變的痕跡明晰可見：

她沿著德惠街向南走

九月之後她似乎很不歡喜

戰前她愛過一個人

其餘的情形就不太熟悉

或河或星或夜晚

或花束或吉他或春天

或不知該誰負責的、不十分確定的某種過錯

或別的一些什麼

──而這些差不多無法構成一首歌曲

　　雖則她正沿著德惠街向南走

　　且偶然也抬頭

　　看那成排的廣告一眼

　　寫作最豐的時期是民國 46 年與 47 年兩年，共成詩 40 首左右，占全集中的十分之六。民國 46 年的詩給人的感覺是：「當我們掀開那花轎前的流蘇，發現春日坐在裡面」〈春日〉的那種清暢與甜蜜。民國 47 年則「跳那些沒有什麼道理只是很快樂的四組舞」〈無譜之歌〉。當然，民國 47 年下半年，對瘂弦而言是一次小小的躍進[2]，〈巴黎〉（七月作品）、〈倫敦〉（11 月作品）、〈芝加哥〉（12 月作品），陸續推出，像「你唇間輭輭的絲絨鞋踐踏過我的眼睛」，像「乞丐在廊下，星星在天外，菊在窗口，劍在古代」，像「在芝加哥我們將用按鈕寫詩，乘機鳥看雲，自廣告牌上看燕麥，但要想鋪設可笑的文化那得到淒涼的鐵路橋下」，這些詩句膾炙人口，風靡一時，〈巴黎〉一詩且曾獲「藍星詩獎」，而詩風則已稍異於民國 46 年的清甜柔舒，現實生活的感應，衍展與批判，逐漸揉入詩句中。

　　奇怪的是，民國 47 年這一年，洛夫風格也巨幅轉變，〈投影〉（3 月作品）、〈我的獸〉（6 月作品），都在這一年間完成。民國 47 年元月，瘂弦發表〈給超現實主義者〉一詩，是為了「紀念與商禽在一起的日子」，或許，超現實主義的自動語言也給了瘂弦一些啟示，而後才有民國 48 年的〈從感覺出發〉及〈深淵〉兩詩，〈深淵〉一出，瘂弦在詩壇上地位已穩若泰山，為群嶽所拱。同年，商禽的名詩〈長頸鹿〉、〈滅火機〉，洛夫〈石室之死亡〉首輯作品，都同時在《創世紀》第 12 期刊登，猗與盛矣！其中，〈深淵〉名句，長久以來，猶為人傳誦不絕，如：

---

[2]楊牧在〈鄭愁予傳奇〉中認為：瘂弦直到寫成〈懷人〉、〈秋歌〉、〈山神〉以後（1957 年）才毅然告別何其芳，完全奠定了他自己的風格。（文見《鄭愁予詩選集》序，臺北：志文出版社，民國 63 年 3 月初版。）

　　哈里路亞！我們活著。走路、咳嗽、辯論，

　　厚著臉皮占地球的一部分。

　　沒有什麼現在正在死去，

　　今天的雲抄襲昨天的雲。

　　民國 48 年，瘂弦寫下〈赫魯雪夫〉、〈瘋婦〉等刻畫人物的作品，極為出色，他曾於民國 42、43 年間就讀政工幹校「影劇系」，描繪人物時頗能抓住對象的特質及其內在感情的瞬間變化，引逗出一個蘊含繁複情節的小小輪廓，這是現代詩的一條新的生路。次年，他繼續寫出〈上校〉、〈坤伶〉等詩，一起輯入詩集中的第五卷「側面」，與第四卷的「斷柱集」——詩人心中嚮往的各大都市「想當然耳」的橫切面，成為《深淵》裡的兩大特色，為其他詩人其他詩集所無。

　　此後，瘂弦沉寂了兩年。民國 52 年而有〈給馬蒂斯〉一詩，這首詩似乎是瘂弦作品中的變調，意象繁瑣，韻律滯塞，瘂弦自己也頗痛恨，認為是造作的、假的（見葉珊〈深淵後記〉）。這樣的逆向轉激，可能導致民國 53 年〈非策劃性的夜曲〉，民國 54 年的〈一般之歌〉的產生，詩思凝聚，結構緊密，保持早期的輕快調子，再無冗字贅語。其時，洛夫剛剛完成〈石室之死亡〉，商禽正唱著〈逢單日的夜歌〉，然而，瘂弦卻真正成為「瘂弦」了，從此不再繼續創作詩，而以整理史料推展詩運，民國 55 年初，《創世紀》第 23 期出版，即開始連載〈中國新詩史料掇拾〉。詩人的創作生命雖然結束，乃以整理詩史為其職責，奮鬥不懈，令人感佩！這部分論文資料，後來集成《中國新詩研究》，民國 70 年元月「洪範書店」出版。

　　《中國新詩研究》一書，包括了瘂弦早期的詩觀，當時以〈詩人手札〉零星發表，如今集為〈現代詩短札〉，可以拿來印證瘂弦寫詩的心路歷程，頗值讀者參考。卷二的〈早期詩人論〉及卷三的〈中國新詩年表〉，則是瘂弦研究 1930、1940 年代詩人的重要結晶，如果再配合他所編寫的《朱

湘文選》、《戴望舒卷》、《劉半農卷》、《劉半農文選》等書（均爲洪範版），那就更能看出瘂弦對於早期新詩作品所下的研究功夫，而這些研究應該也是早年瘂弦詩作養分之所來自。

我們一方面相信詩才之天生，一方面更相信後天的深入探研與歷練的重要性，一個詩人的成長，前輩作家、古今書籍的深遠影響，就瘂弦的詩來看，除何其芳外，並未有十分顯明的特殊血緣關係存在，但羅青在〈瘂弦研究資料初編〉中列舉將近二十位詩人、小說家，認爲瘂弦曾從中吸收養分，因而創立自己的風格，姑存其說，以備查考。羅青認爲：「大陸時期的詩人如廢名、郭沫若、何其芳、卞之琳、辛笛、綠原、蘇金傘等人的作品，都成了他寫詩的養料；臺灣時期的詩人如李莎、鍾鼎文、墨人的作品，對他早期的詩風影響也不小，尤其是明秋水與覃子豪，成了他最親近的指導者，對他的詩作品評修改，鼓勵不斷，是瘂弦成長時期的良師益友。透過翻譯，瘂弦讀了不少詩和小說，對他的詩風也造成了相當程度的影響。較明顯的有美國的愛德加‧坡、惠特曼，法國自然主義的小說家，和詩人如愛呂亞等，俄國詩人馬亞可夫斯基，及舊俄的小說家，還有一些拉丁美洲的詩人如奧克他維奧‧柏茲（Octavio Paz）等人。」[3]

二、瘂弦的情感世界

瘂弦，本名王慶麟，民國 21 年（1932 年）農曆 8 月 29 日生於河南省南陽縣東庄，17 歲還在讀中學的他，就因時代動亂而在湖南零陵從軍，而後隨軍輾轉來臺。

民國 42 年，瘂弦入政工幹校（今「政治作戰學校」）影劇系，畢業後服務於海軍陸戰隊，結識張默、洛夫，創辦《創世紀》詩刊，成爲「創世紀」之鐵三角，影響臺灣詩壇甚大且鉅。民國 55 年 9 月他應邀參加愛荷華大學國際創作中心，嗣後入威斯康辛大學獲碩士學位。

---

[3] 〈瘂弦研究資料初編〉原刊於《書評書目》第 33 期，民國 65 年 1 月出刊，次期有張默的〈瘂弦研究資料初編補遺〉。

　　瘂弦曾先後主編《創世紀》詩刊、《詩學》雜誌、《幼獅文藝》等刊物，目前是《聯合報》副總編輯兼副刊主編，對於詩的推廣、後進的提攜，不遺餘力，非唯獨善其身而已，更能兼善天下。他溫柔敦厚的詩風與人格，確實春風化雨了好多晚生後輩，言教與身教的影響，遠超過其他同輩詩人及學院中之執教者。

　　對於他詩作的特色，辛鬱曾提出四點看法，頗為中肯：

　　第一點，辛鬱認為通常一首詩的語言有兩種型態，一種是敘述性的，客觀的，描寫的語言；另一種是表現性的，一般也稱主觀陳述的語言。瘂弦善於掌握這兩種語言，交互應用。產生非常強悍的、媚惑人的力量，這種力量自然包括了瘂弦詩中音樂性的講求，他透過語言表達了詩的內涵，烘托了詩的氣勢。

　　第二點，瘂弦擅長以現代人的生活語彙，靈活的編織意象，有強烈的趣味性，更有一種新鮮感，非常甜美的節奏感，極為自然流暢。

　　第三點，應用了西方超現實主義的語言技巧。

　　第四點，瘂弦的詩有戲劇性的效果，這是由許多單一的動作所構成的，這些動作有些產自人身上，有些則來自事物、事件上，而構成戲劇效果。（以上辛鬱談話紀錄，見之於聯亞出版社《現代名詩品賞集》）

　　能以簡短語句道出瘂弦特色，予人深刻印象的，大約要以張默在《中國當代十大詩人選集》所寫的讚辭最為中肯，他說：

　　「瘂弦的詩有其戲劇性，也有其思想性，有其鄉土性，也有其世界性，有其生之為生的詮釋，也有其死之為死的哲學，甜是他的語言，苦是他的精神，他是既矛盾又和諧的統一體。他透過美而獨特的意象，把詩轉化為一支溫柔而具震撼力的戀歌。」[4]

　　這是對瘂弦詩的印象的總體反應，所謂「甜是他的語言，苦是他的精神」，一針見血之論，將瘂弦詩的內在精神與外在形貌表露無遺。瘂弦與鄭

---

[4]《中國當代十大詩人選集》，張默等主編，臺北：源成文化圖書供應社，民國 66 年 7 月 15 日初版。「瘂弦詩選」的編者讚辭在頁 261。

愁予、楊牧，雖然同爲婉約詩人，寫作「冷肅柔美的詩」各自享有令譽，但其間另有個別差異。鄭愁予內柔外剛，一股對人生對自然堅毅不撓的氣勢貫串在其中；楊牧是吟唱詩人，自吟自唱，對歷史古典懷抱著永遠的虔誠，對真與美一往情深；瘂弦則臂擁現實的苦難，唇吻大地的傷痕，顯現投入現實泥沼的心意，而恆以短促而響亮的笛音陪伴時穩時躓的腳步。

因此，我們以流盪的情感來尋求瘂弦的動向，可以發現他的甜與苦表現在五種不同的情的層面上，這五個不同的情的層面形成瘂弦的特殊世界：

（一）情韻綿邈而流盪：

情韻的綿邈與流盪，瘂弦的表現側重於歌謠式的小調，我們相信他可以吟誦許多北方民間小調，而這些小調轉化爲詩，使瘂弦詩中的音樂性增強，最明顯的表現是〈乞丐〉這首：「酸棗樹，酸棗樹／大家的太陽照著，照著／酸棗那個樹。」即使悲涼如〈唇〉，如〈鹽〉，亦然。

即使後期的〈一般之歌〉，也仍然可以感覺出來：

至於雲現在是飄在曬著的衣物之上
至於悲哀或正躲在靠近鐵道的什麼地方
總是這個樣子
五月已至
而安安靜靜接受這些不許吵鬧

情感的傳達如果能以線表示：瘂弦是不規則而又諧和不紊，不盡轉折而又圓融的，譬如〈憂鬱〉這首：「蕨薇生在修道院裡／像修女們一樣，在春天／好像沒有什麼憂鬱／其實，也有」。每一次的轉折可能是無理的，但因爲音樂緊密的連串而得其圓融，〈下午〉是成功的作品：「我等或將不致太輝煌亦未可知／水葫蘆花和山茱萸依然堅持／去年的調子／無須更遠的探訊／莎孚就供職在／對街的那家麵包房裡／這麼著就下午了」。不盡的轉

折使你覺得情韻的延引和流暢。

（二）情調屬北方風光：

　　早期的痘弦，民國 46、47 年間出現的詩，充滿著北方情調，援用許多特殊名詞，形成十分與眾不同的北地風光，包括：嗩吶、銅環、陀螺、蒺藜、花轎、流蘇、野荸薺、白楊、蕎麥花、酸棗樹……等等，誠如〈紅玉米〉這首詩所寫的：「好像整個北方／整個北方的憂鬱／都掛在那兒」，一時引起許多年輕人的仿學。嚴格說，痘弦是屬於先天的天才詩人，可以襲用他的語詞，但學不來彷彿天賦的情調，尤其是南方海島長大的孩子，不曾浸淫過北國的風聲與雪色，如何感覺「很多聲音傷逝在風中」？如何能寫出充滿傳奇性的〈山神〉？

　　　　樵夫的斧子在深谷裡唱著

　　　　怯冷的狸花貓躲在荒村老嫗的衣袖間

　　　　當北風在煙囪上吹著口哨

　　　　穿烏拉的人在冰潭上打陀螺

　　　　冬天呵冬天

　　　　我在古寺的裂鐘下同一個乞兒烤火

（三）情節充滿戲劇感：

　　痘弦學過戲劇，詩中人、事、物的出現、轉折與消失，有著十分完整的戲劇結構，如上引的〈山神〉：「春天，呵春天，我在菩提樹下為一流浪客餵馬」，「夏天，呵夏天，我在敲一家病人的銹門環」，幾乎就是一個戲劇雛形的壓縮。「斷柱集」具有異國情調，其中不乏可資索尋的傳奇，「側面」為人物造形的具體塑現，每一句幾乎都承載著戲劇裡一個小小的高潮。痘弦說：「在題材上我愛表現小人物的悲苦，和自我的嘲弄，以及使用一些戲劇的觀點和短篇小說的技巧。在『側面』這一輯篇裡，差不多都是

寫現實人物的生活斷面。」[5]如〈坤伶〉一詩，姚一葦教授曾加以析釋，評價極高[6]：

> 十六歲她的名字便流落在城裡
>
> 一種淒然的韻律
>
> 那杏仁色的雙臂應由宦官來守衛
>
> 小小的髻兒啊清朝人為她心碎

仔細的讀者可能還發現句尾的押韻，自然而然，情韻的綿邈與北國的風色依然迴蕩在其中。

（四）情趣帶有反諷味：

瘂弦是一個機智型的詩人，忽然有從天外飛來的詩句，往往從矛盾情境中產生奇趣，羅青為瘂弦欣賞而拔舉，大約就因為羅青詩中滿溢的諧趣吧！瘂弦詩中之趣，往往還有反諷的意味，〈赫魯雪夫〉：「又用坦克，耕耘匈牙利的土地，他的的確確是個好人」，這是十分明顯的嘲諷，〈修女〉、〈故某省長〉也隱約可以覺察。〈給橋〉詩中重複兩次的「讓他們喊他們的酢醬草萬歲」，自然也是瘂弦式的俏皮。〈深淵〉三行：「在剛果河邊一輛雪橇停在那裡。」給人突兀的感覺，造成驚奇之趣，也有一點反諷的味道，萬物存在本來就不相違棄，雪橇就讓它停在那裡吧！從中思索，這豈不是〈深淵〉所含蘊的思想之一？

（五）情結不免超現實：

「創世紀」詩社一直被一般評論家、讀者，將它和「超現實主義」聯結在一起，超現實主義是好是壞，本難定評，因為有人因此而寫出極好的詩，如商禽、洛夫、管管，但也偶爾不免失敗之作，形成舟橋不濟的隔絕

---

[5]參見范良琦訪問瘂弦的文章〈有那麼一個人〉，原刊民國 60 年 12 月出版的第 4 期《臺大青年》，收入《瘂弦自選集》（臺北：黎明文化公司）。

[6]參見姚一葦，〈瘂弦的坤伶〉，原刊《中外文學》第 25 期（1974 年 6 月出版）。

局面，溯自《詩經》、《楚辭》，降至今日新起的年輕詩人，誰不偶一為之？因此，把「晦澀」歸罪於超現實主義是不當的，是偏狹的，尤其在民國 45 年至 55 年間，現代詩壇競出奇句、異想，超現實主義的影響不能說不大，當然，無可諱言的，它也造成混亂與隔絕。換言之，超現實主義因為使用者的不同，造成或良性或惡性的不同結果。

瘂弦自然不免於這種影響，瘂弦承認「早期的詩可以說是民謠風格的現代變奏，且有超現實主義的色彩。」[7]如〈深淵〉中豐碩的意象與情節，〈如歌的行板〉中不相連屬的各類必要，都算是十分妥切的。而〈下午〉的第二段，〈從感覺出發〉、〈獻給馬蒂斯〉的大部分，則有堆砌與孤立的弊病，這是時代的弊病。就像民國 65 年以後淺白俚俗之作，突然充斥在詩壇上，又形成另一種缺憾。

《瘂弦詩集》有小調的輕快，也有深沉博大而悲壯的交響曲，同時展現兩種風格，而能保持瘂弦一貫之特色，其中的微波與洄瀾，均有可觀之處，瘂弦的情感世界就這樣開展在讀者的眼前，忽急忽緩地震盪著。

三、如歌的瘂弦

舉一首詩做為例證，可以了解到瘂弦的詩為什麼傳唱久遠，歷 30 年而猶迷人。

溫柔之必要
肯定之必要
一點點酒和木樨花之必要
正正經經看一名女子走過之必要
君非海明威此一起碼認識之必要
歐戰、雨、加農砲、天氣與紅十字會之必要

---

[7]同註 5。

散步之必要

溜狗之必要

薄荷茶之必要

每晚七點鐘自證券交易所彼端

草一般飄起來的謠言之必要

旋轉玻璃門之必要

盤尼西林之必要

暗殺之必要

晚報之必要

穿法蘭絨長褲之必要

馬票之必要

姑母遺產繼承之必要

陽臺、海、微笑之必要

懶洋洋之必要

而既被目為一條河總得繼續流下去的

世界老這樣總這樣：──

觀音在遠遠的山上

罌粟在罌粟的田裡

──〈如歌的行板〉，民國 53 年 4 月

〈如歌的行板〉，可以視為馬致遠的一首小令〈天淨沙〉（秋思）的一種變奏，前面兩段，19 種必要，彷彿就是「枯藤老樹昏鴉」以至於「夕陽西下」的十個名物，最後一段的「觀音在遠遠的山上，罌粟在罌粟的田裡」則相當於「斷腸人在天涯」。但形式可歸結於此，內容則不相類，要更繁複多了，不僅物類增加，句式的變化也盡其所能靈活轉換。

分析這 19 種必要，從物的質材上來分，大約可以分為三大類：

　　一是名物：如酒、木樨花、歐戰、雨、加農炮、天氣、紅十字會、薄荷茶、謠言、盤尼西林、晚報、馬票、陽臺、海、微笑。

　　二是行為：如散步、溜狗、旋轉玻璃門、暗殺、穿法蘭絨長褲、繼承姑母遺產。

　　三是態度：如溫柔、肯定、正正經經看一名女子走過、君非海明威此一起碼認識、懶洋洋等。

　　如果從物的屬性上來分析這 19 種必要，也可以有三種類型：

　　一種是戰爭的意象：如歐戰、雨、加農砲，天氣與紅十字會之必要，暗殺之必要。

　　一種是無奈的意象：如溜狗、懶洋洋等。

　　一種是享受的意象：如溫柔、酒和木樨花、陽臺、海、微笑等均是。

　　這三種意象交互而分置於各句，使人在「戰爭」與「享受」之間不知如何自處，不得不出之以「萬般無奈」的一種方式去反映生活，因此，19種「必要」是一種「反諷」，其實它所指涉的應該是「非必要」，河「總得」流下去，世界「總」這樣，不論什麼樣的戰爭、享受也無非如此而已，那有「必要」之可言？

　　其次，我想指出這 19 種必要的相互關係，只是一種「物理變化」而已，戰爭使人逃避於生活的縱放與享受，因為享受之不能全然適意，所以有無奈、虛無、不安的感覺，三者之間相互為因為果，有順有逆，時反時合，其間關係是量變而已，到了最後三行始有「化學變化」產生，使得前二段 19 種「必要」有其存在之必要，不致落空，否則，只不過是一堆遊戲文字而已，不能有引人的力量。如果 19 種必要是主觀的，則後兩行是客觀的；如果 19 種必要是西洋的，則後兩行是中國的；如果 19 種必要是具體的，則後兩行是象徵的。這也是前後兩段明顯的一種對比。

　　最重要的對比卻是最後兩行：

　　觀音在遠遠的山上

罌粟在罌粟的田裡

觀音高高在山上，是神聖的徵象，罌粟卑微在下，是罪惡的代表，這兩者本來不相干，一聖一罪，竟能同生同存而不相悖，這是中國人一貫的生活態度，因此，現代詩的語言或許有西洋的影響，思想倒是純中國的傳統思想，瘂弦詩的可貴處或許就在這裡。既然被目爲一條河，總得繼續流下去，這是中國人順天從命，與天地同生的哲理，「流下去」是生命力堅韌的表現，也是一種隨遇而安的處世態度，生命之歌，或可不同，但總得唱下去呀！

　　——本文由〈瘂弦的情感世界〉及〈感覺之必要〉二文合成，分別選
　　　自《燈下燈》、《現代詩縱橫觀》二書

　　　　　　　　　——選自蕭蕭編《詩儒的創造：瘂弦詩作評論集》
　　　　　　　　　臺北：文史哲出版社，1994 年 9 月

在記憶離散的文化空間裡歌唱

論瘂弦記憶塑像的藝術

◎葉維廉[*]

一、記憶、書寫與歷史的印記

約莫在 1960 年左右，那時我才發表了一篇試探性的〈論現階段中國現代詩〉（重點包括白萩的試驗和瘂弦的〈深淵〉）不久，我見到了洛夫、張默和瘂弦。不記得在什麼一種情況，瘂弦把他在詩集《苦苓林的一夜》（1959 年）以外的一些早期作品給我看。我當時幾乎不假思索地拈出他那首〈鹽〉，促他必須收在以後的版本中。其後我不但很快便將之譯成英文，而且在以後教中國現代詩時，幾乎必先講這一首。這首詩為什麼一下子便把我抓住，並深印在我的意識中呢？其實，我當年拈出此詩，全憑直覺，並沒有理出一個思緒來。詩中的瀟灑的跳躍轉折，意象戲劇性的明快的演出，聲音的漸次增遞、變化、重複、迴環的音樂流勢和氣味固然是其迷人的地方，但我覺得它更深一層的情意是：它不但流露了瘂弦做為一個詩人在歷史經驗流失的憂傷與無奈中必須做、或只能做的一種努力——利用破碎、片斷記憶的書寫做為文化記憶的一種印記，在最深層處還反映了現代中國人在劇變的苦難境況中必須面對文化記憶勢將流失的毅然。讓我們再一次歷驗一番這首〈鹽〉：

> 二嬤嬤壓根兒也沒見過退斯妥也夫斯基。春天她只叫著一句話：鹽呀，

---

*詩人，發表文章時為美國加州大學聖地牙哥校區比較文學系教授，現為美國加州大學聖地牙哥校區比較文學系卓越教授。

鹽呀，給我一把鹽呀！天使們就在榆樹上歌唱。那年豌豆差不多完全沒有開花。

鹽務大臣的駱隊在七百里以外的海湄走著。二嬤嬤的盲瞳裡一束藻草也沒有過。她只叫著一句話：鹽呀，鹽呀，給我一把鹽呀！天使們嬉笑著把雪搖給她。

一九一一年黨人們到了武昌。而二嬤嬤卻從吊在榆樹上的裹腳帶上，走進了野狗的呼吸中，禿鷲的翅膀裡；且很多聲音傷逝在風中，鹽呀，鹽呀，給我一把鹽呀！那年豌豆差不多完全開了白花。退斯妥也夫斯基壓根兒也沒見過二嬤嬤。

「二嬤嬤壓根兒也沒見過退斯妥也夫斯基」（始）和「退斯妥也夫斯基壓根兒沒見過二嬤嬤」（結）兩行相似的敘述，是一種異乎尋常的句法。表面好像有些「機智」的玩弄。但這句話，由於它特異的邏輯（俄國作家沒有見過中國的二嬤嬤不是很自然的事嗎？為什麼要那樣凸顯它呢？）由於它戲謔的語言和聲調，讀者幾乎必然要索問：詩人為什麼有此一好像不必說而竟要加強語氣的說明呢？二嬤嬤見到退斯妥也夫斯基或退斯妥也夫斯基見到二嬤嬤又怎樣？二者有什麼關係？但這一索問正好使我透見了作者的心跡。

退斯妥也夫斯基是俄國大作家，是 19 世紀歐洲最偉大的小說家，他的小說不但以人物塑造（尤其是因非人的環境或鎮壓的制度引起的變態或扭曲的人物的塑造）見著，而且對悲困的、處於絕境的、被擊敗的、被遺忘的低下或邊緣人物有悲天憫人的凸顯，通過戲劇性的對話，通過內挖的省思和鞭辟入裡的塑像，把 19 世紀帝俄下的種種不平與不幸錄寫下來，做為一種文化記憶的印記。退氏由思想到行動，為了這些不平等不幸參與革命並被下放到西伯利亞的鹽礦裡做苦工。

如果退斯妥也夫斯基見到了我們故事中的二嬤嬤，做為中國現代歷史

悲慘人生代表的二嬤嬤──和她所代表的更大的苦難和絕境，便可能被刻鏤爲永久的印記。因爲二嬤嬤（或類似二嬤嬤那樣的悲慘中國人處境）沒有見到像退氏那樣把歷史永恆印記的大作家，這些歷史、文化的記憶──現代中國歷史中成千成萬的悲慘人物與境遇──便都勢將流失，勢將因爲沒有被書寫印記而湮沒。這是瘂弦的愛心，也是中國知識分子刻刻如刀攪的焦慮。

但瘂弦那一行詩是詭奇的。退氏沒有看見二嬤嬤，但詩人瘂弦看見了，而且他書寫了，也就是說，他做爲詩人的職責，正是要把這些記憶留住，正是要把歷史和文化的記憶印記，尤其是要把那由血與死、支離破碎地橫陳的中國現代史的記憶印記。當瘂弦寫下了「二嬤嬤壓根兒沒見過退斯妥也夫斯基」時，他無異把自己比況退氏，以退氏的大任看作自己的大任：用記憶的書寫來挽回歷史文化的流失。起碼這是他的期許之一。瘂弦這種利用在時間激流中抓住的瞬間和明澈的片斷來持護他在離散空間中的憂懼還有其特定歷史時空下的成因，我們後面會分述。瘂弦另一種期許是他對中國文化在西方物質和意識形態侵略下所走向的物化商品化的批判，如〈剖〉一詩所宣洩的。由於該篇還牽涉了內在文化對話的問題，亦一併留在後面分述。讓我們繼續通過〈鹽〉這首詩看瘂弦一些典型的運作。

在「二嬤嬤壓根兒也沒見過退斯妥也夫斯基」和「退斯妥也夫斯基壓根兒也沒見過二嬤嬤」這兩句話括號內是發生在現代中國邊遠地區貧苦大眾代表的二嬤嬤身上的事件。像退氏一樣，瘂弦要爲這些人物在特殊事件中顯露的情境塑像。塑像──做爲抗衡時間流逝威脅下一些永恆瞬間的捕捉、印記──正是瘂弦詩的主軸。最明顯的，當然是《瘂弦詩選》中卷五的「側面」的詩如〈C教授〉、〈水手〉、〈上校〉、〈修女〉、〈坤伶〉、〈馬戲的小丑〉、〈棄婦〉、〈瘋婦〉、〈赫魯雪夫〉等，都清楚地標明是塑像，但卷六中的〈給橋〉、〈給R・G〉、〈紀念T・H〉、〈焚寄T・H〉、〈給超現實主義者〉（按：即商禽）、〈唇〉（紀念楊喚）、〈懷人〉（寫何其芳）和序詩〈剖〉當然也是，但從廣義的塑像來說，其他的詩也都是，這包括通過鄉

土生活畫的記憶所構成的詩如卷一、卷二（其中包括了標幟清楚的如〈乞丐〉，和我們現在提出的〈鹽〉，和〈戰時〉），和通過城市的浮世繪的一組詩（有些根本就是人物的塑像，如〈印度〉寫的實在是「印度的大靈魂」「馬額馬」甘地先生——瘂弦有一次無意中告訴我，那首詩的資料出自一本甘地傳。）事實上，龐雜如「因為要鯨吞一切感覺的錯綜性和複雜性」以致「無法集中一個焦點」的〈深淵〉，也是一種塑像的企劃：他在該詩的中間流露了這種企圖，「激流怎能為倒影選像？」這也正是想為歷史印記的說明。瘂弦可以說是一個塑像的藝術家。

在〈鹽〉這首詩裡，括號內包括了發生在二嬤嬤身上的故事的三個階段，或者應該說代表三個階段變化的兩三個戲劇化的凸出的形象，換言之，用了模擬的故事線，用省略的方法和壓縮的方法，把事件最強烈的悲情推向讀者感受網的前端。所謂模擬的故事線，亦即是假敘述，在這裡指的是：故事性發展的因由、輪廓、動機，不似一般敘述（如小說中或敘事詩中的敘述）那樣有事件前後的交代和一步步串連性的引領。模擬故事或假敘述，指的是：有故事的架構的提示，而無細節的細說。譬如二嬤嬤為什麼要叫「鹽呀，給我一把鹽呀！」呢？從詩的發展中，我們漸漸感到（但未經明說），她得不到鹽，而結果死去。故事的細節，乞求鹽的呼叫的緣由，以至於死的過程都在括號之外。通過文字的投射，我們或可重建這個敘述並簡述如下：維護著我們生命的必需品「鹽」，在邊遠的內陸，在生活還停留在簡陋的落後地區，卻是稀有的物品，由於交通的不便，由於貧窮（中國農村普遍的情境），往往得不到而病而盲而死。二嬤嬤向天公乞叫鹽，她得到的不是促進生命的「白」鹽，而是加速死亡的「白」雪。她生前，豌豆花不開（開花結豆可以療飢），到死後卻都全開花了。在這反諷中無異也挪揄了代表為善的天使，她們在榆樹唱的歌是很曖昧的。在這個敘述中還包括了兩個「副敘述」：其一：中國長久以來沿海經濟與內陸經濟的差距（「鹽務大臣的駱隊在七百里以外的海湄走著。／二嬤嬤的盲瞳裡一束藻草也沒有過。」）其二：1911 年的革命原是要帶來解放和進步的（如裏

腳帶的拆除所象徵的），但卻沒有在實質上做到什麼改變。在這兩個副敘述之間，還可以有第三個敘述：那便是，所謂現代化，由思想到一些物質上的改變，恐怕只有城市化的一些地區和城市的知識分子（包括工商界）而已，至於廣大的農村（如果我們可以撇開政治包袱來講，也可說廣大的普羅階級），則還停留在啓蒙之前長久的悲慘狀態。

　　但這樣一個敘述，這樣一條故事線，不是瘂弦採取的呈現方式，他只抽出最具暗示性的意象，做戲劇性、音樂性的演出。這是詩（尤其是抒情詩）與敘事文體（小說與敘事詩）不同的地方。詩往往把經驗的激發點提升到某種高度與濃度，沒有事件發展細節或前後因由的縷述，而把包孕著豐富感受的一些瞬間抓住，利用濃縮的瞬間來含孕、暗示這瞬間前後的許多線的發展。這種選擇具有強烈暗示性的細節來托出更大的事件，我們可以借龐德（Ezra Pound）的「明澈細節的方法」來說明：

> 任何事實，從某種意義上說，都是重要的。任何事實都可能露出「預兆」或「症狀」，但某些事實卻能使人突然洞見週連的情境，其因果及其序次延展：數十個這種明澈的細節可以使我們悟入一個時代的信息——這是積聚浩繁的普遍事實所得不到的。[1]

〈鹽〉幾乎把全部文化情境的重量放在二嬤嬤向天乞鹽這一個細節的三段變化上。

　　這種「舉一反三」、以幾個壓縮的強烈的意象或情節來透現一個大環境或大環境下的某種典型，是瘂弦常用的手法。卷五「側面」中的詩大都如此，如〈C教授〉、〈上校〉、〈修女〉、〈坤伶〉俱是。現舉〈坤伶〉為例：

　　十六歲她的名字便流落在城裡

---

[1]Pound, "I Gather the Limbs of Osiris", The New Age (Dec 7, 1911), pp.130-131.

一種淒然的韻律

那杏仁色的雙臂應由宦官來守衛
小小的髻兒啊清朝人為她心碎

是玉堂春吧
（夜夜滿園子嗑瓜子的臉！）

「哭啊……」
雙手放在枷裡的她

有人說
在佳木斯曾跟一個白俄軍官混過

一種淒然的韻律
每個婦人詛咒她在每個城裡

乍看之下，彷彿是小說（譬如寫〈遊園驚夢〉的白先勇的小說）的綱目，
一共有六個母題：成名、傾城之美、她出名的劇目、演出得最迷人的場
面、她的一段私生活、其他婦女對她的妒恨。但這六段不是綱目，而是引
領我們步步尋索、層層玩味的「明澈的細節」。瘂弦到底是學戲劇和演過戲
的，他太了解哪一個情節哪一些細節最能含孕、或放射出坤伶身世的全
部。姚一葦與瘂弦大抵因為是同行，一下就抓住這些細節的凝射力，試看
他二、三、四段的解讀：

第二節描寫她的美麗……只凝聚在她的「杏仁色的雙臂」和「小小的髻
兒」，一如韋莊的……「鑪邊人似月，皓腕凝霜雪」一樣，正是以局部代
全稱的手法……「由宦官來守衛」，把我們帶入那侯門似海的宮廷；「小
小的髻兒啊清朝人為她心碎」，使我們想起當年在北平捧角兒的那些遺老

來，不僅發人遐思，而且開啟了我們的記憶之門。第三段「是玉堂春吧」含有雙重的用意，一方面是「夜夜滿園子嗑瓜子兒的臉！」中的玉堂春，亦即是舞臺上的玉堂春；而另一方面亦是她的身世自道。「夜夜滿園子嗑瓜子兒的臉！」在此展現出鮮明的意象，不僅表露出當年戲園子內的情形，而且讓我們看見那些身上嗑瓜子兒的大爵們的臉……第三節描寫玉堂春演出情形，「哭啊……」（按：詩人只寫了兩個字）是玉堂春上場的哭頭「苦啊！」此時她披枷上場，「那杏仁色的雙臂」正放在枷裡。其意義亦是二重的，一方面是描寫戲裡的玉堂春，另一方是主角的自道。[2]

　　要引帶讀者進入這些細節中尋索與重演文字以外的情境，作者必須一下子便能把要塑造的形象或境遇的特色抓住。譬如卷五中的另一首〈C 教授〉：

到六月他的白色硬領仍將繼續支撐他底古典
每個早晨，以大戰前的姿態打著領結
然後是手杖、鼻煙壺，然後外出
穿過校園時依舊萌起早歲那種
成為一尊雕像的慾望

而吃菠菜是無用的
雲的那邊早經證實什麼也沒有
當全部黑暗俯下身來搜查一盞燈
他說他有一個巨大的臉
在夜晚，以繁星組成

---

[2]姚一葦，《文學論集》（臺北：書評書目社，1974 年）。

　　前面五行，以很敏捷的方式，用幾個意象拼合、壓縮出一個相當典型、時空架勢氣氛個性都有相當暗示性的人物。〈C 教授〉的 C，相信是有意的，不說「甲」教授而用「C」，這是洋派的教授。不用「A 教授」而用「C」，估計「C」代表中國（China）。「甲」教授不用白色的硬領支撐他的古典，也不用鼻煙壺那洋玩意，他的慾望是「屈平詞賦懸日月」那種永恆，而不是校園中西潮後盛行的雕像。一個過氣的「洋氣」教授（來自戰前的上海？）真是躍然紙上。

　　瘂弦不但在消除故事線的情況下把故事壓縮爲幾個凝射性的細節，他有時也把現實生活中很長的一段變化與過程壓縮爲一句，譬如〈鹽〉詩中這一句：

　　　一九一一年黨人到了武昌。而二嬤嬤卻從吊在榆樹上的裹腳帶上，走進
　　　了野狗的呼吸中，禿鷲的翅膀裡……

由革命成功之並沒有帶給二嬤嬤相同於解除裹腳帶那種生活的自由，到她的死（死的故事本身省略了），到野狗流蕩、禿鷲飛旋覓食的荒野（作者彷彿暗示二嬤嬤連葬身之地也沒有），是一段可以大大書寫發揮的情節。但作者用了省略壓縮，反而給讀者尋索回味的空間。

　　瘂弦極喜用這樣的策略，如

　　　在毀壞了的
　　　柴檀木的椅子上
　　　我母親底硬的微笑不斷上升遂成為一種紀念

　　　　　　　　　　　　　　　　　　　　　　　——〈戰時〉

死於「把大街舉起猶如一把扇子」的燒夷彈的母親，由她在紫檀木椅子上的硬的微笑那個印象（大抵是瘂弦童年時目睹的一場難忘的變故）到「成

爲一種紀念」（經過若干年後的追懷紀念）是一段很長的時間，瘂弦躍過過程，把這段包含著痛苦記憶的時間壓縮爲一句。作者彷彿欲哭而突然停止，躍過時間彷彿就是躍過痛苦。這種好像一筆帶過的寫法，我們好像已經遠在經驗之外，在事過境遷之後一閃而過的回憶，有一些超然的語意。但事實上，在深層裡是更大的悲劇，是一種無奈，是一種無淚之痛。

同理，他寫的退役下來的「上校」，用的幾乎是幽默的語調，把改變了「上校」一生的一件大事，輕佻的一筆減縮爲一句：

> 在蕎麥田裡他們遇見最大的會戰
>
> 而他的一條腿訣別於一九四三年

幾乎是一種記者「一年來大事」的不動感情的記寫。正因爲這表面不動感情的減縮的寫法，等到我們讀到下面兩句時反諷及悲劇性便變得特別深沉：「他曾聽到過歷史和笑」（他曾是歷史的製造者，赫赫風雲，勝利之笑或入雲霄；如今他在歷史之外，聽到的笑是嘲笑多於其他。）「什麼是不朽呢」（對上校來說是火焰中升起的一朵玫瑰，一種煉爐中昇華的純粹）但答覆卻是：「咳嗽藥刮臉刀上月房租如此等等／而在妻的縫紉機的零星戰鬥下／他覺得唯一能俘虜他的／便是太陽。」這不只是「固一世之雄也，如今安在哉！」而是從升空的純粹和不朽跌入地面的瑣碎無聊，是可有可無的存在了。

瘂弦詩中的聲音是很獨特的，從〈鹽〉等例子中，我們已經感到他從來沒有過度投入悲情的內裡，從裡向外發聲，像他早期的〈屈原祭〉那樣呼喊式的「我呀，我狂吟著屈原……我赤足，我披髮，我歌，我嘯，我吶喊……詩魂呀，歸來，歸來！」或〈我的靈魂〉那樣「我的靈魂如今已倦遊希臘，我的靈魂必需歸家」；但他也並非站在悲情之外做新聞式歷史式的記載，而是介乎二者之間，他的抒情的聲音，正如我說過的，一面彷彿是不動感情似的，一派無所謂的樣子，只做一些事件的紀錄，但另一方面卻

在一種深沉無奈中愁傷。這種聲音，有幾種變奏，大都以反諷為綱。這包括在輕快音樂行進中潛藏的悲劇，如〈乞丐〉，如〈馬戲的小丑〉，包括文字戲謔中的某種崩離，包括在荒誕中假裝發愁並唱「哈里路亞」（〈深淵〉）等。

　　事實上，痛傷到極致後的一種無奈、無所謂、甚至輕佻，幽默，自嘲的一種抒情可以說是瘂弦詩中的主調：

> 哈里路亞！我仍活著。
> 工作，散步，向壞人致敬，微笑和不朽。
> 為生存而生存，為看雲而看雲，
> 厚著臉皮占地球的一部分。……

——〈深淵〉

> 在根本沒有所謂天使的風中，
> 海，藍給它自己看。
> ……
> 他們是
> 如此恰切地承受了
> 這個悲劇。
> 這使我歡愉。
> 我站在左舷，把領帶交給風並且微笑。

——〈出發〉

〈C教授〉所追求的「永恆」，〈上校〉所追求的「不朽」，〈鹽〉反面所祈求的歷史的完整與合理的生存都變得瑣碎無聊，可有可無。也因為這種異乎尋常的沉痛，所以瘂弦後期才會歌唱種種瑣碎無聊生活情節之必要。由「我仍活著，工作，散步……」一變而為用〈如歌的行板〉去唱：

溫柔之必要

肯定之必要

一點點酒和木樨花之必要

正正經經看一名女子走過之必要

君非海明威此一起碼認識之必要

歐戰，雨，加農砲，天氣與紅十字會之必要

散步之必要

溜狗之必要

薄荷茶之必要

每晚七點鐘自證券交易所彼端

草一般飄起來的謠言之必要。旋轉玻璃門

之必要。盤尼西林之必要。暗殺之必要。晚報之必要

穿法蘭絨長褲之必要。馬票之必要

姑母遺產繼承之必要

陽臺、海、微笑之必要

懶洋洋之必要

而既被目為一條河總得繼續流下去的

世界老這樣總這樣；──

觀音在遠遠的山上

罌粟在罌粟的田裡

中國的歷史，我們的人生，在失去一種文化凝融的意義的現代，只好無可奈何地流下去。「世界老這樣總這樣」，這可是一種自我安慰？還是更深沉的悲哀？

二、記憶：歷史文化的囚禁與釋放

　　什麼是文化凝融的意義呢？我在前面說，瘂弦要在時間激流中抓住一些記憶的片斷來持獲他在離散空間中的憂懼，這是有其特定歷史時空的成因的。我們還得從中國文化失去凝融意義的情況講起。我在〈從跨文化網路看現代主義〉及〈洛夫論〉二文[3]中都有提及這文化失去凝融力後對作家心靈空間的影響，讓我重述其中一、二要點，來透視瘂弦在這個網路中所面臨的危機及其提出的策略。

　　有遠近二因。先說近因，1949 年狂暴的戰變導致國民政府離開大陸母體南渡臺灣。像洛夫一樣，瘂弦隨著軍隊到了臺灣而陷入一種「隔絕感」與「禁錮感」。在「剛渡」之際，知識分子都有一種燃眉的焦慮與游疑，頓覺被逐離母體的空間與文化，而在一種離散虛浮的空間中憂心忡忡，在「現在」與「未來」之間彷徨：「現在」是中國文化可能全面被毀的開始，「未來」是無可量度的恐懼。彷徨在「現在」與「未來」之間（也正是瘂弦、洛夫等人創作之時段），詩人們感到一種解體的毅然絕望。在當時的歷史場合裡，詩人如何去了解當前中國的感受、命運和生活的激變與憂慮、孤絕、鄉愁，希望、精神和肉體的放逐、憂幻、恐懼和游疑呢？我曾經在我那本《三十年詩》的序上說：

　　　　面對著中國文化在游疑不定中可能的全面瓦解，詩人們轉向內心求索，
　　　　找尋一個新的「存在理由」，試圖通過創造來建立一個價值統一的世界
　　　　（那怕是美學的世界！）來彌補（當時）那渺無實質的破裂的中國空間
　　　　與文化。[4]

---

[3]〈從跨文化網路看現代主義〉見我的《解讀現代後現代》（臺北：東大圖書公司，1992 年），頁 2～15；〈洛夫論〉完整版，見《中外文學》第 17 卷第 8～9 期（1989 年 1～2 月）。
[4]葉維廉，《三十年詩》（臺北：東大圖書公司，1987 年）。

記憶是一種相剋相生的東西，它既是一種囚禁，對流離在外的人一種精神的壓力，嚴重的時候，可以使人徬徨、迷失到精神錯亂（有些人永遠沉淪在其中而不能自拔），這一個母題不但在現代中國小說、詩、散文裡，而且在電影裡都經常出現；但記憶也是一種持獲生存意義的力量，當發揮到極致時，還可成爲一種解放，如洛夫便想通過詩把記憶轉化爲一種力量突圍而出，來克服和取代肉體之被禁錮（即因戰亂的切斷與家園的永絕。）

記憶的相剋相生——囚禁與解放——在瘂弦的詩中尤爲顯著而強烈。他大部分的詩都可以視作記憶的重新拼合（這裡包括歷史片斷及人物的塑像）爲一個完整的（詩的）世界來抗拒歷史的流失，在無奈中握持行將破裂崩離的中國空間與文化。

顯然這個記憶不只個人的（雖然瘂弦詩中有不少是來自童年的回憶），而且也是現代中國社會的、民族的——亦即是近代中國史以來文化的負擔。

現代中國文化、文學是本源感性知性與外來意識形態爭戰協商下極其複雜的共生，借生物學的一個名詞，可以稱爲 Antagonistic Symbiosis（共生體各分子處於鬥爭狀態下的共生）。指的是 19 世紀以來西方霸權利用船堅砲利，帶著把中國殖民化的企圖，引起的異質文化與本源文化的爭戰。這個爭戰的結果是具有相當大的創傷性的。首先，自列強入侵以來，中國民族和文化的原質根性已經被放逐了。從一向被視爲神聖不可侵犯的中國迅速的崩潰和空前的割地讓權，中國人已失去了至今猶未挽回的民族自信。雖然中國並沒有被征服而忍受殖民化的宰制，雖然 Albert Memmi 所說的構成文化認同意識的四要素——歷史意識、社團意識、宗教或文化意識和承全、持護民族文化記憶的語言——並沒有像某些非洲土著民族那樣被全然毀滅，但列強的侵略及日本一而再再而三的設法把中國殖民化的活動，也顯著地在中國文化、文學中留下不可磨滅的痕跡，包括外來文化的中心化和本源文化被分化、滲透、淡化以至邊緣化並產生「文化的失真」與「文化的改觀」。所謂中心化，如外來文化意識結構無意識的內在化，如

音樂、電影、藝術、文學的品味，文化理論和哲學，生產和分配模式、階級、層級體系（包括學校制度）和社會心理環境。其結果就是本源文化的淡化或無形的低貶。中國知識分子，在設法調適傳統和西方文化時落入了一種「既愛猶恨、說恨還愛」的模稜不安的情結，亦即是對傳統持著一種驕傲但又同時唾棄的態度，對西方既恨（恨其霸權式的征服意識）而又愛其輸入來的德先生與賽先生。他們一面要爲兩種文化協調，一面又在兩種文化認同間徬徨與猶疑。這個爭戰與衝突深深地觸援了中國本源的感受、秩序和價值觀。影響所及，包括了賽先生——及其引發的物化、商品化、目的規劃化，人性單面化的文化工業（即貨物交換價值取代人之爲人的價值）的得勢，和持護、培植人性深層意義與風範的精純文學藝術的虛位。因爲這種爭戰下的情結，知識分子游離在一個不定的空間尋索、猶疑、追望：中國真正文化的凝融力量在哪裡？西方真正的疑融力量（如果有！）在哪裡？是由五四至今都沒有解決的問題。一面我們看見詩人們在傳統與外來文化碎片之間徘徊憂傷，一面庸俗的實用主義功用主義，在渡臺後的禁錮氣氛中變本加厲。

　　瘂弦，像一般五四後的知識分子一樣，幾乎沒有選擇地爲這個文化認同的危機徘徊憂傷。我們可以在他早期的作品中聽到他這種憂傷：

　　…………

　　遠代的墓銘蝕荒了，楚國的太陽凋落了！

　　屈原喲，你在那裡？

　　雁塔上火霧瀰漫，崑崙山雷雨奔馳，

　　屈原喲，你在那裡？

　　我問漁家，我問樵夫，我問塵封的殘卷，

　　他們不知道。

　　我問洞庭的蒼波，我問衡陽的雁峰，我問禽鳥和水族

　　他們不知道

…………

詩魂呀！歸來，歸來！

…………

你莫非被那藍眼睛的詩神邀請去……

啊啊，我看見荷馬在彈琴，但丁在朗頌

你和繆斯生在中間，儀態從容！

…………

你莫非坐在中國新詩底嬰兒身邊，

右手編著襁褓，左手搖著搖籃，

啊啊，屈原，詩底金字塔，文學的恒星

請接納我的膜拜，引我前行！

　　　　　　　——〈屈原祭〉，《創世紀》第 6 期，1956 年 6 月

啊啊，君不見秋天的樹葉紛紛落下

我雖浪子，也該找找我的家

…………

我的靈魂如今已倦遊希臘

我的靈魂必需歸家

…………

我聽見我的民族

我輝煌的民族在遠遠地喊我喲

…………

我的靈魂原來自殷墟的甲骨文

…………

我的靈魂要到長江去

去飲陳子昂的淚水……

　　　　　　　——〈我的靈魂〉，《創世紀》第 9 期，1957 年 6 月

這兩首瘂弦的「少作」（25 歲以前）感情過於直露，語意太散文化，是壞詩，瘂弦沒有收到集子中。但它們卻可以幫助我們印證他焦慮的文化情結。代表「中國」的詩死了，他才有「詩魂歸來！」的呼喚。他一再的訴諸屈原：「我的靈魂要到汨羅去／去看看我的老師老屈原／問問他認不認得莎孚和但丁」。而在另一首詩〈劇場，再會〉裡，一口氣提了十餘個東方西方的作家和傳統，要從他們那裡走出來：這裡包括西漸的風景片，閃電的燈光箱、口紅……本有的古舊的中國銅鑼；包括線裝的元曲，洋裝的莎氏樂府、亞格曼濃王，蛙，梅濃世家，拉娜，希臘的葡萄季，羅馬的狂歡節，易卜生，奧尼爾。同時他也要帶著米勒的拾穗，羅丹的思想者，巴哈的老唱片，三拍子的曼陀鈴，四拍子的五弦琴，大甲草帽，英格蘭手刀……像個古代的遊唱者……。這些事物，一方面說明了新傳統中已經滲透了相當多的外來的傳統，也可以說我們早已經把它們內在化了，一如我們生活中滿目都是外來的事物。從某一種意義上說，我們必須從這樣一個共生的現實中出發；瘂弦詩中有相當多的中西並置的意象，當然與此有關；但另一方面，並不表示這是如魚得水那樣共生共存。瘂弦這幾首早期作品對詩魂的呼喚，也就表示在異質爭戰的共生中外來文化的滲透與分化已經引起「文化的失真」與「文化的改觀」。詩人如何去求得一種新的凝融，一種或者可以保有相當中國文化真質的表現呢？這是瘂弦和他同代人必須解決的問題。所以說，前面有關「鹽」的討論所提出的一些印記策略，也必須放在這一個歷史的長景中去看，始見其機心。

　　但在我們通過這個歷史場合去解讀一些詩之前，我們還需進一步審視瘂弦對渡臺後所面臨禁錮感，和那變本加厲的傷殺中國真實之商品化文化的反應。

　　我這裡提出的禁錮感，除了肉體上永絕家園（有家歸不得）的孤絕與黯然傷痛之外（也因此，當時相當多的詩都是「流放」與「懷鄉」的換喻，包括瘂弦詩中童年的記憶）；禁錮感同時是有形無形政治鎮壓下精神上的沒有出路。我在〈洛夫論〉中對冷戰心態下的氣壓曾說：

當時的臺灣，自第七艦隊進入臺灣之後，已經被納入世界兩權對立的舞臺上，而且成了自由世界的前衛。既是屬於自由世界的陣營，當然要歡欣自由思想，自由行動了；但事實上……在政治上，隨著防衛的需要，便實行肅清與有形無形的鎮壓。文字的活動與身體的活動都有相當程度的管制。與家園隔絕，懷鄉，渴求突圍出去，或打破沉悶與焦燥，卻又時時沉入絕望之中，一種強烈的深淵似的「走投無路」的低氣壓呼應著冷戰初期的氣象。這種低氣壓瀰漫了相當一段時間，幾乎到臺灣經濟起飛之前，都感染著當時的島住民。譬如商禽的〈門與天空〉便可以視為這冷戰氣候中臺灣住民的寫照。這首詩寫一個沒有監守的囚禁者（注意：沒有監守而被囚禁即表示「監守意識的內在化」）[5]

政治的肅清、有形的鎮壓（如雷震因倡導「反攻無望論」而被捕以及不少突然失蹤的政治犯），和無形的鎮壓都影響到詩人的文字的策略。用瘂弦自己的話說：

五〇年代的言論沒有今天開放，想表示一點特別的意見，很難直截了當地說出來；超現實主義的朦朧，象徵式的高度意象的語言，正好適合我們，把一些社會意見、抗議隱藏在象徵的枝葉後面。
　　　　　　──〈現代詩三十年的回顧〉，《中外文學》，1981 年 6 月，頁 146

但不同於商禽的〈門與天空〉那樣集中在一個包含著強烈批判性的事件，瘂弦的「意見」和「抗議」往往是瀰漫在一種「找不到出口」的無奈的「鼠灰色」的「深淵」沉昏裡，背景往往不是一件事，而是凝混在超過眼前現實、滲著其他世界性問題的空間裡，如〈從感覺出發〉和〈深淵〉二詩所見。

---

[5]葉維廉，〈洛夫論〉，《中外文學》，第 17 卷第 8～9 期（1989 年 1～2 月），頁 15。

下回不知輪到誰；許是教堂鼠，許是天色。

我們是遠遠地告別了久久痛恨的臍帶。

接吻掛在嘴上，宗教印在臉上，

我們背負著各人的棺蓋閒蕩！

而你是風，是鳥，是天色，是沒有出口的河。

是站起來的屍灰，是未埋葬的死。

....

當一些顏面像蜥蜴般變色，激流怎能為

倒影造像？當他們的眼珠黏在

歷史最黑的那幾頁上！

——〈深淵〉

文化的抽空、歷史的抽空、生存的抽空、意義的抽空，行屍走肉的生命，沉淵的精神狀態，瀕臨瘋狂的焦躁與恐懼，是瘂弦意欲透過更廣大的人性的崩離（這樣一個擴大了的空間是一種護身的符咒）來反射特定時空禁錮下的沉鬱。

　　　　從回聲中開始

那便是我的名字，在鏡子的驚呼中被人拭掃

在衙門中昏暗

再浸入歷史的，歷史的險灘……

　　　　　在最後的時日

帶我理解這憎恨的冷度

這隱身在黑暗中的寂靜

——〈從感覺出發〉

至於悲哀或正躲在靠近鐵道的什麼地方

總是這個樣子的

五月已至

而安安靜靜接受這些不許吵鬧

—— 〈一般之歌〉

「接吻掛在嘴上」，是沒有愛的行為；「宗教印在臉上」，是沒有內在精神性的虛架子。都是人性物化、商品化的結果，在〈深淵〉的前一年（1958年），瘂弦有相似的自嘲與歎息，並給自己詩做了一些說明。這便是他後來用作《瘂弦詩選》的序詩的〈剖〉（原刊《創世紀》第 10 期，1958 年 4月，估計該詩可能在 1957 年便完成）：

有那麼一個人

他真的瘦得跟耶穌一樣。

他渴望有人能狠狠的釘他，

（或將因此而出名）

有血濺在他的袍子上，

有荊冠———那怕是用紙糊成———

落在他為市囂狎戲過的

傖俗的額上。

但白楊的價格昂貴起來了！

鋼釘鑽進摩天大廈，

人們也差不多完全失去了那種興致，

再去作法利賽們

或聖西門那樣的人，

唾咒語在他不怎麼太挺的鼻子上，

或替他背負

第二支可笑的十字架。

　　　　　有那麼一個人
　　太陽落後就想這些。

用自嘲的方式把詩人的計畫看作「紙糊的」，虛而不實以及模仿不真，看：
他的鼻子不怎麼挺呢！連樣子都無法像耶穌，精神性更不必說了。問題
在：瘂弦這裡的自況爲耶穌，本來也未必不能做一番轟世的大業，可惜，
不但他想推出的精神性（如十字架所象徵的，並不一定指基督教的精神）
根本上沒有人有興趣，因爲它沒有貨物的價值（十字架做不了棟樑！），而
且他自己的頭額已經被市囂狎戲過，傖俗平庸，不成大器。這首詩，像波
特萊爾〈光環的失去〉那首散文詩一樣，「精髓的鑑賞家、神蜜的渴飲者」
的詩人出現在下等酒巴裡，人們問起他頭上的光環，他說已經落在糞污
中，找不回來。詩，靈氣，在科學至上主義工具化理性高升所帶來的人的
分化支離、物化、商品化、異化、減縮化的過程中已經蕩然無存。明清以
來，中國文化已經走向實用主義的庸俗化，民國以後，在傳統精緻文化的
備受攻擊與西方工具理性主義得勢的推波助瀾，再加上精神性沒有出路的
禁錮政治氣氛，更是每況愈下。
　　瘂弦的〈剖〉脫胎自魯迅的〈復仇（二）〉。〈復仇〉是魯迅重寫耶穌做
爲神之子被釘死在十字架的故事。耶穌不肯喝那有鎮靜作用的浸藥調和的
酒，他看著四邊可憫的人們，在釘尖穿透掌心時，感到痛得舒服：

　　四面都是敵意，可悲憫的，可咒詛的。
　　他的手是痛楚，玩味著可憫的人們的釘殺神之子的悲哀和可咒詛的人們
　　要釘殺神之子，而神之子就要被釘殺了的歡喜。突然間，碎骨的大痛楚
　　透到心髓了，他即沉酣於大歡喜和大悲憫中。
　　他腹中波動，悲憫和咒詛的痛楚的波。
　　偏地都黑暗了。
　　「以羅伊，以羅伊，拉巴撒巴各大尼？！」（翻出來，就是：我的上帝，

你為什麼離棄我？！）

上帝離棄了他，他終於還是一個「人之子」；然而以色列人連「人之子」都釘殺了。

釘殺了「人之子」的人們的身上，比釘殺了「神之子」的尤其血污、血腥。

魯迅寫這篇散文詩時，是在新文化和文學革命進入低潮，反新文化、新文學運動的人們又高升，正是「寂寞新文苑，平安舊戰場，兩間餘一卒，荷戟獨彷徨」的時期，中國人的「文化冷感症」和「中國命運的視而不見聽而不聞」。（詳見我論魯迅的〈野草〉，《當代》，第 68～69 期，1991～1992年）

在〈復仇（二）〉中，魯迅也是和耶穌比況，爲中國新文化求福，做個犧牲者。魯迅凸出耶穌爲「人之子」，固是要暗示神話性之不可信賴，但另一方面，也可以看作文化靈氣之蕩然無存。同是借耶穌和十字架比況，魯迅「蟒蛇纏身」似的寂寞和沉痛，躍然於紙。瘂弦，則是在一切已經放逐到無可挽回的邊荒上做無奈的自嘲與悲歡。

三、記憶：馳騁於想像中的文化空間

我在〈從跨文化網路看現代主義〉一文中提出中西文化異質爭戰協商下的激烈，深深地擾亂了本土的價值，中國的知識分子，做爲一個被壓迫者，掙扎著，或要在外來文化中找出相同於本土文化的元素，或要大聲疾呼欲肯定本源文化的主導性。不管是向西方借火或向本土尋根，結果都必將異於二者，而也必然反映出掙扎痛楚的痕跡，包括有意無意間向古典中探尋可以凝融眼前破碎片斷的一種視野。1960 年代在臺灣的詩人，有相當多人，經過了 1920、1930 年代種種試探和 1940 年代的綜合，再一次試圖在唐宋詩和傳統哲學中反思，如鄭愁予，楊牧，余光中等（我自己亦在兩種觀感模式中來回反思。）瘂弦在傳統的尋索上則是另闢途徑。

　　我前面提到詩人面對一個渺無實質的破裂的中國空間與文化時，會試圖通過創造來建立一個價值統一的世界。其實，不管是創作者或非創作者，在這時，都要在心理上開闢一個文化的空間，利用不同的記憶，童年的、在中國各地生活的片斷、印記在書本上歷史的、思想的、詩的章節章句，來構織一個能維繫生存意義的屬於想像和心理的「文化中國」。瘂弦心中的「文化中國」是怎樣的呢？

　　瘂弦早期的詩充滿著大陸農村童年生活的記憶（滾銅環、打陀螺、花轎前的流蘇、土地祠、紅玉米、哨吶、表姊的驢兒⋯⋯），但在瘂弦的詩裡，除了顯著地受過詞化的何其芳（如其〈休洗紅〉便是白話式的詞）影響過的一些詩（〈秋歌〉、〈山神〉、〈一九八〇年〉、〈懷人〉）之外，很少有類似愁予那種唐詩宋詞呼之欲出的遣字用詞（「東風下來，三月的柳絮不飛⋯⋯跫音不響，三月的春帷不揭」——〈錯誤〉）。瘂弦彷彿要回到古詩更早的源頭：民歌，來織連片斷回憶爲心中可以牽掛的「文化中國」。他自己後來，在封詩筆後 15 年（1980 年）的一篇文章裡流露了他的心跡。「中國古典文學用過的詞句絕對要避免，成語絕對要避免」他又說：

> 至於語言的鍛鍊，首重活用傳統的語言。我們聽地方戲、老祖母的談話、平戲的對白，那種語言的形象，豐富而跳脫，真是足資采風。因此我們不但要復活傳統文學的語言（當然是選擇性的），也要活用民眾的語言；從口語的基調上，把粗礪的日常口語提煉為具有表現力的文學語言，這比從文學出發更鮮活。目前我們語言的歐化和語言的創新是自然的演變，只要不脫離自己語言的根，應該大量吸收外國的語言，鄉土的語言，來豐富生動文學的語言。[6]

瘂弦在論劉半農時進一步說：

---

[6]瘂弦，《中國新詩研究》（臺北：洪範書店，1981 年），頁 16。

> 劉半農之所以研究民歌並且創作民歌，是想傳承我國在野文學的寶貴傳
> 統，運用俗歌（民歌與兒歌）的內在生命特質，聲調和調子，來創造一
> 種新的方言文學。劉半農認為這種文學才是最真摯最動人的文學，是
> 「我們母親說過的言語」，別看它傳布面太小，但它的感動力卻是很大
> 的。[7]

瘂弦特別指出「傳布面太小」的限制。所以瘂弦寫的不是民謠民歌，而是
利用其中的「跳脫性」、「鮮活性」、「聲調」、「調子」所構成的音色與氣
氛。有時他只用一句來喚起兒歌式民謠的調子，如沉黑如〈殯儀館〉的題
材的詩，突然出現了「船兒搖到外婆橋便禁不住心跳了喲」來喚起「搖搖
搖，搖到外婆橋」那種輕快的調子。瘂弦用輕快甚至輕佻的旋律與語調
（彷彿要去出遊看風景似的）來壓住那終於一發不可收拾的對死的悲傷。
這是高度藝術的反諷手段。在〈殯儀館〉這首詩裡，借一個還不知生死為
何物的小孩子的感覺和觀察來透視，（「媽媽為什麼還不來呢」），而使到
「殯儀館」這個場合，本來不應提到女孩們的紫手帕和踏青時包那甜甜的
草莓這些事情的，現在提出來不但無礙，而且還加強了死的恐怖與殘酷。

　　瘂弦不是寫新的民歌，因此沒有一般民歌的故事線。像〈鹽〉一樣，
只有些暗示性的細節，利用音樂的流動（包括民歌式的重複，變化）和語
調構成的氣氛，把欲表達的情感推到感受網的最前端。像〈鹽〉那首詩一
樣，〈殯儀館〉的故事必須在讀者感受到悲傷的刺激之後再回頭重造。

　　民歌式的重複變化，有比較傳統些的手法，如〈歌〉，便像《詩經》中
三、四段每句都一樣，只有最後一行或兩行改一個字，做為進展或變化。
現舉《詩經·召南》中一首短的詩和瘂弦的〈歌〉並列，可見其音樂上的
承襲之一斑：

---

[7]同前註，頁118。

〈梅有摽〉　　　　　　　　〈歌〉

梅有摽　　　　　　　　　誰在遠方哭泣呀
其實七分　　　　　　　　為什麼那麼傷心呀
求我庶士　　　　　　　　騎上金馬看看去
迫其吉分　　　　　　　　那是昔日

梅有摽　　　　　　　　　誰在遠方哭泣呀
其實三分　　　　　　　　為什麼那麼傷心呀
求我庶士　　　　　　　　騎上灰馬看看去
迫其今分　　　　　　　　那是明日

梅有摽　　　　　　　　　誰在遠方哭泣呀
頃筐墍之　　　　　　　　為什麼那麼傷心呀
求我庶士　　　　　　　　騎上白馬看看去
迫其謂之　　　　　　　　那是戀

　　　　　　　　　　　　誰在遠方哭泣呀
　　　　　　　　　　　　為什麼那麼傷心呀
　　　　　　　　　　　　騎上黑馬看看去
　　　　　　　　　　　　那是死

　　二者之音樂進程和調子是相似的。但兩首詩都略嫌死板些。但〈鹽〉，在音樂上雖然是相似的，然而因為有遞增變化，而且有戲劇性的演出（這是很重要的一點），不是直述，而且又因省略了故事線而逼使讀者參而尋索重建，就變得豐富耐讀多了。〈乞丐〉進一步把原有的蓮花落（類似廣東鄉間所見的「龍舟歌」）只把調調抽出，化入乞丐對個人生存的絕境獨白式（滲著詩人的半嘲語諷）的演出。

　　誰在金幣上鑄上他自己的側面像

　　（依呀嗬！蓮花兒那個落）

　誰把朝笏拋在塵埃上

　　（依呀嗬！小調兒那個唱）

　酸棗樹，酸棗樹

　大家的太陽照著，照著

　　　酸棗那個樹

彷彿是乞丐真正唱時的歌（調調是），而事實上又不是。這是利用模擬的方式把讀者放入那種情境去感去思。

　　瘂弦所謂民謠風時期的詩，還有一個特出的地方，很多詩是兒歌民歌的調兒，而往往是由一個小孩子的角度去發聲。詩人（成人，而且有許多文化歷史悲情的成人）利用孩童發聲及敘述或展示一個場景，可以帶有幻想，可以像童話世界那樣自由，把不同時空的事物不按理出那樣引到舞臺上來。這有兩層意義，其一，詩人在禁錮的氣氛下需要這個自由的空間，讓一些不方便記憶的記憶得以重現；其二，這個自由空間可以幫他解決了一些表達上的困難：現在、過去、傳統，西方的很多事物在我們實際的生活裡是同時並置互動的；但到了書寫，我們往往無法縱橫無阻的馳騁。這個童話式、想像式的空間正可以給作者相當程度的自由活動，可以把兒歌中的想像的飛躍和成人欲發揮的想像的飛躍融而為一。

　女孩子們滾著銅環

　斑鳩在遠方唱著

　斑鳩在遠方唱著

　我的夢坐在樺樹上

　斑鳩在遠方唱著

　訥伐爾的龍蝦擋住了我的去路

　　為一條金髮女的藍腰帶
　　壞脾氣的拜倫和我決鬥

　　斑鳩在遠方唱著
　　鄧南遮在嗅一朵枯薔薇
　　樓船駛近莎孚墜海的地方
　　而我是一個背上帶鞭痕的搖槳奴

　　斑鳩在遠方唱著
　　夢從樺樹上跌下來
　　太陽也在滾著銅環
　　斑鳩在遠方唱著

這是瘂弦早期的詩，和〈野荸薺〉約略同時，也都是利用兒歌中的邏輯的跳躍從熟識的事件跳到意料之外的事件。在兒歌中大多利用押韻跳接，如「月光光，照地堂，年卅晚，切檳榔，檳榔香，切嫩薑，嫩薑辣，拜菩薩，菩薩苦，買豬肚……買條船，船浸底，浸死兩個番鬼仔，一個浮起，一個沉底……」（按：這是廣東的兒歌，別地的「月光光」和大部分的兒歌，包括外國的，原理相同）。瘂弦的〈斑鳩〉利用重複跳接，原理一樣，由滾銅環，到夢在樺樹上，到訥伐爾到拜倫到鄧南遮……到夢從樺樹上跌下來，一路跳接下去。〈野荸薺〉也一樣，由「野荸薺們也哭泣了／不知道馬拉爾美哭泣不哭泣」的回響，一直演到高克多，裴多菲的革命、流血、流淚去。

　　無可否認地，〈斑鳩〉和〈野荸薺〉是有困難的詩，訥伐爾、拜倫、鄧南遮、莎孚的背景終究是一種阻礙，但兒歌式的跳接讓讀者在一種不全知的情況下，在一種特殊的空間裡相遇，讓他們在那裡演出，藉氣氛的對比與變遷訴說一種情境。從童年的記憶開始，斑鳩的遠方的鳴叫引起的夢，通過人世的不快以及現實中的暴戾（「我是一個背上帶鞭痕的搖槳奴」——

一個相當多層面的象徵：是中國的象徵？是現代中國人的處境？是人類在時間之流中帶著鞭痕而仍不得不推前的無奈？），斑鳩再唱時，夢跌下來了，童年時的女孩子（代表童真時代）已經逝去，只有太陽在滾銅環（超乎人世的活動，永恆的，宰制人的變化的偉力，不可觸摸的），斑鳩仍在遠方唱著（永久不變的自然律動，永遠是我們追尋的夢，但永遠在遠方。）

　　時空的跳接，在瘂弦的詩中有相當多的變化，但多半都被融入某種完整呈露的情境中，譬如

　　　　乞丐在廊下，星星在天外
　　　　菊在窗口，劍在古代

這代表在不同時空的、不同層次的經驗（經濟層面、自然層面、文的層面、武的層面），是放在現代文明精神性抽空的情境的一首詩中：〈倫敦〉。〈倫敦〉，像瘂弦另一首名詩〈巴黎〉一樣，是透過城市的塑像反映及批判現代文明。兩篇都以「猥瑣的牀第」（〈巴黎〉），沒有愛情的性愛為綱，來象徵精緻文化的陷落：

　　　　你的臂有一種磁場般的執拗
　　　　你的眼如腐葉，你的血沒有衣裳

　　　　而當跣足的耶穌穿過濃霧
　　　　去典當他唯一的血袍
　　　　我再也抓不緊別的東西
　　　　除了你茶色的雙乳

　　　　這是夜，在泰晤士河下游
　　　　你唇間的刺蘼花猶埋怨於膽怯的採摘
　　　　乞丐在廊下，星星在天外

菊在窗口，劍在古代

弗琴尼亞啊，六點以前我們將死去

當整個倫敦躲在假髮下

等待黑奴的食盤

用辨士播種也可收穫麥子

文化因為物化商品化的得勢已蕩然無存，所剩下的倫敦彷彿只餘一把代表皇族和虛偽貴族階級的假髮。

　　而我們中國文化與現代西方文化在一個難以圈定難以看清的空間中相遇時，對我們的文化產生怎樣一種戲劇呢？這是瘂弦另一種的空的跳接，或者應該說，在跳接的回憶的空間中的徘徊，不安，無奈：

〈在中國街上〉

夢和月光的吸墨紙

詩人穿燈草絨的衣服

公用電話接不到女媧那裡去

思想走著甲骨文的路

陪繆斯吃鼎中煮熟的小麥

三明治和牛排遂寂寥了

詩人穿燈草絨的衣服

塵埃中黃帝喊

無軌電車使我們的鳳輦鏽了

既然有煤氣燈，霓虹燈

我們的老太陽便不再借給他們使用

且回憶和蚩尤的那場鏖戰

且回憶嫘祖美麗的繅絲歌

且回憶詩人不穿燈草絨的衣服

沒有議會也沒有發生過什麼事情
仲尼也沒有考慮到李耳的版稅
飛機呼嘯著掠過一排煙柳
學潮沖激著剝蝕的宮牆
沒有咖啡，李太白居然能寫詩，且不鬧革命
更甭說燈草絨的衣服

惠特曼的集子竟不從敦煌來
大郵船說四海以外還有四海
地下道的乞兒伸出黑缽
水手和穿得很少的女子調情
以及向左：交通紅燈；向右：交通紅燈
以及詩人穿燈草絨的衣服

金雞納的廣告貼在神農氏的臉上
春天一來就爭論星際旅行
汽笛絞殺工人，民主小冊子，巴士站，律師，電椅
在城門上找不到示眾的首級
伏羲的八卦也沒趕上諾貝爾獎金
曲阜縣的紫柏要作鐵路枕木
要穿就穿燈草絨的衣服

夢和月光的吸墨紙
詩人穿燈草絨的衣服
人家說根本沒有龍這種生物
且陪繆斯吃鼎中煮熟的小麥
且思想走著甲骨文的路

　　且等待性感電影的散場

　　且穿燈草絨的衣服

中西文化異質的爭戰，引起的民族文化自信的讓渡：外來文化的中心化，
本源文化之被分化、滲透、淡化以至邊緣化，使到詩人在馳騁縱橫於中西
文化間之際發出半嘲半愁的語調。像我前面說過的，語調近乎幽默，戲謔
和馳騁彷彿超然瀟灑的背後是極其深沉的悲傷與焦慮。

　　是在這樣一種似自由而非自由的空間裡，在一種似已豁出去一切無所
謂而實在極沉痛的語調中，是介乎童話或的跳接與荒誕世界不按理的游離
之間的想像裡，瘂弦推出了他存在在主義式的「深淵」。一面承著 1940 年
代杭約赫和陳敬容對現代文明的批判[8]，一面透過奧他維奧‧百師（Octavio
Paz）對著古代廢墟歷史的沉思[9]和沙特的生存哲學，他唱出現代中國生存
中的悲愴與無奈：

〈深淵〉

我要生存，除此無他；同時我發現了他的不快。

　　　　　　　　　　　　　　　　　　　　　　　　　　　——沙特

孩子們常在你髮茨間迷失。

春天最初的激流，藏在你荒蕪的瞳孔背後。

一部分歲月呼喊著，肉體展開黑夜的節慶。

在有毒的月光中，在血的三角洲，

---

[8] 杭約赫，見其《啓示》及《復活的土地》；陳敬容，見《邏輯病者的春天》，比較陳敬容的「多少
形象、姿勢、符號和聲音／我們早已厭倦……／生活在生活裡／工作、吃喝、睡眠，／有所謂而
笑，有所謂而笑／一點都不嫌突兀。」和瘂弦的「去看，去假裝發愁，去聞時間的腐味／我們再
也懶於知道，我們是誰。／工作，散步，向壞人致敬，微笑和不朽。／爲生而生存，爲看雲而看
雲……」
[9] 百師的〈一九四八在廢墟中的頌讚〉第一次由孟白蘭（即馬朗）譯出，登在 1956 年 4 月 18 日香
港的《文藝新潮》第 2 期上。

所有的靈魂蛇立起來，撲向一個垂在十字架上的
憔悴的額頭。

這是荒誕的；在西班牙
人們連一枚下等的婚餅也不投給他！
而我們為一切服喪，花費一個早晨去摸他的衣角。
後來他的名字便寫在風上，寫在旗上。
後來他便拋給我們
他吃賸下來的生活。

去看，去假裝發愁，去聞時間的腐味。
我們再也懶於知道，我們是誰。
工作，散步，向壞人致敬，微笑和不朽。
⋯⋯⋯⋯⋯⋯⋯

而除了死與這個，
沒有什麼是一定的。生存是風，生存是打穀場的聲音，
生存是，向她們──愛被人膈肢的──
倒出整個夏季的慾望。

在夜晚牀在各處深深陷落。一種走在碎玻璃上
害熱病的光底聲響。一種被逼迫的農具的盲亂的耕作。
一種桃色的肉之翻譯，一種用吻拼成的
可怖的言語。一種血與血的初識，一種火焰，一種疲倦！
一種猛力推開她的姿態。
在夜晚，在那波里牀在各處陷落。
⋯⋯⋯⋯⋯⋯⋯

下回不知輪到誰；許是教堂鼠，許是天色 。
我們是遠遠地告別了久久痛恨的臍帶。

接吻掛在嘴上，宗教印在臉上，
我們背負著各人的棺蓋閒蕩！
而你是風，是鳥，是天色，是沒有出口的河。
是站起來的屍灰，是未埋葬的死。
．．．．．．．．．．．．．．．．．．

當一些顏面像蜥蜴般變色，激流怎能為
倒影造像？當他們的眼珠黏在
歷史最黑的那幾頁上！
．．．．．．．．．．．．．．．．．．

這是深淵，在枕褥之間，輓聯般蒼白。
這是嫩臉蛋的姐兒們，這是窗，這是鏡，這是小小的粉盒。
這是笑，這是血，這是待人解開的絲帶！
那一夜壁上的瑪麗亞像臍下一個空框，她逃走，
找忘川的水去洗滌她聽到的羞辱。
而這是老故事，像走馬燈；官能，官能，官能！
當早晨我挽著滿籃子的罪惡沿街叫賣，
太陽刺麥芒在我眼中。

哈里路亞！我仍活著。
工作，散步，向壞人致敬，微笑和不朽。
為生存而生存，為看雲而看雲，
厚著臉皮占地球的一部分。……
在剛果河邊一輛雪橇停在那裡；
沒有人知道它為何滑得那樣遠，
沒人知道的一輛雪橇停在那裡。

張默在〈試論瘂弦的〈深淵〉〉一文中說「〈深淵〉在過程上，好像波

浪似的，一波推著一波向前逼進，但是它不是爆破式的，而是很有層次的，等前面的一波平息之後，後面的一波緊接著趕上」[10]在音樂的翻騰推進上，確是如此。但更重要的，是他介於主觀悲愴無奈與客觀輕佻幽默之間的聲音，和童話式的跳接與彷彿超越情景，瀟灑地進出時空所給他想像的自由。他或許無法改變中國走向文化「深淵」的事實，記憶與書寫，在完成生存歷史印記之後，或許會把我們從囚禁中釋放出來。

　　　　　　──1993 年 7 月 4 日於大馬鎮
　　　　　　──原刊北京《詩探索》第 13 輯，1994 年 4 月 1 日

　　　　　　　　──選自蕭蕭編《詩儒的創造：瘂弦詩作評論集》
　　　　　　　　臺北：文史哲出版社，1994 年 9 月

---

[10]張默，《飛騰的象徵》（臺北：水芙蓉出版社，1983 年），頁 180。

暴力與音樂與身體：瘂弦受難記

◎劉正忠*

一、犧牲謨

　　「耶穌」及其相關詞彙（基督、瑪麗亞、十字架、血袍等），常常出現在瘂弦的詩裡。詩集卷首〈剖——序詩〉（1958），就表演了一齣「想像的」受難劇：

> 　　　　有那麼一個人
> 他真的瘦得跟耶穌一樣。
> 他渴望有人能狠狠的釘他，
> （或將因此而出名）
> 有血濺在他的袍子上，
> 有荊冠——那怕是用紙糊成——
> 落在他為市囂狎戲過的
> 傖俗的額上。

——《瘂弦詩集》，頁 1

這是詩人，「自以為」替世界承擔苦難，在肉身的疼痛中體驗時代的罪惡。但世界並不領情，反而以淡漠回應他的存在。人們已完全無興於去扮演批判的「法利賽們」或追隨的「聖西門」，即使要尋找最基本的道具——製十

*發表文章時為東吳大學中國文學系助理教授，現為清華大學中國文學系副教授。

字架的「白楊」和貫穿手掌的「鋼釘」，居然亦不可得。

　　此詩實為理解瘂弦創作的主要線索，他的許多詩篇便在演練人間各種形式的受難。尤其是「卷之五：側面」，詩人像演員般襲取各類人物的悲苦情境，在紙上扮演耶穌。即使不直接敘寫人物，瘂弦也常緊扣著受難意識書寫，「卷之二：戰時」書寫喪亂中的北方家園，承擔之深固不待言。即以書寫外國城邦的「卷之四：斷柱集」一卷來說，在異域情調的裝飾之下，依然叩觸了「人類沉淪與救贖的問題」[1]。其他各卷也多充滿這種情懷，例如「卷之三：無譜之歌」中的〈苦苓林的一夜〉（1958）：

> 小母親，燃這些茴香草吧
> 小母親，把妳的血給我吧
>
> 讓我也做一個夜晚的妳
> 當露珠在窗口嘶喊
> 耶穌便看不見我們
> 我就用頭髮
> 蓋著，蓋著妳底裸體
> 像衣裳，使妳不再受苦

──《瘂弦詩集》，頁 88～89

此詩描寫一段殉情故事，以男子的口氣向淪落風塵的女子（軍妓）呼告。其中充滿了分擔罪惡、交換苦難的語句，譬如：「把妳的血給我吧」、「讓我也做一個夜晚的妳」之類。我們不妨把這個聲音，也視為詩人對於自己筆下各種人物的呼告。瘂弦過人之處，在於能夠以一種近乎「以身同殉」的方法，將「自我」投入各種「面具」之中，通過「個性之泯除」

---

[1] 陳義芝，〈瘂弦的三組詩〉（1987），見蕭蕭編，《詩儒的創造》（臺北：文史哲出版社，1994 年），頁 219。

（“extinction of personality”），達至更寬廣且具感染效果的詩意。

　　大多數的瘂弦詩行，強烈凸顯「身體─受難」的一面，而不直接述及「精神─救贖」的可能。或者說，受難本身即是救贖，痛感之中奇妙地蘊育著一種快感，這是 1950、1960 年代軍旅詩人重要的創作理念，可以總名之曰「受難美學」。其來源，大致有三：一是當時社會與軍隊的壓抑氣氛，二是戰爭經驗與流亡歷程的傷痛，三是被迫與家園血親分離的境遇。[2]對於這種心結，瘂弦有過一段乏人徵引，但頗為深刻的自剖：

> 在我們的身上都帶有兵營裡的特殊環境所造成的極端傾向，對於自身所受到的尖銳的創痛，我們總無法忘記，對於一切事物的敏感和衝突，恆形成一種強韌的觀念，此一觀念又每每擴大到一切範疇而自炫其重要性。[3]

面對家國之悲、身世之痛，二、三十歲的年輕詩人，無法淡然處之，這是很容易理解的。加上置身於「兵營裡的特殊環境」，層層管制，處處禁斷，苦悶之情自然與日俱僧。這種「尖銳的創痛」可說是他們創作動力的重要來源，但若執之太甚，「自炫其重要性」，難免局限了向外開展、向上昇華的可能。瘂弦的反省，其實已經點出他們的藝術精粹，以及長久不被了解的內在因素。

　　基於上述「體」驗，瘂弦及其同志們的自我觀念，已由「心靈是我」轉變為「身體是我」。因此，五四以來浪漫而氾濫的「心靈受難記」，逐漸被代之以而具象而慘烈的「身體受難記」。以瘂弦而言，〈從感覺出發〉

---

[2]白靈曾分析幾位主要詩人的出身，並指出：「軍人或流亡學生出身的有洛夫、瘂弦、商禽、周夢蝶等四位，他們都隻身渡海來臺，鄭愁予與余光中則是比較幸運的兩位，都是隨父母遷徙來臺，1949 年前後他們都只是十幾歲或二十歲出頭的小夥子。這之後表現在他們詩中的生命情調即呈現很大的不同。」見白靈對焦桐論文的講評意見，引自陳義芝編，《臺灣文學經典研討會論文集》（臺北：聯經出版公司，1999 年），頁 295。
[3]瘂弦，〈二月之獻〉，收在張默編《心靈札記》（臺中：藍燈出版社，1971 年），頁 30。

（1959）堪稱極端，試舉開頭數段爲例：

> 這是回聲的日子。我正努力憶起──
> 究竟是誰的另一雙眼睛，遺忘於
> 早餐桌上的鱒魚盤子中
> 而臍帶隨處丟棄著，窗邊有人曬著假牙
> 他們昨夕的私語，如妖蛇吃花
>
> 這是回聲的日子。一面黑旗奮鬥出城廓
> 率領著斷頸的兵隊，復化為病鼠
> 自幽冥的河谷竄落
>
> 噫，日子的回聲！何其可怖
> 他的腳在我腦漿中拔出
> 這是抓緊星座的蜥蜴，這是
> 升自墓中的泥土

──《瘂弦詩集》，頁 221～222

這裡動用了諸多器官意象，而且一律殘缺破碎，可見詩人感受到的現實真是恐怖極了。起床的第一餐就發生了問題：「鱒魚盤子中」竟有一雙**眼睛**，這既可以解釋爲無所不在的監視者，也可以視爲無辜的被害者。起句的「回聲的日子」，「我正努力憶起」，強化了失憶妄想的詭異氛圍。第二段兩行之間又是一件慘案：單就「**臍帶**隨處丟棄著」來看，只是說生育之事被草率地進行，但是下接「曬著**假牙**」的意象，兩相連結，便隱晦地指出老人吃掉小孩的罪行。後面一行的「**妖蛇**吃花」正是拿來比喻「人吃人」的情境，但詩人偏偏故布疑陣，拿「他們昨夜的私語」做形式上的喻旨（tenor），一則可增加歧義，再則也點出陰謀是計畫性的，這同樣有助於恐怖氣氛的強化。黑色與死有關，第三段即是描寫死神帶著戰利品凱旋歸

去，「**斷顎**的兵隊」應指死者。第四段又是一個身體被傷害的意象，「我的
腦漿」有如泥濘之地，「他的**腳**」在「拔出」之前，當然曾經狠狠地踐踏
過，這是一種思想被強暴的情境。蜥蜴「抓緊星座」是向上攀逃，泥土升
自「墓中」，則是說有一股幽冥之力從下面漫衍過來。

　　這種身體遭受損害的描寫其實遍見於其詩集，姑再舉數例如下：

1. 在滑鐵盧，黏上一些帶血的眼珠──〈戰神〉（《瘂弦詩集》，頁 49）

2. 當一個嬰兒用渺茫的淒啼詛咒臍帶──〈巴黎〉（《瘂弦詩集》，頁
   116）

3. 蟾蜍在吃你的額頭──〈西班牙〉（《瘂弦詩集》，頁 133）

4. 而他的一條腿訣別於一九四三年──〈上校〉（《瘂弦詩集》，頁 145）

5. 一隻腳安排在野茴香上，另隻腳／自河裡竄落──〈給 R・G〉（《瘂弦
   詩集》，頁 172）

6. 星期五。一塊天靈蓋被釘在火燒後的牆上，──〈夜曲〉（《瘂弦詩
   集》，頁 209）

7. 每扇窗反芻它們嵌過的面貌／而一枚鞋釘又不知被誰踩進我腦中──
   〈夜曲〉（《瘂弦詩集》，頁 210）

8. 在鼠哭的夜晚，早已被殺掉的人再被殺掉。──〈深淵〉（《瘂弦詩
   集》，頁 241）

9. 我們是遠遠地告別了久久痛恨的臍帶。──〈深淵〉（《瘂弦詩集》，頁
   244）

像第七例這樣把「我」直接拉進來，屬於特例。而且這「我」，仍有強烈的
面具色彩。**瘂弦不同於同輩詩人，除了「身體是我」的第一公式之外，他
又開展出「我是他人」的第二公式，從而形成一種「我通過他人身體而受
難」的寫法**。如此，可以避開「我執」之泥沼，從容布置前因後果，精確
掌握筆調濃淡。雖然那裡面處處含有「小我」在運作的痕跡，但更有指向

「大我」的可能。

　　「受難」要取得廣大而深刻的意義，必須含有「替罪」或「獻祭」的性質。軍旅詩人筆下的受難情境大致可以區分為兩類：一是被迫登上祭壇，遭受蠻橫的暴力侵襲。二是主動登上祭壇，渴望被傷害與膜拜。前者是無辜犧牲，心懷不甘；後者則是自討苦吃，求仁得仁。上述兩種情境其實是交揉並生的，詩人的心態也時時滑移於兩者之間，立場不同，語氣遂異，所示現的儀式意義亦隨之改變。

　　先就「被迫」一層來說，他們就像時代的祭品。軍人在 1950、1960 年代的臺灣所扮演的角色，其實是具有爭議性的。首先，在敵我對立，軍事至上的緊繃局面中，「革命軍人」一方面被統治當局神聖化，一方面又被剝奪了個體價值。其次，他們置身於「既非母土，亦非異國」之地，社會地位曖昧，既可算是社群的組成分子，卻同時也是外來的異質。加上歷史經驗的負面影響，許多本地舊居民對他們是既厭且畏的。這種種特殊的態勢，使他們被迫成為「犧牲」。

　　根據吉哈（René Girard）的理論，祭祀是一個社會用暴力將騷動導入規律的手段。透過犧牲（victim）的血和生命，社會的不潔才會消失。犧牲者以一己之身領受整個社群的內在緊張，和所有累積的痛苦、憎恨。透過死亡，人們冀望他將邪惡的暴力轉化為神聖的祥和，使衰竭的文化秩序重歸蓬勃。[4]這裡的比況，非謂一場血祭真的發生了，而是嘗試重構當事者的受難心態。我們可以說這場血祭是想像出來的，軍旅詩人在這種替罪羔羊的想像裡，陳述自己如何被綑綁、切割、蒸煮，忿恨之意溢於言表。我們也可以說這場祭典在形式上是發生了，1960 年代的軍旅詩人被貼上了（或自行貼上）「虛無」與「晦澀」的標籤，成為眾矢之的，不僅社會上有極大的批評聲浪，詩壇內部亦出現「自清」的力量，而「被清者」正是以洛夫為核心的軍旅詩人。這種內外交相指責的態勢，自然也增強了他們的被迫

---

[4]René Girard, *Violence and the Sacred*（Baltimore: The Johns Hopkins UP, 1977）, p.276.

害的情緒。

　　再就「主動」一層而論，詩人之「模擬」背負十字架或戴上荊冠的想像（詩人說：「那怕是用紙糊成」），實近於人類學家所謂「受難儀式」（"ritual of affliction"）。依照特納（V. W. Turner）的提法，這種儀式是為了消弭兩種災禍而舉行：一是肉身的苦難（physical affliction），一是社會的苦難（social affliction）。[5]其具體方式則是通過具有儀式意義的動作，扮演犯人，模擬災難的歷程，以收到虛實相替，祈福禳禍的效果。就此而言，這種儀式與悲劇理論中，以「受難」（"suffering"）引發憐憫與恐懼，從而達至「淨化」（"cathartic"）的過程，結構頗為類似。[6]在這層意義之下，詩人就像走向祭壇的烈士，經常鎖定死亡、傷痛、性愛、戰爭等題材，強力挖掘，多方渲染，終於形成一種淒厲激昂的風格。

　　綜合來看，這場血祭便具有雙重性質：做為軍人，他們是被迫犧牲的羔羊芻狗；但做為詩人，他們卻又是主動獻身的巫覡。弔詭的是，詩人雖然拋頭顱，灑熱血，「自以為犧牲」，公眾卻未必領情。因此，儘管祭典進行得腥風血雨，詩人在紙上死過上百次，最終僅僅成為自我救贖的私祕儀式。

　　當殘暴的命運獨霸於四方，人有淪為物件的憂懼，身體遂成為防衛自我的最後堡壘。而觸覺及其同屬的痛覺，根據胡塞爾（E. Husserl）的講法，乃是使身體成其為身體的根本要素。[7]就此而言，詩人鎖定痛感，反覆陳述自虐式的經驗，除了呼告求憫之外，主要便來自一種確立自我存在的渴念。因此，「受難」經驗一旦內化為意識之後，詩人便可以超越頻率相同的吶喊聲，從而逐步建立主體，追求現代，這便是「暴力」的重大意義。

---

[5]Victor W. Turner, *The Forest of Symbols*（Ithaca: Cronell UP, 1967），pp9-10. *The Drums of Affliction*（Oxford: Oxford UP, 1968），pp.15-16.

[6]要特別指出的是，對「扮演者」本身具有淨化作用的行動，未必能對「觀看者」產生同樣的效果，除非它合於悲劇藝術的原理。本文刻意避開「悲劇性」一類術語，蓋認定這是一個有待論證的課題。

[7]胡塞爾（E. Husserl）《觀念Ⅱ》，36、37 節。這裡參考了龔卓軍，《身體與想像的辯證：尼采，胡塞爾，梅洛龐蒂》（國立臺灣大學哲學系博士論文，1998 年），頁 125～129。

二、止痛劑

> 把普羅米修斯從兀鷹折磨下拯救出來的力量是什麼呢？把神話轉變為傳
> 達戴奧尼索斯之智慧的力量是什麼呢？那是音樂的偉大力量，這種音樂
> 的偉大力量，在悲劇中達到了最高形式，並且賦神話以一種嶄新而深刻
> 的意義。——尼采[8]

身體是祭品，語言也是。將帶血的祭品推向「神聖」的種種「暴力」，本文稱之為「技巧」，特別是「非理性主義詩學」的技巧。其間的比況結構，約略如此：

技巧→ 語言 ←音樂
暴力→ 身體 ←藥物

「技巧—暴力」通過強而有力的破壞手段，使得「語言—身體」急遽脫序（跳躍、扭曲、變形、破碎、撕裂、痙攣、流血），逼顯了幽黯魔怪的情境，醞釀著新穎銳利的詩意。但破壞所造成的疼痛（或恐慌）亟待安撫，而「音樂—藥物」便具鎮魂祓魔的巫術功能。

我特別以較寬泛的「非理性詩學」，而非有所特指的「超現實主義」，來稱呼洛夫、商禽、瘂弦這一系的創作路線，也許更能扣緊其本質。按紀弦倡現代派運動，其第四信條曰「知性之強調」，大致而言，此一原則頗能符應 20 世紀詩學的主軸，（法）梵樂希、（德）里爾克、（英）艾略特諸大師無不展現「主知—現代主義」的精神。

瘂弦有「制約的超現實」之說，洛夫則有「知性的超現實」之論，但詳考其實，這些論述明顯落於創作實踐之後者，乃是逐漸修正的結果。在

---

[8]尼采著，劉崎譯，《悲劇的誕生》（臺北：志文出版社，1971 年），頁 74。

臺灣，最早提出類似觀念的，反而是紀弦。[9]論述是一回事，創作是另一回事，許多人指出紀弦詩作之情緒氾濫大大違離其主知信條。但我覺得此一信條，延續了上海現代派的基本策略（並非隨著林亨泰而出現），對他，仍然意義重大：一方面有效掃蕩了浪漫主義末流之餘毒，一方面則限定了他的「現代」之不入於「非理性」。

於是，「非理性—現代主義」這條路線——負面詩學，魔怪意象，幽黯書寫，自動語言——不得不留給其詩壇學弟們發展了。換言之，瘂弦及其同志們在 1950、1960 年代，區隔於他派，超越乎前驅，關鍵即在「非理性」詩學——當然那是經過制約的，如同任何「藝術」。我無意以此之「偏」蓋彼之「全」，尤其是像瘂弦這樣取資多方、面貌豐富的詩人，而是要點出此一偏移的重大意義。

〈詩人手札〉一開頭便批評保守的理論家對於現代藝術缺乏理解，他指出：「**不拘邏輯的跳躍表現，『意識之流』的自動擊發**，時空交錯和物象的換位，在在令那些『理論家』們感到昏眩和迷亂。」[10]所謂「自動擊發」云云，實際上便是順任天機的牽引，迸發意識所未到的靈思。在瘂弦參與編寫的《六十年代詩選》中，如此自評：「**在『情意我』世界的感覺放縱和自動言語的肆意揮霍之餘，徬徨與進退維谷的感覺便成為不可避免**」。[11]這應當是指〈從感覺出發〉與〈深淵〉這兩首具有斷代意義的長詩而言。根據葉維廉的意見，「從感覺出發」乃是當時詩人「最普遍的想像方法」。詩人刻意放縱敏銳的感覺，深入內心世界，捕捉種種新奇而混亂的意象。其勝處每能在無理之間「含蘊著驚異和深長的意義」，但卻也有自我迷失，馳入瘋狂之虞。[12]

---

[9]詳細的論證和分析，見劉正忠，〈主知・超現實・現代派運動：臺灣，1956～1969〉，收在須文蔚編，《臺灣現當代作家研究資料彙編・紀弦》（臺南：國立臺灣文學館，2011 年），頁 135～162。

[10]瘂弦，〈詩人手札〉，《創世紀詩刊》第 14 期（1960 年 2 月），頁 12。

[11]見瘂弦、張默編《六十年代詩選》（高雄：大業書店，1961 年），頁 176。據筆者向張默查證，此段小評出自瘂弦手筆。

[12]葉維廉，〈論現階段的中國詩〉（1959），《秩序的生長》（臺北：志文出版社，1971 年），頁 19～22。

　　瘂弦顯然對於其間得失皆有體會，因此利用之餘，不免時時有自我反省之舉。在一封信札裡，他曾指出〈獻給馬蒂斯〉、〈另一種理由〉、〈所以一到了晚上〉「都很糟」，不宜編入詩選。（張默編，1969：219）[13]這三首詩都具有明顯的「非理性」風格，有些片段更有運用自動語言的跡象。茲摘錄部分詩行如下：

　　　　雙眼焚毀整座的聖母院，自遊戲間

　　　　房中的赤裸冉冉上升去膈肢那些天使

　　　　沒有回聲，斑豹蹲立於暗中

　　　　織造一切奇遇的你的手拆散所有的髮髻

　　　　而在電吉他粗重的撥弄下

　　　　在不知什麼夢的危險邊陲

　　　　作金色的她們是橫臥於

　　　　一條薔薇綴成的褥子上——

　　　　　　　　　　——〈獻給馬蒂斯〉，《瘂弦詩集》，頁 231〜232

　　　　有些女人在廊下有些女人在屋子裡

　　　　有些總放不下那支歌有些跳著三拍子

　　　　有些說笑有些斜倚在那兒而有些則假裝很是憂慮

　　　　鳥和牠的巢，戰爭和它的和平

　　　　活著是一件事情真理是一件事情

　　　　　　　　　　——〈所以一到了晚上〉，《瘂弦詩集》，頁 212

　　　　地球乃一凶宅

　　　　變為綠色者終將為羊吃掉

　　　　縱有人傻得去找一條河

---

[13]後來瘂弦編定眾人版《深淵》，果然未收這三首詩，但在晨鐘版已補入其中兩首，〈另一種理由〉則始終未編進各版詩集。

　　穿制服的他們仍將繼續貼他們要命的告示

　　天黑後大提琴照例探下身來安慰那座工廠

　　當灰蜉子繞著草根飛

　　有很多種的窸窣在很多種的房裡

——〈另一種理由〉[14]

〈獻給馬蒂斯〉這幾行拼湊了多幅馬蒂斯的畫作，去其題旨，而取其不相連屬的細節，隨機布綴於語句之中，形成騷動混亂的局面。論者指出，其間可以看到「流放者無家可歸的不安與憤怒」。但就一般讀者而言，恐怕只能讀到無意義的囈語。瘂弦自己將它評爲「造作」、「很『假』」[15]，「只是對感覺的迷戀，畫面的聯想，意境並不高」[16]，看來並非苛論。

　　相較之下，〈所以一到了晚上〉實在不算失敗，引例前三行呈現女人的各種樣態，場面紛繁，句法卻頗爲流利。第四行突然切入毫不關聯的畫面，「戰爭和它的和平」其實是模仿「鳥和牠的巢」的句型而來，句型既同，連綴起來也就十分「順暢」。但若細究其意義，則覺「無理而荒謬」，這正是詩人刻意追求的效果，對於都會夜生活的揶揄嘲諷盡在其中。

　　至於〈另一種理由〉，僅就摘錄的數行來看，實不乏鮮猛銳利的字句，有些甚至頗具批判性，譬如第四行，儼然即是對官方布告的譏諷。但我們檢視前後文，卻很難把握全文的指向。雖然我們可以這樣解釋：人被無端地迫害，世界照常運轉不息。但這和前文的「**你通過一匹獸而使我們成爲太陽**」，後文的「**我開長程貨車 G.M.C**」，究竟有何關聯？也就是說，這首詩裡的許多形象，**裝飾意義恐怕大於象徵意義，有如純粹的樂音，難以強**

---

[14]引自林亨泰著，呂興昌編訂，《林亨泰全集Ⅳ》（彰化：彰化縣立文化中心，1998 年），頁 48。

[15]這是葉珊（楊牧）在〈深淵後記〉之中引述瘂弦的一句話，但有兩個版本。一作：「〈給馬蒂斯〉這首詩頗造作，我們都痛恨『假』。」見《深淵》（臺北：眾人出版社，1968 年），頁 184；楊牧，《傳統的與現代的》（臺北：志文出版社，1974 年），頁 149。另一則作：「〈給馬蒂斯〉這首詩頗造作，我們都很『假』。」見洪範版《瘂弦詩集》（臺北：洪範書店，1981 年），頁 137。

[16]苦苓，〈溫柔之必要，肯定之必要——瘂弦訪談錄〉，《文訊雜誌》第 10 期（1984 年），頁 128。

加解析。

瘂弦早年的札記中曾有這樣一段話：

> 用徒然的修辭上的拗句偽裝深刻，用閃爍的模棱兩可的語意故示神祕，
> 用詞彙的偶然安排造成為意外而意外的效果，都是中了技巧主義的邪、
> 染了形式主義的毒，甘心放棄主人的身分，去做語言的奴僕。[17]

雖然這段話並非專對超現實主義而發，卻頗能切中其流弊。實際上在
1950、1960 年代確有不少贗品劣作，假超現實之名而流行，瘂弦的批判正
是針對魚目混珠的情況而發。這段話如果出自保守派之口，意義並不太
大。可貴的是瘂弦用力於實驗之餘，仍能有此自省（或者說，自省過後，
仍然繼續實驗）。因此，儘管像〈另一種理由〉這樣的作品，曾被林亨泰視
為比〈巴黎〉更「動人」，[18]卻始終為詩人自己所遺棄。

在前引諸例中，我們約略見識了「技巧─暴力」的切割效能，但既
「斷」之後還須「連」的工夫，這時便有賴於「音樂─藥物」的黏合效
能。〈所以一到了晚上〉的音樂性最強，所以黏合得最為緊密，即使其間的
意象如此紛沓。〈獻給馬蒂斯〉則較缺乏音樂性，所以字句最為生硬散漫。

瘂弦用來安撫「語言─身體」的手段頗為多樣，其中「假語法」
（"pseudo-syntax"）的運用特別值得提出來討論。其操作方法約略如下：
**（一）先「剔除」敘述性、說明性、演繹性的成分，否決現成語法。（此屬
「技巧─暴力」）（二）再「補綴」以含糊的「聯結媒介」，敷衍讀者習慣。
（此屬「音樂─藥物」）**這類聯結媒介乃屬「過渡語」，可以使句子讀來順
暢，但僅有氣氛效果，但並無實際意義。一如渡船把旅客由一個島帶到另
一個島，渡船本身在旅客腦海中並不留下任何深刻印象。[19]例如：

---

[17]瘂弦，〈詩人手札〉，《創世紀詩刊》第 14 期（1960 年 2 月），頁 14。
[18]林亨泰著，呂興昌編訂，《林亨泰全集Ⅳ》，頁 48。
[19]葉維廉，〈靜止的中國花瓶〉（1960），《秩序的生長》，頁 110～113。

　　天堂是海狸木，禮拜四是甜蜜

　　靈魂是電話號碼而相好是項珠子

　　　　　　　──〈所以一到了晚上〉，《瘂弦詩集》，頁212

　　這類詩句省略了不少說明性的文字，再以「是」字強力聯結不相對等的各種名詞。要想解讀它，最好先忘掉「是」這個裝飾字，再以「增字為解」的方法，復原各種可能的原意。夏宇這類句法：「身體是流沙詩是冰塊／貓輕微但水鳥是時間」[20]，彷彿在此見到端倪。

　　類似這樣的假語，兼具裝飾（字句）、連結（意象）、創作（氣氛）的功能。按 1950、1960 年代現代詩有一股強大的晦澀美學，其關鍵手法，就是「壓縮」──語言壓縮、意象壓縮、情思壓縮、時空壓縮、篇幅壓縮。（詩是身體，承受太大的「壓」力。）其中才力稍不足者，常有濃得化不開的流弊。瘂弦的許多詩也很濃，但他早就體會到「化」的方法。假語之運用，正是其中極重要的一項。這又可以區分為虛字、實字二類。虛字是指諸如此類的詞彙：而且、且也、因此、所以、其實、這是、以及……。這意思是說，當他講「因為」或「所以」的時候，重點可能不在呈現因果關係，當他講「而且」或「以及」的時候，又並不連接對等事物，故具前述所謂「假語」的性質。

　　至於實字方面，瘂弦極擅於收納專有名詞及新生事物入詩。這些名物，同樣具有強烈的裝飾作用，未必專具實指義涵。試舉其中比較凸出的幾個系列：（一）異國情調，尤其是地名人名系統，例如，弗琴尼亞、阿爾及亞、亞得里亞、羅摩耶那。（二）鄉野風物，尤其是植物系統，例如：野荸薺、蕎麥花、酸棗樹、兔絲子、糖梨樹、穋斗荣、王番草、蛇莓子、虎耳草。（三）現代事物，尤其是當時中國或臺灣所罕見或缺乏的，例如：證券交易所、摩天大廈、吃角子老虎、盤尼西林。這些名物在詩集中反覆出

---

[20]夏宇，〈擁抱〉，《摩擦‧無以名狀》（臺北：現代詩季刊社，1995 年），無頁碼。

現，構成一種「節奏」，有效地凝結了篇章，使其免於散漫。

不僅「字」或「詞」被「裝飾化」，瘂弦的集子裡還有大量**氣氛效果重於意義效果**的裝飾句，看似無端插入，卻有維繫篇章於不離不散的功能。最明顯的是許多「括號句」，姑且割取〈下午〉（1964）之第 25 至 31 行以爲例證：

> 這麼著就下午了
> 說得定什麼也沒有發生
> 每顆頭顱分別忘記著一些事情
>
> （輕輕思量，美麗的咸陽）
>
> 零時三刻一個淹死人的衣服自海裡飄回
> 而抱她上床猶甚於
> 希臘之挖掘
>
> ——《瘂弦詩集》，頁 204～205

括號一行並非不含任何義素，但主要功能在於延續前面出現過的括號行（在簾子的後面奴想你奴想你在青石鋪路的城裡）、（奴想你在綢緞在瑪瑙在晚香玉在謠曲的灰與紅之間），從而構成一看似獨立的氣氛系統，用以扶持由主要段落構成的意義系統，弭平其意象紛陳的雜沓局面。

把這種技法擴大來看，瘂弦詩集其實充滿了「不使用括號」，但實際上也具有「括號作用」（編調配音、渲染氣氛、補充意義）的句子。例如：

> 鎮靜劑也許比耶穌還要好一點吧——〈死亡航行〉
>
> ——《瘂弦詩集》，頁 74

> 今天晚上我們可要戀愛了／就是耶穌那老頭子也沒話可說了——〈水

手・羅曼斯〉

——《瘂弦詩集》，頁81

基督的馬躺在地下室裡／你是在你自己的城裡——〈非策劃性的夜曲〉
——《瘂弦詩集》，頁208

更精確地說，括號作用與正文作用是相互滲透的，正如意義與氣氛不能斷然分離。然而很少詩人像瘂弦這樣，近乎著迷似地，製造那麼強大而多元的氣氛成分。許多時候，追求氣氛的意圖甚至大過追求意義。唯其如此，暴力書寫的主題居然可以被音樂沖泡出特殊風味——即使粗暴如〈深淵〉，人們依然可以從「辛辣」中品味到「甜美」。其間關係，可以表述如下：

正文	暴力	意義	切斷
括號	音樂	氣氛	黏合

在瘂弦最高明的作品中，兩組元素匯合如一：正文與括號彼此呼應，切斷與黏合交相為用。敘述語句充滿著裝飾成分，裝飾成分又擴充了敘述空間。於是，意義即氣氛，暴力即音樂，通過「語言—身體」而進行一次次精采的表演。

三、壓縮術

《瘂弦詩集》是一齣受難劇，一則關於暴力與音樂的寓言，一種身體書寫。詩人把一代人的苦難「壓縮」在有限的詩行，再三模擬替罪遇害的畫面。這其實繼承了楊喚〈二十四歲〉（1953）以來揮之不去的一個「傷害」主題：

小馬被飼以有毒的荊棘，

> 樹被施以無情的斧斤，
> 果實被害于昆蟲的口器，
> 海燕被射殺在泥沼裡。[21]

此詩著力表現「青春」遭受「暴力」荼毒的慘況，但四行之間，無所發展，只是不斷擴大那個被傷害的剎那。覃子豪早就指出，此詩與「恐怖時代」和「中國苦難」有關。[22]換言之，身體的毀傷其實影射了世界的破滅。

從 1950 年代初期的楊喚到 1950、1960 年代之交的洛夫、商禽、瘂弦，軍旅詩人所受到的「苦難與恐怖」似乎日甚一日，「被射殺」的母題也就更頻繁，更激烈地出現在筆下。這股壓力，不僅更新了內容，同時也改變了形式。柯慶明指出：

> 苦難與恐怖，超過了某種臨界點，寫實主義的技法就會開始不夠應用，於是象徵、片斷、拼湊就成了不得不爾的語言，經由「象徵」，經由將「現實」「抽象化」，反而能夠以小見大，以少見多，以部分呈現全體，而真正的掌握或傳達出「時代」的現實來。[23]

概略說來，「苦難」與「恐怖」形成一種壓力，施加於「世界─身體─語言」。進一步看，無邊的世界遠遠大於有限的身體，想要用身體的傷痛反映無世界的恐怖，便需要經過「壓縮」、「解體」、「變形」。這種經由擠壓再擠壓，錘鍊再錘鍊而生產出來的語言，滑膩烏黑，高溫易燃，飽蘊能量，如地底下的原油。

唯就詩論詩，創作者在表現痛苦時，如何避免戕害美感，實是難以迴

---

[21]楊喚，〈二十四歲〉，《楊喚詩集》（臺北：光啓出版社，1964 年），頁 37。

[22]覃子豪，〈現代中國新詩的特質〉（1959），收在《論現代詩》（臺中：曾文出版社，1982 年），頁 178。

[23]柯慶明，〈六十年代現代主義？〉（1996），見《中國文學的美感》（臺北：麥田出版公司，2000 年），頁 425～426。

避的課題。「壓縮」固然常是詩的美德，但並非絕對的美德。詩，畢竟是時間與空間的綜合藝術。它不僅要吸收造型藝術的美感，更要追蹤音樂藝術的境界。因此，不能一味地壓縮痛苦、壓縮意義、壓縮語言。萊莘（G. E. Lessing）主張造型藝術不宜表現身體最最痛苦扭曲的狀態，蓋由於媒介的限制，畫家只能把摹仿集中於某一頃刻，若選擇了激情的頂點，想像就被捆住了翅膀，無法上升或下降。同時，將哀嚎的剎那固定為常住不變的表情，有違自然，觀者反覆寓目，印象將逐漸減弱，終至感到可怖可厭。至**於詩歌藝術，由於不直接訴諸視覺，並具有時間的延展力，詩人可以完整地構築情節，從頭到尾將曲折變化表現出來。既有上文的準備，復有下文的沖淡或彌補，故無此顧慮。**[24]

也就是說，因為文字媒介特有的想像空間。詩可以大舉地去描述最最血腥污穢醜惡苦難恐怖的畫面，而不覺其露骨。但前提是必須對其因緣提出有力的交代、布置、化解，充分運用詩歌的時間延展力。一張一弛，衝突與和諧相互搭配，乃能引發同情，進而臻及淨化的效果。而這種技術，一言以蔽之，便是「戲劇化」的技巧，這也正是瘂弦的獨詣所在。

瘂弦曾經說過：「詩人的全部工作似乎就在於『搜集不幸』的努力上。」[25]這句話很能說明一種以壓縮苦難為務的詩學路向。就實際創作而言，他便是由「搜集自己的不幸」，擴大到「搜集他人的不幸」。最後自己與他人相互替換，主觀抒情與客觀呈現彼此交融。暴力結構，也就提到較高的藝術層次。〈鹽〉（1958）是很好的例證：

二嬤嬤壓根兒也沒見過退斯妥也夫斯基。春天她只叫著一句話：鹽呀，鹽呀，給我一把鹽呀！天使們就在榆樹上歌唱。那年豌豆差不多完全沒有開花。

---

[24]萊莘（Lessing, G. E.），朱光潛譯，《拉奧孔：詩與畫的界限》（板橋：蒲公英出版社，1986 年），頁 129～134。
[25]瘂弦，〈詩人手札〉，《創世紀詩刊》第 14 期（1960 年 2 月），頁 13。

鹽務大臣的駱隊在七百里以外的海湄走著。二嬤嬤的盲瞳裡一束藻草也
沒有過。她只叫著一句話：鹽呀，鹽呀，給我一把鹽呀！天使們嬉笑著
把雪搖給她。

一九一一年黨人們到了武昌。而二嬤嬤卻從吊在榆樹上的裹腳帶上，走
進了野狗的呼吸中，禿鷲的翅膀裡；且很多聲音傷逝在風中，鹽呀，鹽
呀，給我一把鹽呀！那年豌豆差不多完全開了白花。退斯妥也夫斯基壓
根兒也沒見過二嬤嬤。

——《瘂弦詩集》，頁 63～64

這首詩不僅演示了窮人的悲哀，更凸顯出一個徬徨無救的時代。鹽是如此
細末、平凡，卻是維生之基本需求。對此微物呼求再三，益加襯托出生命
的卑賤與無奈。不僅如此，窮極之人還要面臨多層絕望：（一）二嬤嬤沒見
過著有《窮人》的退斯妥也夫斯基，就算見過，卻又如何？即使是最悲天
憫人的文學比不上「一把鹽」。退一步想，假使文豪見過二嬤嬤，把她寫入
巨著，也能使她「不朽」，可惜做為「零落同草莽」的小人物，二嬤嬤走得
進狗腹鳥腸，卻無緣走入文豪的眼睛。（二）人在呼求，天使卻在歌唱；要
的是鹽，卻搖給她雪花。命運之作弄窮人，真是無情得近乎懲罰。然則鬼
神對於人間苦難，非但束手旁觀而已，簡直是落井下石。鹽和雪成有力的
對比：飢腸未療，嚴冬已降，唯有天使「嬉笑」的聲音隱隱可聞。（三）鹽
務大臣的駱隊固然沒有拯救二嬤嬤，黨人起義成功，也無助於「鹽」之獲
取。她終於走入命定的終點，成為鷹犬的食物，人命之不值，實在莫甚於
此。政治上的鉅變，有時竟與小人物無干。一個「卻」字，頗有不應然而
竟然的意思。

　　在兩百餘字的篇幅之內，詩人演現了頗為完整的劇情，一段一幕，事
態逐層發展，緊湊集中，略無冷場的跡象。天使、駱隊、黨人、野狗、禿
鷲，這些天南地北原無干係的事物，一經布置，忽然各俱關捩，使一場

「獨腳戲」忽然熱鬧起來。即連不在場也不應在場的「退斯妥也夫斯基」
也發揮了近乎「配樂」的功能。憑空一句：「二嬤嬤壓根兒也沒見過退斯妥
也夫斯基」，直是破門而入，無理至極。但經過內文的演繹，生命之悲哀逐
層衍出，乃知老嫗「壓根兒」未見文豪，正如其「壓根兒」未得一把鹽。
至收尾一句：「退斯妥也夫斯基壓根兒也沒見過二嬤嬤。」竟由方才所破之
處而出，則所謂無理者忽焉轉為有味，使人驚覺其預留後路的筆力。[26]以上
種種高明的戲劇化技巧，將劇中人的苦難演示出來，詩人則藏身幕後，保
持一種靜觀的角度，用冷靜的語調旁白。他並不吶喊控訴，只是展示證據
一般，播放活生生的圖象。表面看來，詩人的情感似乎極為節制，其實介
入甚深。譬如上文所說的三層無濟，即是用以烘托「無奈」的技巧，其中
無不寄寓著對苦難人物的悲憫情懷。

　　瘂弦的詩裡，有時把暴力視同一種音樂，一種無聲無臭卻能致人於死
的，和平而恐怖的時間之流。譬如這三個片段，同樣流露出「總是如此」
的情調：

　　1.哈里路亞！我仍活著。

　　　工作，散步，向壞人致敬，微笑和不朽。

　　　為生存而生存，為看雲而看雲，

　　　厚著臉皮占地球的一部分。……

　　　　　　　　　　　　　　　——〈深淵〉，《瘂弦詩集》，頁 246～247

　　2.至於雲現在是飄在曬著的衣物之上

　　　至於悲哀或正躲在靠近鐵道的什麼地方

　　　總是這個樣子的

　　　五月已至

---

[26]瘂弦曾引海明威〈克里曼加魯之雪〉、艾略特〈荒原〉的突兀開篇為例，稱「這些看似蛇足的特殊性暗示技巧或可稱為『有意的晦澀』」見（瘂弦，1960：41），瘂弦，〈詩人手札〉，《創世紀詩刊》第 15 期（1960 年 5 月），頁 12。可與此詩互證。

　　而安安靜靜接受這些不許吵鬧

　　　　　　　　——〈一般之歌〉，《瘂弦詩集》，頁219～220

　3.而既被目為一條河總得繼續流下去的

　　世界老這樣總這樣：——

　　觀音在遠遠的山上

　　罌粟在罌粟的田裡

　　　　　　　　——〈如歌的行板〉，《瘂弦詩集》，頁201

　　這仍是「暴力」的後果。世界按照一條鐵律反覆運轉著，人則處於被挾持的狀態，毫無質疑辯駁的意願或能力。時間像一種古老的「音樂」，頑強地輸送「煩」的情緒，但瘂弦筆下偏偏有一種「耐煩」的功夫，堅此百忍，與世浮沉。例 1 的「我」為活而活，已不再追尋任何意義，就像「頭腦塞滿了稻草」的「空心人」，在艾略特筆下，空心人其實並不自安於空心，他仍能感知生命的苦澀與荒蕪。[27]但〈深淵〉裡的這個「我」，卻以「無所謂」的態度來面對世界。例 2 也是把枯燥的世界秩序呈示出來，不同於〈深淵〉的咄咄逼人，〈一般之歌〉裡的規律並不具有明顯的侵害性，但在逐一揭露開來的存在空間裡，其實隱藏著時間「殺人於無形」的威力。最特別的是後面三行，使用了「就像母親微叱自己孩子的語氣」，實際上卻是「殘酷」的。

　　詩人說：「既被目為一條河總得繼續流下去」，生命中存在著許多身不由己的事實。這個「目」字看似平常，卻含容了極為嚴厲的暴力：如果說「作」為一條河，就得流下去，這是「接受」先天的本質與性能；但是被「目」為一條河，照樣得流下去，卻是「接受」後天的「命名」，屈從於人為的規定。結尾處將「觀音」與「罌粟」並置，讓善與惡自行辯證，而不予置評。這兩句就像艾略特在〈焚毀的諾頓〉（Burnt Norton）裡所說的：

---

[27]Eliot,T. S. *Collected Poems 1909-1962*. （London: Faber&Faber. 1963），p.219.

……獵犬和野豬

依然遵循追逐的模式

但在星座裡卻構成和解。[28]

　　人世間種種善惡，在自然界卻是並行不悖的。這裡有一種洞察，但也許洞察得太早，所以老得太快。既然「總是如此」，而且關於「如此」的狀況，已經被寫得如此透徹，何必進行「精神的重贖」？

　　在短短十餘年的創作歷程裡，他其實「壓縮」了多種風格、主題、技巧、觀念。為那一再被神聖化的痛感，尋找到更詳盡的來龍去脈，表現為更複雜的文學形式。相互衝突的獵犬和野豬，可以被壓縮為美好的星辰結構。看似對立的暴力與音樂，也可以被融入身體，融入詩裡。

　　──本文改寫自博士論文《軍旅詩人的異端性格》（國立臺灣大學，2001 年 2 月）

──選自《當代詩學》，第 2 期，2006 年 9 月
──2013 年 8 月經作者修訂

---

[28]Eliot,T. S. *Collected Poems 1909-1962*. p.320.

宇宙大腦的一點燐火
瘂弦詩中的神性與魔性（節錄）

◎白靈[*]

一、引言

　　1999 年 3 月，臺灣曾舉辦過「臺灣文學經典」學術研討會，由學者專家嚴格篩選，總共選出了 30 本書，代表了臺灣 20 世紀下半葉在文學方面的成績，小說選出十本，散文七本、評論與戲劇各三本，新詩部分則有七本，瘂弦（王慶麟，1932～）的詩集《深淵》是其中之一，其餘六人是鄭愁予（鄭文韜，1933～）《鄭愁予詩集 1951～1968》、余光中（1928～）《與永恆拔河》、周夢蝶（周起述，1920～）《孤獨國》、洛夫（莫洛夫，1928～）《魔歌》、楊牧（王靖獻，1940～）《傳說》、商禽（羅燕，1930～）《夢或者黎明》等。[1]而如 1949 年把現代詩之火帶到臺灣、提倡「詩是橫的移植而非縱的繼承」的紀弦（1913～）都沒有入選，其餘與瘂弦同時代的多位詩人如白萩（何錦榮，1937～）、羅門（韓仁存，1928～）、葉維廉（1937～）等也都未在列。瘂弦的詩集在完成三十餘年後仍能從臺灣半世紀出版了將近兩千本個人詩集中脫穎而出[2]，代表了瘂弦個人在新詩藝術上的成就和影響歷久不衰。

　　相對於這七人以外的眾多詩人而言，瘂弦創作和尋索人生的 13 年歲月

---

[*]本名莊祖煌。臺北科技大學化學工程與生物科技系副教授。

[1]陳義芝編，《臺灣文學經典研討會論文集》（臺北：行政院文化建設委員會、聯經出版事業公司，1999 年），頁 507。

[2]據張默編，《臺灣現代詩編目：1949～1995》（臺北：爾雅出版社，1996 年）所統計之詩集出版數目（頁 326）約略估算至 20 世紀結束。

（1953～1965）就相當於他們的一輩子、或甚至 100 年所要追尋的。個人小小短短的有限歲月、以及不足百首詩，竟可以抵擋眾多詩人長長一生所創作的、總數可能多達二、三十萬首詩（只指臺灣）[3]，而且眼看還要繼續抵抗下去，其原因甚值深究。

　　這其中甚為重大的可能原因是，瘂弦在他的詩中呈露了他所處時代最關鍵的、也最開闊的兩個極端（等號「＝」代表關係與互動，而非相等）：

悲心（一）／不幸（多）＝觀音／罌粟＝水（甘露）／火（燃焰）＝救贖／沉淪＝精神／物質＝善（冷）／惡（熱）＝虛／實＝天使／禿鷲＝蝶／鋼＝原鄉／西方＝印度／深淵＝天堂／地獄＝寬憫／孤寂＝恕（如心）／怒（奴心）＝重如輕／輕如重＝大我／小我＝魂靈／肉身＝宗教／科技＝不流動／流動＝神／魔＝同一／差異＝無／有＝空／色＝秩序（序）／混沌（亂）＝E／m

瘂弦以同一感之「一」的心和筆出發，進入眾多差異感的「多」當中，他的詩是同多重他者之差異的「多」站在一起，一起向「一」眺望，站在必須流動的這端向不必流動的那端眺望，站在有限（有／色）的這端向無限（無／空）眺望，穿行於以上眾多互動的二者關係之中，對人之存有產生極大的關切並提出天問般的質疑，且能以其瘂弦式的魔性語言說出，而得以極為出色地同時掌握兩端的互動，完成做為人之存有的難處甚深的探索。本文擬由愛因斯坦（Albert Einstein, 1879～1955）狹義相對論之質能方程式 $E = mC^2$ 出發，試圖透過現象學的澄清與互動原則對瘂弦詩中追尋的哲學高度做一初步的眺望。

　　詩的掌握和了解，即人生的掌握和了解，即宇宙本然的掌握和了解，透過瘂弦的詩，對上述諸多二極端的穿透和往返，或可使我們貼近這樣的

---

[3] 按近筆者多次參與近十年來臺灣所出版之年度詩選之主編經驗的推算，每年平面媒體已發表之詩作皆約略在 5000 至 7000 首詩之間。

本然。

二、秩序與混沌、神性與魔性

（一）E＝mC²與獨一的詩

　　「不確定」（"uncertainty"）[4]，或乾脆說「混沌」（"chaos"）[5]，此種現象在科學上的意義是：在顯然毫不相干的事件之間，存在、潛伏著內在的關聯性。比如科學與詩是兩種不同的領域，但自從科學也開始「不確定」和「模糊」（"fuzzy"）[6]後，科學便已向詩靠近，詩人早知的「陷身於混沌之中，靈感便自然湧出」[7]，科學卻要到 20 世紀的 60 年代混沌理論逐漸成形，才對大自然中不規則不連續無規律光怪陸離的謎投予注意，「混沌科學把焦點放在潛藏的秩序、細微的差異、事物的『敏感性』，以及無法預測之事產生新事物的各種『規則』；企圖了解暴風雨、激流、颶風、危崖峭壁、曲折海岸，以及所有複雜現象創造成形的過程——從河流三角洲，到我們人體中的神經與血管系統等」[8]，「在碎形幾何新的數學引領之下，嚴謹科學逐漸趕上現代感性的節拍；那些桀傲不馴的、野性的、幻想的素質」。[9]「逐漸趕上」表示還不夠快，顯然暫時之間也還不包括詩人如何透過語言的隨機、混亂、得出曖昧中隱含秩序之詩的機轉（mechanism），但已使二者也存在可能的關聯和互動。他們之間的差異或可以下表來表示：

---

[4] 指海森堡測不準原理（Heisenberg's Uncertainty Principle），參見 Robert Resnic & J. Walker: *Fundenmentals of Physics*（N. Y.: John Wiley & sons, Inc, 1997），p.997。
[5] 葛雷易克（James Gleick, 1954～）；林和譯，《混沌：不測風雲的背後＝Chaos》（*Chaos: Making a New Science*）（臺北：天下文化出版公司，1995 年），頁 10。
[6] 參見 Tetano TOSHIRO（1923～），Kiyoji ASAI（1923～）& Michio SUGENO（1940～）：*Fuzzy Systems Theory and Its Applications*（Boston: Academic P, 1992），p.9。
[7] 布利格（John Briggs）等著；姜靜繪譯，《亂中求序》（*Seven Life Lessons of Chaos*）（臺北：先覺出版社，2000 年），頁 16。
[8] 同前註，頁 8～9。
[9] 葛雷易克，頁 155。

近代科學	精確性	理性	思想	硬式	累積	群體	階石	理智	更大不安	易重複[10]	複製[11]
近代藝術	曖昧性	感性	直觀	軟式	個人	個別	不朽	情感	身心安頓	獨創	唯一

但無論混沌理論出現與否，如果說愛因斯坦狹義相對論所導出的質能方程式[12]是 20 世紀影響最深遠、最簡潔的一條方程式，甚至是最短最具氣勢的一首詩，相信也不會有人反對：

$$E = m \times C^2$$

能量 ＝ 質量 × 光速平方

質（mass）與能（energy）之可互換，即有限即無限之聚集，代表了愛因斯坦站在「有限」的這一端，對「無限」那一端的眺望，又明白宇宙間此二者的關聯和互動，是恆久地處在變動之中，這很像老子關於道之「有／無」間的辯證，釋迦牟尼「色即是空，空即是色」的體悟。此式的威力在後來的廣島和長崎的兩顆原子彈中早已見出，但它們離真正能釋放的能量還甚為遙遠。比如宇宙任何物質，上至金銀下至糞土，只要任何一公克（如果是水大約是 20 滴）均可釋放出下列的能量：

$$E = mC^2$$

＝1 克物質的能量約 2500 萬千瓦小時

＝1000 瓦的電鍋使用 2500 萬小時

---

[10]指一般科學研究經常是站在別人的基礎上做微小的變革，其創新常是集體的研究結果。能獨自完成創新甚是不易。

[11]指科學的應用而言，大量而普及的應用科學的成果，與科學研究的精神不一定有關。

[12]Robert Resnic & J. Walker, pp.170-171。

　　＝1000 瓦的電鍋連續開約 3000 年

　　＝日月潭水庫兩天的發電量

亦即所有的有限物質（有／色）都是無限能量（無／空）的暫時性聚集，所有的「差異」（物質結構／多）或物質的多重樣態在轉化為能量的當中，會趨向於「同一」（能的形式／一），拓而言之，有限即無限，色即空，有即無，多即一，未顯現的、不可見的（比如暗物質／暗能量）遠比可見的（比如宇宙星辰）大太多了，現已是眾所皆知的。

　　但在地球上，此種轉化由於「用力」不同，會得出不同的能值，比如一克的紙、一克的木頭、一克的煤、一克的石油、和一克的鈾不論形狀和結構均不同，差異甚大（多），他們最大可釋放的能量卻是相同的、同一的（一）；但由於人的能力有限，迄今仍無法使之同一，卻只能以不同的方式使之接近，且恐永遠無法達成，而「使之接近」即是近代科學一直努力的目標。

　　要完成這樣的轉化，科學不得不靠精密的儀器設計（如核電設施、同步加速器的撞擊）。因此如果愛因斯坦的「科學之詩」式子中的兩個 C，是有限物質獲得全部能量之釋放的一雙翅膀的話，如何「使之接近」此全部能量之釋放的關鍵即是這兩個 C 的尋索。在地球上任何科學形式恐永不可能與這二個 C「同一」，永遠會有不同距離的「差異」，即永遠只能釋放部分的能量，方法不同，釋放值亦不同；一個方法達成，必有另一個方法將之拋棄。

　　而人既然是肉身和意識的集合體，顯然也要面對這樣的轉化，哲學是靠對真善美之形而上的全面思索；宗教是靠苦修、布施、和頓悟，乃至不得不以神／魔的永恆互動加以詮解；藝術（包含詩人）則是靠對人生和媒介（如語言）的穿透和往返、妙觀和逸想，出入虛／實、心／物、可見／不可見之間，是比科學更早地明白、運用質（物質）／能（精神）的同時掌握而完成其創造的。但一首詩起來，必有另一首詩與之對抗、甚至設法

拋棄。

「詩」之一字，即是那個乘上 C 平方後的「E」，是唯一的、理想的極大值，天下所有的詩只能貼近它，卻無法等於它，只能獲得「同一感」，卻不可能「同一」。詩人的本領即是尋找個人的 c（以小寫的 c 代表，而非每秒 30 萬公里的光速之大寫的 C 值〔為說明方便而訂為大寫〕，因此 c 人人不同，有的離光速甚遠），將尋常事物（m）通過轉化而得能量不同的詩作，詩人即站在此等號「＝」的通道之中，同時召喚著等號兩方，當「有／無」同握、「色／空」同持、「有限／無限」接合、「差異／同一」趨近、「多／一」同出，詩就在那裡，存有在那裡，道、哲學、科學都在那裡；只是表現出的形式不同，說法不同而已。若以表列詩之形成，則下表或略可接近之[13]：

詩			
象		意	
實		虛	
物質（物）		精神（心）	
外（表）		內（裡）	
看得見的		看不見的	
事	物	理	情
形象思維		理性思維	感情
具形象（意象化的）		抽象的（概念的）	
客觀的觀照對象		邏輯條理秩序	主觀的感觸
有		無	
色		空	
有限		無限	
差異（多重）		同一	
多		一	
質		能	

---

[13] 參考白靈，《一首詩的誕生》（臺北：九歌出版社，2004 年），頁 60 及本文的討論。

顯現	不顯現
混沌	秩序
魔性	神性
m	E
mC^2　　　　=	E
（詩人即站在此等號「＝」的通道之中尋求各自不同於 C 的小寫 c 值）	

因此，當此能量 E 越貼近 m（質量）xC²（光速平方）時，則其釋放的生命能量就越大，與宇宙的本然的詩就越接近，被拋棄或跨越的可能性就越低。但也永無法達至 E 之最大值。此 E 值在海德格（Martin Heidegger, 1889～1976）即所謂「獨一的詩」：

> 每個偉大的詩人都只出於一首獨一的詩來作詩。衡量其偉大的標準乃在於詩人在何種程度上致力於這種獨一性，從而能夠把他的詩意道說純粹地保持在其中。
>
> 詩人的這首獨一的詩始終未被說出。無論是他的哪一首具體的詩，還是具體詩作的總和，都沒有完全把它道說出來。儘管如此，任何一首詩都出於這獨一的詩的整體來說話，並且每每都道說了它。[14]

海德格的「在何種程度上致力於這種獨一性」、「獨一的詩始終未被說出」，即是由何種小寫的 c 朝向獨一大寫的 C 的追索，詩人各自「致力」程度的都不同，但大寫的 C 永遠無法達至，那「獨一的詩」的 E 值也「始終未被說出」。

（二）瘂弦的懸欠與負載

「始終未被說出」表示「在此有中始終有某種東西懸欠著」，「提盡存

---

[14] 海德格（Martin Heidegger）；孫周興譯，《走向語言之途》（*On the Way to Language*）（臺北：時報文化出版公司，1993 年），頁 25～26。

在的懸欠等於消失它的存在」[15]，瘂弦的詩是時代的懸欠及深層人性的懸欠，他的詩是對人的內外懸欠感引發的悲心所催促而成，先是對原鄉的、童年的、土地的、神性的嚮往、後是人性的、潛意識的、身體的、魔性的沉緬和尋索，最後是對人間式的煩的無奈、妥協和詩意地棲居。時代龐然的不確定性造成的混沌感使他及他那一代人進入長時間與他者、他物劇烈的互動中，瘂弦試圖透過語言的自我組織，完成安身立命的秩序感，朝其獨一的詩前進。

瘂弦的詩很少直接去描述物品、歌詠風景、或闡述主觀的心情，他的詩甚少是寫當下的做爲主體的「我」，他的詩要透過不斷滲透多重差異的他者才能獲得整全感，他在說「我」時，其實是在說無數的「他」（或「它」），他的懸欠感表現在以「他」（或「它」，即使以「我」爲主詞」爲中心的詩作中，比如：

1. 鼎：九個獅子頭唧著銅環，／十二條眼鏡蛇纏繞著腰際，／還有雕鏤著的／彈七弦琴的二十八個盲裸女。／我是一座小小的希臘鼎。

——〈鼎〉[16]

2. 花朵：我遙見了人間的蒼海和古龍般的山脈，／還有，鬱鬱的森林，網脈狀的河流和道路／高矗的紅色的屋頂，飄著旗的塔尖……／於是，我閉著眼，把一切交給命運，／又悄悄的墜落，墜落，／我是一勺靜美的小花朵。

——〈我是一勺靜美的小花朵〉[17]

3. 瓶：我的心靈是一隻古老的瓶，／只裝淚水，不裝笑渦，／只裝痛苦，不裝愛情。／／如一個曠古的鶴般的聖者，／我不愛花香，也不

---

[15] 海德格著；陳嘉映、王慶節譯，《存在與時間》（*Being and Time*）（臺北：唐山出版社，1989年），頁 295。
[16] 瘂弦，〈鼎〉，《瘂弦詩集》（臺灣：洪範書店，2001 年），頁 265。
[17] 瘂弦，〈我是一勺靜美的小花朵〉，《瘂弦詩集》，頁 253。

愛鳥鳴，／只是一眼睛的冷默，一靈魂的靜。

——〈瓶〉[18]

4. 乞丐：只有月光，月光沒有籬笆／且注滿施捨的牛奶於我破舊的瓦缽

——〈乞丐〉[19]

5. 鼠：有一些礁區／我們知道／而船長不知道／／當然，我們用不著管明天的風信旗／今天能夠磨磨牙齒總是好的

——〈船中之鼠〉[20]

6. 水手：船長盜賣了我們很多春天／／把城市的每條街道注滿啤酒／用古怪的口哨的帶子／綑著羞怯的小鴿子們的翅膀／在一些骯髒的巷子裡／——就是這麼一種哲學

——〈水手‧羅曼斯〉[21]

7. 山神：「我在菩提樹下為一個流浪客餵馬」；「我在敲一家病人的鏽門環」；「我在煙雨的小河裡幫一個漁漢撒網」；「我在古寺的裂鐘下同一個乞兒烤火」

——〈山神〉[22]

8. 女奴、士卒、祭司、轎夫：「我是一個黑皮膚的女奴」；「我是一個滴血的士卒」；「我是一個白髮的祭司」；「我是一個吆喝的轎夫」

——〈巴比倫〉[23]

9. 小丑：在純粹悲哀的草帽下／仕女們笑著／顫動著摺扇上的中國塔／仕女們笑著／笑我在長頸鹿與羚羊間／夾雜的那些什麼

---

[18]瘂弦，〈瓶〉，《瘂弦詩集》，頁 262。
[19]瘂弦，〈乞丐〉，《瘂弦詩集》，頁 52～53。
[20]瘂弦，〈船中之鼠〉，《瘂弦詩集》，頁 77。
[21]瘂弦，〈水手‧羅曼斯〉，《瘂弦詩集》，頁 82～83。
[22]瘂弦，〈山神〉，《瘂弦詩集》，頁 45～47。
[23]瘂弦，〈巴比倫〉，《瘂弦詩集》，頁 99～101。

——〈馬戲的小丑〉[24]

10. 亡者：如聲音把一支歌帶走，孩子，一粒鉛把我帶走／如兇殘的女人突然抽回她的舌頭／如流星雨完成閃爍於一瞬之間，我是完成了／彈道那邊的秋天／／如夜，奇異的毯子／在海邊把我們的吻與砲聲隔開／如脫下一襲舊法蘭絨外衣，我是脫下了／曳著灰影的往昔

——〈從感覺出發〉[25]

11. 瘋婦：你們再笑我便把大街舉起來／舉向那警察管不住的，笛子吹不到的／戶籍混亂的星空去／笑，笑，再笑，再笑／瑪麗亞會把虹打成結吊死你們

——〈瘋婦〉[26]

12. 教授：當全部黑暗俯下身來搜查一盞燈／他說他有一個巨大的臉／在晚夜，以繁星組成

——〈C 教授〉[27]

13. 水手：他妹子從煙花院裡老遠捎信給他／而他把她的小名連同一朵雛菊刺在臂上／當微雨中風在搖燈塔後邊的白楊樹／街坊上有支歌是關於他的

——〈水夫〉[28]

14. 上校：什麼是不朽呢／咳嗽藥刮臉刀上月房租如此等等／而在妻的縫紉機的零星戰鬥下／他覺得唯一能俘虜他的／便是太陽

——〈上校〉[29]

---

[24] 瘂弦，〈馬戲的小丑〉，《瘂弦詩集》，頁 153。
[25] 瘂弦，〈從感覺出發〉，《瘂弦詩集》，頁 226～227。
[26] 瘂弦，〈瘋婦〉，《瘂弦詩集》，頁 157。
[27] 瘂弦，〈C 教授〉，《瘂弦詩集》，頁 142。
[28] 瘂弦，〈水夫〉，《瘂弦詩集》，頁 143～144。
[29] 瘂弦，〈上校〉，《瘂弦詩集》，頁 145～146。

15. 修女：而海是在渡船場的那一邊／這是下午，她坐著／兵營裡的喇叭
總這個樣子的吹著／她坐著

——〈修女〉[30]

16. 戲子：十六歲她的名字便流落在城裡／一種淒然的韻律／／那杏仁色
的雙臂應由宦官來守衛／小小的髻兒啊清朝人為她心碎

——〈坤伶〉[31]

17. 省長：鐘鳴七句時他的前額和崇高突然宣告崩潰／在由醫生那裡借來
的夜中／在他悲哀而富貴的皮膚底下——／／合唱終止。

——〈故某省長〉[32]

18. 棄婦：她已不再是／今年春天的女子／她恨聽自己的血／滴在那人的
名字上的聲音／更恨祈禱／因耶穌也是男子

——〈棄婦〉[33]

19. 獨裁者：赫魯雪夫，好人，是的，好人／他扼緊捷克的咽喉／為的是
幫助他們的國家呼吸／他以刺刀和波蘭握手／又用坦克／耕耘匈牙利
的土地／他的的確確是個好人

——〈赫魯雪夫〉[34]

20. 老婦：二孃孃壓根兒也沒見過退斯妥也夫斯基。春天／她只叫著一句
話：鹽呀，鹽呀，給我一把鹽／呀！天使們就在榆樹上歌唱。那年豌
豆差不多／完全沒有開花。

——〈鹽〉[35]

---

[30] 瘂弦，〈修女〉，《瘂弦詩集》，頁147～148。
[31] 瘂弦，〈坤伶〉，《瘂弦詩集》，頁149。
[32] 瘂弦，〈故某省長〉，《瘂弦詩集》，頁151。
[33] 瘂弦，〈棄婦〉，《瘂弦詩集》，頁156。
[34] 瘂弦，〈赫魯雪夫〉，《瘂弦詩集》，頁163～164。
[35] 瘂弦，〈鹽〉，《瘂弦詩集》，頁63。

21. 怨婦：她沿著德惠街向南走／九月之後她似乎很不歡喜／戰前她愛過
　　一個人／其餘的情形就不大熟悉

　　　　　　　　　　　　　　　　　　　　　　　　──〈復活節〉[36]

很少詩人會如同瘂弦對同時代多重樣態的生命付與這麼大的關注，從上引
他第一首發表於 1953 年的初作〈我是一勺靜美的小花朵〉、及其後 1955 年
的〈瓶〉、〈鼎〉等早期作品即可看出他的「高度潛在的負載量」和「寬容
的大地性格」，到 1965 年最後一首的〈復活節〉為止，他的「我」基本上
都是隱藏的。他關注的層面從最神聖（山神）、最高貴（省長），到最平凡
（水手）、最卑微（乞丐／鼠），他感受到的那時代的重壓和苦是普遍的人
的懦弱、無奈和無力，是無人可逃避可例外的，尤其是女性（瘋婦／棄婦
／戲子／老婦／怨婦／修女），更是弱勢的弱勢。瘂弦以史筆為那樣微不足
道的人、那樣苦的歲月──那「被踐」、「被踩」、「被拔」、「被賣」的種種
情狀留下可貴的紀錄和見證，卻又能出之以「甜的語言」、「節制的同情
心」、「沒有濫調」[37]和呼嚎，「苦」和「甜」成了他詩中對立、矛盾卻又是
可互為調和的基調。

　　他進入多重的差異之中，向同一眺望，雖然可以「顯現」的較之「不
可顯現」的要少了很多，這正是語言的無奈，卻也是較可能的方式。因此
瘂弦把小寫的 c 透過關注、負載和大地性格，而得以不斷放大、試圖朝向
大寫的 C 趨近，在外在隨時間而逝的人、內在不易隨時空改變的人性、以
及廣闊的世界都市和地區在歷史和現代科技交錯互動出的人的變貌中，瘂
弦以其自如之筆，隨之自在地滾動，因而展現了巨大的 E 的能量。

三、逃逸、不安、互動

（一）自由能與煩

---

[36]瘂弦，〈復活節〉，《瘂弦詩集》，頁 217。
[37]葉珊，〈《深淵》後記〉，見《瘂弦詩集》附錄二，頁 315～322。

　　瘂弦那時代的青年都善於「出走」，由彼岸一個大家鄉的古老村落，隨著百萬人的大遷徙，跨海「出走」來到一個小異鄉，早已習慣如浮萍的般等待下一個「出走」。從少年到青年，短短幾年就親臨了無數的悲辛痛楚、用雙腳砂紙般磨過一大片地圖中的江山，那些親眼目睹、親手觸摸的童年、少年、和山山水水，遂成了永恆的夢巢和監牢，看守著他們的一生。而從絕對的農業社會、仍然「非常清朝似」的村落和鄉鎮，歷經流離浪蕩，到第一次看到鐵道、電燈、煙囪、工廠的工業化轉折，心中的驚異、驚訝、驚心恐怕再多的文字都難以形容，而早年臺灣沉悶的政經社會、貧窮的環境，上等兵月薪 12 塊錢只夠吃兩碗半牛肉麵，人人彷彿被束在一個瓶頸口，動彈不得，精神或肉體的「出走」、「流浪」乃至「沉淪」便成了獲得自由的一種方式。瘂弦詩創作的第一個時期便以「精神自由感」的尋索為主，並以其年少的流離、身臨過的經驗為主，企望由顛沛失所的不平衡狀態透過「澄清」而暫時平衡下來。

　　其實宇宙間任何物質皆有由其原處狀態逃離的本性，G. N. Lewis（1875～1946）曾描述此逃逸傾向，並以一物理量「逸壓」f（fugacity，拉丁字根是 escape 之意，即 fly）來表達，並以「自由能」G（free energy）陳述此逃離本性的大小，可以下式來表示[38]：

$$G = RT \ln f + B \qquad (1)$$

上式中 R 是氣體常數、T 是溫度，B 代表一個決定於物質本性與溫度的常數。梅洛-龐蒂（Maurice Merleau-Ponty, 1908～1961）認為「現象學不可能在理性傳統的所有努力之前及科學的建構之前建立起來」[39]、「科學發展到某種成熟狀態後，科學本身不能再自成一體系，它將我們重新引到被知覺

---

[38]G. N. Lewis（1875～1946）："The Osmotic Pressure of Concentrated Solutions, and the Laws of the Perfect Solution." *J Am Chem Soc. 30*（1908），pp.668-683.
[39]梅洛-龐蒂；王東亮譯，《知覺的首要地位及其哲學結論》（*The Primacy of Perception and Its Philosophical Consequences*）（北京：三聯書店，2002 年），頁 40。

之世界的建構中去重新征服它」[40]，此處即是此一嘗試，何況他又說「哲學根本不用怕成熟的科學，科學當然也不用怕哲學」[41]，他曾以現象學解釋過塞尙（Paul Cezanne, 1839～1906）的蘋果及其他藝術家，那麼藝術（包含文學）不用怕成熟的科學，科學當然也不用怕藝術，其理不辯自明，他所用的名詞如「可逆」（"reversibility"）[42]、「活性」（"activity"）[43]、「負性」（"negativity"）[44]均是科學上熱力學用過的詞彙[45]，與上述自由能的變化量也都有關，篇幅所限，此處略而不談。海德格指出人生「在世本質上就是煩」[46]，此「煩」字指的是必須不斷面對無限煩雜多樣的可能性進行選擇的一種基本狀態，「煩」字本身是先於對象和心理主體，是一種純情緒狀態，它本身就有想「站起來」、「脫出自身」的衝動，因所有人的逃逸傾向均不可能爲零，此煩（相當於上列式子的自由能或海德格所說的能在）將永不可能解除。[47]筆者將上述符號方程式予以文字化成：

$$自由能 ＝ 一般常數 \times 外在影響 \times \ln 逃逸傾向 ＋ 特殊常數 \cdots (2)$$

$$煩（能動性）＝ 一般常數 \times 外在不安 \times \ln 內在不安 ＋特殊常數 \cdots (2')$$

上述外在影響（外在不安）包含時代、環境和接觸物，逃逸傾向（內在不安）與性格、人性的動物特質、意志、乃至學養有關。外在不安太大時

---

[40]梅洛-龐蒂，頁 60。

[41]同前註。

[42]Mauric Merleau-Ponty: *The Visible and the Invisible*, trans. Alphonso Lingis（Evanston: Northwestern UP, 1968），p.263.

[43]Merleau-Ponty, p.264.

[44]Merleau-Ponty, p.227.

[45]Keith J. Laidler, John H. *Meisev: Physical Chemistry*（Benjamin: Cummings Co, 1984），pp.45–47.

[46]海德格，《存在與時間》，頁 229。此「煩」（sorge，原德文有操心之意，但譯者認爲不只於此，見頁 537 附錄之討論）字蔡錚雲譯爲「關切」（見其所譯 D. Moran，《現象學導論》（*Introduction to Phenomenology*）（臺北：桂冠出版社，2005 年），頁 309），而汪文聖譯爲「牽掛」（見其所著《現象學與科學哲學》（臺北：五南出版社，2001 年），頁 100）。

[47]海德格，《存在與時間》，頁 241～248。

（比如值處戰亂和逃難時），內在不安的值會受到忽略和壓縮，但選擇留守家鄉或逃離老家仍決定於個人的內在的逃逸傾向。而當外在不安逐漸趨於穩定時（比如暫時安居下來），內在不安（比如個人慾求）方才凸顯出來。

（二）纏繞與互動

「只有此在（即存有）存在，其中就有某種它『所能是』、『所將是』的東西懸欠著」[48]、「只有此在存在，它直至其終都對它自己的『能在』（即能動性）有所作為」。[49]瘂弦「能在」的第一階段便由個人的「小我」出發，逐漸朝向其內在容器般的大地性格開拓，進入時代的混亂中逐步完成其第一階段的懸欠。而由他最初發表的幾首詩（25 歲，原未收在最初出版的詩集中），恰好隱含這樣的進程：比如第一節所列的第一首詩〈我是一勺靜美的小花朵〉（1953 年）是寫命運令他隨時代墜落，直到掉到繆斯女神的腳趾頭後墜落才停止，表明了做為一個小人物的悲涼和自我救贖的方式。「墜落」是不由自主的、因「偷窺」而遭「銀亮的匕首」放逐，但這個放逐和墜落又不是一己的，是整個時代的放逐和墜落。由此而展開〈地層吟〉[50]（1955 年）的領會，這首詩一起初就是非常重要的轉折：「潛到地層下去吧／這陽光炙得我好痛苦／星叢和月／我不再愛／我要去和那冷冷的礦苗們在一起沉默／和冬眠的蛇、鬆土的蚯蚓們細吟／讓植物的地下莖鎖起我的思念／更讓昆蟲們，鼬們／悄悄地歌著我的沒落……／但真到那時候／我又要祈望有一條地下泉水了：／要它帶著我的故事流到深深的井裡／好讓那些汲水的村姑們／知道我的消息……」詩中說：「星叢和月／我不再愛」、「鎖起我的思念」，都是一種面對命運的宣告，是甩脫被主體我之內在不安任意擺布的誓語，他開始把一己的苦與那時代的苦結合，卻不由主體的「我」去正面演出，是透過裝扮和化妝，讓多重的生命樣態——上場。此二詩與其後的〈藍色的井〉、〈瓶〉、〈鼎〉、〈山神〉、〈乞丐〉、〈鹽〉

---

[48]海德格，《存在與時間》，頁 292。
[49]海德格，《存在與時間》，頁 294。
[50]瘂弦，〈地層吟〉，《瘂弦詩集》，頁 255～256。

等詩的轉進過程是：

我　→　潛藏　→　地下泉水　→　井　→　瓶　→　鼎　→　山神　、　乞丐　、　鹽

〈小花朵〉1953　〈地層吟〉　〈藍色　　1955.8　1957.1　1957.12　　1958.1

1955.3　　的井〉　　　　　　　　　　　　　　　　（她）

上圖之〈小花朵〉即〈我是一勺靜美的小花朵〉，〈地層吟〉中「要它帶著
我的故事流到深深的井裡」[51]，「我的故事」已開始隱含了他者；到了同月
寫的〈藍色的井〉之「井」果然是「說故事」所需的灌溉的源頭，但那井
還不是「我」。[52]而至透過〈瓶〉、〈鼎〉等的容器時，「我」開始以容器性質
演出，比如〈瓶〉寫他心情的冷靜仍受不了人間的眼淚攻勢（如瓶最後不
得不龜裂迸破）[53]；比如〈鼎〉寫心境即便蒼老仍常懷想過去的親友不同的
命運和兩岸的可能變遷（「於是我憶起了物質們，鑛苗們──／──我的故
鄉的兄弟姊妹們，／也許如今他們都到鼓風爐裡去了」）。[54]及至在上述無生
命的容器取得穩靠的立足點時（九獅十二蛇二十八盲裸女掛在鼎上皆耐得
住）[55]，瘂弦的「我」開始向〈殯儀館〉（死亡的孩童）、〈山神〉（善良的
神）、〈乞丐〉（無處可歸）、〈船中之鼠〉（卑微卻靈通）、〈紅玉米〉（懷鄉的
老者）等探索，皆以「我」的第一人稱書寫這些對象，超越了主客體的界
線，與之合一。

　　大陸來臺詩人進入家鄉的「遠方」去取暖是順理成章的，那曾親臨之
地此時成為其知覺中是最具互動性──交錯、糾纏一生而無以解脫的夢
巢，數十年後回鄉省親後亦然，一根無形的線暗暗接繫著兩岸的兩處燈
火，當風吹草動之際，其翻腸攪肚可想而知。他們一起初寫作的動力，即
是借助著他們在年輕歲月和童年與其知覺最深的遠方大地之「貫通」與

---

[51]瘂弦，〈地層吟〉，《瘂弦詩集》，頁256。

[52]瘂弦，〈藍色的井〉，《瘂弦詩集》，頁257～258。

[53]瘂弦，〈瓶〉，《瘂弦詩集》，頁262～264。

[54]瘂弦，〈鼎〉，《瘂弦詩集》，頁266。

[55]瘂弦，〈鼎〉，《瘂弦詩集》，頁265。

「分離」，而分泌出海德格所說的「親密」與「痛苦」：

> 唯當親密的東西，即世界與物，完全分離並且保持分離之際，才有親密
> 性起作用。[56]
> ……痛苦乃是裂隙。但痛苦不是撕破成分崩離析的碎片。痛苦雖則撕
> 開，分離，但它同時又把一切引向自身，聚集入自身中。作為聚集著的
> 分離，痛苦的撕裂同時又是那種吸引……。痛苦是在分離著和聚集著的
> 撕裂中的嵌合者。[57]

海德格說的「親密」與「痛苦」，相當於梅洛-龐蒂所說具體存於我們身體
自身、身體與他人、事物、世界的交織和交錯（chiasm）[58]所形成的關係結
構——此種說法已跳離傳統西方理性哲學所引出之心物、主客、靈肉的二
元割裂。此時，我的身體與他者（他人、事物、世界）乃一等值無分別的
結構，是一可交互纏繞、侵透、可逆的辯證關係。他強調身體對客體對象
的握持是一種身體主體與客體對象的「共存結構」（親密的開始），在握持
當時，客體對象已經成為身體的一部分，存於身體之中——也是痛苦的起
源，因只能局部把握，而形成欲將之「澄清」的生命驅力（說明見第四
節）。[59]這是梅洛-龐蒂強調「知覺的首要」要達到的重要內涵，他說「知覺
的經驗使我們重臨物、真、善為我們構建的時刻，它為我們提供了一個初
生狀態的邏各斯，它擺脫一切教條主義，它提醒我們什麼是認識和行動的
任務。[60]」梅洛-龐蒂所謂的「知覺」（"perception"）是「借助身體使我們出

---

[56]海德格，《走向語言之途》，頁 14。
[57]海德格，《走向語言之途》，頁 16。
[58]Merleau-Ponty, p.263.
[59]參見詹姆斯・施密特（James Schmidt）；尚新建等譯，《梅洛-龐蒂——現象學與結構主義之間》
（ *Maurice Merleau-Ponty: Between Phenomenology and Structuralism* ）（臺北：桂冠出版社，1992
年），頁 122～131；並參見陳瑞文，〈超越主／客觀的藝術哲學——梅洛龐蒂與藝術現象學〉，
《藝術觀點》第 6 期（2000 年 4 月），頁 68～75。
[60]梅洛-龐蒂，頁 31。

現在某物面前」[61]、「被知覺物從根本上講是在場的並且是鮮活的」[62]，否則將很難啓動真正的生命驅力，達到本文第一節所言的「同一感」。但因能動性（前述之自由能）本身影響因素過多，其絕對的總能量值難以測定，即現象學中所說「我們永不能徹底詮釋在即時的情況中的事物」、「不能完全地將它們收入眼底」。[63]

（三）普在之痛——以瘂弦的〈鹽〉為例

瘂弦寫卑苦人物的詩到〈鹽〉的出現，雖然是「永不能徹底詮釋在即時的情況中的事物」之一，但至少已獲致藝術上極大的成功，冷筆寫普在之痛——小百姓無處可訴的痛，那也是他自己之痛的一部分，普在之痛才能深刻。「只有那種處在懼怕的現身狀態和無所懼怕的現身狀態中的東西，才能從周圍世界上手的東西做爲可怕的東西揭示出來。現身呈現的情緒從存在論上組建著『此在』世界的敞開狀態」、如果不是「同世內存者發生牽連的狀態，那麼無論壓力和阻礙多麼強大，都不會出現感觸這類東西」[64]，海德格所言「現身」、「牽連」，與上節梅洛-龐蒂所說身體與他人、事物、世界的交織和交錯形成的共存結構意義相似。瘂弦以此而生的語言之痛才有從骨子長出喊出、讓人有痛進骨子裡的感動，詩完成時遂成爲一敞開的可一讀再讀的圖景。〈鹽〉[65]一詩如下：

二嬤嬤壓根兒也沒見過退斯妥也夫斯基。春天／她只叫著一句話；鹽呀，鹽呀，給我一把鹽／呀！天使們就在榆樹上歌唱。那年豌豆差不多／完全沒有開花。

鹽務大臣的駱隊在七百里以外的海湄走著。二／嬤嬤的盲瞳裡一束藻草也沒有過。她只叫著一／句話；鹽呀，鹽呀，給我一把鹽呀！天使們嬉

---

[61]梅洛-龐蒂，頁 73。
[62]梅洛-龐蒂，頁 32。
[63]參王建元，《現象詮釋學與中西雄渾觀》（臺北：東大圖書出版社，1988 年），頁 155。
[64]海德格，《存在與時間》，頁 177。
[65]瘂弦，〈鹽〉，《瘂弦詩集》，頁 63～64。

／笑著把雪搖給她。

一九一一年黨人們到了武昌。而二孃孃卻從吊／在榆樹上的裹腳帶上，
走進了野狗的呼吸中，／禿鷲的翅膀裡；且很多聲音傷逝在風中，鹽／
呀，鹽呀，給我一把鹽呀！那年豌豆差不多完／全開了白花。退斯妥也
夫斯基壓根兒也沒見過二孃孃。

瘂弦〈鹽〉這首詩重要的一些字眼的關係（「＝」是互動和關係，非兩邊相
等）是：

鹽（一小把）＝天使（有能者）＝藻草（帶鹽之物）＝鹽務大臣（攜鹽
之人）＝歌唱／嬉笑＝開花的豌豆（食物來源）＝黨人（希望所繫）＝
春天（易活命的日子）＝退斯妥也夫斯基（書寫、伸張正義者）＝不動
（該動、可動卻皆不動）＝（無用之）甜＝神（秩序；不顯現的）
雪（遍地皆是）＝野狗（凶惡之物）＝禿鷲（死神代表物）＝裹腳布
（自我了結之物）＝一句話（二孃孃痛之言、咒天之言）＝不開花的豌
豆（食物無著）＝動（不該動的皆成動的喪命之物、之言）＝（現狀
之）苦＝魔（混沌；顯現的）
互動／交錯／交互纏繞的焦點：榆樹＝天使／雪（外表似鹽）裹腳布

混沌理論的科學家對「雪」與「鹽」的描述與詩人不同，詩人因隨機的現
身經歷（與同一土地的牽連）與注意，而將二者與人相互交錯、對比出生
命的荒誕。科學卻注意二物形成的過程，如自然塑造型態，有些在空間上
排列井然，但隨時崩散，比如下雪；有些在時間上秩序森嚴，但隨地亂
置，比如鹽之結晶。[66]雪花曾被描繪記錄有諸般型態：板狀、柱狀、結晶
狀、多重結晶狀、針狀、樹枝狀。它們的「冰晶誕生於翻滾激盪的空氣

---

[66]葛雷易克，頁392。

中，展現了卓著的結合對稱與隨機形成，帶來變化無常的六角形所傳達之特殊美感。……雪花遵循無窮微妙的數學定理成長，根本不能精確預測尖角外伸的速率有多快，會有多銳利」[67]，其形成的混沌與人的互動（比如人多與人少會不會影響雪花形成的形狀）尚非科學所能全然掌握。

　　科學所欲見之混沌以見其隱含的秩序卻是詩人所未見，詩人所見生命之痛的混沌狀態以語言之新秩序喊出，卻是科學無能置喙之處。事物之顯與不顯遠遠超出我們所知者。而瘂弦以雪花的「混沌」和實在地禁錮人的活動，與鹽之可拯救老婦、回復生命秩序但卻又遠走在外形成對比，並以散文詩形式引帶出大地綿密相連的圖象。所有的人、事、物，皆為春天、雪、土地所貫通，卻是各自分離的，能甜的皆不動、皆游離在遠方，不該動的卻成了苦之來源和歸處，包括那株榆樹。瘂弦把在中國土地上最微不足道、但隱含了整個時代的悲苦的小人物（包括自身的存在），借這樣冷靜的史筆予以刻畫，刻畫入史中，比任何一支筆都更具千鈞之重。

四、同一與神性

（一）本真與共同存在

　　寫作〈鹽〉、〈殯儀館〉、〈山神〉、〈乞丐〉、〈船中之鼠〉、〈紅玉米〉等曾親臨的遠方（大陸家鄉）的同時，瘂弦正另同時進行著「斷柱集」中富有西方現代都會色彩的詩作，也逐漸由「前現代」（第一時期／野荸期）的詩風向「現代」（第二時期／深淵期）風格邁進，兩種形貌的交錯正是農業與工業、傳統與現代、停滯與前進的時空交會。其寫在〈鹽〉前一年的〈印度〉一詩應該算是瘂弦這兩風格交會中的巔峰之作。它是瘂弦「人道主義精神」發揮至極境的作品，恐怕也是瘂弦寫得最好的詩作，詩中令人感受前所未有的「同一感」是十分驚人的，有種讓人可以非常本真地與一批有良知之人一起活著的感受，自有新詩以來，能讓人有類似感受的詩作

---

[67]同前註。

著實不多，也可說絕無僅有。

海德格認為能本真地活著即是對「共同性」擁有深刻的、具體的如同「我自身」之經驗；成為本真，即人有一種想成為整體的潛能，「此在的一種本真的能整體存在」，那是由「良知提供某種本真能在的證明」，「此在的本真能在就在『願有良知』之中」[68]，即由於良知的提振而有一種使多重「差異」皆能趨向「同一」的衝動。而梅洛-龐蒂的說法則是於某一段時間中「同時接觸到自我存在和與這世界的共同存在」。[69]

（二）向「一」眺望──瘂弦的〈印度〉

瘂弦此詩（1957 年作品）即懷著與印度同在、與甘地（Mahatma Gandhi, 1869～1948）同在之無比景仰的心境，寫出了對甘地崇高的胸懷和「悲心」的嚮往，令讀者難以不動容的原因即是能透過字詞的豐富義涵之交錯纏繞，而感受到梅氏所言「同時接觸到自我存在和與這世界的共同存在」。本詩在新詩史上意義非凡，有必要錄下全詩：

〈印度〉[70]

馬額馬啊／用你的袈裟包裹著初生的嬰兒／用你的胸懷作他們暖暖的芬芳的搖籃／使那些嫩嫩的小手觸到你崢嶸的前額／以及你細草般莊嚴的鬍髭／讓他們在哭聲中呼喊著馬額馬啊

令他們擺脫那子宮般的黑暗，馬額馬啊／以濕潤的頭髮昂向喜馬拉雅峰頂的晴空／看到那太陽像宇宙大腦的一點燐火／自孟加拉幽冷的海灣上升／看到伽藍鳥在寺院／看到火雞在女郎們汲水的井湄／讓他們用小手在襁褓中畫著馬額馬啊

馬額馬，讓他們像小白樺一般的長大／在他們美麗的眼睫下放上很多春

---

[68]海德格，《存在與時間》，頁 293。
[69]王建元，頁 160。
[70]瘂弦，〈印度〉，《瘂弦詩集》，頁 134～138。

天／給他們櫻草花，使他們嗅到鬱鬱的泥香／落下柿子自那柿子樹／落下蘋果自那蘋果樹／一如從你心中落下眾多的祝福／讓他們在吠陀經上找到馬額馬啊

馬額馬啊，靜默日來了／讓他們到草原去，給他們神聖的飢餓／讓他們到暗室裡，給他們紡錘去紡織自己的衣裳／到象背上去，去奏那牧笛，奏你光輝的昔日

到倉房去，睡在麥子上感覺收穫的香味／到恆河去，去呼喚南風餵飽蝴蝶帆／馬額馬啊，靜默日是你的／讓他們到遠方去，留下印度，靜默日和你

夏日來了啊，馬額馬／你的袍影在菩提樹下遊戲／印度的太陽是你的大香爐／印度的草野是你的大蒲團／你心裡有很多梵，很多涅槃／很多曲調，很多聲響／讓他們在羅摩耶那的長卷中寫上馬額馬啊

楊柳們流了很多汁液，果子們亦已成熟／讓他們感覺到愛情，那小小的苦痛／馬額馬啊，以你的歌作姑娘們花嫁的面幕／藏起一對美麗的青杏，在綴滿金銀花的髮髻／並且圍起野火，誦經，行七步禮／當夜晚以檳榔塗她們的雙唇／鳳仙花汁擦紅他們的足趾／以雪色乳汁沐浴她們花一般的身體／馬額馬啊，願你陪新娘坐在轎子裡

衰老的年月你也要來啊，馬額馬／當那乘涼的響尾蛇在他們的墓碑旁／哭泣一支跌碎的魔笛／白孔雀們都靜靜地夭亡了／恆河也將閃著古銅色的淚光／他們將像今春開過的花朵，今夏唱過的歌鳥／把嚴冬，化為一片可怕的寧靜／在圓寂中也思念著馬額馬啊

附記：印人稱甘地馬額馬，意思是「印度的大靈魂」

瘂弦〈印度〉這首詩重要的一些字眼的關係（「＝」是互動和關係，非兩邊

相等）是：

1　a.長時間才易察覺的動：子宮（黑暗）＝嬰兒（搖籃／小手／襁褓）＝
　　小白樺一般＝飢餓＝苦痛＝花嫁（愛情／成熟）＝行七步禮＝衰老＝
　　夭亡
　　b.短時間即易察覺的動：春天（花朵）＝泥香＝柿子＝蘋果＝南風＝夏
　　（歌鳥）＝嚴冬＝寧靜
2　不動：喜馬拉雅峰頂＝孟加拉幽冷的海灣＝寺院＝吠陀經＝菩提樹＝梵
　　＝涅槃＝香爐＝蒲團＝魔笛＝墓碑
3　互動方式：袈裟「包裹」＝胸「懷」暖暖的芬芳＝「觸」到你崢嶸的前
　　額＝哭聲中「呼喊」＝用小手「畫著」＝在美麗的眼睫下「放上」＝你
　　的「袍影下遊戲」＝「從你心中落下」眾多的祝福＝在羅摩耶那的長卷
　　中「寫上」＝「願你陪新娘坐在」轎子裡＝你也要「來」啊＝在圓寂中
　　也「思念」著＝馬額馬

此詩結構嚴謹而字辭句意如煙霧釋放緩慢，瀰漫出一宗教氣息甚濃卻是人
味十足的聖者形象，更是一可以觸摸可以擁抱的長者，一點也不像政治人
物，但 20 世紀的反殖民主義、反種族主義、反暴力主義卻的確由這位更像
是鄰家瘦弱老人所帶領的不抵抗主義引發的。詩中雜揉天地神人共聚一體
的歌謠風、宗教感、和祈禱詞的多種風貌，加上色彩繽紛、語言虛實互
生，使人彷彿可感受到所有印度子民與甘地，或者說與印度古老的一切，
產生再不可能更美的交錯、纏繞、和互動，令人恍如魂靈獲得洗滌而重
生，此種「澄清」的感受是自有新詩以來幾乎很難接近的高度，接近哲學
和宗教試圖貼近的高度，也在很大程度上最接近海德格所說獨一的詩的那
首詩。

　　雖然對閱聽者而言，上述所言的「澄清」可能是局部的和暫時的，卻
可能對下一次的澄清產生影響，亦即閱聽過瘂弦〈印度〉一詩後必對閱聽

者有不易說明白的影響，而瘂弦之有此作，其前此的創作及經歷必有不易
說明白的影響，當然也包括對當時兩岸時空和人物、行事的一種反向期
待。「澄清」是梅洛-龐蒂在討論知識論和詮釋「情況」（即任一時空下的狀
態）時一極重要的基本特質，一個「情況」（可能是「外在或內在不安」）
蘊含了一有待商榷的「難題」和「不確定性」，因之，「我們的軀體乃將經
歷過的意義組合起來以邁向自身的平衡諧合」，即是其所謂的「澄清」
（"sedimentation"，或即把煩短暫地擺平）活動。[71]但此「澄清」常只是一
時性的，只在當下「局部的完成使命」，「而每個已『澄清』的活動又被置
於幕後，做爲以後同樣活動的依據（如任何「不安」均會內化在我們身體
中）；因之，任一『情況』（按：即任一當下）理論上都含混不清，不斷邀
請我們永無止境地進一步『澄清』，乃因「每一個過去的『已被澄清』的
情況（按：或被擺平的「不安」）也只不過是主體局部成功地滲入稠密的
『它性』的一個活動，而每一未來的『澄清』又同理地朝無窮前來之進一
步建構招手」。[72]亦即讀者人人心中必有各自的難題、不安、不平衡，借助
瘂弦的語言魅力，「我們的軀體」透過對語言的原初知覺，各自召喚詩中多
重樣態的圖景和事物，「乃將經歷過的意義組合起來以邁向自身的平衡諧
合」，因而獲得暫時性的同一感和澄清；當然對瘂弦而言，若缺少〈印度〉
之前的〈山神〉、〈乞丐〉等創作經驗或一些重要環節、事件（包含程度不
一的澄清，比如創作的完成），此詩之產生恐非如此面貌，之後再創作出的
〈深淵〉、〈如歌的行板〉等詩恐也非如目前所見。世間再簡易的事物（即
使是一粒灰塵）皆有其可見和不可見、顯現和未顯現的複雜度，執一以度
全貌，恐失之偏，創作一事當亦如是慎重對待。

　　此詩在兩條主線（春夏秋冬的遞嬗／生長嫁死的輪迴）及三條旁線
（印度的特殊景觀／印度的宗教氣氛／甘地的精神象徵）的交相紡織中，
將做爲客體的自然景觀（四季／景觀）與主體的人的身體和精神（輪迴／

---

[71]王建元，頁 154。
[72]王建元，頁 155。

宗教／甘地）交相纏繞，終至主客不可區分，遂相生互動，以「一」之甘地遂等價於所有多重差異之「多」的印度子民，令站在「多」一方的子民可以很自信地向「一」眺望（甚至觸摸），自「有限」的這端向「無限」眺望，也是自「有」向「無」、自「色」向「空」、自「顯現」的「m」向「不顯現」的「E」眺望。詩中寫的不再只是印度的聖雄甘地，是人類聖哲的典型，心靈的導師，以及由此而生的所有心靈向自我內外的重新省思和探索，是瘂弦詩中的「悲心」和「神性」造就了這樣的省思和探索，使人人得以暫時地向本真貼近，而且那樣不可思議地貼近。

（三）東方遇到西方

　　1957 和 1958 年的兩年中瘂弦共寫了 49 首詩，是他創作的高峰期。當時他的詩創作，是耕種和工程並進的，同時向兩個遠方飛翔以及看到它們的交相影響，一是曾親臨的遠方（大陸），逐漸予以釋放、澄清，作品是鄉土味濃厚的〈土地祠〉、〈一九八○年〉、〈山神〉、〈乞丐〉、〈紅玉米〉、〈鹽〉，還包括隱含西方名詞的〈野荸薺〉、〈殯儀館〉、〈斑鳩〉等的「野荸薺期」（簡稱「野荸期」），此期是延續其卷八之二十五歲前的作品而來，仍可歸之為「野荸期」。另一是透過科技新事物及新思潮的蜂湧而來的衝擊而引發的對西方的嚮往，包括卷四的大部分，如〈巴黎〉、〈芝加哥〉、〈倫敦〉、〈阿拉伯〉、〈耶路撒冷〉、〈那不勒斯〉、〈西班牙〉、〈馬戲的小丑〉、〈給超現實主義者〉……等等，此系列的詩作帶有大量西方的各式名詞。直至 1959 年 5 月完成其壓卷之作〈深淵〉為止，可說達至其創作生涯的最高峰，以此詩為界的詩作，或可稱之為「深淵期」。這幾年正是瘂弦所說：「要鯨吞一切感覺的錯綜性和複雜性。如此貪多，如此無法集中一個焦點」[73]的時期，也是葉維廉所說若「棄這些變化萬千的經驗而不顧乃是一種罪過」[74]的時代轉換期，那也是後來「複雜科學」所說最是千載難逢的「混

[73]瘂弦，〈詩人手札〉；見張漢良、蕭蕭編，《現代詩導讀——理論、史料篇》（臺北：故鄉出版社，1979 年），頁 136。
[74]葉維廉，《秩序的成長》（臺北：時報文化出版公司，1986 年），頁 234。

沌邊緣」。[75]

　　而此兩時期交會處，〈鹽〉（1958 年 1 月）與〈印度〉（1957 年 1 月）
二詩是重要的代表作，但〈鹽〉還比〈印度〉晚了一年，但〈印度〉的浪
漫氣息、神性嚮往比〈鹽〉的冷靜之悲劇感更親近「野荸期」，因此或可將
此詩歸於此期中，也可視之爲瘂弦當「東方遇到西方」時的人生哲學期
待，也是其詩向上力量的頂端，此後即快速向人生向下之力量墜落，進入
其極端的西方的現代感詩作中，如〈巴黎〉（1958 年 7 月）、〈芝加哥〉
（1958 年 12 月），且越後來現代性就越強。

五、差異與魔性

（一）消解與澄清

　　在臺灣尙未出現高度工商業化的時期，瘂弦的詩早已現代起來，即使
直至今天，很多的詩人除了風花雪月外無以爲詩，不要說「手機」、
「DVD」、「視訊會議」、「email」等高度資訊科技名詞，即使瘂弦在近半世
紀前於其詩中早已用過的「公用電話、無軌電車、學潮、巴士站、鐵路、
股市、房租、發電廠、鐵塔、廣告牌、按鈕、電解、方程式、出租車、煙
囪、鋼鐵、燒夷彈、鋼骨水泥、摩天大廈、顯影液、天秤、鐵絲網」等與
工商業有關的現代事物恐怕永遠不會出現在他們的詩裡。早在瘂弦離鄉近
十年之際，由於「有家可回的鄉愁」已漸轉變爲「回不了家的鄉愁」；當其
時，時代焦慮感、戰爭的空虛感、宗教的無力感、政治和文化的壓迫感
等，瀰漫成一種社會氣氛，因而對代表西方現代高度進步文明的事物和思
潮，便有狼吞虎嚥之勢，而相對的原鄉的落後古舊傳統便成了被反思和批
判的對象，此種對照，一曾身臨，一並未親臨西方（但由其中派生的新事
物已大量出現，重重包圍，終至擋也擋不住），像對著確實存在但暫時見不
到敵影的新事物既招手又矛盾地想要推離。

---

[75] 沃德羅普（M. Mitchell Waldrop）；齊若蘭譯，《複雜》（*Complexity*）（臺北：天下文化出版社，
　　1995 年），頁 III。

　　而對這些新生事物的消解（尤其是成爲詩句的骨肉），亦即如前述，在握持之時，將客體對象內化成爲身體的一部分，存於身體之中，最後吐露於詩完成暫時的局部的「澄清」。前述「野莩期」由多重樣態的生命引發的難題、困境、和澄清方式常將詩人指向脆弱、不幸、無助、人道、神性的方位。但「深淵期」由多重樣態的事物／思潮引發的難題、困境、和澄清，科技占據主要角色（偏向應用而非精神），以是常將詩人指向更大的濁、欲、多、不足、魔性的不安。加上內戰、災難剛過、窮苦才起，方稍足喘息而已，那時「詩人的責任（幾乎是天職）就是要把當代中國的感受、命運和生活的激變與憂慮、孤絕、鄉愁、希望、放逐感（精神的和肉體的）、夢幻、恐懼和懷疑表達出來」。[76]

　　此時可說介在失序與秩序之間，即是「複雜科學」所謂的「混沌邊緣」（很像固態冰與液態水要互相轉換時的狀況，其學說雖然興起於 1980 年代，正可往前說明瘂弦那一代詩人的狀態），「當許多小的組成分子彼此相互作用後，會讓整體『突現』出一個新的、獨特的性質」[77]，新詩會在臺灣另起爐灶，與其中眾多詩人和準詩人的互動顯然有關，「系統的組成分子從來不會真正鎖定在一個位置上，但也從來不會分解開來，融入混亂之中。在混沌邊緣，生命正好有足夠的穩定性來維繫生命力，而也正好有足夠的創造力，使其不負生命之名。在混沌邊緣，嶄新的想法及創新的遺傳形態永遠在攻擊現狀，儘管是最警衛森嚴的舊勢力都終將瓦解」、「混沌邊緣是停滯和混亂之間不斷變動的戰鬥區。在混沌邊緣，複雜體系能自動自發的運作、富適應性，並且充滿活力」。[78]「許多各自獨立的物體以多種不同的形式，彼此互動。……在每一種情況中，豐富的互動關係使整個體系經歷了自發的自我組織過程」[79]、「在每種狀況下，尋求相互適應及自我調和的物體以某種方式超越了自我，獲得群體特性，例如生命、思想、及意向，

---

[76]葉維廉，《秩序的成長》，頁 234。
[77]沃德羅普，頁 III。
[78]沃德羅普，頁 7。
[79]沃德羅普，頁 5。

這是他們個別可能無法擁有的。……並不是只像地震中滾動的石頭一樣，被動的對事件做出反應。它們會主動的把發生的情況轉變爲自己的優勢」[80]；「複雜科學」的「混沌邊緣」理論相當充足地說明了瘂弦這群詩人在時代「秩序」與「失序」（亂／混沌）轉換間生命的互動性、戰鬥性、超越性、創新力和不可思議的語言自我組織過程。也才能「把生命和節奏敲進經驗、行動、情境的每一片斷裡，讓這些力化的片斷『演出』自己的秩序。……始可以產生一種無所不包的動態的詩，以別於傳統詩中單一的瞬間的情緒之靜態美」。[81]其後並帶領了臺灣新詩向前蓬勃發展。

　　此期間大量「顯現的」、「可見的」新生事物的降臨，對敏銳的詩人而言，當不只是事物而已，而是急欲掌握其背後更龐大的「未顯現的」、「不可見的」的部分，那也常是最難捕捉認清的，而恆成爲詩人焦慮的中心。本文曾提及，一旦軀體與客體事物（上述新生事物和思潮、書籍）以知覺接觸，則在握持當時，客體對象已經成爲身體的一部分，存於身體之中——感受的並不只是「顯現的」、也包含了部分「未顯現的」（如西方文明代表的民主、科學、和流行思潮），如此常常成爲痛苦的起源，且因只能局部把握（如資訊的有限性、取得的困難、和語言的隔閡），而形成急欲將之「澄清」的衝動。梅氏所說主體性（其實是相對的，如水與酒精互加時的主客亦相對）的特殊性在於「在一種恆常不足地嘗試捕捉自己的基本條件中肯定自己。它不斷以澄清一部分它性爲目標，但在達到這目標的同時，又立即衝入來之不盡的新嘗試。因此『主體性』絕不是渾然不動地與自身認同，因爲它與時間一樣，它之所以成爲『主體性』有賴它必然地向一個『它』開放而脫離自我」。[82]此種「恆常互動性」正是宇宙的奧祕所在，有如第一節所說質與能可以互換一般，即是宇宙最不可思議的一部分！

　　而既然「全面存在」的了解是不可能的，我們只能透過它在「互動」

---

[80]沃德羅普，頁 6。
[81]葉維廉，頁 240。
[82]王建元，頁 156～157。

中的「變化」（如前述「煩」的變動），「當主體在其正常的方位感被擾亂時（如它者的加入），一個由行動或『軀體動力』所形成的知覺新準則就會自然地產生」。[83]而海德格說「此在拿自身同一切相比較」、「對最陌生的文化的領會以及這些文化和本己文化的綜合，能使此在對自己本身有鉅細無遺的而且才剛是真實的闡明」[84]，這正可說明西方事物和思潮對瘂弦這一代詩人的衝擊何以要比下兩代臺灣詩人來得更大更壯烈的原因。比如當 1954 至 1961 年瘂弦在高雄左營電臺當電臺外勤記者時，與洛夫、張默（張德中，1930～）、商禽、季紅等人結識並過從甚密，除了私下傳閱 1930 年代詩人的作品手抄本，還大量吸收包括英、美、俄、法、德等西方文學著作。他曾手抄各種文學作品，如《浮士德》詩集，手抄本多到將近一人高。他學習的對象包括何其芳（1912～1977）、郭沫若（郭開貞，1892～1978）、卞之琳（1910～2000）、辛笛（王辛笛，1912～2004）、里爾克（Rainer Maria Rilke, 1875～1926）、歌德（Johann Wolfgang von Goethe, 1749～1832）、勃朗寧（Robert Browning ,1812～1889）、艾呂亞（Paul Eluard, 1895～1952）、馬拉美（Stéphane Mallarmé, 1842～1898）、惠特曼（Walt Whitman, 1819～1892）、馬雅可夫斯基（Vladimir Mayakovsky, 1893～1930）等等，對西方文學充滿幻想，甚至可以說崇拜，他的〈詩人手札〉及雜揉中西方詩風的詩作，透露了這樣的訊息。[85]

（二）畏與取回──瘂弦的〈深淵〉

　　〈詩人手札〉說：「有時候一首詩所產生的唯一感應便是茫然。而準確有效地傳達了此種茫然，那首詩的駕馭者便可說是獲致美學上的完全勝利。[86]」此種「主體性」因向一個「它」開放而脫離自我的感受，在「深淵期」自然以〈深淵〉一詩最為深刻，那是一首靈魂探險的詩作，雖然詩中

---

[83]王建元，頁 157。
[84]海德格，《存在與時間》，頁 225。
[85]瘂弦，〈詩人手札〉，頁 137。
[86]瘂弦，〈詩人手札〉，頁 148。

充滿了感官和肉體慾望的字眼，詩共 98 行 13 段，底下僅列出其中數段[87]：

去看，去假裝發愁，去聞時間的腐味。／我們再也懶於知道，我們是誰。／工作，散步，向壞人致敬，微笑和不朽。／他們是握緊格言的人！／這是日子的顏面；所有的瘡口呻吟，裙子下藏滿病菌。／都會，天秤，紙的月亮，電桿木的言語，／（今天的告示貼在昨天告示上）／冷血的太陽不時發著顫，／在兩個夜夾著的／蒼白的深淵之間。（第三段）

歲月，貓臉的歲月，／歲月，緊貼在手腕上，打著旗語的歲月。／在鼠哭的夜晚，早已被殺的人再被殺掉。／他們用墓草打著領結，把齒縫間的主禱文嚼爛。／沒有頭顱真會上升，在眾星之中，／在燦爛的血中洗他的荊冠。／當一年五季的第十三月，天堂是在下面。（第四段）

在三月我聽到櫻桃的吆喝。／很多舌頭，搖出了春天的墮落。而青蠅在啃她的臉，／旗袍又從某種小腿間擺蕩；且渴望人去讀她，／去進入她體內工作。而除了死與這個，／沒有什麼是一定的。生存是風，生存是打穀場的聲音，／生存是，向她們——愛被人膈肢的——／倒出整個夏季的慾望。（第六段）

要怎樣才能給跳蚤的腿子加大力量？／在喉管中注射音樂，令盲者飲盡輝芒！／把種籽播在掌心，雙乳間擠出月光，／——這層層疊疊圍你自轉的黑夜都有你一份，／妖嬈而美麗，她們是你的。／一朵花，一壺酒，一床調笑，一個日期。（第 12 段）

這是深淵，在枕褥之間，輓聯般蒼白。／這是嫩臉蛋的姐兒們，這是窗，這是鏡，這是小小的粉盒，／這是笑，這是血，這是待人解開的絲

---

[87]瘂弦，〈深淵〉，《瘂弦詩集》，頁 239～247。

帶！／那一夜壁上的瑪麗亞像賸下一個空框，她逃走，／找忘川的水去洗滌她聽到的羞辱。／而這是老故事，像走馬燈；官能，官能，官能！／當早晨我挽著滿籃子的罪惡沿街叫賣，／太陽刺麥芒在我眼中。（第 13 段）

哈里路亞！我仍活著。／工作，散步，向壞人致敬，微笑和不朽。／為生存而生存，為看雲而看雲，／厚著臉皮占地球的一部分。……／在剛果河邊一輛雪橇停在那裡；／沒有人知道它為何滑得那樣遠，／沒人知道的一輛雪橇停在那裡。（第 14 段）

表面上看似沉淪於肉體之樂，但瘂弦既點出「深淵」二字，即不只是性一事而已，而是寫出自己對存在的畏懼，寫出對生命本身非本真狀態的反思和警醒。海德格即說凡是在世界之內上手的東西，沒有一樣東西是真正可畏的[88]，包括沉淪，沉淪「正是為能在世，即使是以非本真狀態的方式亦然」[89]，真正可畏者是存在本身、世界本身[90]，「在畏中人覺得茫然失其所在」[91]，且「此在用以領會茫然失其所在的方式是沉淪著而使『非在家』淡化地避走」[92]，則顯然威脅者並非具體的深淵或性事本身，海德格說威脅者「已經在此，然而又在無何有之鄉」[93]，它幾乎是看得見的「無」：

「畏」可以在最無關痛癢處升起，也不需要有黑暗境界，雖然人在黑暗中大概比較容易茫然失其所在。在黑暗中，以一種強調的方式：可說是看得見「無」，然而世界恰恰還在「此」，而且咄咄逼人地在「此」。[94]

---

[88]海德格，《存在與時間》，頁 235。
[89]海德格，《存在與時間》，頁 227。
[90]海德格，《存在與時間》，頁 237。
[91]海德格，《存在與時間》，頁 238。
[92]海德格，《存在與時間》，頁 239。
[93]海德格，《存在與時間》，頁 236。
[94]海德格，《存在與時間》，頁 239。

如此我們或能明白，瘂弦在〈深淵〉中向代表魔（又非真魔）的女性肉體（海德格所說的黑暗境界／與心無關痛癢／雖一再沉淪）開放，如前面所說「向一個『它』開放而脫離自我」（梅氏語，見前），正隱含了對靈魂救贖的渴望，沉淪於顯現的「有」，是對其外不顯現之「無」的饑求，事實是魔非真魔、深淵非具象的深淵，天堂亦不在下面，看來似乎只有詩、唯有詩可同執兩端。

　　瘂弦〈深淵〉這首詩重要的一些字眼的關係（「＝」是互動和關係，非兩邊相等）是：

1.神＝你的髮茨＝你荒蕪的瞳孔背後＝十字架上的憔悴的額頭＝哈里路亞＝耶穌＝他的衣角＝他的名字（風上／旗上）＝瑪麗亞（逃）＝她＝雪橇（滑至無雪處）＝（恍若）不動（有如宮崎駿（Miyazaki Hayao, 1941～）電影《神隱少女》中之錢婆婆的單純／安寧／小孩才找得到／唯人具有之神性／若有似無）＝「一」＝不顯現（空／無／無限／E）

2.魔＝深淵（兩個夜夾著）＝枕褥之間（床）＝她體內＝春天的墮落（有毒的月光／血的三角洲／旗袍叉／擺蕩小腿／吆喝櫻桃／裙子下藏滿病菌）＝她的臉＝讀她＝向她們倒出＝她哭泣＝姐兒們（嫩臉蛋／鏡／窗／粉盒／絲帶／笑／血）＝陷落＝碎玻璃＝熱病＝桃色的肉＝性（除了死與這個，沒有什麼是一定的）＝五季的第十三月＝下面的天堂（黑夜的節慶）＝火焰＝剛果河（春天最初的激流）＝動（有如宮崎駿電影《神隱少女》中湯婆婆的多采／繁華／小孩才不被浸染／宇宙及人之魔性／萬物趨附）＝「多」＝顯現（色／有／有限／m）

3.人＝我們＝厚著臉皮＝我＝夏季的欲望＝我影子＝穿褲子的臉＝宗教印在臉上＝背負棺蓋閒蕩＝你＝沒有出口的河＝站起來的屍灰＝未埋葬的死＝他腦中林莽苔長＝有人＝他們＝你不是什麼＝你底書被搗爛＝你以夜色洗臉＝你同影子決鬥＝你吃遺產／妝奩＝沒有肩膀（不杖擊時代的臉／不把曙光纏頭）＝跳蚤的腿子＝我們是誰（假裝發愁／懶於知道）

＝向壞人致敬／微笑／不朽＝他們握緊格言／用墓草打領結／嚼爛主禱文／在血中洗荊冠／蜥蜴般變色／歷史最黑的那幾頁＝挽滿籃罪惡叫賣＝欲（官能）＝疲倦＝隨魔而動、棄神不顧（見「多」不見「一」／見「色」不見「空」／見「有」不見「無」／見「有限」未見「無限」／見「顯現」未見「不顯現」／見「m」未見「E」）

4.互動方式：

   a.與女體的互動：她們是你的＝農具的忙亂的耕作＝猛力推開她＝向她們倒出＝血與血的初識＝可怖的語言＝肉之翻譯＝拼成的吻＝我影子盡頭坐著一個女人（哭泣）＝嬰兒埋下＝我們同去看雲／發笑／飲梅子汁＝在舞池中把剩下的人格跳盡

   b.與神的互動：靈魂蛇立撲向十字架上憔悴的額頭＝連一枚下等的婚餅也不投給他＝服喪／費一個早晨去摸他的衣角＝他拋給我們他吃剩下來的生活

5.小結：「激流」怎能爲「倒影」造像＝「動」無能顯現「不動」＝「多」無能顯現「一」＝「色」無能顯現「空」＝「有」無能顯現「無」＝「有限」無能顯現「無限」＝「可見」無能顯現「不可見」＝「m」無能顯現「E」（但無「激流、動、多、色、有限、可見、m」等又無能顯現那些難以顯現的。即「同一性也並非多重表象的總和」、「同一性超越了表象的層次，但卻是由表象而給出的」[95]

如此激流是深淵、握格言的人是深淵、性是深淵、女人是深淵、我們是深淵、他們是深淵，抄襲昨天的雲是、厚著臉是；是，也都不是；只活在「多」中是，未向「一」眺望是。而一旦透過與「多」之「魔」（沉淪）與「一」之「神」（神性嚮往）來往互動，對深淵有所「畏」，則將較自在自如。海德格說「在『畏』中卻有一種別具一格的開展的可能性，因爲

---

[95]羅伯・索科羅斯基（Robert Sokolowski）；李維倫譯，《現象學十四講》（*Pictures, Quotations, and Distinctions: Fourteen Essays in Phenomenology*）（臺北：心靈工坊文化公司，2004 年），頁 55。

『畏』搞個別化。這個個別化把此在從其沉淪中取回來並使此在把本真狀態與非本真狀態都做爲他的存在可能性看清楚了。此在總是我的存在……」[96]，此語與梅洛-龐蒂所謂只有透過與他人的互動、在逐步認識他人的情況下，才能逐步認識自己，意思甚接近[97]，否則含糊活在人間，含糊地活在「我們」之中，未將「多」（向下力量）與「一」（向上力量）侍於兩旁，將永難明白「此在總是我的存在」之意，也難尋出自我的獨特和界線，更難把自己從沉淪中、深淵中取回來。

（三）多與一共存

也因此瘂弦後期作品會向人間回歸，顯是必然，他既曾向「一」（神性）尋找，也曾向「多」（魔性）——從沉淪和深淵取回自己。1964 年〈如歌的行板〉[98]末段說：

> 而既被目為一條河總得繼續流下去的／世界老這樣總這樣；——／觀音在遠遠的山上／罌粟在罌粟的田裡

「罌粟」即是那個「多」（魔／色／有／顯現的／湯婆婆），「觀音」即是那個「一」（神／空／無／未顯現的／錢婆婆），神與魔即使探究過也依然同時存在，一如秩序與混沌共存，多與一也同在，人在其中曲折地通過，「被目爲一條河」即是對「此在」（存有）的認識。且因對一近一遠、一繽紛危險一清寧安詳已有探索，乃有「總得繼續」、「老這樣總這樣」的認命，這樣的認命是來自「把本真狀態與非本真狀態都做爲他的存在可能性看清楚了」的認命，自然是已是一種新的人生哲學了。

愛因斯坦說「令我不安的是『我們』一詞」、「令我看到的……永遠是被掩蓋的深淵」[99]，不安即煩，深淵乃多與混沌之所在被掩蓋，遂生沉淪、

---

[96]海德格，《存在與時間》，頁 241。
[97]詹姆斯・施密特，頁 107。
[98]瘂弦，〈如歌的行板〉，頁 200～201。
[99]艾麗斯・卡拉普拉斯（Alice Calaprice）編；仲維光等譯，《愛因斯坦語錄》（*The Einstein*

畏和茫然失其所在，乃有逃逸、交錯、互動、和暫時澄清等之必要。佛洛斯特（Robert Frost, 1874～1963）在他的兩行詩〈祕密，坐在那兒〉（"The Secret Sits"）寫道：「我們圍成圈跳舞，猜度費盡／但祕密坐中間，了然於心」（"We dance round in a ring and suppose, / But the Secret sits in the middle and knows."）[100]，要尋祕密就必須離開「我們」的「多」向中間的「一」抓去，但不可能輕取，亦不可久待，於是在其間互動往返，由此而漸知不可見者遠超越可見者（比如宇宙暗物質暗能量至少占九成，宇宙中「發光天體系統是直接與暗物質的存在有關的。……人類之所以有今天的存在，是由不可視物質所決定的。……人類本身注定要面對有限無限這一難解的問題」）[101]，可填補的人生空隙若不向一貼近，則多亦不可得，秩序與混沌共存處，方是安居之所，一如瘂弦在〈一般之歌〉所寫：「不管永恆在誰家樑上做巢／安安靜靜接受這些不許吵鬧」[102]，這已是他的最後幾首詩之一，巢不可能永恆，則永恆亦非永恆，吵鬧是「我們」（多），「安安靜靜接受」是「我」（一），瘂弦對人生的尋索已在見山又是山的境域了。自此，瘂弦再不掩蓋自己的深淵，他要走的也不是「我們」的道路，在眾人驚訝之聲中，瘂弦踏上了自己的道路（帶領臺灣副刊編輯走向黃金時代），一如他的詩之有別於前人他人的詩創作，當然那又是另一番景觀了。

六、結語

　　瘂弦早期的作品曾向「一」（神性）尋找典型，中期的作品曾向「多」（魔性）貼近——試圖由沉淪和深淵中取回自己，他要走的從來不是「我們」的道路，後期作品再不掩蓋自己的深淵，並在「一」與「多」間求取平衡，也開始關注周遭生活，不論靈肉和語言均如此。所有詩人（包括物質）可釋放的能量均不同，瘂弦的詩所尋索的 c 就是那樣企圖接近海德格

Almanac）（杭州：杭州出版社，2001 年），頁 230。

[100]X. J. Kennedy：*An Introduction to Poetry*（Boston: Little, Brown & Company Limited, 1974），p.xxx.

[101]方勵之，《宇宙的創生》（臺北：亞東書局，1988 年），頁 82～85。

[102]瘂弦，〈一般之歌〉，《瘂弦詩集》，頁 220。

所謂「獨一的詩」——可視爲向光速貼近 C 的詩——那是經由「一」與「多」的追尋所獲得的，透過語言他讓讀者也感受到那樣的速度，於是恐不易被後起的詩人所跨越！試以原質能方程式的形式表示之：

E（能量）＝ m（質量）× C^2（光速平方）

E（一般詩人的詩）＝ m（題材）× 幾十或幾千分之一 C^2（意象或修辭）

E（瘂弦的詩）＝ m（題材／與多重差異的他者和新生事物互動）× 貼近 C^2（神／魔二極；無／有雙翅；蝶／鋼[103]二力）

E（瘂弦的詩）＝ m（精神肉體的上下尋索）× 貼近 C^2（印度／深淵；一／多兩方）

由「多」向「一」的極限眺望，到回到「多」中取回自己，再到「多」與「一」的共存，瘂弦僅以 13 年的創作時間，就完成了這樣曲折的哲學探索，這與那擺盪在混沌與秩序的複雜時代有關，是他在與時代互動、尋求相互適應及自我調和時，將最不堪的境域轉化爲自己的優勢，因而也以他的詩點亮了那時代。他的詩雖點燃的只是「宇宙大腦的一點燐火[104]」而已，在新詩史上，卻有太陽的威力。

——選自黎活仁編《瘂弦詩中的神性與魔性》

臺北：大安出版社，2007 年 5 月

---

[103]參見瘂弦，〈芝加哥〉，《瘂弦詩集》，頁 123。原句是「在芝加哥／唯蝴蝶不是鋼鐵」。
[104]參見瘂弦，〈印度〉，《瘂弦詩集》，頁 135。原句是「看到那太陽像宇宙大腦的一點燐火」。

傳薪一脈在筆鋒
讀瘂弦的《中國新詩研究》

◎周玉山[*]

一、在臺灣開風氣之先

　　瘂弦先生以創作和編輯的成就名世，但多年來還致力一項要務，即研究中國的新詩。民國 70 年初，他將有關文字結集出版，了卻長期注視此專題如我者的一個心願。

　　中國新文學史上的第一組詩作，發表於第 4 卷第 1 號的《新青年》雜誌上，作者同時包括胡適、沈尹默和劉半農三位，時為民國 7 年 1 月，與第一篇小說——魯迅的〈狂人日記〉相較，還早四個月問世。但六十多年來，新詩的讀者在人數上似不及小說遠甚，評論新詩的文字相形之下，也就益顯寂寞了。余光中先生的詩集常能再版，但他審度文壇全貌之後，也只能提出新詩「小眾化」的寄望。由此可以想見，瘂弦先生從事此類研究時，難免感到「與世相遺」，尤其在初發表論文的民國 50 年代。

　　好在功不唐捐。《中國新詩研究》的出版，使我想起了佛洛斯特的名句：「林間有兩條路，我選擇了人跡罕至的一條。於是，一切的景色迥異。」瘂弦先生當年走的是人跡罕至的路，而且一路上百廢待舉，經過他辛勤整理，如今景色已大別於前。在臺灣他是這條道路的先驅者，將來任何人撰寫中國現代文學批評史，都不能無視本書。

　　是什麼心情鼓勵他獻力於此？本書的自序說得好：「當時我之所以從事

*發表文章時為政治大學國際關係研究中心副研究員，現為世新大學口語傳播學系副教授。

這項工作，主要是覺得，由於戰亂，使中國新文學的傳統產生了前所未有的斷層現象；尤其是政府播遷臺灣以後，1930、1940 年代作家的作品與資料極為稀少，年輕的一代，對那個時代的詩作幾乎沒有任何的認識，這對我們承繼、發揚與創新文學傳統的使命而言，並不是件有利的事。」

由此或可說明，瘂弦先生和葉維廉先生等一樣，不贊成斬斷與 1930 年代的血緣，至少在詩作方面是如此。事實上，1930、1940 年代的佳作對他們早期的詩風都頗有影響，而且不無受益之感。自序接著表示：「因此我以為有把自己多年的珍藏公諸同好的必要；而對於淪陷在大陸的作家，也希望能藉這番鈎沉的工作，彰顯他們的文學業績，並兼致我的懷念與同情。」

瘂弦先生早年卒業於軍校，又服務於軍旅，這樣的出身不免被視為保守。其實不然，我們可從他的這段話，看到一顆通達寬廣的心：「何況，在這些作家中，除了少數與中共沆瀣一氣外，其他的可以說都與政治沒有什麼關係；在文學上以人廢言尚期期不可，遑論『以地廢言』？若以作家身處大陸，而有意抹煞他們的一切，無論拿什麼尺度來衡量，都是說不通的。」

此言甚善，值得我們處理有關問題時參考。但共產黨看到這段話且莫高興，在以人廢言，以地廢言方面，共產黨是一個大巫。「身處臺灣」的作家如梁實秋先生，因為反對強調文學的階級性，就被毛澤東及其手下狠毒辱罵了幾十年，他們推崇魯迅，卻忘了魯迅說過的那句話：「辱罵和恐嚇不是戰鬥。」由此我們也更需警惕，讓「以政治廢文學」的作風獨歸共產黨，吾不取焉。

「我進行這項工作的那個年代，幾乎所有來自大陸的東西都成為禁忌，某些人囿限於偏狹觀點與對民國以來的詩壇缺乏通盤的了解，並沒有了解到這項工作的意義。近年來，由於中共權力結構的改變，大陸真相逐漸透露，作家的生活與受迫害的情形，也為世人所知悉；而我早在 15 年前從事的工作，如今也於無形中獲得了大家的了解。」瘂弦先生這段回顧與

感想，抒發了柳暗花明後的欣慰。積 15 年辛苦寫一本書，250 頁的字裡行間，充分透見作者向古人與來者交代了良心，表現了客觀執中的精神。大陸的新文學史家讀到本書，誰能不覺汗顏？

二、現代詩的省思

　　本書共分三輯，包括詩論、早期詩人論和史料。「詩論」中有兩篇文章，一為〈現代詩的省思〉，為作者主編《當代中國新文學大系》「詩選」的導言，對於一甲子的新詩運動，予以深入的回顧與評析。

　　新文學運動改革的重點，誠如他指出，是詩與戲劇。當時對舊戲批判最力的，是傅斯年等先生。在〈戲劇改良各面觀〉中，傅先生認為中國戲劇的觀念，是和現代生活根本矛盾的，使得受其感化的社會，無法適應現代生活；中國戲劇既然這樣「下等」，所以改革自為必要。類此「離經叛道」的言論，出現在論詩時更多，說明了「五四」人物不論後來政治立場如何，當時都對國事和文事愛深責切。

　　新詩則被瘂弦先生視為「五四」運動的尖兵，形成文學革命裡成就最大的環節。假如我們將文學革命的期限，界定在胡適與梅光迪、陳獨秀論詩以後，中經五四運動，直到創造社轉向以前，則此說不致引起太大的爭議。小說的全面勃興，應屬後來居上。本書作者惋惜，新詩起步尚穩、正待發展之際，左風吹入了中國，造成吶喊上升，詩藝退落，以及詩人心力的巨大浪費。我們由此感到，臺灣的青年詩人們其生也晚，避免身歷此一悲劇，能以冷靜的眼光看這段文學史，寧非幸運的事？

　　〈現代詩的省思〉中，對近三十年的臺灣詩壇著墨較多。作者以「輝煌燦爛」四字，形容中國新詩的臺灣時期，認為這種純詩的作風，隱然與 1920 年代初期的穩健文學思想遙相呼應，中國新詩的命脈，得以在東海之濱保存而發展。「沒有了臺灣詩壇 30 年的建設，整個中華民族 20 世紀的詩真會陷入無底無涯的深淵」——《深淵》的作者如是說。

　　詩論中的另一篇文章，是〈現代詩短札〉，可謂本書中一個異數，它是

作者二十多歲時讀詩與思考的紀錄，其時現代主義風行，不少詩人沐於歐風美雨，對中國新詩的創作方向不免矯枉過正，本書作者現在也有「少作過時」的自謙，但他仍然保留此文，以存其真。

短札裡談論中國新詩運動的文字不多，但涉及的部分則與全書的題旨相合。作者認爲詩究竟不是一面戰旗，所以視徐志摩等人匯成的詩流爲純正，視「左聯」成立後的政治狂熱爲邪道。事實上，徐志摩生前就深爲當時文壇的紛亂弊偏而憂。民國 17 年 3 月《新月》雜誌創刊時，他發表了〈新月的態度〉一文，指出當時一切價值標準顛倒，思想市場上行業繁多，令人感到無政府的凌亂，此和「健康與尊嚴」的原則不符，也不是一個活力磅礴的文化社會之正象。他相信純正思想是人生改造的首需，因此呼籲「創造的理想主義」時代來臨。

其時「左聯」尚未成立，但左翼作家們以爲徐志摩存心揭短，於是群起圍攻，徐志摩幾乎和梁實秋先生一樣，長期受到共產黨的醜化，直到最近幾年，他在大陸上的評價才稍得好轉。若以朱自清所獲「民主戰士」的封號相比，兩者差別之大，實出自由世界的意料。至於梁實秋先生，因曾和魯迅直接論辯，所以「罪大惡極」，就被永遠抹黑了。共產黨對作家的評價，悉按本身的政治利益來決定，此爲其所不諱言。

三、廢名、何其芳、臧克家

本書的第二部分「早期詩人論」，實爲構成全書的主力。作者在此論述了 11 位詩家：廢名、朱湘、王獨清、孫大雨、辛笛、綠原、李金髮、劉半農、戴望舒、劉大白、康白情。

作者蒐集各家原作甚勤，我們套句日本明治維新時的術語，可稱「求資料於世界」。天涯訪書的結果，他已編出《朱湘文選》、《戴望舒卷》、《劉半農卷》、《劉半農文選》等，本書的讀者可以覆按。此處 11 篇討論文字，是照作者撰稿的時序排列，將來本書再版，似宜改照各家發表詩作的先後排列，並盡可能予以增寫，俾便讀者了解早期詩人的全貌。此外，每篇文

字之後，若能附錄各家的代表作若干首，以利讀者參閱，則更是再版前值
得考慮的事。

作者在介紹〈禪趣詩人廢名〉時，舉其和何其芳、卞之琳、李廣田四
人，爲 1930 年代重要詩人的代表。廢名原名馮文炳，1901 年生於湖北黃
梅，北大英文系畢業，出版過詩選《水邊》。周作人曾說：「廢名在北大讀
莎士比亞，讀哈代，轉過來讀本國的杜甫、李商隱、詩經、論語、老子、
莊子，漸及佛經。」

廢名雅好道佛，使得作品「空山靈雨」起來，有些像許地山：瘂弦先
生以「禪趣詩人」謂之，允稱貼切。其詩的另一特色是運用口語，〈理髮
店〉中一些句子，本書作者形容爲「俗得可愛」，我現找出此詩供讀者欣
賞：

> 理髮匠的胰子沫
> 同宇宙不相干
> 又好似魚相忘於江湖。
> 匠人手下的剃刀
> 想起人類的理解
> 劃得許多痕跡。
> 牆上下等的無線電開了，
> 是靈魂之吐沫。

作者在本文中推崇另三家：「何其芳的雋美深致，卞之琳的淺淡淳厚，
李廣田的樸實親切，各擁有獨特風格而名重當時。」此三人正爲北大同
學，曾經合出一本《漢園集》，何其芳的部分題爲《燕泥集》，寫一個落寞
的少年，「心靈的眼睛向著天空，向著愛情，向著人間或者夢中的美完全張
開地注視，彷彿拾得了一些溫柔的白色的小花朵，一些珍珠，一些不假人
工的寶石」。凡此描述，果然雋美。我們現在欣賞他的〈風沙日〉最後一

段，看看鄭愁予先生的詩是否得其神韻：

> 黃昏，我輕輕開了
> 我的燈，開了我的書，
> 開了我的記憶像錦匣。

抗戰爆發前後，何其芳的詩風隨著思想而改變，期望自己「從遼遠的溫柔的東西」，轉到「大地的真實」。他在 1940 年代出版了詩集《夜歌》，辛笛這樣評論該書：「文字是一洗他昔日所矜持的繁麗的嚴妝，然而在樸素平直裡依舊有他獨特的風華。調子儘管爽朗激越，卻仍舊有透明體似的柔和。」

1940 年代以前的何其芳頗邀令譽，大陸變色後的何其芳卻如何？我們只消看他在「打倒四人幫，身心獲解放」以後，直到去世前後發表的新舊詩，即可見一斑。各詩的篇名如下：

（一）〈獻給偉大的領袖毛主席〉。

（二）〈北京的早晨〉。

（三）〈我想起您，我們的司令員——懷念賀龍同志〉。

（四）〈憶昔——紀念『在延安文藝座談會上的講話』發表 33 週年〉。

何其芳晚年為當權派寫政治詩，淪入「歌德派」，令人惋惜不已，但該惋惜者所在多有，臧克家是另一例。本書作者在同文中說得很對：「時間畢竟是最公正的裁判者，當年顯赫一時的詩人如臧克家『著有《運河》等詩集』之流，在我們『晚輩』的眼中已逐漸失去了敬意，當星移物換灰塵落定，決定一個作家真正價值的將永遠是作品的本身。」

臧克家現仍活著。他曾經「以生命去傾注的態度」寫詩，但三十多年來成為口號詩人，四人幫被打倒以後，他就寫了一首〈華主席題詞到會場〉，歌頌華國鋒的「巨手」，並且說：

我把題詞寫在日記本上，

筆下有驚雷，眼前放紅光，

洶洶偉力千鈞重響……

偉大題詞照耀得天地寬廣，

偉大題詞把前景照亮，

我們心海起大浪，熱血滿胸膛，

我已經七十三歲，也要聽號召，任驅遣，筆作槍！

這樣的句子，使人想起郭沫若的類似名詩：「感謝華主席！感謝黨中央！」臧克家最近答覆海外人士詢問時，也承認自己「因爲年邁，未能深入生活，詩創作上，受到很大的限制」。假如他有機會重讀自己早年在〈新詩片語〉裡的這段話，或許更會怵目驚心：「詩裡容不得虛假，一點浮矯的情感，一個生硬的事實（沒深切透視過的）羼雜其中，明眼人會立刻給你個致命的挑剔。」我們認爲，即使無人挑剔，臧克家長夜沉思，能不爲虛假、浮矯、生硬的「老作」而自哀嗎？

四、朱湘、王獨清、孫大雨

前幾年，我在臺灣商務印書館買到朱湘編譯的《番石榴集》，頗感書名的別致。朱湘是短命詩人，民國 22 年底投江自殺時，年僅而立。民國 14 年 2 月，他曾寫了一首〈葬我〉，日後觀之，有些像是讖語：

葬我在荷花池內，

耳邊有水蚓拖聲，

在綠荷葉的燈上

螢火蟲時暗時明——

葬我在馬纓花下，

永作著芬芳的夢——

> 葬我在泰山之巔，
> 風聲嗚咽過孤松——
> 不然，就燒我成灰，
> 投入氾濫的春江，
> 與落花一同漂去
> 無人知道的地方。

　　論者常把朱湘的詩和新月派並論，瘂弦先生則認爲，朱湘獨創的那種「印象」風格，自描式的手法，少見於新月派的詩中，而流行於稍後的現代派裡；他更推許朱湘在開拓新詩的形式上，或是五四以來試驗最力的一人。落落寡合的朱湘假若有靈，必當感知音於數十年後。

　　王獨清曾爲創造社的中堅人物，後與同伴們分袂，引起左翼作家的不滿。民國 19 年 5 月，「左聯」展開慶祝勞動節的活動，出版了一本特刊，裡面就有文章叫做〈五一紀念中兩隻『狗的跳舞』——王獨清與梁實秋〉，對其侮辱，一至於此。

　　王獨清寫詩時，曾把語句分開，用不齊的韻腳來表達「醉後斷續的，起伏的思想」。本書作者提到一首〈我從 Café 中出來〉，此詩的描述類似郁達夫的小說〈沉淪〉，不過更表現出人物的無力感，是浪漫與頹廢的交織品，詩的後半部是：

> 我從 Café 中出來，
> 在帶著醉，
> 無言地
> 獨走，
> 我底心內，
> 感著一種，要失了故國的
> 浪人底哀愁……

啊，冷靜的街衢，

　黃昏，細雨。

　　孫大雨身後寂寞，瘂弦先生在本書中不詳其年歲等，但極推崇其長詩
〈自己的寫照〉，認為即徐志摩也無法抗衡。據海外資料透露，孫大雨出生
於 1905 年，清華大學畢業，民國 15 年留美，返國後在武漢、北大等校任
教。他的短詩受到英詩的影響，下面這首 14 行的〈老話〉，溫婉有情，一
氣呵成：

自從我披了一襲青雲，憑靠在

　渺茫間，頭戴一頂光華的軒冕，

　四下裡拜伏著千峰默默的層巒，

不知經過了多少年，你們這下界，

才開始在我腳下盤旋往來，——

自從那時候，我便在這地角天邊，

　蘸著日夜的頹波，襟角當花箋，

起草造化的典墳，生命的記載，

（登記你們萬眾人童年底破曉，

少壯底有為直到成功而歌舞；

也登記失望怎樣推出了陰雲，

痛苦便下一陣秋霖來嘲弄，）到今朝

其餘的記載已經逐漸模糊，

只剩星斗滿天還記著戀愛的光明

五、辛笛、綠原、李金髮

去年底，辛笛出席了在香港舉行的「中國現代文學研討會」，並發表〈從三十年代談四十年代、上海新詩風貌〉的論文；余光中先生也在會中發表〈試為辛笛看手相〉一文，賞析他的《手掌集》，辛笛之名因此又外溢了。

余光中認為，這本詩集頗能綜合西洋詩和中國詩的精神，有些作品讀來像詞或絕句，意象獨創，但辛笛早年的詩不免晦澀，後期又太直露，未能調和，有些可惜。這樣的批評，可謂「執兩而用中」，嚴謹中不失平和。我們可從〈熊山一日遊〉的後半部，讀出辛笛詩的優點：

> 野棠花落無人問
> 時間在松針上棲止
> 白雲隨意舒卷
> 我但願長有這一刻的餘閒
> 可是給憂患叫破了的心
> 今已不能　今已不能

30 年來，辛笛在大陸上顯然飽經憂患，瘂弦先生在本書中就曾擔心過他的生命。前兩年他劫後餘生，寫過一首〈九月，田野的風〉，顯現對毛澤東的厭棄。詩中說：

> 九月，田野的風，
> 吹走了救世主頭上的七彩神光
> 我們如今過的蜜甜的日子
> 本來不就是人民創造出來的天堂？

　　本詩把大陸人民和毛澤東之間劃一界限，表現出讀書人的骨氣，令我想起他早年的《夜讀書記》自序：「世亂民貧，革命砍頭，書生彷彿百無一用，但若真能守缺抱殘，耐得住人間寂寞的情懷，仍自須有一種堅朗的信念，即是對於宇宙間新理想新事物和不變的永恆常存一種飢渴的嚮往。人類的進步，完全倚仗一盞真理的燈光指引：我們耽愛讀書的人也正在同一的燈光下誦讀我們的書。」但願辛笛能夠永遠循著真理的燈光，為自己和讀者們立命。

　　綠原和辛笛不約而同，歷劫歸來之後，前兩年發表了一首〈重讀《聖經》〉，本詩的副題寫明：「牛棚」詩抄第幾篇。他以回顧的心情，比喻毛澤東像所羅門一樣，「可惜到頭來難免老年癡呆症」，並指出被共產黨打入牛棚者的精神寄託所在：

　　　今天，耶穌不止釘一回十字架，
　　　今天，彼拉多絕不會為耶穌講情，
　　　今天，馬麗婭‧馬格黛蓮注定永遠蒙羞
　　　今天，猶大絕不會想到自盡。
　　　這時「牛棚」萬籟俱寂，
　　　四周起伏著難友們的鼾聲。
　　　桌上是寫不完的檢查和交代，
　　　明天是搞不完的批判和鬥爭。
　　　「到了這裡一切希望都要放棄。」
　　　無論如何，人貴有一點精神。
　　　我始終信奉無神論：
　　　對我開恩的上帝──只能是人民。

　　1950 年代，大陸爆發胡風事件，綠原成為「胡風反革命集團的骨幹之一」，被中共逮捕迫害，直到二十多年後，我們才聽到他未死的消息。綠原

出版過詩集《童話》，楊喚受其影響很深，瘂弦先生表示：「每一個人都有
自己的師承，世界從未出現一個沒有臍帶的嬰兒！」此語頗具雄辯的力
量。我很同意他這樣的意見：如果楊喚不英年殞命，我們不妨試想一下，
35 歲或 45 歲的楊喚作品中，會不會還有綠原的影子？有人說大詩人的條
件之一是長壽——至少不早夭，良有以也。讓我們重溫幾句綠原的〈童
話〉：

> 小時候
> 我不認識字
> 媽媽就是圖書館
> 我讀著媽媽——
> ……

　　李金髮前幾年在美國病逝，我曾讀過他的散文集《飄零閒筆》，是在臺
北出版的。李是中國新詩壇第一位象徵主義者，詩和名字都頗怪特，瘂弦
先生認為其作品枯澀、貧瘠、形式簡陋，但對現代派有催生的作用，可以
肯定他在藝術上的前衛性。下面這首〈棄婦〉的後半部，讀來倒不難理
解，或許可視為例外吧：

> 棄婦之隱憂堆積在動作上，
> 夕陽之火不能把時間之煩悶
> 化成灰燼，從煙突裡飛去，
> 長染在遊鴉之羽，
> 將同棲止於海嘯之石上，
> 靜聽舟子之歌。
>
> 衰老的裙裾發出哀吟，

徜徉在邱墓之側，

永無熱淚

點滴在草地

為世界之裝飾。

六、劉半農、戴望舒、劉大白、康白情

劉半農以《教我如何不想她》的歌詞聞名全國，這說明了詩詞譜曲所產生的力量。他的第一首詩是〈相隔一層紙〉：

屋子裡攏著爐火，

老爺吩咐開窗買水果，

說「天氣不冷火太熱，

別任它烤壞了我。」

屋子外躺著一個叫化子，

咬緊了牙齒對著北風喊「要死」！

可憐屋外與屋內，

相隔只有一層薄紙！

本詩是杜甫「朱門酒肉臭，路有凍死骨」的現代版。類此，劉大白的〈賣布謠〉指出苛吏擾民：「沒錢完捐，奪布充公。奪布猶可，押人太凶。」徐志摩的〈叫化活該〉，也以反諷之筆為貧民一吐辛酸，說明了早期的新詩人不論出身，無不關懷當時民生之多艱。

黃南翔先生認為，本詩較胡適、沈尹默同時發表的詩作為佳，在形式上擺脫了舊詩詞的影響，純然以白話入詩，所以他和艾青一樣，選其為中國新文學史上的第一首新詩。這種論斷，自與寫作的時序無關，因本詩寫於民國 6 年 10 月，而胡適的〈嘗試〉作品始於民國 5 年 7 月。瘂弦先生則

指出，本詩病在過於簡單透明，也就是周作人所說的缺乏「餘香與迴味」，所以是一首次等之作，「不過它誕生的時間實在太早，不宜用太嚴格的尺度來衡量它」。這種不同的評價，只能說是見仁見智了。

戴望舒早年以〈雨巷〉等詩傾倒一時，他認為詩是以真實為本，再經過想像而產生的，「不單是真實，也不單是想像」，又說：「詩是一種吞吞吐吐的東西，動機在表現自己跟隱藏自己之間。」法國象徵詩派的節奏表現手法，使他感到詩的韻律不在字句，而在情緒的抑揚頓挫上。〈雨巷〉寫成之後，他就對詩的「音樂成分」加以否定了。

民國 30 年間，戴望舒在香港被日軍逮捕，寫了〈獄中題壁〉等詩，風格迴異於前，後來結集為《災難的歲月》。瘂弦先生譽此詩集包含了「戴望舒一生中最成熟最有價值的作品」，這是否說明，許多抗戰文學的藝術價值不低，值得我們重新認識、評估呢？〈我用殘損的手掌〉一詩，該是此集裡的代表作：

我用殘損的手掌
摸索這廣大的土地：
這一角已變成灰燼，
那一角只是血和泥；
那一片湖該是我的家鄉
　　（春天，堤上繁花如錦障，
　　嫩柳枝折斷有奇異的芬芳，）
我觸到荇藻和水的微涼；
這長白山的雪峰冷到徹骨，
這黃河的水夾泥沙在指間滑出；
江南的水田，你當年新生的禾草，
是那麼細，那麼軟……現在只有蓬蒿；
嶺南的荔枝花寂寞地憔悴，

盡那邊，我蘸著南海沒有漁船的苦水……

無形的手掌掠過無限的江山

手指沾了血和灰，手掌黏了陰暗

只有那遼遠的一角依然完整，

溫暖，明朗，堅固而蓬勃生春。

在那上面，我用殘損的手掌輕撫，

像戀人的柔髮，嬰孩手中乳。

我把全部的力量運在手掌，

貼在上面，寄與愛和一切希望，

因為只有那裡是太陽，是春，

將驅逐陰暗，帶來甦生，

因為只有那裡我們不像牲口一樣活

螻蟻一樣死，……那裡，永恆的中國！

　　戴望舒是杭州人，本詩中提到當時中國的半壁江山，從東北、華北、江南到華南，皆陷敵手，只有那遼遠的一角依然完整，代表了永恆的中國，誠如瘂弦先生指出，這是他遙念戰鬥重慶的感受，1957 年大陸出版的《戴望舒詩選》，想未選載此詩，除非共產黨像歪曲抗戰史一樣，曲解了詩人愛國的原意。

　　劉大白融舊詩音節入白話，在中國新詩的過渡時期有其貢獻，但他對自己未能從舊詩詞中解放出來，則引以為憾，瘂弦先生也以「蛹與蝶之間」形容他，並認為其創作成就無法與劉半農等相比。雖然如此，他在取材、表達方面，卻有些像劉半農，〈割麥過荒〉一詩所述，就與〈相隔一層紙〉類似。劉大白批評自己寫詩「用筆太重，愛說盡，少含蓄」，這也與瘂弦先生對劉半農詩的評價相近。

　　我們細讀劉大白後期的詩，可知他不盡在舊詩詞的形式中掙扎，情詩〈我願〉即其一例：

我願把金剛石也似的心兒，

琢成一百單八粒念珠，

用柔韌得精金也似的情絲串著，

掛帶你雪白的頸上，

垂到你火熱的胸前，

我知道你將用你底右手搯著。

當你一心念我的時候，

念一聲「我愛」，

搯一粒念珠；

纏綿不絕地念著，

循環不斷地搯著，

我知道你將往生於我心裡的淨土。

康白情早年的朝氣與理想，表現在〈別少年中國〉等詩中，該詩曾傳誦一時。待其留美歸來，不久卻投效四川軍閥劉湘，並嗜抽鴉片，結果消沉一生，瘂弦先生即以「芙蓉癖的怪客」形容他。

康白情也寫舊詩，但其新詩頗口語化，擺脫了舊詩詞的束縛，胡適先生說他的〈江南〉一詩，長處在於表現顏色，自由的實寫外景。該詩的片段如下：

只是雪不大了，

顏色還染得鮮豔。

赭白的山，

油碧的水，

佛頭青的胡豆土。

橘兒擔著；

驢兒趕著；

　　藍襖兒穿著；

　　板橋兒給他們過著。

　　胡適先生自己的文字「一清如水」，所以對這樣的寫景已頗感滿意了。不過，康白情在理論上，倒是強調汰蕪存精才是藝術。民國 9 年他曾寫〈新詩底我見〉一文，認爲情濃方有好詩，而要培養感情，首須在大自然中活動，大自然不僅是催詩的妙藥，並且是詩料的製造廠。這種理論與實踐，使得有人說他以描寫自然的風物取勝。

　　瘂弦先生則大致和梁實秋先生一樣，對康白情詩集《草兒》中的諸多冗句等缺點，不表苟同。但是同樣評論《草兒》，瘂弦先生的文章寫在半世紀後，較能以文學發展史眼光視之：

　　要知道，康白情的詩固然簡陋，但是千萬不可忘了，那個時代的整個詩壇都是簡陋的。如果沒有早期詩人的盲目摸索。勇於接受失敗的嘗試，中國新詩便不會從草創到壯大。沒有康白情，可能就沒有較後的「新月派」，就是有，也要遲上許多年。我們絕不可要求在康白情的時代出現徐志摩，也絕不可要求在徐志摩的時代出現卞之琳和王辛笛；沒有 1930 年代的卞之琳和 1940 年代的王辛笛，1950 年代的鄭愁予便會姍姍來遲了。這就是我所謂的歷史感。

　　這段話，頗能印證本書扉頁對作者的形容：「筆鋒更帶傳薪一脈之感情，月旦褒貶，無不溫柔敦厚。」然而，梁實秋先生早在民國 11 年，以嚴肅的態度強調演說詞不是詩，小說不是詩、記事文不是詩、格言不是詩等，以及再度肯定「汝果欲學詩，工夫在詩外」等觀念，現也仍然值得我們重視。畢竟，梁先生對《草兒》作者「情感太薄弱，想像太膚淺」的評論，正是康白情本人在理論上所見略同之處。如何使創作符合自己的理想，實待詩人以至所有作家們盡心努力。

七、中國新詩年表

　　本書的第三部分是「史料」。瘂弦先生對民國 38 年前的中國新詩書目，做了詳細的整理，將來可能會出專書，其中一部分成績，就是此處的「中國新詩年表」。年表指出，民國 32 年 9 月，重慶的商務印書館出版了羅家倫先生的詩集《疾風》，這是《新人生觀》的讀者們多未知悉的。

　　這份年表將主要事項、文學關係重要事項、政治社會上的重要事項等，分門別類，上下並列，使讀者一目瞭然，且可收互相印證的總體印象。舉民國 9 年為例，「主要事項」列有：

（一）2 月，周無（太玄）發表〈詩的將來〉。

（二）2 月，宗白華發表〈新詩略談〉。

（三）郭沫若與《學燈》之編輯宗白華通信論詩。

（四）3 月，新文學第一本詩集，胡適的《嘗試集》由亞東圖書館出版。
　　　（增訂四版，由該書店於民國 11 年 10 月出版）

（五）3 月，康白情發表〈新詩底我見〉。

（六）8 月，許德鄰編《分類白話詩選》，崇文書局出版。

（七）12 月，俞平伯發表〈做詩的一點經驗〉。

「文學關係重要事項」列有：

（一）1 月，北京大學附設平民夜校。

（二）2 月，教育部通知全國學校採用「新式標點符號」。

（三）4 月，胡適、李大釗等於北京大學設立工讀互助團，實際由王光祈主持。

（四）11、12 月，新文學第一篇戲劇，田漢的〈環珴璘與薔薇〉刊於《少年中國》。

（五）12 月，劉復、錢玄同、沈兼士等組織「歌謠研究會」。

（六）12 月，「文學研究會」成立（發起人：周作人、朱希祖、耿濟之、鄭振鐸、瞿世英、王統照、沈雁冰、蔣百里、葉紹鈞、孫伏園、許

地山）。

（七）易順鼎（1858～）歿。

「政治、社會上之重要事項」列有：

（一）1 月，國際聯盟成立。

（二）4 月，日本出兵西伯利亞。

（三）12 月，愛爾蘭共和國成立。

　　由此可知，與中國新詩有關的重要事項，不但提到出版詩集，而且列出單篇詩論，資料可謂詳盡。政治、社會上的重要事項則較簡，或因此書是《中國新詩研究》吧。此處文學關係重要事項中提及，田漢的〈環珴璘與薔薇〉是新文學的「第一篇戲劇」，或易引起讀者懷疑，不過瘂弦先生在年表稍前指出，民國 8 年 3 月，胡適先生的〈終身大事〉發表於《新青年》，是新文學的「第一篇獨幕劇」。「獨幕劇」與「劇戲」，有此有別。

　　最後，我以挑剔的態度，試對本表做一些校對與補充，就教於瘂弦先生：

（一）民國 7 年自殺的梁漱溟先生之父，本表排為梁巨以，似應為梁巨川。

（二）民國 11 年似還有一事，即朱自清、周作人、俞平伯、徐玉諾、郭紹虞、葉紹鈞、劉延陵、鄭振鐸等，出版了新詩《雪朝》合集，出版者是上海商務印書館。

（三）民國 25 年似還有一事，即上海仿古書店出版了《現代新詩選》。

（四）民國 31 年 5 月，有一事無法不記，即毛澤東在延安文藝座談會上講話，強調文藝為工農兵服務，其實是為共產黨服務。這次講話和連接的文藝整風，對左翼作家影響甚大，包括詩人在內。

（五）大陸變色後來臺的作家中，不少早已出版過新詩集，除本書提及的路易士（紀弦）外，王平陵先生民國 20 年在上海出版過《獅子吼》；曾今可先生民國 20 年出版過《愛的三部曲》，民國 22 年出版過《兩顆星》，另出版過《小鳥集》，出版者都是上海的「新時代」；

葛賢寧先生民國 22 年出版過《海》，民國 23 年出版過《荒村》，出版者都是北平的「北新」。此外，張我軍先生在大陸期間，出版過《亂都之戀》，出版者是上海的「新文化」。凡此種種，都值得一記。

——原刊《中國論壇》月刊 13 卷 10、11 期，民國 71 年 2、3 月出版

——選自蕭蕭編《詩儒的創造：瘂弦詩作評論集》

臺北：文史哲出版社，1994 年 9 月

詩人批評家：瘂弦詩學初探

◎陳義芝[*]

一、序論

　　臺灣前行代詩人蜂起創作的 1950 年代，來自英美詩人的影響，以 T. S. 艾略特（T. S. Eliot, 1888～1965）最顯著。1960 年瘂弦（1932～）完成的〈現代詩短札〉[1]，是一輯對現代詩藝探索的「詩話」，數度引用艾略特的詩為例可見；1990 年代瘂弦撰文〈批評時代來臨之後〉，提示：

> 批評理論最具體的實踐，應是針對作品的本身進行考察，批評的終極目的：永遠是為了創作，倘無創作批評便師出無名，失去存在的基礎。[2]

　　也為闡發艾略特〈完美批評家〉的結語：「具有詩意的批評家，為了創作詩而批評詩。」[3]

　　艾略特在〈完美批評家〉主張，批評家必須有所發現，不能只隨眾口，以批評當宣傳，或以科學、美學的抽象詞彙，做華而不實的評論。評論既不能完全是技術性（technical）的、純知性的演練（exercise of

---

[*]臺灣師範大學國文學系副教授。
[1]瘂弦，〈現代詩短札〉，原題〈詩人手札〉，發表於 1960 年 2 月《創世紀》詩刊第 14 期及 1960 年 5 月《創世紀》詩刊第 15 期。最先附錄於《深淵》詩集（臺北：晨鐘出版社，1960 年）出版，後輯入《中國新詩研究》（臺北：洪範書店，1981 年）；晚近略作修潤，附錄於最新的談詩隨筆集《記哈客詩想》（臺北：洪範書店，2010 年）。
[2]瘂弦，《聚繖花序 II》（臺北：洪範書店，2004 年），頁 339。
[3]Eliot, T. S. "The Perfect Critic", *Selected Prose of T. S. Eliot*. ed. by Frank Kermode, London: Faber & Faber. rep. 1987, p.58.

intelligence），更不能以個人純感性（pure feeling）的想像和詮釋做「美學式評論」（"aesthetic criticism"）或「印象式評論」（"impressionistic criticism"）。艾略特說，批評家最好也是創作者，這樣他熱烈的想像力已經在自己的創作中充分發揮，而寫批評時，就能收斂創作的慾望，安於一個評者的身分，做有憑有據的批評。又說，理想的批評家必須結合：敏感（sensitiveness）、博學（erudition）、歷史與事實感（sense of fact and sense of history）、歸納推論能力（generalizing power），並能將這些感知統合、結構，訴諸文字。[4]

　　本文所謂的「詩人批評家」，即艾略特描述的完美批評家。艾略特以「具有詩意的」（"poetic"）一詞加諸「批評家」（"critic"）之前，杜國清迻譯作「詩人批評家」[5]，意指能作詩又能批評。以「詩人批評家」稱瘂弦，初只爲他既是詩人又是批評家，是深具批評意識的一位詩人，是深具詩意的一位批評家；細讀其批評論著，更覺他盡現詩人的敏銳感受、學者的博厚學養，兼具歷史認知的縱深、當代橫切的犀利，心靈興味寬廣，筆端情韻雋永，論述不板滯、不空洞，的確堪爲「詩人批評家」一詞作註解，允爲典型。

二、詩的批評要義

　　中國古代的詩人往往有詩話、詩說的著述，或以序跋、書札表明自己的文學觀點，創作與理論兼擅，理論爲創作的基礎，彰顯創作；創作爲理論的實踐，證明理論。典型的詩人批評家如晉代的陸機、唐代的司空圖、宋代的嚴羽，皆有煥釆而傳世的論著，體系雖比不上《文心雕龍》浩大周全，但最能掌握創作的經驗、苦心，深入創作的課題，分析得失。

　　西方的詩人批評家，如法國的波特萊爾（Charles Baudelaire, 1821～1867），同時是著名的藝術評論家，曾作畫評《1845 年的沙龍》、《1846 年

---

[4]同前註，頁 50～57。
[5]杜國清，《艾略特文學評論選集》（臺北：田園出版社，1969 年），頁 152。

的沙龍》，提出精闢的美學分析[6]；梵樂希（Paul Valéry, 1871～1945），批評過法國中世紀以降數十位詩人的作品，著有《文藝雜談》，被視爲「法國新批評的先驅者」[7]；美國的龐德（Ezra Pound, 1885～1974）倡導意象主義，評論詩、音樂與雕塑，從事「一人大學」（"one-man university"）的教育[8]；英國的艾略特，前已敘及，他的文學論文有許多譯本，〈傳統與個人才具〉一文（"Tradition and the Individual Talent"）經常被引用。

波特萊爾說：「一切偉大的詩人本來注定了就是批評家。」梵樂希說：「任何真正的詩人都必然是一位頭等的批評家……把批評家的洞察力、懷疑主義、注意力、推理能力與詩人的自發的能力結合在一個人身上。」[9]詩人與批評家一身而二任的原因在，優秀的詩人無不具有理性思維，這也是梵樂希的觀點。

瘂弦談到詩創作者從事論評，皆持肯定態度：

> 我們詩壇過去從沒有像今天這麼懷著批評意識，不少詩人寫詩之外兼治文學批評或文化評論，成為有力的文化詮釋者，社會的意見領袖。[10]
>
> 錢鍾書說：「文人慧悟逾於學士窮研，詞人體察之精，蓋先於學士多多許也。」這句話，似可為創作家有兼治批評之必要作最好的理論根據。[11]

以上述論點爲核心，瘂弦有許多相關的闡發，例如：好的作家體察文學演化、社會思潮，追求創作改變不是靠理論，而是以創作的本身去證明；詩人在感性創作外，理性批評意識也強的原因，可能來自於對生命終極意義的思索；全面整理詩的美學，是詩人的重要工作；詩的批評的第一

---

[6]參閱胡小躍編，《波德萊爾詩全集》（杭州：浙江文藝出版社，1996 年），頁 3。
[7]郭宏安，《波德萊爾詩論及其他》（上海：同濟大學出版社，2006 年），頁 348。
[8]參閱余光中譯，《英美現代詩選》（臺北：大林出版社，1970 年），頁 168。
[9]郭宏安，《波德萊爾詩論及其他》，頁 31。
[10]瘂弦，《聚繖花序 I》（臺北：洪範書店，2004 年），頁 145～146。
[11]同前註，頁 281。

要義是詮釋作品，第二要義是探照出創作趨向；批評家的論評要有人性的
溫熱，不要變成冰冷的學問。他反對「完全脫離創作實際變成空洞理論的
現代詩歌批評」、「以冗長為勝，專門術語一大堆，使讀的人一頭霧水」的
詩論；主張以文學創作啓發文學批評，以創作做理論的修正、理論的顛
覆。[12]特別是最後一點，若非詩人批評家，不能有此獨特的觀點、大膽的鏨
測、有力的口吻。

三、瘂弦的史識先見

本文所謂「詩學」，不同於古代西方文學中對所有文類，包含小說、戲
劇，統以詩稱之的評論，而只單論詩，故「瘂弦詩學」也只以他的詩話、
新詩文獻整理、詩論為據，不談他對散文、小說、藝術之論述。[13]

研究瘂弦的詩學，以下列三書為據：（一）《中國新詩研究》（1981
年），（二）《聚繖花序 I》（2004 年），（三）《記哈客詩想》（2010 年）。此三
書皆洪範書店出版。《中國新詩研究》中的〈現代詩的省思〉，復見於《聚
繖花序 I》；〈現代詩短札〉則最初附錄於詩集《深淵》，2010 年以略作修潤
的定本附錄於《記哈客詩想》。

《中國新詩研究》最大的貢獻是：在兩岸對峙、新文學發展斷裂、史
料極度缺乏的年代，瘂弦率先引介廢名（1901～1967）、朱湘（1904～
1933）、王獨清（1898～1940）、孫大雨（1905～1997）、辛笛（1912～
2004）、綠原（1922～2009）、李金髮（1900～1976）、劉半農（1891～
1934）、戴望舒（1905～1950）、劉大白（1880～1932）、康白情（1895～
1959）等 11 位詩人。劉半農、劉大白、康白情是中國新詩嘗試期的代表詩
人。瘂弦以「早春的播種者」稱劉半農，說他「具有詩人的氣質和才分，
對於口語也有獨特的駕馭力」，「傳承我國在野文學的寶貴傳統，運用俗歌
（民歌與兒歌）的內在生命特質、聲韻和調子，來創造一種新的方言文

---

[12]參閱瘂弦，《聚繖花序 I》，頁 214、166～167、228、225、278、136～137、143～144。
[13]瘂弦對詩以外文類的論述，讀者可參詳他所著《聚繖花序 II》。

學」，又說，在「文學革命」之前，「劉半農是一位鴛鴦蝴蝶派的作家，發表過不少才子佳人式的小說和筆記」。[14]楊牧曾說，鴛鴦蝴蝶派文學或許也增添了現代散文家對白話文的信心[15]，則瘂弦早早提示劉半農這一段經歷，並追蹤他研究語言學的成績，使人思索劉氏在文言小腳放大的年代何以具備熟練老到的口語、何以較其他人更能駕馭白話文，實為先見。肯定「方言文學」的創作，也是這篇論述的新觀點，強調劉氏所主張：用「我們母親說過的言語」能產生最真摯動人的文學。[16]此文寫於 1970 年代，在這同時，臺灣的方言詩（又稱臺語詩）由林宗源、向陽領頭嘗試。以當時的時代氛圍，瘂弦的這一認知算得上寬廣、前衛。

論劉大白，瘂弦展現了「史的衡量觀點」。將個別的詩人、個別的風潮現象置諸史的衡鑒，是瘂弦批評的特點，形塑其詩學的風格。劉大白出生於書香門第，他的時代在晚清與民國之間，能作制藝（八股文）、試帖、律賦，曾應科舉考試，發表過舊詩詞數百首，一朝衝出舊桎梏，「運用新事物於舊格局中」，「融舊詩音節入白話，利用舊詩情景表現新意」[17]，變身為新詩初期的代表。瘂弦對劉大白的論斷，顯然著意於傳統、傳承，以「蛹與蝶之間」為題，不僅指過渡也有新變的意象。

康白情是開創五四詩國的另一號人物，以「驢兒在前／男子在後」、「男子在前／驢兒在後」的詩句傳誦，其人隨興、率性、衝動、染有抽鴉片惡習。瘂弦說他多產、詩藝不平衡，不免有劣作，但從文學發展史的意義不能不加以注意，「必須具有歷史感，才能找出一個作家的真價值，給予其應得的地位與公正的評價」[18]，再次證明其批評乃史的衡鑒。

「早期詩人論」11 篇，最早的三篇發表於 1966 年，在臺灣，那是雷震入獄、《文星》雜誌被迫停刊、思想箝制嚴厲的時代；在中國大陸，為政

---

[14]瘂弦，《中國新詩研究》（臺北：洪範書店，1981 年），頁 110、118、108。
[15]楊牧，《現代中國散文選·前言》（臺北：洪範書店，1981 年），頁 5。
[16]瘂弦，《中國新詩研究》，頁 118。
[17]同前註，頁 150～154。
[18]同前註，頁 174。

治整肅、批鬥、揭開文化大革命序幕的時代。思想單一、文獻匱乏，瘂弦
何能對滯留於「鐵幕」的詩人有所認識，他從何涉獵 1930、1940 年代的文
學史料？原來，1960 年代初，瘂弦以軍職教官身分，已經在政工幹校影劇
系任教，講授「中國戲劇史」、「藝術概論」。

> 那時候，1930 年代的書都是禁書。不管魯迅或其他作家，有問題的不讓
> 看，沒有問題的也不讓看，翻譯的人沒問題不讓看，翻譯的人有問題更
> 不讓看。那個時候我們那裡（按，政工幹校，今之國防大學）有一個
> 系，叫匪情系，匪情系圖書館裡全都是大陸的書。那些管圖書的我都
> 熟。書是不能拿出去的，只能在裡面看。那些書太可愛了，我看了不
> 少，做了好多札記。[19]

此機緣固得天獨厚，但如果沒有史識、眼光，非有意搜尋，不可能在
詩學上有建樹。瘂弦說廢名（馮文炳）的世界幽玄，使用的語言是「禪家
的語言」、「重新燃燒」的字句，以前衛的眼光來看仍是最現代的，並預言
他的聲價可能愈來愈高。[20]於今這預言已獲得證實，廢名的詩集、散文、小
說、新詩講義不斷印行，北京大學出版社更出了全六卷的《廢名集》。

瘂弦推崇朱湘「使用了很多種的詩體」，「率先嘗試了詩劇」，「是五四
以來白話詩人中試驗最力的一個人」；稱道王獨清詩中的異國情調，「加入
大量的外國文字……增加一種 exotic 的美」。[21]，可見他對形式創發的關
注，對新詩這一還算不上成熟、還在試驗的文體的思索。瘂弦說，李金
髮、戴望舒同為中國象徵主義的先驅，戴望舒詩的成功得力於中國古典文
學語言與歐洲文學語言的融合，李金髮詩語言之為人詬病，則在受這兩種
語言交互影響，卻未能消化而詰屈艱澀；儘管李金髮不是一個好的「文章

家」，但有充沛的詩素，在詩表現的開拓上有功，是新詩史上不能忽視的一人。[22]〈中國象徵主義的先驅──「詩怪」李金髮〉一文發表後，瘂弦越洋聯繫到李金髮，做了一篇翔實生動的筆談，補充了人所不知的李金髮的少年經歷、留學法國的交遊、1930 年代的雕塑生活、赴美後的生計、家人現況以及他的知識閱讀、詩觀變化，爲新詩史留下珍貴的文獻。[23]

　　瘂弦論戴望舒，說他的出現預告了「中國新文學現代主義時代之來臨」[24]，我們看 20 世紀臺灣新詩在現代美學上的跨海承繼、發揚、鎔鑄、轉化，欣然接受這一宣告。「文學是從殊相到達共相的過程，不管你寫什麼，點的或面的，局部的或全體的，個人的或民族的，只要寫得好，都有社會意義。」[25]瘂弦以此爲戴望舒的抒情創作定位，凸顯藝術的獨立價值，不爲特定的社會、人生服務，這亦可見瘂弦護衛自由、真與美的文學觀。

　　孫大雨《自己的寫照》，雖是「未完工的紀念碑」，但瘂弦以其具雄奇的史詩式的手筆難得，而加以介紹。時爲 1972 年。14 年後他寫〈待續的鐘乳石〉，論白靈《大黃河》，再次提到對長篇巨製的期許。繼孫大雨後，瘂弦論辛笛，提出向傳統歸宗及脫出學院派過分理論化羈絆的思考，這兩點在臺灣詩風轉變的關鍵年代，都富有時代訊息。至於〈濺了血的「童話」〉論綠原一文，除強調語言清澈、流麗自然的藝術品味，更分析文學影響、創作師承，強調一個人不怕「繼承」，但要有「超越」的本事。

　　重視史料、重視研究的基礎，另見諸瘂弦在 1978 年編成的〈中國新詩年表〉，該年表始自 1894 年，迄於 1949 年，分列「主要事項」、「文學關係重要事項」、「政治、社會上之重要事項」，體例適切，檢索清晰，發展座標分明，不像後來中國大陸編的《中國新詩大辭典》[26]未編年表，《中國現代文學辭典》的年表時間則始自民國，刪去了「詩界革命」、「白話啓蒙」、

[22]瘂弦，《中國新詩研究》，頁 137、102。
[23]瘂弦，〈李金髮先生答我二十問〉，《記哈客詩想》（臺北：洪範書店，2010 年），頁 137〜157。
[24]瘂弦，《中國新詩研究》，頁 130。
[25]同前註，頁 140。
[26]黃邦君、鄒建軍編著，《中國新詩大辭典》（長春：時代文藝出版社，1988 年）。

「論小說與群治」等晚清訊息。[27]

四、瘂弦的美學觀照

　　1980 年代以後，瘂弦最重要的筆耕，在理論、批評。《聚繖花序 I》共收 31 篇論述詩人詩作、詩史發展、詩之史料、詩之評論的文章，〈現代詩的省思〉（1980 年）和〈新詩這座殿堂是怎樣建造起來的〉（1999 年），都超過一萬五千字，從晚清黃遵憲的「詩界革命」說起，縱橫籠罩，筆力壯闊。早在 1980 年，瘂弦談臺灣詩的薪傳，除紀弦、覃子豪、鍾鼎文跨海帶來的一線香火，另一源頭則為臺灣本土詩人，指明日據時期在異族統治下用日文寫成的詩，「能在藝術上與日本詩人分庭抗禮，實極為難得」，及至「跨越語言的一代」與渡海來臺的詩人融為一體，終能「共同為中國現代詩開疆闢土、創造新境界」。[28]這一見解，同於桓夫（陳千武）的兩個球根說，外省與本省二詩人在同一年、同一時間點，為臺灣詩尋根源，看法不謀而合。[29]

　　這兩篇長論，宏觀新詩史的源頭流變、分期體貌，掃描詩人、詩社的影響，不僅對一般讀者是一份很好的「教材」，對詩壇及學界中人也是清晰的參考資料。

　　（新詩）只是習慣上的稱謂，並非一種學術上的界定。一般的解釋是：相對於過去的舊詩，稱新詩：相對於文言詩，稱白話詩；相對於格律詩，稱自由詩；至於現代詩，乃是指 1949 年以後的新詩。各種不同的名稱，都有人用，而其中新詩用得最普遍，沿用既久。也就變成五四之後

---

[27]張芬、高長春、羅鳳亭主編，《中國現代文學辭典》（長春：吉林教育出版社，1990 年），頁 638～709。

[28]瘂弦，《聚繖花序 I》，頁 16。

[29]瘂弦，〈現代詩的省思〉寫於 1980 年 8 月 27 日；桓夫，〈臺灣現代詩的演變〉發表於 1980 年 9 月 2 日《自立晚報・自立副刊》。

　　出現的新詩體的定稱了。[30]

　　瘂弦說，現代主義風潮熱烈時，詩人唯恐被視為落伍，不作興稱新詩而稱現代詩，「不過這幾年叫新詩的人又多起來。我看還是叫新詩吧！」[31] 似此，經過一番陳述、比較，再做論定，是他論文的筆法。最能顯現這一邏輯思理的是：〈新詩這座殿堂是怎樣建造起來的〉，後半採用設問法，提出 11 個問題，一一解答，建立正確觀念，眉目清朗；或如〈現代詩的省思〉的句型：「論者常常批評……他們的指責可以分為兩方面……一方面是……一方面是……我以為這種說法……」[32]，包含正反意見，使論述得到更充分的發揮。

　　對於傳統，瘂弦說不能硬生生襲用，不能單靠繼承，「真正的傳統精神就是反傳統」[33]，我們活在傳統的精神裡，為的是要神往、思索、轉化，形成「感情歷史」，也就是艾略特所說的「歷史意識」，「不僅感覺到過去的過去性，而且也感覺到它的現在性」[34]，創作者不僅對他自己那一代，對他自己國家的文學、同一語種久遠的表現都需了解，這樣才能知道有限與無限。

　　瘂弦論述詩人，總是置之於同代或與上一代詩人併比，不孤立看以得出其正確位置，是瘂弦做為批評家的歷史意識。談白靈的長詩，舉孫毓棠的〈寶馬〉、鄭愁予的〈衣缽〉、洛夫的〈石室之死亡〉、余光中的〈天狼星〉、楊牧的〈吳鳳〉做基準；談沙牧的異行舉哥德（J. W. von Goethe, 1749～1832）、貝多芬（L. van Beethoven, 1770～1827）、拉斐爾（Sanzio Raffaello, 1483～1520）、王爾德（Oscar Wilde, 1854～1900）、狄倫‧湯瑪斯（Dylan Thomas, 1914～1953）、阮籍、劉伶、辜鴻銘、徐玉諾對照；談楊

---

[30] 瘂弦，《聚繖花序 I》，頁 252。
[31] 同前註。
[32] 同前註，頁 36。
[33] 同前註，頁 20。
[34] 艾略特著；李賦寧譯，《艾略特文學論文集》（南昌：百花洲文藝出版社，2010 年），頁 2。

平的新古典風，則縷述歷來「中國化」試驗與「中國美學意義」下的作品；談尹玲的戰爭詩，以洛夫的〈石室之死亡〉、〈西貢之歌〉、商禽的〈逢單日的夜歌〉為高標；談敻虹的宗教詩，以王維、韓德爾（G. F. Handel, 1685～1759）的藝術表現為範例；談張默的現代詩編目，附帶提示早年隱地編《書評書目》、李瑞騰編《文訊》在史料方面的貢獻；談向明的論詩劄記，以中國古代的詩話、戴望舒《詩論零札》、艾青《詩論》、亦門《詩與現實》相比較；談鴻鴻早期作品該不該選編，以余光中少作《天國的夜市》很晚才刊印為例；談陳義芝的愛情詩，比之於鄭愁予、楊牧和敻虹，都是顯見的例證。

　　瘂弦的詩美學，除上陳外，有關形式與實質深具意義者，還可舉述四點：

　　（一）「詩的抒情本質，從來就沒有改變過」，他說，有抒小我之情、大我之情、無我之情，無論那一層界，必須通過一個情字。「情」是詩的本質，離此則不成其為詩。[35]

　　（二）新詩的語言，要由內在藝術需求激引，不要變成末流的文字遊戲，不要以拗句偽裝深刻、以模稜語意故示神祕。為了激發語言的生命力，增強中文的表達功能，他主張重鑄古典詩詞語彙，吸納外國語法，從民間歌謠、俗文學中吸取養分。一方面要學習古典詩的簡潔準確，一方面要接受歐化語法的創新；任何字詞都可入詩，但看詩人有沒有「文字的感覺」。[36]

　　（三）瘂弦認同葉公超（1904～1981）說的，好的新詩，不覺其格律，實則其格律已融入詩人的情感。「新詩句子的長短是不確定的，句裡的節奏乃是根據內容意義與文法邏輯區分的，所謂『新的聲調既在骨子裡』，也就是一種內在的音樂性的講求。」[37]依然強調詩人創作的自覺意識。

---

[35]瘂弦，《聚繖花序 I》，頁 250～251。
[36]同前註，頁 23～26、253。
[37]同前註，頁 260。

（四）有關社會性的省思，瘂弦認為「不管你寫什麼，點的或面的，局部的或全體的，個人的或民族的，只要寫得好，都有社會意義。」[38]早在引介戴望舒到臺灣的 1970 年代初期，瘂弦就說過類似的話，他的這一見解，一以貫之，消融了倫理觀與美學觀的對立，將社會意識納入抒情本質中，是既純正又博大的批評。

除了詩美學探究的深度，做為詩人批評家，瘂弦的高瞻眼光與溫暖筆風，也值稱道。在國人尚未將眼光及於海外的年代，瘂弦選編《當代中國新文學大系》，獨能包含海外華僑詩人作品，收錄的範圍包括新加坡、馬來西亞、菲律賓、越南、香港及英國、美國，為「華人文壇」定音，預示了「世界文學一盤棋」的地球村時代的來臨。率先探討視聽傳播對現代文化的影響（論杜十三）、電玩遊戲與生活方式（論鴻鴻）、學院訓練與創作經驗的辯證（論陳義芝）、都市題材的新思維（論陳家帶），都可見瘂弦掌握時代訊息、敏銳觸探、放眼未來的眼光。

為不同的詩人作序，所論者未必傑出、詩作未必皆屬上品，在這種限制下，瘂弦謹守書序藹然溫厚之體式，對缺點既不厲色糾指，卻也從不含糊為其掩飾，總是以一個時代座標、以未來發展相期勉，使讀者在多面相的表現中有更豐富的領會，這就見出瘂弦誠摯引領人的帥者風範，我所謂的溫暖筆風指此。

五、學院心靈與詩人興感

2010 年瘂弦出版的《記哈客詩想》，除附錄三篇長訪、兩輯現代詩短札，正文為 24 篇一、二千字的隨筆，包括談神話、形式、詩人的愛戀、詩的製作、詩的朗誦、獨立思考、心靈感應、審美趣味、才氣、風範、細節藝術、錘鍊推敲、有用與無用，也論魯迅、聞一多、李金髮、高爾基、惠特曼、波赫士等人，感性的筆觸交織著事理，以豐富的文學經驗、觀察入

---

[38]瘂弦，《聚繖花序 I》，頁 33。

微的詩心，印證詩藝及閱讀品味。每一篇隨筆各以一題旨，與一本西方論著對話，書名與出版社皆標記於文後。書單如下：

梅列金斯基：《神話的詩學》

什克洛夫斯基等：《俄國形式主義論文選》

霍華德‧奈莫洛夫編：《詩人談詩》

錢滿索等編譯：《世界散文隨筆精品文庫‧美國卷》

羅芃等編譯：《世界散文隨筆精品文庫‧法國卷、拉美卷》

洪深：《戲的念詞與詩的朗誦》

倪培耕等譯：《泰戈爾論文學》

席勒：《秀美與尊嚴——藝術和美學文集》

王乾坤：〈世紀末的玄覺〉，三聯書店《讀書雜誌》

歌德：〈自然與藝術〉

朱自清編：《中國新文學大系‧詩集》

余英時：《論學談詩二十年》

李野光編：《惠特曼精選集》

高爾基：《論文學》

叔本華：《叔本華散文集》

劉納：《咬文嚼字六十年》，三聯書店《讀書雜誌》

溫源寧：《一知半解及其他》

F‧索倫蒂諾：《博爾赫斯七席談》

朗松：《方法、批評及文學史》

採取與前賢對話的方式構思，足見其學院心靈；書目屬性不一，又見其詩人之興感，非必求其體系。非必求其體系的隨筆，筆觸近似於古人的詩話。陳世驤說：「『批』的最大企圖是在謙虛與欣賞中作一最敏銳的、不

懈的、同情的閱讀。」[39]這話可爲瘂弦《記哈客詩想》的內容風格作注。在以無法度的濫作宣稱獨創的時代，在「撒嬌賣乖」的文風漫衍下，瘂弦敬重一個行業的譜系，堅持一種手藝的品味，「從來沒有停止過詩論的寫作，長期從事與詩有關的研究、教學」，「集學院與草莽爲一體，將東方與西方相結合，不僅豐富了中國現代詩的理論，而且可以直接指導詩的創作。」[40]

　　當我們稱某人爲「詩人批評家」，意指他做爲詩人具有詩的創作方法，做爲批評家也具有指向創作的批評方法。瘂弦的創作成績早獲公認，《深淵》詩集被選爲「臺灣文學經典」可證；1960 年代以後，他將創造的才情轉注於批評，以傑出的詩創造者，成爲傑出的詩批評者，在他的著作裡，讀者看到品味、判斷與學識的結合、正直、教養發出光芒。他輝耀了臺灣詩的成果，也引領出這一代中文詩學的道路。

　　英國詩人波普（Alexander Pope, 1688～1744）有名作〈論批評〉，分析批評家的風範，可借爲從事批評的詩人瘂弦畫像。謹摘引四行當作此文的小結：

An ardent judge, who, zealous in his trust.

With warmth gives sentence, yet is always just;

Whose own example strengthens all his laws.

And is himself that great sublime he draws.

他，一個誠摯的裁判，因信任而熱切，

帶著溫暖落筆，但永遠公正；

他個人豎立的榜樣強化了他的原則，

而也從自身，他取得那卓然的高度。[41]

---

[39]陳世驤，〈論詩：屈賦發微〉，柯慶明、蕭馳主編，《中國抒情傳統的再發現（下）》（臺北：臺大出版中心，2009 年），頁 385～435。

[40]龍彼德，《瘂弦評傳》（臺北：三民書局，2006 年），頁 372、207。

[41]〈論批評〉（"An Essay on Criticism"），是波普的一首長詩，將近八百行，充滿知性辯證，申論創作與評論，何者需要更多的技巧，阻礙正確批評的原因，及批評家的態度和行爲守則。本文引句

——選自陳啟佑、陳敬介編《瘂弦學術研討會論文集》

臺北：讀冊文化公司，2011 年 7 月

〈紅玉米〉評析

◎何寄澎*

宣統那年的風吹著

吹著那串紅玉米

它就在屋簷下

掛著

好像整個北方

整個北方的憂鬱

都掛在那兒

猶似一些逃學的下午

雪使私塾先生的戒尺冷了

表姊的驢兒就拴在桑樹下面

猶似嗩吶吹起

道士們喃喃著

祖父的亡靈到京城去還沒有回來

猶似叫哥哥的葫蘆兒藏在棉袍裡

一點點淒涼，一點點溫暖

以及銅環滾過崗子

遙見外婆家的蕎麥田

*發表文章時為臺灣大學中國文學系副教授，現為臺灣大學中國文學系教授、考試院委員。

便哭了

就是那種紅玉米
掛著，久久地
在屋簷底下
宣統那年的風吹著

你們永不懂得
那樣的紅玉米
它掛在那兒的姿態
和它的顏色
我底南方出生的女兒也不懂得
凡爾哈崙也不懂得

猶似現在
我已老邁
在記憶的屋簷下
紅玉米掛著
一九五八年的風吹著
紅玉米掛著

——〈紅玉米〉

　　雖然詩人說：「你們永不懂得／那樣的紅玉米」，但我相信每個人都能認定紅玉米這首詩稱得上是首好詩。

　　這首詩文字背後的故事性應該是很濃厚的，但詩人並不明晰地去敘述，他只塑造了一種氣氛，一種充滿了悲緒幽幽的故事氣氛，留給讀者巨大的想像空間，使這首詩非常耐人尋味。當然，在仔細尋味之後，讀者除了感知到某種情緒（追憶的複雜情緒）之外，未必能尋繹出什麼具體的意

旨——這或許正是詩人說：「你們永不懂得／那樣的紅玉米」的弦外之音吧？

這首詩當然是記憶的追索——詩中末段明白地寫到：「在記憶的屋簷下」。由於同樣的是：風吹著、紅玉米掛著，乃喚起了詩人記憶中的那串紅玉米，在宣統那年的風吹著的那串紅玉米；也經由此，打開了詩人對故鄉，對時代塵封的記憶。

由於詩人年歲的關係，詩中宣統那年的那串紅玉米，自然應是非真實經驗的記憶、傳聞的記憶。但這串紅玉米——在風中吊掛在屋簷下的這串紅玉米，卻象徵著整個北方的憂鬱。在此，我們不得不佩服詩人選用意象的抉擇力，紅玉米是北方常見的，以它來代表，信手拈來全不費工夫，卻無比真實貼切。

什麼是「北方的憂鬱」？詩中沒有明顯地說出，我們想，大概就是那個積弱動亂的時代的憂鬱吧？詩中特別用「宣統那年」的字眼，應該也透露了跟「時代」的關係。

容我們回憶一下歷史：時代的動盪似乎自宣統那年以後就沒有停止過，北方尤其是分崩離析、各自為政的局面，民生之不聊乃是可以想像的。整個北方的憂鬱是這般濃烈，就像掛在簷下的紅玉米那般鮮明！

然後，詩人的筆鋒一轉，從家國的憂鬱轉到個人的憂鬱。三、四、五段分別寫一些兒時片斷的記憶：姊弟的逃學、祖父的死，以及奔赴外婆的情景，似碎亂，卻有極大的感染力，「猶似叫哥哥的葫蘆兒藏在棉袍裡／一點點淒涼，一點點溫暖」，寫得極真實、極動人，那種心情真是又淒涼、又溫暖；讀者可以感同身受。

「如人飲水，冷暖自知」，北方人的悲哀，可以想像到，那是非北方人無法體認的。本詩一方面能把哀緒渲染得很好，讓我們約略感受；一方面又能強調出它的專屬性——南方出生的我們也確乎是不能明確懂得的。

就我個人的觀點，這是瘂弦最好的詩作之一，也是我最喜歡的瘂弦作品之一。但白璧微瑕的是「我底南方出生的女兒也不懂得／凡爾哈崙也不

懂得」這兩句。我贊成詩人表現這樣的意義，但不喜歡用這種手法表現。
前句已露鑿痕，後句尤顯造作（凡爾哈崙：比利時象徵派名詩人）——瘂
弦好用西洋名詞的意象——這在許多詩中都表現出來。大體說來，這種表
現不能算很成功。我個人認為這首詩如果沒有這兩句，將更渾然天成，風
格韻味也將更為純粹。

——選自林明德等編《中國新詩賞析 3》

臺北：長安出版社，1987 年 2 月

〈深淵〉評析

我要生存，除此無他；同時我發現了他的不快。

——沙特

孩子們常在你髮茨間迷失

春天最初的激流，藏在你荒蕪的瞳孔背後

一部分歲月呼喊著，肉體展開黑夜的節慶。

在有毒的月光中，在血的三角洲，

所有的靈魂蛇立起來，撲向一個垂在十字架上的

憔悴的額頭。

這是荒誕的，在西班牙

人們連一枚下等的婚餅也不投給他！

而我們為一切服喪，花費一個早晨去摸他的衣角。

後來他的名字便寫在風上，寫在旗上。

後來他便拋給我們

他吃膩下來的生活。

去看，去假裝發愁，去聞時間的腐味

我們再也懶於知道，我們是誰。

工作，散步，向壞人致敬，微笑和不朽。

他們是握緊格言的人！

這是日子的顏面；所有的瘡口呻吟，裙子下藏滿病菌。

都會，天秤，紙的月亮，電桿木的言語，

（今天的告示貼在昨天的告示上）

冷血的太陽不時發著顫，

在兩個夜夾著的

蒼白的深淵之間。

歲月，貓臉的歲月，

歲月，緊貼在手腕上，打著旗語的歲月。

在鼠哭的夜晚，早已被殺的人再被殺掉。

他們用墓草打著領結，把齒縫間的主禱文嚼爛。

沒有頭顱真會上升，在眾星之中，

在燦爛的血中洗他的荊冠，

當一年五季的第十三月，天堂是在下面。

而我們為去年的燈蛾立碑。我們活著。

我們用鐵絲網煮熟麥子。我們活著。

穿過廣告牌悲哀的韻律，穿過水門汀骯髒的陰影，

穿過從肋骨的牢獄中釋放的靈魂，

哈里路亞！我們活著。走路、咳嗽、辯論，

厚著臉皮占地球的一部分。

沒有什麼現在正在死去，

今天的雲抄襲昨天的雲。

在三月我聽到櫻桃的吆喝。

很多舌頭，搖出了春天的墮落。而青蠅在啃她的臉，

旗袍叉從某種小腿間擺蕩；且渴望人去讀她，

去進入她體內工作。而除了死與這個，

沒有什麼是一定的。生存是風，生存是打穀場的聲音，

生存是，向她們──愛被人膈肢的──
倒出整個夏季的慾望。

在夜晚牠在各處深深陷落。一種走在碎玻璃上
害熱病的光底聲響，一種被逼迫的農具的盲亂的耕作。
一種桃色的肉之翻譯，一種用吻拼成的
可怖的言語。一種血與血的初識，一種火焰，一種疲倦！
一種猛力推開她的姿態
在夜晚，在那波里牠在各處陷落。

在我影子的盡頭坐著一個女人。她哭泣，
嬰兒在蛇莓子與虎耳草之間埋下……。
第二天我們又同去看雲、發笑、飲梅子汁，
在舞池中把臍下的人格跳盡。
哈里路亞！我仍活著，雙肩抬著頭，
抬著存在與不存在，
抬著一付穿褲子的臉。

下回不知輪到誰；許是教堂鼠，許是天色。
我們是遠遠地告別了久久痛恨的臍帶。
接吻掛在嘴上，宗教印在臉上，
我們背負著各人的棺蓋閒蕩！
而你是風，是鳥，是天色，是沒有出口的河。
是站起來的屍灰，是未埋葬的死。

沒有人把我們拔出地球以外去。閉上雙眼去看生活。
耶穌，你可聽見他腦中林莽茁長的喃喃之聲？
有人在甜菜田下面敲打，有人在桃金孃下……。
當一些顏面像蜥蜴般變色，激流怎能為

倒影造像？當他們的眼珠黏在
歷史最黑的那幾頁上！

而你不是什麼；
不是把手杖擊斷在時代的臉上，
不是把曙光纏在頭上跳舞的人。
在這沒有肩膀的城市，你底書第三天便會被搗爛再去作紙。
你以夜色洗臉，你同影子決鬥，
你吃遺產、吃妝奩、吃死者們小小的吶喊，
你從屋子裡走出來，又走進去，搓著手……
你不是什麼。

要怎樣才能給跳蚤的腿子加大力量？
在喉管中注射音樂，令盲者飲盡輝芒！
把種籽播在掌心，雙乳間擠出月光，
——這層層疊疊圍你自轉的黑夜都有你一份，
妖嬈而美麗，她們是你的。
一朵花，一壺酒，一牀調笑，一個日期。

這是深淵，在枕褥之間，輓聯般蒼白。
這是嫩臉蛋的姐兒們，這是窗，這是鏡，這是小小的粉盒。
這是笑，這是血，這是待人解開的絲帶！
那一夜壁上的瑪麗亞像臍下一個空框，她逃走，
找忘川的水去洗滌她聽到的羞辱。
而這是老故事，像走馬燈；官能，官能，官能！
當早晨我挽著滿籃子的罪惡沿街叫賣，
太陽刺麥芒在我眼中。

哈里路亞！我仍活著。

工作，散步，向壞人致敬，微笑和不朽。

為生存而生存，為看雲而看雲，

厚著臉皮占地球的一部分。……

在剛果河邊一輛雪橇停在那裡；

沒有人知道它為何滑得那樣遠，

沒人知道的一輛雪橇停在那裡。

　　　　　　　　　　　　　　　　　　　——〈深淵〉

　　本詩的主題在詩題下所引沙特的話已表現得很清楚。生存如一渺不見底的「深淵」，所有的人都在其中陷溺而無可奈何，能發現其中之「不快」，已稱得上是較高層次了。

　　〈深淵〉、〈如歌的行板〉、〈一般之歌〉，可以說是在詩人同一意識形態下衍生出來的作品，三首當中，〈深淵〉寫於民國 48 年，〈如歌的行板〉寫於民國 53 年，〈一般之歌〉最晚，寫於民國 54 年，三首的風格也表現漸進的變化：由「暴戾」趨於平緩；但其中的無奈、諷刺與殘酷等性質仍是一致的。

　　〈深淵〉這首詩很長，在此無法做逐句逐字的賞析，事實上，筆者個人對詩中的每一詞、每一句、每一意象，也並不敢說能完全精確地把握住，但作品的精神，卻仍相信能充分領略到。

　　〈如歌的行板〉一詩中有這樣的句子：「而既被目為一條河總得繼續流下去的」，這一條河自是生存之河，本詩起首也運用相同意象，生存之深淵孕出一條生存之激流，不過，瘂弦在〈深淵〉一詩中，對生存所拋出的諷刺——但同時卻正無奈地陷溺其中的——焦點乃集中於「性」；這較諸〈如歌的行板〉及〈一般之歌〉包含著較寬廣、較實質的「生存空間」，便顯得狹隘——不過，也許這正是瘂弦人格的一項特質。所以讀者在本詩中一開始就看到「春天最初的激流」、「肉體展開黑夜的節慶」、「血的三角洲」等暗示性極強的句子；詩人同時也運用了宗教中伊甸園的故事——「蛇」增

強了暗示性，基督的影子則增強了對生存墮落的諷刺意義。

接下來，詩人表現了生存的虛偽：一方面「肉體展開黑夜的節慶」，一方面上教堂——「花費一個早晨去摸他的衣角」、「去假裝發愁，去聞時間的腐味」、「工作、散步、向壞人致敬、微笑和不朽」，何其虛偽！久而久之，自成麻木，所以「我們再也懶於知道，我們是誰。」墮落、虛偽、麻木糾纏起來，便顯示出生存的一切都是「荒誕」的。

第五段，重複三次的「我們活著」，一句「哈里路亞」，「厚著臉皮占地球的一部分」，十足表現出詩人筆鋒的尖銳與辛辣。

第六、第七兩段，極放肆野蕩地寫「性」，二段的文字生動、精采，可以用「驚心動魄」形容。「而除了死與這個／沒有什麼是一定的」，尤其說得斬釘截鐵，換句話說「性」成了生存中唯一一定的東西。瘂弦強調這種肉體的淫慾，當然是透過他個人省視之後的結果，是對現實人生所做的觀照結論。對肉體的淫慾，詩人一方面似鄙視之，一方面又深知無以棄之，因此，描寫的性愛乃是痛苦而無奈的，但生存早已是墮落與麻木的，所以第八段這樣寫道：

> 第二天我們又同去看雲、發笑、飲梅子汁，
> 在舞池中把臍下的人格跳盡。
> 哈里路亞！我仍活著。雙肩抬著頭，
> 抬著存在與不存在
> 抬著一付穿褲子的臉。

讀者仔細地反覆品味這幾句詩，當會感受到一股無比劇烈的震撼！

第九段以下至 14 段為止，乃重新呼應首段以來至第八段的表現，這其中的表現乃以「性」貫串。「接吻掛在嘴上，宗教印在臉上，」固是把起首二段的意義明朗化，裡面也仍含著「性」的意識，「而這是老故事，像走馬燈；官能，官能，官能！」更仍是歸結於「性」。

末段是聲嘶力竭以後的幾句低啞彈唱，結尾三句：

在剛果河邊一輛雪橇停在那裡；
沒有人知道它為何滑得那樣遠，
沒人知道的一輛雪橇停在那裡。

出現得有點突兀──一如〈如歌的行板〉的末二句：「觀音在遠遠的山上／罌粟在罌粟的田裡」，都有點晦澀。在熱帶的剛果河邊停著一輛雪橇，乃是何等荒誕的事！詩人許是藉此表現生存的荒誕吧？而此一荒誕無人關心，甚至無人自覺，所以寫道「沒有人知道它為何滑得那樣遠／沒人知道的一輛雪橇停在那裡。」

　　綜結來說，我個人認為〈深淵〉一詩的結構有些混亂，是因為詩人面對墮落、虛偽、淫慾、麻木、荒誕的生存時，經由無奈與矛盾以致神智混亂呢？（〈詩人手札〉說道：「對於僅僅一首詩，我常常作著它本身原本無法承載的容量；要說出生存期間的一切，世界終極學，愛與死，追求與幻滅，生命的全部悸動、焦慮、空洞和悲哀！總之，要鯨吞一切感覺的錯綜性和複雜性。如此貪多，如此無法集中一個焦點。」）還是詩人根本即欲藉此表現生存的混亂？實在無從斷定。不過，〈深淵〉一詩確是瘂弦的代表作之一，描寫淋漓真實，給人一種殘酷的快感。當然，有些讀者讀後，突然會覺胸中有一股鬱悶之氣難以發洩，這或許是因為詩人在詩中只全力表現醜陋，沒有提出淨化、美化的東西來的緣故吧？

　　最後，請容我再贅數言：「性」是瘂弦詩重要的題材──由此擴大出的是對工商業社會中全體墮落的批判，然而可歎息的是似乎詩人自己也沉淪陷溺其中。而〈深淵〉等詩的寫作，顯然受到「存在主義」的影響，瘂弦自己說：「詩人全部的工作似乎就在於『搜集不幸』的努力上。當自己真實地感覺自己的不幸，緊緊的握住自己的不幸，於是便得到了存在。存在，竟也成為一種喜悅。新興藝術只會使人更加發狂。它發掘人類心中的魔

鬼，或製造更多的魔鬼。這些話是存在主義作家們常常說的：『人孤獨地生
存，在一個上帝已死的世界裡，沒有絲毫價值。人愈知自己就變得愈壞。
他們所能做的就是活下去，接受最壞的生活。』是以我喜歡諦聽那一切的
崩潰之聲，那連同我自己也在內的崩潰之聲。」

——選自林明德等編《中國新詩賞析 3》

臺北：長安出版社，1987 年 2 月

〈一般之歌〉評析

◎何寄澎

鐵莧藜那廂是國民小學，再遠一些是鋸木廠

隔壁是蘇阿姨的園子；種著萵苣，玉蜀黍

三棵楓樹左邊還有一些別的

再下去是郵政局，網球場，而一直向西則是車站

至於雲現在是飄在曬著的衣物之上

至於悲哀或正躲在靠近鐵道的什麼地方

總是這個樣子的

五月已至

而安安靜靜接受這些不許吵鬧

五時三刻一列貨車駛過

河在橋墩下打了個美麗的結又去遠了

當草與草從此地出發去占領遠處的那座墳場

死人們從不東張西望

而主要的是

那邊露臺上

一個男孩在吃著桃子

五月已至

不管永恆在誰家樑上做巢

安安靜靜接受這些不許吵鬧

──〈一般之歌〉

　　〈深淵〉的暴戾，經過〈如歌的行板〉的緩衝，到〈一般之歌〉，已漸漸沒有火氣了。我們即使從詩的題目也可以看出其間的不同。然而詩人對生存的無奈（在這種心情下，詩人對生存當有幾分厭惡吧？可是卻仍不能將它棄去！）不稍或減，而且就是這種平淡的語調，使得我們也不自禁欲哭無淚了。

　　詩一開始，就充滿了極平凡的描寫，詩人以類似小學生作文的筆觸，叨絮著週圍的環境：鐵絲網那邊是國民小學，再遠一些是鋸木廠、隔壁蘇阿姨的園子，種著萵苣、玉蜀黍，然後是三棵楓樹，左邊還有一些別的，再下去是郵局、網球場，一直向西是車站。這個環境就是我們生存的環境，這樣的景觀，是在臺灣每一個小鄉鎮都看得到的，這裡的每一件東西都跟我們的生活有密不可分的關係，我們讀了覺得親切、自然又平和。可是誰想到詩人竟是如此狡獪，下面筆鋒一轉──

> 至於雲現在是飄在曬著的衣物之上
> 至於悲哀或正躲在靠近鐵道的什麼地方

把我們帶進某種飄忽不定、暗藏危機的境界，給人極不舒暢的感覺，於是讀者會回頭省視到：生活的平凡竟是如此單調，如此狹隘，更有甚者，還不斷地有不快，有悲哀存在，這種生活夠可憐了吧？人們免不了要有的哭，有的笑，有的怒，有的叫，有的罵吧？詩人卻繼續冷冷寫道：

> 總是這個樣子的
> 五月已至
> 而安安靜靜接受這些不許吵鬧

這種語氣似乎是溫和的，就像母親微叱自己孩子的語氣。似不疾不徐，一字一字清晰吐出，其實殘酷。人們的無力與渺小不是正強烈地反彈出來嗎？

這樣的「生存」，人們只有接受下來，而如此地「生存」一段歲月後，人們又得到什麼呢？只是一坏黃土而已！「五時三刻」一詞在此想是代表某個時間吧？五時三刻或是午時三刻的諧音。舊小說中，午時三刻乃處決人犯的法（習慣）定時間。然而不論如何，此句必含有死亡時間之意。生命到了某時間，必然會發生某種情況，如同每天「五時三刻」，就有一列貨車駛過一樣。而河水碰到了橋墩，打了個「結」後，又繼續流下去了。詩人在此涉入了死亡，但對死亡沒有進一步的描寫。畢竟，人們死亡以後是否如河水打了個結後又繼續流去？誰也無法確定。不過，這幾行句子正面固是寫人們如此無味的生存之後，必然還是走上死亡，強化了生命的可憐可歎；而另一方面，文字的背後也似乎確有某種哲思的成分值得我們尋味。

最後的幾行描寫，意旨與首段的末尾是一樣的。「而主要的是／那邊露臺上／一個男孩在吃著桃子」三句，表面似乎意味著人類生命的生生不息，因為「男孩」是富有生命力的個體，「桃子」在神話傳說中也代表了不竭的生命力。然而，由於全詩一貫下來「無奈」的韻味已濃得化不開，拂不掉，終將腐蝕於乏味單調的生命，一如一口一口被吃掉的桃子。因之，即使這個擁有豐富生命的男孩，如此富有生命感的詩句擺在這裡，讀者也並不能引發一絲激動，一絲興奮。

這首詩最成功的是它那徐徐的、和和的、又冷冷的語調，以及最平凡意象的舖敘。生存的「樣態」畢竟是每個人都差不多的，詩人以這種手法來表達主題是明智的，而其反諷的效果卻自有一種不同於〈深淵〉以及〈如歌的行板〉的成績——淺言之，更沁入人心脾，久久不去。

其次，中國詩的語言，到了元曲，頗有令人耳目一新的表現，重白描，用口語，卻無比生動。本詩在現代詩的語言當中也略有類似成就，讀

者細讀首段,並多注意「那廂是」、「還有一些別的」、「靠近鐵道的什麼地方」等句當可領會。

──選自林明德等編《中國新詩賞析 3》
臺北:長安出版社,1987 年 2 月

瘂弦筆下的三個人物

坤伶・上校・二嬤嬤

◎鍾玲*

　　瘂弦描寫人物的詩章，大多篇幅簡短，手法獨到，內容精鍊。他在 1956 到 1960 年間，共寫了十多首人物素描，而其中又以〈坤伶〉、〈上校〉和〈鹽〉三首詩[1]，特別受詩評家的注目。然而諸家的評析，有些太短，難免遺漏了要點。有時對字義有不同的詮釋，導致不同的看法。例如說，對〈坤伶〉一詩女主角，即那位女戲子的身世，諸家就持不同的看法。蕭蕭和梁書業認為：她是「滿清貴族的後裔……如今淪落為戲子」。[2] 文曉村卻認為：她不一定是貴族後裔，只是「麗質天生，應該是當皇后做公主」。[3] 那麼到底這女戲子是什麼出身？在這麼短的一首詩（共 109 字），瘂弦有沒有交代她的身世？我在這篇文章中，希望能探討瘂弦筆下這三個人物——坤伶、上校、二嬤嬤——的真面貌，並且討論瘂弦塑造人物時，運用的各種手法。

一、〈坤伶〉

　　　　十六歲她的名字便流落在城裡

　　　　一種淒然的韻律

---

*發表文章時為香港大學中文學院翻譯組（英制）講師，現為澳門大學書院院長。
[1] 瘂弦，〈坤伶〉、〈上校〉、〈鹽〉，《深淵》（臺北：晨鐘出版社，1970 年），頁 137～138、頁 133～134、頁 57～58 頁。
[2] 蕭蕭，〈詩的各種面貌〉，《燈下燈》（臺北：東大圖書公司，1980 年），頁 203～206。梁書業，〈也談瘂弦的〈坤伶〉〉，《中外文學》第 3 卷第 3 期（1974 年 8 月），頁 165～167。
[3] 文曉村，《新詩評析一百首》（臺北：黎明文化公司，1981 年），頁 159～161。

　　　那杏仁色的雙臂應由宦官來守衛
　　　小小的髻兒啊清朝人為她心碎

　　　是玉堂春吧
　　　（夜夜滿園子嗑瓜子兒的臉！）

　　　「哭啊……」
　　　雙手放在枷裡的她

　　　有人說
　　　在佳木斯曾跟一個白俄軍官混過

　　　一種淒然的韻律
　　　每個婦人詛咒她在每個城裡

此詩的第二小節，是蕭蕭、梁書業及文曉村各持異議的焦點：

　　　那杏仁色的雙臂應由宦官來守衛
　　　小小的髻兒啊清朝人為她心碎

蕭蕭和梁書業把「應」字解作理所當然的「本來應該」之意，因而推斷坤伶是貴族的後裔。問題出在清人的貴族之家是沒有宦官的，只有帝王之家王爺府中才有宦官。因此這兩行詩不可能暗示她是貴族之後，蕭蕭和梁書業的說法是不能成立的。這個「應」字，應該是假設語氣。就像李後主〈虞美人〉中，「雕闌玉砌應猶在，只是朱顏改」的那個「應」字用法一樣。文曉村說她「麗質天生，應該是當皇后做公主」。此說雖不中亦不遠矣。「守衛」二字有帝王視之為禁臠的意味，暗示如果她生長在帝王時代，就可能像楊貴妃一樣，因麗質天生而選為嬪妃，得帝王之專寵。
　　由詩中我們知道，這位坤伶 16 歲就開始唱戲了，那麼她的年代可考

嗎？至少我們知道，她開始唱戲那年，不得早於 1911 年，即辛亥革命之年，因爲清朝自康熙以後，就勒令不許女子唱戲，因此 1911 年前，根本沒有女戲子。這位坤伶在舞臺上的活躍時期，約在 1911 至 1930 年左右。因爲詩中說「在佳木斯曾和一個白俄軍官混過」。帝俄顛覆於 1917 年冬，大量的白俄貴族和軍官，逃難湧入中國東北。而與坤伶有一段情的白俄軍官，照理說，不會是個老頭兒，應該是個英俊的青年。如果算這個青年1917 至 1918 年逃亡來東北時，是二十歲上下，他們兩人的一段情大約應該在 1918 至 1930 年之間發生。既然 1911 年以前沒有女戲子，那麼詩中那些「心碎」的「滿清人」根本不可能存在。既然清朝人根本沒聽過她的戲，心又如何碎起呢？姚一葦解說，心碎的是捧角兒的滿清遺老。[4]不過，如果真是指遺老，爲什麼不說「遺老」，而用「清朝人」呢？我想這一句同前句一樣，也是假設語氣：如果她生在清朝，或爲名妓，或爲名優，她楚楚可憐的風韻，會令王公貴族痴迷，爲她心醉。明末清初的名妓，如陳圓圓、董小宛，都是名震一時，公卿士人爲之傾倒，且兩位美人都有入宮之說，更能呼應詩中「宦官來守衛」的說法。清人，鈕琇說，陳圓圓因其美色與歌藝，給崇禎之后選入宮中，因爲當時田妃擅寵，皇后欲進陳圓圓以分其寵。[5]又有一流行的附會之說，認爲董小宛曾蒙清世祖召入宮中承恩。這一小節在全詩中非常凸出，因爲不是寫現實中的那位坤伶，而是詩人假想，認爲她生錯了時代，以致不能享受榮華富貴，又用古代的美人名妓，來襯托她的絕色，暗示如果她早生幾百年，也是董小宛、陳圓圓一流的人物。

　　瘂弦如何描繪這位絕色美人呢？主要透過別人對她的看法來寫她。全詩採用了詩人的敘事觀點，但詩人又述說了觀眾及說她閒話人們的觀點。讀者可以由很多人的觀點來認識這位坤伶，至於她的外貌，著墨很少，只簡單描寫她的雙臂和鬢兒。陳述方面，瘂弦用戲劇的手法，在她的一生之

[4]姚一葦，〈論瘂弦的〈坤伶〉〉，《中外文學》第 3 卷第 1 期（1974 年 6 月），頁 186～198。
[5]鈕琇，《觚賸》，卷四，「圓圓」。

中，只挑了三個重要的事件，幾筆一勾，卻勾得栩栩如生。第一個事件寫她 16 歲開始唱戲就竄紅了。不寫她舞臺出場的盛況，而拓展了空間，寫整個城對她的反應：「十六歲她的名字便流落在城裡」。「名字」如何「流落」呢？這頗可玩味。我想是指她一出道就艷名四播，城裡的男人禁不住紛紛談論她，但總帶幾分輕薄，因為她是女子，她的名字由一個人口中傳到另一個人口中，就像風塵女子由一個男人手中流落到另一個男人手中一樣可憐。事實上，女戲子的生活相當悲慘凄涼，她們大多出身貧寒，成為名角兒以後，就變成人家的搖錢樹，家人生怕她結了婚就不再唱戲賺錢，常會阻止她嫁人，所以她們常唱到年老色衰。而她們每到一個新地方唱戲，還要應付當地的富豪、官紳、軍閥，淪為他們的玩物。難怪她們會用浪漫的愛情向命運抗議了。瘂弦所挑的第三個事件，就寫她與「一個白俄軍官混過」。想來必是這位坤伶一次浪漫的抗議。「混過」兩個字暗示她是個淫蕩的賤女人，大家蜚短流長地說她閒話，但這是一般人的觀點，詩人的觀點卻大不相同。我已經討論過第二小節中詩人對她美色推崇備至，並惋惜她生錯了時代。而且詩人又用「凄涼的韻律」點出自己對坤伶的同情。

瘂弦所選的第二個事件，是她唱《玉堂春》時，戲園子裡的實況。玉堂春，即蘇三。原是妓女，也以色藝事人，遭遇可憐，我想這是瘂弦選這個戲目的原因。「枷」字象徵女戲子身不由己，如囚犯的一生。蕭蕭對「夜夜滿園子嗑瓜子的臉」的詮釋，值得商榷。他說這句「以（）括住，是一句嘲諷式的描述，描述聽戲的人那種滿不在乎的輕鬆表情，『是玉堂春吧！』隨口問出而已，一面聽戲一面嗑瓜子兒，加強了坤伶的淒苦無人理會」。第一、「是玉堂春吧」應與上下文一致，是詩人追憶她的往事，而非出自當時聽戲人口中。第二、括弧中那句的重點是在「滿園子……的臉」，表示她紅極一時，夜夜滿座。嗑慣瓜子就知道，嗑多了，會變成下意識的舉動。觀眾可以一面嗑，一面全神貫注地看戲。因此文曉村的說法是正確的，他說這句表現「戲院裡觀眾對飾演玉堂春的坤伶的痴迷情形」。蕭蕭指出：「嗑瓜子兒的臉」是一語雙關，也可讀成欣賞坤伶的「瓜子臉」，真是

慧眼獨具。而且還應該注意：瘂弦形容她的雙臂為「杏仁色」，為什麼不用「霜」、「雪」、「玉」、「象牙」、「月白」來形容呢？我想，「杏仁」與「瓜子」呼應，這是用食慾來影射觀眾對舞臺上坤伶的意淫心態。而且杏仁與瓜子不是正餐吃的，多是休閒時吃的零食。而儘管坤伶紅極一時，對一般觀眾而言，只是供他們消磨時間罷了。

　　結尾一小節中又重複了一次「一種淒然的韻律」，瘂弦非常善於靈活地運用重複手法，暗藏玄機。第一次用「淒然的韻律」，是指坤伶不但身世飄零，而且成為男人口上輕薄、心中狎玩的對象。第二次用這句話時，她已成為每一個城市中所有婦女詛咒的賤婦。大概因為她們的丈夫、兒子，或情人不少迷上了她，在戲園子流連忘返，令她們妒火中燒，坤伶的色藝成為很大的威脅。縱使她紅遍天下，男人卻都視她為玩物，女人都輕蔑她、嫉恨她，天下雖大，倒真沒有這位可憐女子的立足之地了。

二、〈上校〉

> 那純粹是另一種玫瑰
> 自火焰中誕生
> 在蕎麥田裡他們遇見最大的會戰
> 而他的一條腿訣別於一九四三年
>
> 他曾聽到過歷史和笑
>
> 什麼是不朽呢
> 咳嗽藥刮臉刀上月房租如此等等
> 而在妻的縫紉機的零星戰鬥下
> 他覺得唯一能俘虜他的
> 便是太陽

　　這首詩寫一個上校退伍後的窘困生活及他抗戰時期的往事。余光中對這首詩的詮釋，雖然簡短，卻體察入微。[6]例如說，他點出「妻的縫紉機的零星戰鬥」這個意象，有「蒙太奇的味道」，時而是縫紉機軋軋的聲音，時而是上校當年在戰場上的機關槍聲。余光中又指出上校曬太陽是一語雙關，亦可聯想日本的太陽旗。黃維樑也說得好，說這首詩富於戲劇性，好像一齣小小的獨幕劇。[7]黃維樑與余光中看法一致，認為上校曬的太陽是冬天的太陽，不是夏天的太陽，我也贊成「冬陽」的說法。因為由第七行的「咳嗽藥」推測，冬天的可能性較大。這位退了伍的斷腿上校，患了氣管炎，房子裡太太的縫紉機又吵，他百般無聊，不如到院子裡去曬曬太陽，暖暖身子罷！

　　這首詩最後四行是用生活細節拼湊而成，而且是精選的細節。黃維樑已細細分析了這四行與開頭四行之間，意象的關聯。不過余光中和黃維樑對前五行的詮釋，我倒持有異議。他們基本上認為這首詩是諷刺戰爭的、嘲諷歷史的。黃維樑認為「蕎麥田，本是生產糧食，維持人類生命的地方，如今則成了戰場，人類在此拚個你死我亡……充滿了反諷色彩」。對「他曾聽到過歷史和笑」一句，兩位詩評家把「笑」解為「嘲笑」，認為歷史只不過是「笑談之資」。我的看法剛好相反：認為這「笑」應當是嘹亮的、豪情壯志的笑聲。而前四行亦無「諷刺戰爭」之含意，我認為，相反的，歌頌了戰士英勇作戰的精神。

　　「他曾聽到過歷史和笑」的他，應是指這位上校。在 1943 年，即抗戰中他腿受傷的那一年，他至多是個中校，一個小軍官。如果他能「聽到過歷史」，當是指這個小人物參與了扭轉歷史的大事件，面對面地見到歷史的創造和誕生。在那一剎那，他會有不朽的感覺，會有創造時勢的英雄感，因此他的笑，不會是「嘲笑」，而是豪情壯志的笑。1943 年發生過什麼重大的戰役呢？1943 年 1 月有大別山區之役，在河南的南部，國軍由日軍手

[6]余光中，〈新詩的賞析〉，《中報月刊》第 1 卷第 2 期（1980 年 3 月），頁 56。
[7]黃維樑，《怎樣讀新詩》（香港：學津書店，1982 年），頁 179～183。

中收復了立煌、商城、潢川、光山、大湖等失地。1943 年 3 月至 6 月之間，有湖北西南部的戰役，五月大捷，國軍收復了公安、石牌等失地。[8]湖北西南部以稻產爲主，而河南南部種稻也種麥，既然詩中說上校在蕎麥田中打這場仗，大別山區之役的可能性比較高。

　　頭兩行的玫瑰花意象，用了「純粹」、「火焰」、「誕生」的字眼，這些都是正面的字眼，而玫瑰在西方文學的傳統，象徵熱情和美。在戰爭之中，如果有什麼可以比擬這麼美、這麼光輝不朽的玫瑰，應是指軍士愛國的熱情和犧牲的精神，尤其是抗戰期間愛國的情緒非常高漲。余光中把火焰中的玫瑰比作上校腿上的傷口、傷疤，黃維樑解作戰火中流的血，亦無不可。一個象徵的內涵，需是放射性的，同時可以有很多重含意。然而黃維樑說，此玫瑰代表了恨和毀滅性的火，相信是誤解。這位上校當年在戰場上，心中應該充滿了愛國情操，拋頭顱、灑熱血，在所不惜，斷條腿算得了什麼？……「訣別」二字用得亦莊亦諧，頗有滿不在乎的英雄氣概。而他在蕎麥田中作戰，更加奮勇，因爲他正保衛祖國的生產和土地。爲什麼這首有關戰爭的詩，竟會引起南轅北轍相反的見解呢？我想這都是瘂弦惹的禍，誰叫他用「歷史和笑」呢？「笑」字用得太曖昧。如果用「他曾聽到歷史和豪笑」，不就沒有問題了嗎？

　　正因爲前五行慷慨激昂，後面上校退伍以後的落魄才有特別強烈的反諷力量。〈上校〉一詩在形式方面也下了工夫，與內容結合。第一行到第四行的字數分別是 9、6、14、14。而第五行至第八行的字數則分別是 9、6、14、13。因此頭四行和次四行是相呼應的。前四行寫光榮的過去，次四行是反省和現實。瘂弦沒有四行一小節地排下去，故意把這格律打破，孤立了第五行，想是強調第五行的重要性，因爲此行點出此上校一生之中高潮是什麼時刻，在那一天，他接觸到不朽，他生命中只有那一天光輝燦爛，而那一天也導致他後半生的痛苦和不如意。而由第七行至最後一行，字數

---

[8]魏汝霖，《抗日戰史》（臺北：國防研究院，中華大典編印會，1966 年），頁 478～480。

愈來愈少（14、13、10、4），想是配合內容，表現上校目前百般無聊、乏善可陳的自棄心情。

三、〈鹽〉

二嬤嬤壓根兒也沒見過退斯妥也夫斯基。春天她只叫著一句話：鹽呀，鹽呀，給我一把鹽呀！天使們就在榆樹上歌唱。那年豌豆差不多完全沒有開花。

鹽務大臣的駱隊在七百里以外的海湄走著。二嬤嬤的盲瞳裡一束藻草也沒有過。她只叫著一句話：鹽呀，鹽呀，給我一把鹽呀！天呀！天使們嬉笑著把雪搖給她。

一九一一年黨人們到了武昌。而二嬤嬤卻從吊在榆樹上的裹腳帶上，走進了野狗的呼吸中，禿鷲的翅膀裡；且很多聲音傷逝在風中，鹽呀，鹽呀，給我一把鹽呀！那年豌豆差不多完全開了白花。退斯妥也夫斯基壓根兒也沒見過二嬤嬤。

在〈鹽〉這首詩中，瘂弦表現對受苦受難小人物那種悲天憫人的情懷。這位二嬤嬤是北方人，因為詩中再三提到榆樹，榆樹是北方的樹木。由第二段我們知道她住的地方離海邊約七百華里，即三百多公里，大約在河北西部或山西東部太行山一帶。由第三段我們知道她在 1911 年 10 月以前就已死了。詩中對二嬤嬤生平的交代並不多，我們只知道她吃不到鹽，她家可能是種豌豆的，可是年年收成不好，後來她瞎了眼，但眼瞎與沒鹽吃關係不大，可能因為營養不良所致，最後她上吊自殺死了。她一生一定受了很多苦，令我們聯想到成千上萬在饑荒中死去的中國老百姓，劉紹銘說得對：「二嬤嬤雖無名無姓，在本詩的地位，卻是民國以前一切苦難的中

國人的百家姓，是陳李張黃何，是歐周胡馬麥。」[9]

　　這首詩的震撼力是由其語調（tone）產生的。通篇用旁觀者的口氣，敘述二嬤嬤的故事。在表面上，語調冷然，漠不關心似的，但內容卻非常尖銳地揭發了殘酷的事實。表裡的差距愈大，張力愈大，對讀者的撞擊也愈大，這也是一種反諷的手法（irony）。例如說，第一段中，二嬤嬤明明很可憐，卻用「春天」、「天使」、「歌唱」這些光明而歡愉的字眼，令讀者感受到天地不仁，命運太殘酷。第二段中，二嬤嬤要的明明是鹽，老天卻給她雪。雪也是白色，顏色形狀都像鹽，但卻寒冷刺骨，二嬤嬤這時大概已經瘋了，要不然幹什麼大雪天，瞎了眼，還在外面一面走，一面叫要鹽呢？

　　到了第三段，1911 年武昌革命成功，又指望有個好的收成，好日子終於近了，二嬤嬤受了太多苦，卻等不及，先死了。她是用自己的裹腳布上吊死的，榆樹在前兩段是天使駐足之處，到第三段，卻是她上吊的地方，這也是反諷手法。瘂弦對二嬤嬤之死，處理手法非常獨到。不直敘她曝屍荒野、凸眼吐舌的可怖死貌，卻以生擬死，把她屍身被禿鷲、野狗吃了的慘事，寫成一種輕描淡寫的步行：「二嬤嬤卻從吊在榆樹上的裹腳帶上，走進了……」這是全詩中表裡之差距最大的一句，真是，驚心動魄。瘂弦還著意經營色彩的效果。鹽和雪都是白色，天使的袍子也是白色，最後開的豌豆花也是白色。全詩瀰漫這純潔寧靜的白色，與二嬤嬤慘痛的一生成強烈對比，更襯托出她瞎了眼以後的黑暗世界。

　　二嬤嬤雖然是個卑微的小人物，瘂弦也透過她來寫大時代，寫辛亥革命。還透過她來諷刺政治，第二段點出，中國並不缺鹽，駝隊揹著許多鹽包去內地，鹽多得很，只是到不了二嬤嬤這種窮老百姓手中。大概因為清末政治腐敗，鹽務大臣是個貪官污吏，勾結鹽商，抬高價錢，即使有鹽運到鄉下，二嬤嬤也買不起的。

---

[9]劉紹銘，〈瘂弦的「貓臉的歲月」〉，《傳香火》（臺北：大地出版社，1979 年），頁 110～113。

　　這首詩首尾各出現一次退斯妥也夫斯基這位俄國作家的名字。為什麼瘂弦把二嬤嬤和這位俄國作家，兩個不相干的人拉在一起呢？瘂弦說：他寫〈鹽〉這首詩的時候，是「受到超現實主義表現技巧影響的階段，把兩個完全無關，絕不可能遇合的人或事『遭遇』在一起，正是超現實主義的慣用手法之一」。[10]超現實主義 Surrealism 常用非邏輯性的表現方法，把內心由理性的控制解放出來，以呈現潛藏內心的活動。因此儘管表面上放在一起的意象似乎漠不相關、不合邏輯，但必有其內在潛藏之邏輯性。例如商禽的〈木星〉中有一句：

　　　菜鏟子舞動著，聲響是受驚的鳥從熱鍋中飛起。

　　炒菜和鳥飛是兩件根本扯不上關係的事；但鏟子刮鍋的聲音，其尖銳、其快速，與鳥之受驚，鳥飛之速，也有相似之處。那麼二嬤嬤和退斯妥也夫斯基有什麼相似之處呢？瘂弦為什麼不選莎士比亞，為什麼不選托爾斯泰呢？我們的中國老太太與這俄國作家倒有一點相通之處：退斯妥也夫斯基——Fyodor Dostoyevsky（1821～1881）的作品主要描寫人類心靈的痛苦，他可以說是描寫痛苦的大師。二嬤嬤一生受盡了苦，可以說是痛苦的化身。本詩的第一句說二嬤嬤沒見過這位作家，這是當然的事，一個鄉下窮老太太，怎麼會見過大文豪呢？聽都沒聽過。但到結尾反過來說這位大文豪沒見過二嬤嬤，就很感人，因為他雖說是描寫痛苦的大師，二嬤嬤一生所受的苦楚，他卻沒見識過，因此大文豪應該感到遺憾。此詩中，瘂弦還巧妙地重複了另一句話，即「鹽呀，鹽呀，給我一把鹽呀！」因為到第三段的時候，讀者本不期待二嬤嬤會嚷這句話的，因為她已經死了，而且屍骨不存。但這句詩話竟又出現了：「且很多聲音傷逝在風中，鹽呀，鹽呀……」瘂弦不必點明說：二嬤嬤死得不甘心，就是吃進了野狗禿鷲的肚

---

[10]瘂弦給鍾玲的信（1983 年 5 月 31 日）。

子，她的魂還不忘要吃鹽呢！瘂弦的巧妙地重複這句話，就表現了二孃孃的冤屈，難怪有些學生告訴我，讀到這一句，他們都忍不住眼中的淚水！

——原載《現代文學》（復刊第 22 期）

——已收入作者著作《文學評論集》（時報出版公司印行）

——選自蕭蕭編《詩儒的創造：瘂弦詩作評論集》

臺北：文史哲出版社，1994 年 9 月

瘂弦的「貓臉的歲月」

望湖居書簡

◎劉紹銘*

××兄：

　　一個學期終於「終了」，再過幾天，又得準備下學期的課，教書的人，除了暑假，實在沒有什麼喘息的機會。威州有些省議員之類的傢伙，每當校方「層峰」人士代教員請命，要求加薪，以追上通貨膨脹時，必「反唇相譏」，說我們教書的已占盡便宜，一個禮拜只上九小時的課，以區區 36 小時的鐘點，就拿納稅人付的一個月的錢，還好意思要求加薪。

　　威大的「層峰」拿什麼話去替我輩自圓其說，不得而知，不過每次要求的預算，總是打五折下來，可見位居要津的政府行政官員，平日看書，不是《飛行的恐懼》就是《鎮魔大師》之類的暢銷書，絕不會是艾略特的《荒原》或瘂弦的《深淵》──聊博我兄辛酸的一笑。

　　瘂弦在這裡過的是什麼一種「洗盡鉛華」（他的自諷語）的生活，想他自己已有信給你，而且我相信一定比我代他報導更為精采。

　　他有沒有跟你談到我們上學期用了他三首詩做翻譯教材的事？他這次來美國，給我一個學習臺灣現代詩的最好機會。他的詩，我在臺大當學生時就看過，尤以在《文學雜誌》發表的那首〈巴黎〉印象最深。幾年前寫的一篇談臺灣小說的文章，還採用了他那句「一莖草能負載多少真理？」做題目。

　　可是一首令我們印象深刻的詩，或詩中某些片斷，某些散句，並不意

*發表文章時為美國威斯康辛大學中國文學及比較文學系教授，現為香港嶺南大學榮休教授。

味本身就是一首好詩。我們對一些詩句的反應，大概是感情用事在前，理智分析在後。瘂弦的〈春日〉不是他的代表作。可是這兩個月，陌生地的冬天經常是零度以下，明知苦寒可恨可惡，自己不是詩人，想不到除了陳腔濫調如「寒風刺骨，吹氣成霜」外，能用一些什麼新鮮的語言，來讓你這個躲在亞熱帶地區吃火鍋的人，生出一種對北國風光感同身受的感覺。抱著這種心情來讀〈春日〉（多富諷刺性的一個題目），很是受用：

> 冬天像斷臂人的衣袖
> 空虛，黑暗而冗長

　　主啊，我們住的地方雖然有暖氣，但在陌生地過冬天，想來確有斷臂人衣袖的味道。因此你和我對〈春日〉這兩行詩的反應，必然因經驗之不同而產生一段不小的距離。對你，這兩句詩是美學上的成就。對我，有「切膚之痛」——上星期沒戴手套到門外取信件，手指一接觸到鐵皮做的郵箱，就膠住了，差點連皮都撕破。夏蟲之不能語冰，寫實極了。

　　瘂弦的詩，有一個占便宜的地方，那就是常見音樂性很強的警句。除我自己用過他的句子做題目外，記憶中，有葉維廉的〈激流怎能為倒影造像〉，林懷民的〈蟬〉中引了〈如歌的行板〉。如果你有興趣做統計，一定還可以找到其他例子。其實我們讀唐詩宋詞，除非記憶力特強的，否則能夠朗朗上口的，多是散句。李賀的詩尤其難背，但只要是有情人，他那句「天若有情天亦老」總會過目不忘吧？瘂弦很多散句，因為意象鮮明，語言濃縮，常常收到過目不忘的效果。「歲月，貓臉的歲月」——這種「險句」容易記，但若要你分析一下，為什麼把貓臉跟歲月這兩個風馬牛的意象扯在一起，你也許會一時不知所措吧？

　　說起來，舊詩中的許多絕妙好句，都是我們少時在不求甚解的情形下記下來的。義山的「曾經滄海難為水，除卻巫山不是雲」，如果我們不去參考各家註解，單憑字義去解析，其「怪異」之處也許不下於貓臉的歲月。

如果我僅是瘂弦的朋友和讀者，而不是個教翻譯的人，我樂得做一輩子五柳先生，空時唸唸〈深淵〉的名句：

> 而我們為去年的燈蛾立碑。我們活著。
> 我們用鐵絲網煮熟麥子。我們活著。

雖然我們明知沒有通過電流的鐵絲難以煮熟麥子，但這種句子唸來過癮，合邏輯不合邏輯就懶得去深究了。

但如果換了另一種立場，譬如說，以翻譯者或研究翻譯的人的眼光去看瘂弦的詩，那就不能不一字一句的推敲原詩的意思了。翻譯家是法定的註釋人，批評家。如果翻譯家自己都搞不清原文的意思，怎可以做文字交流的工作，「貓臉的歲月」意義雖不好解，文字卻不難譯。如果用不著向讀者交代，譯成 cat-faced years 就盡了責任，讀來也一樣過癮。

可是碰到：

> 在三月我聽到櫻桃的吱喝。
> 很多舌頭，搖出了春天的墮落。

這就費煞思量了。櫻桃的吱喝，譯法可效貓臉的歲月，照字面意譯，至於讀者看了懂不懂，那就得看各人的慧根了。但下一句很要命。如果把這句試易兩字，春天換了張三或李四，那麼搖出了他的墮落的舌頭，必是長舌無疑。可是墮落的是春天。不管意思怎樣模糊，譯者不能不就他自己的看法，對這墮落的解析，做一個選擇。是 decadence? decline? fall? deterioration? degeneration? sinking? corruption?

搖舌頭的「搖」字也不好翻。中文的用法，已是一個例外，雖然我們慣用的「嚼舌頭」也是不能深究的，因為據說古人自殺方式之一，是嚼舌而亡。我手頭兩個譯本，一個譯 shake 一個譯 wag，不知不諳中文的英語讀

者（因爲懂中文的會受原文先入爲主的影響），看了有什麼感覺。shake 和 wag 通常都是用來描寫尾巴動作的。

我用了瘂弦三首詩做翻譯教材（〈深淵〉、〈鹽〉和〈上校〉），因爲我希望他能因直接參與「翻譯工作坊」的關係，親身體驗到翻譯之難。另外一個原因，是想利用這個極其難得的機會，好好的現場研究一下，新詩的作者和讀者間的「交通」問題。

瘂弦於 1960 年發表的〈詩人手札〉中，有下面幾點我們弄翻譯的人聽來有點歉疚的意見：

1.他們看不懂那首詩的原因是他們永遠固執著去「解」它，而不去「感」它。

2.從嚴格的意義來說，詩唯有自己解釋，否則它就不能解釋。

3.「印象批評」較好的地方是他根據人生而非根據學問。最壞的批評是根據學問。

〈詩人手札〉其他的挑戰性意見很多，但最令搞翻譯的人怵目驚心的是以上三點。

關於第一點和第二點，前面已解釋過。有些詩確實是不必強求解釋的，只要讀來詩趣橫生就成。但要譯起來就不能不「強作解人」了，除非那位譯者印象派得如龐德，把題目當作詩來譯。

〈手札〉中的第三點，我沒有問瘂弦，不知 17 年後的今天，他是否要修正這種主張？

由於我和瘂弦今天所處的地方，可以有批判、檢討而不必交心的便利，所以我邀請他到我班上來助陣，聽我自己和同學討論他的譯詩。但有這麼一個君子協定：我們說我們的，即使我們所得的結論是一派胡言，譬如說，即使我們同學中有人把歲月之所以如貓臉解釋爲「那是因爲那一年是貓年」——他也不能生氣。我和他雖是朋友，但爲了遵守行規，我自己看不懂的詩，只好由我自己瞎猜，也不想以私人感情的關係去迫他先向我「交心」。

　　瘂弦到我班上來，究竟有沒有「享受」到我們和而不同的爭論，我不知道。但我希望最少因此機會讓他重新考慮詩人與讀者間的交通問題。我們且按下工農兵文學的對象問題不表，就拿十多年前臺灣現代詩人的作品做例子吧。詩人寫詩，難道就為了孤芳自賞？他心目中總有一個階層的讀者吧？就拿《深淵》這集子來說，是獻給橋橋的（卷六還有一首特別為橋橋而寫的）。照理說，橋橋以「文藝女青年」加上詩人枕邊人的身分，該是瘂弦的詩最理想的註釋人了吧？橋橋既然不在美國，不能親自問她，此案只好暫時擱下來。

　　而一個教書的人，利用友情的關係而去迫著一個詩人去解釋自己的詩，是最不夠朋友的事。

　　釋詩既然不能套交情，批評人家的翻譯又不能光憑感性，四顧茫然之下，唯一可依賴的就是從「學院派」所接受得來的那一點點「學問」了。

　　〈鹽〉、〈深淵〉和〈上校〉我都做了一些筆記。〈深淵〉太長，〈上校〉不如〈鹽〉之重要，我只給你抄下一些我個人對二嬤嬤的反應。（〈深淵〉是一首反應時代心態的重要著作，成於 1959 年，其時臺灣文藝青年，包括我自己，都在發存在主義的高溫。瘂弦這首「不拘邏輯的跳躍表現……時空的交錯和物象的換位」的詩，確能把握了當時臺灣的歐洲心態。這種「去看、去假裝發愁」的模仿異鄉人，後來就成了陳映真的嘲弄對象，見〈唐倩的喜劇〉，1967 年。）

　　〈鹽〉雖然提了兩次俄國佬的名字，卻是瘂弦所寫的詩中，中國得不能再中國的詩，這跟〈深淵〉不同。〈深淵〉中的人物，即使穿了長袍馬褂，整個氣氛就有點不倫不類。如果要選瘂弦一首最有國際性的詩，不是〈倫敦〉和〈巴黎〉，而是這首「今天的雲抄襲昨天的雲」的長詩。〈鹽〉的英譯，需要一番口舌向外國人解釋，但〈深淵〉譯成英、法、德、日幾種曾在存在問題打過滾的文字，如果把詩人的名字掩蓋起來，直可亂真，既可是英文詩、又可視作法文詩。

　　〈鹽〉中的二嬤嬤，好像西方 morality play 傳統中的 Everyman，或依

今天美國婦運語言的法則，是 Everyperson。二嬤嬤雖無名無姓，在本詩的地位，卻是民國以前一切苦難的中國人的百家姓，是陳李張黃何，是歐周胡馬麥。

「她壓根兒也沒有見過退斯妥也夫斯基。」

瘂弦的作品，以富浪漫的異國情調見稱，因此他詩中出現洋名字毫不奇怪。但為什麼不用荷馬、雨果，而用詰屈聱牙的退——斯——妥——也——夫——斯——基？

我想瘂弦有他的理由，最少退氏寫過一本中譯叫《被侮辱與被損害的人》。可是，退氏的作品，難登工農兵文學的大雅之堂。他最感興趣的，是人與上帝的關係，善與惡的問題。

二嬤嬤沒見過退斯妥也夫斯基，一來表示她不過是一個普通的中國農村老百姓，沒受過洋教育。二來可能是提示我們，她每天要掙扎的，不是精神價值問題，更不是善惡問題，而是簡簡單單的民生問題。

如果瘂弦把題目改了，叫「米」，不叫「鹽」，會有什麼不同的效果？同樣是民生的必需品，米同鹽就產生不同的象徵。二嬤嬤大概是北方或西北人士，不會是沿海的江南人士。中國從前交通不便，鹽在內陸地方，真是「鹽珠薪桂」。但這是差不多一百年前的事了。用鹽而不用米來做象徵，可以不露痕跡的點明了時代背景。

從人體每天需要賴以養生的觀點看，不吃米可以吃別的副食，但不吃鹽幾個禮拜，生命是保不住了。

鹽大概還有宗教意義，尤其是天主教的，待查。

從二嬤嬤求生的立場來講，讀歪了咀的《罪與罰》的作家的名字，是一種英文所謂 mocking irrelevance。她老人家好像對我們流著眼淚說：「你們讀書的少爺真會開我們窮人的玩笑。什麼退基？」

苦命的老太婆不但感覺到讀書的少爺在開她的玩笑，而且連老天爺也開她的玩笑。「春天，她只叫著一句話：鹽呀，鹽呀，給我一把鹽呀！天使們就在榆樹上歌唱。」

　　叫天不應已經痛苦，最可悲的是連在榆樹上戲弄她的，不是她所熟悉的土地公或天后娘娘，而是大概長著翅膀穿著白紗的舶來品。

　　呼天不應，蹌地地也不聞，「那年豌豆差不多完全沒有開花」。

　　第二節的「鹽務大臣的駱隊在七百里以外的海湄走著。二嬤嬤的盲瞳裡一束藻草也沒有過」，證實了前面的猜想，二嬤嬤是北方或西北人，因為她瞳孔沒見過藻草。

　　沒有鹽吃，眼睛瞎了。這裡的鹽務大臣，大概是「父母官」中的 Everyperson。駝隊載著的，大概是鹽。現在二嬤嬤眼睛已瞎，駝隊到她家時，她已經再用不著鹽了（第三節）。

　　天使的玩笑越來越大。這次，二嬤嬤叫鹽呀鹽呀的時候，她們「嬉笑著把雪搖給她。」

　　「一九一一年黨人們到了武昌」，但已來不及解民之倒懸了。二嬤嬤吊在榆樹上的裹腳帶上，餵了野狗。

　　豌豆那年差不多全開了白花。

　　最戲劇化、最沉痛的一句，是結尾：「退斯妥也夫斯基壓根兒也沒見過二嬤嬤」。

　　那應該是說，二嬤嬤的身世雖可憐，卻上不了「被侮辱與被損害的人」的名冊。

　　她只不過是萬人塚中的一個無名死者。

　　有關〈鹽〉的筆記，到此已盡。究竟以上的一派劉言，是否接近瘂弦的原意呢？有多少地方是我自己造出來的草蛇灰線呢？這一點，除非瘂弦有一天酒後自動解除詩人的武裝，夫子自道一番，這個祕密，將無法知道。不過，聽說新批評的方便處，就是若論點言之成理，就算站得住腳了。

　　對瘂弦唯一覺得抱歉的是，我對他立的讀詩誡條，置若罔聞。他這次來威斯康辛，希望他能了解我們這種「職業讀書人」一心二用的矛盾，燈前燭酌，以酒下詩時追隨的是他十多年前說的「印象批評」，根據人生而非

根據經驗。在備課向學生交代時，因為自己沒有詩人身分，不能說：「詩唯有自己解釋，否則它就不能解釋」。

我們若這麼一講，州長和其他讀《飛行的恐懼》的人，就會振振有詞的說，「你看，這些叫學生自己解詩的人，居然還厚著臉皮占學校的一部分」。

〈詩人手札〉提到「牛頓的恥辱」一事，據說是牛頓「把寫虹的詩引到三稜鏡上去分解」。

一個在地上拾到時值臺幣百元的蘋果而不馬上去伏地大嚼的人，不會了解到詩的風情。濟慈說的當然是笑話。但讀詩如果不憑一點文學常識（且不說學問），大概不會猜出〈深淵〉中以下三句葫蘆裡賣的是什麼藥：

> 在剛果河邊一輛雪橇停在那裡；
> 沒有人知道它如何滑得那樣遠，
> 沒有人知道的一輛雪橇停在那裡。

「這是荒誕的」。雪橇怎麼出現在只有在冰箱才找到雪的剛果？這正如海明威故事〈奇里孟嘉羅的雪〉中，在冰封的山頂上發現一具豹屍同樣令人迷惑。

剛果河邊的雪橇，冰山頂峰的豹屍，都是人生無法解釋的謎吧？

夜已深，而陌生地的冬天，如無友情的溫暖，像斷臂的衣袖，空虛、黑暗而冗長。此信抵臺，又是此地絃歌復奏的時候了。此時如在臺灣，當與兄去喝紹興泡的蒙古烤肉，吃了喝了後變貓臉也不在乎。

——1977 年元月 7 日《聯合報》

——選自劉紹銘《傳香火》
臺北：大地出版社，1979 年 5 月

論瘂弦的〈坤伶〉

兼及現代詩與傳統詩間的一個問題

◎姚一葦[*]

　　我喜歡瘂弦所寫的好些詩，但是我此間提出來探討的則是他所寫的一首小詩〈坤伶〉。這並不意味這首詩是我喜歡的或是最好的，而是取其簡短，因爲主編光中兄十萬火急文書，使我無法去思考那些較長、較大的詩篇。其次，我想通過這首詩來探試我國現代詩與傳統詩間的一個問題；這個問題在我的心中積壓了許久，想藉這個機會以就正於方家君子。

　　〈坤伶〉發表於民國 49 年 8 月出版之《筆匯》月刊，經收入作者詩集《深淵》，下面我所依據的爲晨鐘出版社民國 59 年初版《深淵》增訂本。原詩如下：

> 十六歲她的名字便流落在城裡
> 一種淒然的韻律
>
> 那杏仁色的雙臂應由宦官來守衛
> 小小的髻兒啊清朝人爲她心碎
>
> 是玉堂春吧
> （夜夜滿園子嗑瓜子兒的臉！）
>
> 「哭啊……」

---

[*]姚一葦（1922〜1997），劇作家，文學評論家，劇作教育家。本名姚公偉。江西南昌人。發表文章時爲中國文化學院（今中國文化大學）藝術研究所戲劇組主任。

雙手放在枷裡的她

有人說
在佳木斯曾跟一個白俄軍官混過

一種淒然的韻律
每個婦人詛咒她在每個城裡

————〈坤伶〉

　　這首詩一共是六小節，係採用第三人稱的敘述的形式。第一節，敘述
她 16 歲成名，但是這種成名，作者用「流落」來形容。「流落」是關鍵
詞，是一篇之眼；她的名字的「流落」正是她身世的「流落」，「流落」才
使她的生命之曲成為「一種淒然的韻律」。第二節，描寫她的美麗，在描寫
美麗方面只凝聚在她的「杏仁色的雙臂」和「小小的髻兒」，一如韋莊的
〈菩薩蠻〉中「鑪邊人似月，皓腕凝霜雪」一樣，正是以局部代全稱的手
法。但是作者在此表現出他的想像力：「那杏仁色的雙臂應由宦官來守
衛」，把我們帶入那侯門似海的宮廷；「小小的髻兒啊清朝人為她心碎」，使
我們想起當年在北平捧角兒的那些遺老來。不僅發人遐思，而且開啟了我
們的記憶之門。第三段：「是玉堂春吧」含有雙重的用意，一方面是「夜夜
滿園子嗑瓜子兒的臉！」中的玉堂春，亦即舞臺上的玉堂春；而另一方面
亦是她的身世之自道。「夜夜滿園子嗑瓜子兒的臉」在此展現出鮮明的意
象，不僅表露出當年戲園子內的情形，而且讓我們看見那嗑瓜子兒的大爺
們的嘴臉。這一句之所以加上括號，照我的解釋，因為整首詩所描述的都
是詩中主角，唯有這一句則是描寫戲園子，作者有意的添上括號，以示區
別。但是就我看來，似乎是不必要的，因為加上括號不僅在形式上破壞了
整首詩之完美，而且在意義的宣洩上，是明明告訴讀者這兒有一個「結」，
你要讀下去就得解開這個結，如果沒有括號，讀者豈非更加想像自由？同
時那個驚嘆號也是多餘的，作者的目的不外是加強語氣，其實這句話的語

氣已經夠強了。第三節描寫玉堂春演出情形，「哭啊……」是玉堂春上場時
的哭頭，「苦啊！」，此時她披枷上場，「那杏仁色的雙臂」正放在枷裡。其
意義當然亦是二重的，一方面是描寫戲裡的玉堂春，另一方面是主角的自
道。玉堂春在哭，亦是主角自己在哭。第四節揭開了主角生活的另一面，
作者只用了一句話：「在佳木斯曾跟一個白俄軍官混過」。這是一句關鍵
句，因爲上面所述的三節都是泛指的，描寫的可以說是許多坤伶的際遇，
能用在坤伶甲的身上，亦能用在坤伶乙的身上，是可以移置的。但是在
「佳木斯曾跟一個白俄軍官混過」的坤伶只能是某一特定的坤伶，是不能
移置的。因爲詩不能只表現一般，也要表現特殊。正如描寫風景，不能老
是一些眼前語，詩人必要透過層層障礙，深入事物之內在；必要捨棄浮
詞，脫去俗套。這就是許多人的作品不耐讀的原因。第五節以「每個婦人
詛咒她在每個城裡」，做爲全詩之結束，那麼流言蜚語當不只「在佳木斯曾
跟一個白俄軍官混過」而已，作者冠之以「一種凄然的韻律」，以照應第一
節。

　　全詩作者採取的爲一種近似客觀的記錄形式，以「流落」一詞引起下
文，而後揭開她的「流落」之事實；然而在記述中作者屬入了自己的情
感，我們自「一種凄然的韻律」一語中，不難窺得作者對於她的綺年玉貌
以及其身世的惋惜與同情。這一惋惜與同情並沒有構成呼號、怨懟或感傷
的程度，以表露出詩人的節制，但亦沒有轉折或急轉（Peripety），所以只
屬於單純情節的發展形式。從而使我們感到詩中似乎還缺少點什麼。

　　詩中究竟缺少什麼？關於這個題，我們必要自與一首西洋詩的比較中
來了解。下面我舉羅賓遜（Edwin Arlington Robinson）之〈李察・柯里〉
一詩爲例：

Richard Cory
Whenever Richard Cory went down town,
　　We people on the pavement looked at him:

He was a gentleman from sole to crown,

    Clean favored, and imperially slim.

And he was always quietly arrayed,

    And he was always human when he talked;

But still he fluttered pulses when he said,

    "Good-morning," and he glittered when he walked.

And he was rich-yes, richer than a king-

    And admirably schooled in every grace:

In fine, we thought that he was everything

    To make us wish that we were in his place.

So on we worked, and waited for the ligth,

    And went without the meat, and cursed the bread;

And Richard Cory, one calm summer night,

    Went home and put a bullet through his head.

李察‧柯里

每次當李察‧柯里進城時，

    我們在人行道上向他張望；

他從頭到腳都是位紳士，

    儀容整潔，氣派至尊何頎長。

他經常一身素淨的服飾，

    他談話時總是體貼人情；

可是他仍然令人心跳當他說，

    「早安」，他走起路來亮晶晶。

他很富有——是的，富逾王侯——

各方面的教養都令人欽敬；

總之，我們認為他的一切，

都使人願具有他的身分。

就這樣我們繼續工作，等待天明，

食而無肉，詛咒麵包；

而李察‧柯里，一個靜穆的夏夜，

回家去射一顆子彈穿他的頭腦。

這首詩如題所示，是描寫李察‧柯里這個人，用的亦是第三人稱的敘述的觀點，前面三節可說都是對他的讚美；他外形的莊嚴、靜穆，他的通曉人情，他的富有和他的教養；他是一位真正的紳士；「總之，我們認爲他的一切」，「都使人願具有他的身分」。第四節拿我們這些瑣碎而平凡的人來和他對比，我們只有工作和詛咒，我們沒有他的一切。可是最後：

而李察‧柯里，一個靜穆的夏夜，

回家去射一顆子彈貫穿他頭腦。

這兒突然做了一百八十度的大轉變，形成亞里士多德所謂的「急轉」或「境遇的轉變」（"reversal of situation"）（見《詩學》第 11 章），給讀者帶來了高度的意外感。

此種「急轉」或意外感，正是布魯克斯（Cleanth Brooks）所謂的「弔詭的語言」或「弔詭的情境」。他在〈弔詭的語言〉"The Language of Paradox"一文中特別強調：「……弔詭對詩而言，是適當且必有的語言，科學家的表達真實必要自語言中消除弔詭的任何痕跡，而詩人所述之真實，明顯地只有依據弔詭來著手。」（此文收入其所著：*The Well Wrought Urn*, Reynal & Hitchcock，1947 年版）而〈李察‧柯里〉所用的即係弔詭的語

言，所表現的為弔詭的情境。為什麼這位我們大家所羨慕的、已擁有我們認為一切的李察・柯里，他竟會自殺呢？而我們這些瑣屑平凡的人反而不會呢？這不就是邏輯上的詭論嗎？正因為它是弔詭的，它所顯示的問題便非止於表面層，而遠為深邃。因為我們必得要進一步來揭開它的隱祕。

布魯克斯將弔詭的語言或弔詭的情境做為詩的必有語言，甚至做為詩的唯一表現方法，雖然是過分的誇張，但是弔詭的語言卻是詩的重要表現方法之一；如照我的說法，所謂弔詭的語言或弔詭的情境，實際上，即是語言的對比或情境的對比。關於對比的性質與意義，我在《藝術的奧祕》一書中，言之甚詳，不擬再贅。下面我僅就本詩來討論。

這首詩所表現的正屬一種不平常、不相稱的情境，形成所謂的「情境的對比」，因為這一位被我們所認為已擁有一切的李察・柯里，應該是愉快的、幸福的，他不應該或不可能去自殺，自殺便越出一般的常情之外，便屬不正常。但是他畢竟自殺了，他的自殺是一個事實，事實是無法爭辯的。於是我們不能不就前面對他所觀察的發生懷疑。我們將會發現，我們所獲得的印象只是他的外表，而他的內心可能遠比我們痛苦。在「他走起路來亮晶晶」中會不會蘊涵著某種的徬徨與逃避呢？這就值得我們深思的了。

同時又構成「我們」（本詩的觀察者）與主角之間的對照；亦即以我們這些平凡的、瑣屑的人物來和這位整潔、文雅、教養、富有的紳士對比，而結果我們將發現整潔、文雅、教養和富有完全是虛幻的表現，完全落了空。此即所謂人物的對比，因此自此一情境的與人物中的對比中，當不難窺探出作者所流露出來的嘲弄的意味。他在嘲弄這位做作、掩飾下的李察・柯里，也在嘲弄那些只迷惑於一個人的外表的「我們」；同時他的嘲弄的意義尚非僅止於這一浮薄的表面層，他更嘲弄所有掩蔽於外表之下的紳士型的人物和只認衣冠的小市民；他在嘲弄整個人生。

這一種的嘲弄的意義便不是感性的，而是知性的；它不只是激發起吾人的情感的活動，而更刺激起吾人的思考的活動。我們不能不說瘂弦的

〈坤伶〉似乎缺乏了這一層的意義，因爲在〈坤伶〉中，完全構築在我們認知的範圍之內，是我們經驗的世界中的表現，沒有布魯克斯所謂的「弔詭的情境」，沒有轉變，亦沒有意外感，自亦不具深厚的嘲弄的意義或人生哲學，使它仍然止於單純的抒情詩的範疇。

　　然而我要慎重指出的，雖然〈坤伶〉缺少上述對比與嘲弄的性質，仍然無礙其爲一首好詩，正因爲一首結構單純的抒情詩，仍然可以是一首好詩一樣。關於此點在我國傳統詩中，特別是律詩中，可以找到無窮的例證。下面我舉例來說明。

> 寶刀千直氣凌雲，俠少新參龍武軍。
> 柳市博徒珠勒馬，柏堂箏妓石華裙。
> 招權夜結金安上，挾策朝干王長君。
> 堪笑年年祕書客，白頭空守太玄文。

——吳梅村，〈俠少〉

　　這首詩雖然堆砌了許多典故（按典故表現爲語言的凝聚，可以以少數的語言，製造豐富的意象，我們大可不必盲目地去反對典故），卻全是用來描畫「俠少」。第一、二句描寫他的盛氣凌人和系出名門；第三、四句描寫他的稱雄一世與窮極奢靡；第五、六句描寫他的接受請託與結交權貴；第七、八句則以嘲笑文人來作結。因此我們可以說整首詩所描寫的沒有越出吾人所知的「俠少」的範圍，不具任何的轉變或意外。我想吳梅村的這首詩，絕非只把「俠少」做爲一個「集合」來描寫，而必與某一特定的「俠少」有關，亦即必有所指之人或事（關於這一方面的研究已越出了我的能力與興趣範圍，恕我不能做深一層的討論）。但是這一點已無關重要。就詩而言，那一飛揚跋扈，出身貴胄的青少年的嘴臉已躍然而出。

　　我再舉劉長卿的〈送李中丞歸漢陽別業〉爲例：

流落征南將，曾驅十萬師。

罷官無舊業，老去戀明時。

獨立三邊靜，輕生一劍知。

茫茫江漢上，日暮欲何之。

　　這首詩雖屬贈人之作，但通體係描寫李中丞這位老將。全詩以「流落」起，以「欲何之」作結；中間言其罷官，言其老去，言其任事之忠與勇。通首詩採取的爲直敘，並無轉折之處，是故作者主要的是表露對李中丞的際遇的同情與惋惜。雖然在惋惜之中，如「罷官無舊業，老去戀明時」或多或少含有對當政者的抱怨，但甚爲輕婉。蓋我國素來重視情感的節制，所謂「樂而不淫，哀而不傷」是也。

　　此種直敘的形式在我國傳統的詩中，是一種常見的手法；亦即作者直接抒寫出他的感情與意念，不含弔詭的或急轉的情境，不含或甚少嘲弄的意味，雖然在哲學的意義上是稀薄些，但仍然可以流露出真摯的感情。瘂弦的這首詩，正是此一典型的傳統的方法的表現。

　　我更進一步認爲，〈坤伶〉一詩係脫胎於律詩，與律詩有某些血緣上的關係。當然我不是說它就是一首律詩，任何人都看得出無論句數、字數、聲律，都不相同，但是它在組織與結構上卻有極大的類似性，爲了證明我的說法，我嘗試將它改寫成一首律詩。

荳蔻華年窈窕身，鳳城風雨幾沉淪。

香肩合共宮娥侍；寶髻曾迷遜國臣。

佳木斯城憶滅燭；玉堂春曲最傷人。

此情尤有淒涼處，蜚語流言漫海濱。

——〈坤伶〉

　　如果將二首詩加以對照；一定可以發現，我仍然遺漏了不少東西，有

的地方甚至加以顛倒。但是這是受了字數、句數、韻律與韻腳的限制。這是不可抗力的一件事。我可舉一事來說明。當我寫這首詩時，腹稿的打成是在下班的公共汽車上，當時得來容易，因為瘂弦的原作已讀到可以背誦的程度。可是回得家來，為了害怕出韻（我已多年不寫詩，韻已不熟），急忙翻出韻書來對，果然！有一個字屬庚韻，勢必要更換。而更換韻腳，真是牽一髮而動全身，左改右改，均是不妥。直到第二天早晨在公共汽車上，才算定稿。我舉此例之目的，只是在說明律詩限制之嚴，無法逐字逐句照譯出來。但是我相信大體上或精神上是相符的。

因此我敢說〈坤伶〉是從傳統的律詩中蛻化而來的，保有一般律詩的基本結構：還不僅如此，即使在形式上與音律上也或多或少保有某種程度的近似處。例如：

那杏仁色的雙臂應由宦官來守衛
小小的髻兒啊清朝人為她心碎

便具有排偶的性質。同時它是押韻的：「裡」、「律」；「衛」、「碎」；「啊」、「她」等都押得很工穩。所以讀起來很是順暢，使我第一次讀它時就感到彷彿是在讀一首律詩。我是個在傳統文學裡浸沉過許多年的人，如果一首詩，用的彆扭的西化語句，連思想、結構、典故也全是自國外借來的，其間只有文字之別，那麼我為什麼不去直接讀西方的作品呢？讀那種詩對我是一種苦刑，這或許就是我愛讀瘂弦的緣故吧。

在對照閱讀了瘂弦的原作與我的改作之後，無疑的瘂弦的原作優於我的改作。這並非因為我的改作是全部借用瘂弦的原意之故，即使我的詩作在先，亦是如此。我想其中最主要的原因，乃是瘂弦所用的語言是生動的、新穎的、自創的，可以完全擺脫舊有的結束，而我所用的語言則無法避開陳詞套語，只能在習慣的（conventional）語言中翻滾。於是前者是詩人在支配語言，而後者是受語言的支配。兩相比較，相距千里。這一種的

差距引發起我對於傳統詩（舊詩體）與現代詩（新詩體）之間的一個問題。下面我為節省篇幅，僅就律詩來加以說明。

律詩始於唐初，在當時是新體詩。是以初、盛唐之作大多能保有它的質樸，在結構上一氣旋迴，大開大闔，所以勢壯境寬，味醇氣馥。至中唐為之一變，境界漸窄，氣勢不厚，已無盛唐豪邁雄渾之風，然趣味之雋永，風格之秀雅，則有過之。晚唐又變，格調趨於輕靡，文詞雕鐫是尚。言情則縈迴婉轉，敘事則縹緲空靈。律詩之諸般形態，已盡於唐矣。宋代律詩之求新求變，可足述者，唯有山谷。然山谷之詩亦僅於聲律上破除限制，以拗、以拙取勝，如斯而已。後之作者，於詞藻、典故、句法、結構、聲律，已無法越前人窠臼。有清一代，詩人輩出，若王漁洋、袁子才，都是絕頂聰明之人。然而王漁洋之秋柳詩：「浦裡青荷中婦鏡；江中黃竹女兒箱。」袁子才詠簾之作：「珍珠顏色月波光，只隔遊蜂不隔香。」其遣詞造句、運筆構思，雖富巧思，無奈既乏深刻思想，又無真摯感情，已成為一種詩謎，一種文字遊戲。律詩至此，豈不使人惋歎！但是在我看來，我們實不能責怪他們，如果他們生於唐代，必是大家；如果他們生於今日，必是現代詩之健將。這是時代的限制，是不可抗力的一件事。

我國的舊詩體已經給前人寫盡了。律詩如此，其他形式之詩亦是如此。此種舊形式必將為新形式所取代。是以當新文化運動一展開，新詩體亦跟著而來。因為唯有新的形式的詩體才能表現現代人的思想、感情與生活，或者說才能更恰當地、更細緻地傳達出現代人生。但是我要指出的，我絕非否定舊有的形式，它們都有過輝煌的歷史，留下了許許多多的傑作，構成我們文化中的寶藏。我此間所要強調的只是今天我們已不能呆守著這種形式，我們亦無法再在僵化的陳詞套語中打轉。還不僅如此，即使你願意這樣做，你亦無法抗拒新的形式的來臨！

我們的新體詩已有了五十餘年的歷史；這時間雖不算長，但亦不能說短。可是直到今日仍未能成為一個公眾所普遍接受的形式；至少讀者不廣。我們雖有許多的詩刊，但大都只在詩人之間流傳，很少能及於廣大社

會，也就是說還未曾真正生根於我們的生活之中。考其原因，我想可能是當新詩體一出現，立即受到西洋的影響，於是 19 世紀末期以來所產生的各種流派，如高蹈的、頹廢的、象徵的、達達的、超現實的……一股腦兒的都闖了進來。我們知道這些流派全是西洋文化基礎上的產物，自他們的基礎上來看，當然有他們出現的理由，但並不表示在我們的文化基礎上亦具有同樣的理由；同時它們的出現有的只是曇花一現，早已成為明日黃花，可是我們卻仍舊視為瓌寶。像這些舶來之物，與我們並無血緣上的關係，亦即它不是來自我們的社會基礎，亦非生根於我們的文化內在，當然便與我們發生膈膜，不可能使我們產生心理上的共感。以我為例，有許多詩我之所以讀不進去，或許就是這個原因吧。

但是我並不是說我們要完全避開此種影響，事實上閉關自守的時代早已過去，我們已無法避免外來的影響；同時我一向認為詩人盡可以嘗試他樂於寫的東西，盡可以傲慢或躲在象牙之塔內，這是他個人擁有的一分自由。所以我此間只是表示如果他要成為一個公眾所接受的詩人，一個對我們的社會、文化發生影響的詩人，那他必要自我們的社會、文化的基礎出發，他必要與這凡俗的世間同甘共苦、共休戚，他必要表現與他的同胞心靈相通、血脈相連，他就不能自外於他的祖先的土壤與民族的傳統。

新體詩的產生也像其他新文化一樣，是時代的必然，沒有人能夠阻擋；但是它是傳統的延伸，而不是無根的杜造，新體詩與舊體詩之間必有某種血緣上的關聯。如果只有橫的移植，使創作與翻譯的作品等同，那是詩人本身自外於他的國人，自外於他的讀者。而瘂弦的〈坤伶〉沒有這樣的毛病。在這首詩裡他揉合了傳統與現代，中國與西洋。在語言上他將古老的語詞安裝在現代的語法裡，例如「流落」是古老的語詞，但是運用在「十六歲她的名字便流落在城裡」，便屬詩人的筆觸，全新的意象。在結構上，他將傳統的律詩的結構化為現代詩之形式。在思想與感情上亦與傳統有某種程度的相關。（前已言之甚詳，不擬重複。）凡此種種都表示瘂弦如何小心地冶傳統與現代於一爐，而求不留痕跡，不管他是否已成功到若何

的程度，他的此種用心與表現總是值得讚揚的。

自瘂弦的這首詩使我興起了一點感想。我認爲當新體詩的出現，解除了形式的諸般限制之後，詩人自舊有的桎梏中掙脫出來，應該有劃時代的作品出現的。因爲每一新的形式的產生，如唐詩、宋詞、元曲，都有過它的黃金時代，新體詩自亦應如此。自此點言，律詩恐怕還是小道，而真正震古鑠今的鉅製，如杜甫的〈北征〉、〈自京赴奉先縣詠懷五百字〉、〈三吏〉、〈三別〉、〈兵車行〉、〈麗人行〉、〈哀江頭〉……，李白的〈蜀道難〉、〈夢遊天姥吟留別〉、〈將進酒〉……，白居易的〈長恨歌〉、〈琵琶行〉等，不僅表現出詩人自身的心胸氣度、他的情感和意念，也刻畫出那個時代的精神面貌，而成爲詩史。我們正是期待這一類的作品出現，以能承先啓後，繼往開來。這就是我此刻馨香祝禱的。

——選自姚一葦著《欣賞與批評》，民國 78 年 7 月，聯經出版公司出版

——選自蕭蕭編《詩儒的創造：瘂弦詩作評論集》
臺北：文史哲出版社，1994 年 9 月

在蒼老的死神面前

◎孫維民[*]

　　在表現手法上，瘂弦的〈殯儀館〉是一首饒富趣味的詩。這首詩所處理的死亡的主題其實並不稀奇，甚至可以說是相當普遍的。詩中出現的意象既不抽象玄奧，語言也維持了瘂弦擅長的口語風格。我們幾乎可以確定，它是屬於那種淺顯易懂的詩。對於一些現代詩的讀者和作者而言，「淺顯易懂」意味的經常是貶多於褒。然而細讀此詩──即使是在距離創作日期幾近三十年之後──我們仍然無法否認它所帶來的樂趣。

　　如果我們依然承認讀詩的樂趣的話。

　　不過，所謂的淺顯易懂也有可能只是表象。看來繁複龐雜的作品不一定比外觀自然簡潔的作品更好。許多重要的畫作和次要的畫作之間，經常可以發現這種情形。詩或許也是如此。

　　對熱衷於觀念的人而言，〈殯儀館〉中有些段落其實還是頗有深意的。關於死亡之後的生命狀態──啊，多麼古老的哲學和神學命題──瘂弦提出了這樣的疑問：

> 明天是春天嗎
> 我們坐上轎子
> 到十字路上去看什麼風景喲
>
> 明天是生辰嗎
> 我們穿這麼好的緞子衣裳

[*]發表文章時爲遠東技術學院通識中心講師，現爲遠東科技大學觀光英語系副教授。

　　船兒搖到外婆橋便禁不住心跳了喲

死亡和「春天」及「生辰」發生關係，不禁令人想起艾略特（T. S. Eliot）
的詩句：「In my end is my beginning」。而摘引童謠《搖到外婆橋》入詩則
是神來之筆。它疏解了死亡的陰鬱氣息：原來死亡不過是孩童的一次快樂
的出遊。更遙遠些，它也可能提醒了聖經對於死亡和孩童的某些觀點：

　　耶穌便叫一個小孩子來，使他站在他們當中，
　　說：「我實在告訴你們，你們若不回轉，變成小孩子的樣式，斷不得進天
　　國……。」

　　關於孩童，論者或謂這首詩裡的說話者為一名孩童。不僅如此，那些
「男孩子們」和「女孩子們」也都是小孩子。這種觀點或許是受到詩中第
二段和第三段的影響：

　　男孩子們在修最後一次鬍髭
　　女孩子們在搽最後一次胭脂
　　決定不再去赴什麼舞會了

　　手裡握的手杖不去敲那大地
　　光與影也不再嬉戲於鼻樑上的眼鏡
　　而女孩們的紫手帕也不再於踏青時包那甜甜的草莓了
　　（媽媽為什麼還不來呢）

其實，所謂「男孩子」和「女孩子」並不必然就是真的小孩。甚至在日常
生活裡，我們也可以如此親暱或戲謔地稱呼任何男人或女人，無論他們的
年歲為何。從另一個角度來說，相對於已逝的長輩──例如「媽媽」或者

「外婆」——說話者當然是一個孩子。他和他的同伴們永遠都是孩子。而相對於那位更爲蒼老的死神，任何逝者無非都是小孩。康明思（E. E. Cummings）在一首描寫「野牛比爾」（"Buffalo Bill"）的詩中，也稱呼比爾（1846～1917）爲死神的「藍眼睛的男孩」（"blueeyed boy"）。

再者，如果〈殯儀館〉裡的男生和女生真是孩童，他們手裡爲何又需要握著「手杖」呢？鼻樑上掛著的眼鏡有可能是近視眼鏡，不過，更可能是老花眼鏡。對於喪失生命的漠然，也不類似孩童的語調：

> 蛆蟲們來湊什麼熱鬧喲
> 而且也沒有什麼淚水好飲的

當然，這一切都只是我的揣測。

在我看來，瘂弦的〈殯儀館〉透露了一個簡單然而重要的事實：在詩裡，「怎麼說」永遠是不容忽視的，雖然「說什麼」更常爲批評家們的論述題目。內容也許重要，可是詩的語言自有其獨立性格，一如可觸知的物質。同樣的劇本交到不同的導演手裡，拍出來的即會是全然不同的電影：好的電影和壞的電影。語言，技巧，形式……。要說得好其實並不容易。

——選自《創世紀》，第 104 期，1995 年 9 月

〈深淵〉的意味和魅力

◎葉櫓[*]

　　瘂弦做爲《創世紀》詩刊的創辦者之一，曾經在臺灣詩壇享有很高的聲譽。但是由於歷史原因造成的隔閡，他的詩名在大陸則僅限於同行之內，一般的讀者對他的了解尙處於「盲區」。

　　長詩〈深淵〉，不僅是瘂弦的代表作，它甚至可以說是新詩出現以後長詩中的扛鼎詩篇之一。然而，60 年過去，更迭了幾代詩人，知道並讀過〈深淵〉文本的卻不是很多，這也就是說，這部重要作品，當下處於被遮蔽的狀態。《揚子江》的「深水區」欄目，找到〈深淵〉這樣的重要作品，予以推介，無疑會擴展我們的詩歌視野。

　　〈深淵〉所呈現出的整體藝術風貌及其美學觀念，或許同一般人心目中的「詩美」觀念有所抵牾。因爲在一般人心目中，詩歌是一種審美的藝術，是對美的發現和發掘；而對像〈深淵〉這樣以審醜和對醜的提示與鞭笞的詩篇，往往產生一種本能的反感。其實，瘂弦在詩前所引薩特的話，已經坦誠而含蓄地道出了他的心聲：「我要生存，除此無他；同時我發現了他的不快。」這裡的「他」並不是某一個人，而是指向「存在」的。人要生存所以無法擺脫「存在」的困囿，而「存在」本身卻是不那麼令人賞心悅目的。

　　基於此，瘂弦正是以其如炬的目光審視著社會現實中那些不那麼令人賞心悅目的事物，從而體現出他做爲知性詩人的存在之思的。

　　如果我們不是採取斷章取義或穿鑿附會的方式來解讀〈深淵〉，而是把

[*]本名莫紹裘。詩評家，揚州大學文學院退休教授。

它置於廣闊的人類社會生存的背景來體察其藝術呈現方式，我們將會獲得一種包容而博大的藝術審美方式。

在解讀〈深淵〉時，我們自然無法迴避瘂弦寫此詩時所面對的歷史背景和社會環境。20 世紀 1950 年代末期的臺灣所處的內外交困的局面，它的種種險象環生的境遇，自然是促成瘂弦醞釀寫作〈深淵〉的催化劑。從這個意義上說，正是那時的社會生存的土壤形成了〈深淵〉的「培養基」。文學史的事實也一再證明，任何一部具有影響力的作品，都是同產生它的時代有著密切的血肉聯繫的。當我們閱讀〈深淵〉時，它的那些種種怪異而奇特的意象紛呈，自然使我們聯想到一種「末世心態」的呈現與宣洩。瘂弦在詩中所展示的諸如「荒蕪的瞳孔背後」，「肉體展開黑夜的節慶」，「靈魂蛇立起來，撲向一個乘在十字架上的／憔悴的額頭」這一系列意象的組合，無疑是在勾勒一幅頹敗的社會縮影。在瘂弦的筆觸所及之處，層層的陰森可怖之境次第展開。從精神的背景上，他所設置的「西班牙」，其實是一個托詞。值得注意的是，「人們連一枚下等的婚餅也不投向他」的人，「我們」反而「花費一個早晨去摸他的衣角。／後來他的名字便寫在風上，寫在旗上。／後來他便拋給我們／他吃剩下來的生活」。由於自身信仰的那些卑微猥瑣的靈魂時，也是把它們做為一種「社會病灶」來加以審視剖析的。我們在他的詩中不斷地讀到人稱變換的視角轉移。詩中的我、你、他，其實都不是具體的人稱，而是某種意識、觀念乃至勢力的代表。它們之存在於詩的文本之中，只是表達了瘂弦的社會觀察。或許也可以說，這是瘂弦在廣闊的社會觀察中做出的「散點透視」。瘂弦對各類「社會病灶」的觀察，他對社會脈動的把握，因為具有普遍性而使得〈深淵〉具備了經典性的意義。尤其是他對某些社會現象的具體描述中所蘊涵的深刻批判，其鞭辟入裡的文字，往往令讀者為之擊節：

而你不是什麼；
不是把手杖擊斷在時代的臉上，不是把曙光纏在頭上跳舞的人。

在這沒有肩膀的城市，你底書第三天便會被搗爛再去作紙。

你以夜色洗臉，你同影子決鬥。

你吃遺產、吃妝奩、吃死者們小小的吶喊，

你從屋子裡走出來，又走進去，搓著手……

你不是什麼。

　　或許這可以看成是對某一類「知識分子」們的靈魂的粗略勾勒，但是在一個即將墮落深淵的社會裡，包括詩人自己在內的社會良知的代言人的知識菁英，都不能不以一種反諷的姿態在陳述內心的憤懣，不能不令瘂弦寒心，更不能不令更多的同道者們羞愧的罷。

　　一個社會的肌理出現了病灶，本不是什麼值得大驚小怪的事。可怕的是對病灶的漠視和置之不理，可怕的是還在於諱疾忌醫，頭痛醫腳。對此，瘂弦也是了然於心的，因此他才以一種冷嘲的口吻寫道：

要怎樣才能給跳蚤的腿子加大力量？

在喉管中注射音樂，令盲者飲盡輝芒！

把種籽播在掌心，雙乳間擠出月光，

——這層層疊疊圍你自轉的黑夜都有你一份，

妖嬈而美麗，她們是你的。

一朵花、一壺酒、一床調笑、一個日期。

　　從這樣的詩行中，我們除了讀出一個會心的微笑，還能有什麼言說呢？

　　在關注人類生存狀態的未來走向時，瘂弦在詩的結尾處給出了一個令人深思而值得玩味的場景：一輛雪橇居然停在了剛果河邊，並且「沒有人知道它為何滑得那樣遠，／沒人知道的一輛雪橇停在那裡。」這種場景的出現，不禁令人想起了美國大片《2012》中那些驚心動魄的大動盪。真的

是所謂智者所見略同嗎？

　　做爲一首在濃縮社會現實生活的巨大容量上取得如此成就的詩，〈深淵〉的藝術表現方式，無疑也爲我們提供了經典的示範。

　　首先，瘂弦在攝取生活的具象進入其詩行時，以平易之象呈現，而以深蘊的內涵促人以詩性之思。譬如詩的開山之句：「孩子們常在你髮茨間迷失／春天的激流藏在你荒蕪的瞳孔背後／一部分歲月呼喊著。」簡單的三行詩，涉及的是一種歷史場景。而「孩子們」一詞，顯然不是身分的確認，而是對某種「無知」的生存狀態的陳述。「春天的激流」被「荒蕪的瞳孔」所遮蔽，使得「一部分歲月呼喊著」，「呼喊」一詞同樣能夠引起人們的多重釋義。正是這種平易而又深含寓意的意象和詞語的組接，形成了一種場景，讓讀者產生一種「在場」的感受。瘂弦以這樣三句平易樸實的詩句，說出了某些拙劣的理論家們的長篇大論尚且說不清楚的現象。

　　其次，在意象的營造上，瘂弦總是能夠非常凸出地把他所要描述的事物特徵，以一種尖銳的筆觸表現出來。像「冷血的太陽不時發著顫／在兩個夜夾著的／蒼白的深淵之間」，這不僅違背了一般人對「太陽」的正常感知，而且在思維的習慣上，也是同諸如「黑夜過去終將迎來光明」這樣的思維定式反其道而行之的。正是這種逆向思維的意向營造，形成了「蒼白的深淵」這樣一種令不寒而慄的藝術效果。還有「在三月我聽到櫻桃的吆喝／很多舌頭，搖出了春天的墮落」；「那一夜壁上的瑪麗亞像剩下一個空框，她逃走了，／找忘川的水去洗滌她聽到的羞辱。」在櫻桃的吆喝中聽出了春天的墮落，在聖母瑪麗亞的逃亡中看見了忘川之水的洗滌功能，不管是人間的自然現象，還是從天上到地獄的逃亡，羞辱與墮落成爲「深淵」的最具特色的標誌。而瘂弦在這種意象與意象之間的強烈對比與反差之間，舉重若輕地突現出最佳的藝術效果。從瘂弦的這種藝術處理手法中，我們不難看出，真正的意象營造可以是平中見奇的常識之內的事，而不必像有的人那樣故意地獵奇和裝神弄鬼。

　　最後我們還以從瘂弦的藝術處理方式中，領略到一種化虛爲實而極具

質感的獨特手法。不妨引下面一節詩爲證：

> 歲月，貓臉的歲月，
>
> 歲月，緊貼在手腕上，打著旗語的歲月
>
> 在鼠哭的夜晚，早已被殺的人再被殺掉。
>
> 他們用墓草打著領結，把齒縫間的主禱文嚼爛。
>
> 沒有頭顱真會上升，在眾星之中，
>
> 在燦爛的血中洗他的荊冠，
>
> 當一年五季的第十三月，天堂是在下面。

　　歲月本是無以把握的虛空之在，瘂弦給他賦以「貓臉」的具象，便呈現出其多變叵測的詭異之態。而「緊貼在手腕上」的手錶，和「打著旗語」的手勢，顯然暗喻著「無聲」中歲月流逝。正是在這種多變叵測而又無聲流逝的歲月中，我們看到那些「用墓草打著領結，把齒縫間的主禱文嚼爛」的人，他們都「在燦爛的血中洗他的荊冠」。請注意，這也是一種洗法，但卻不是瑪麗亞以忘川之水洗去羞辱。無怪乎瘂弦要生造出一個「一年五季的第十三個月來」，在這樣匪夷所思的「編外」的歲月和季節中，「天堂是在下面」所構成的荒誕無稽，也就成爲順理成章的必然了。

　　通過對〈深淵〉在藝術表現上的這種簡略分格，我們將更深地認識到，要把巨大的生活實現中龐雜而博大的內容，凝聚在有限的詩行之中，詩人如果不認真而踏實地提高藝術素養，不在藝術意象的營造中苦心孤詣地尋求獨特的方式，企圖地某種投機取巧的方式得逞於一時，終是經不住時間的檢驗的。而瘂弦的〈深淵〉這樣的作品，它不會被時間的塵埃所遮蔽，即使一時蒙塵，終會在歷史的進程中重新呈現它藝術的光彩和魅力。

　　〈深淵〉無疑會成爲中國現代詩歌的一部經典，隨著時間的推移，人們將愈來愈清楚地認識它的經典性。

——選自《揚子江詩刊》，第 73 期，2011 年 7 月 5 日

天鵝上岸，選手改行

淺析瘂弦的詩藝

◎余光中

　　瘂弦先生對於臺灣文藝的貢獻，依分量之輕重，該是詩作、編輯、評論、劇藝。他寫詩，是揚己之才；編刊，是成人之美，不但鼓舞名家，發掘新秀，抑且培植繼任的後輩；評論以回顧新詩發展與為人作序為主；劇藝則以主演《國父傳》聞名。

　　但是瘂弦最重大的貢獻，仍應推現代詩之創作。從 1953 至 1965 年，12 年間他寫了近百首作品，量雖不豐，質卻不凡，令文學史家不能不端坐正視，更遑論一筆帶過。近百首作品之中，至少有一半是佳作，至少有五分之一是傑作。他的作品所以不凡，特色頗為多元，實在難於歸類。例如北方之民謠風味、歐美之異國風格、奇幻之花草意象、浪漫之水手生活、傳神之人物速寫，還有文白對位之奇妙句法、北地方言穿插翻譯口吻之文體、音調呼應隱喻起伏之手法，在在都令讀者驚喜難忘。當然，他是我這一代必定會傳後的一位。從他停筆迄今，已近半個世紀，無情的時光顯然忘不了他。

他的魅力多元而玄祕

　　我和瘂弦的詩緣頗為悠久。早在 1958 年，我已在〈簡介四位詩人〉一文中推崇過他，指出他詩藝的特色是戲劇手法、善用疊句、異國風情、典故頻頻。1959 年我在愛奧華的畢業論文"New Chinese Poetry"裡，又譯了他三首詩：〈土地祠〉、〈船中之鼠〉、〈酒吧的午後〉。其中〈土地祠〉的「油葫蘆」一詞，是北方人對蟋蟀的稱呼，我這南方人未加細察竟予誤譯，後

來被劉紹銘指出。被一個廣東人如此糾正，實在不甘。

　　我和瘂弦之間還有編者與作者的關係。先是在現代詩慘淡經營之初，我負責《文學雜誌》和《文星》兩刊的詩頁，曾經發表了瘂弦（後經公認的）幾首好詩。後來瘂弦自己主編《幼獅文藝》和《聯副》，凡我的稿件，他必定刊用，有時更邀我開闢專欄，對我的鼓勵遠勝我當初對他。瘂弦和我之間，除了這些直接的關係，還有一些間接的影響。至少他早熟的詩藝，對我當日出發較早而成熟較遲的繆思，多少也有所啓發。他的魅力多元而玄祕，很難用評論的三稜鏡來分析。首先他的主題或角度大半是低調，往往是無可奈何，顧左右而言他，充滿自嘲甚至自虐。〈劇場再會〉、〈傘〉等早作已有先例，後來的〈歌〉、〈殯儀館〉、〈戰神〉、〈乞丐〉、〈船中之鼠〉、〈酒吧的午後〉、〈巴黎〉、〈上校〉、〈馬戲的小丑〉、〈如歌的行板〉、〈深淵〉等等，其實都是此一低調的輻射與變調。

　　低調的另一變調是反戰的主題：這現象在臺灣軍中詩人之間相當普遍。早在 1957 年寫的〈戰神〉，正是一篇代表作，其後的〈上校〉和〈戰時〉也是同類。在 1950 年代，臺灣當局，尤其是軍方，對這種主題當然是禁止的。詩人的障眼法不是故作晦澀，便是將場景搬到外國去，遁入翻譯作品的幻覺。瘂弦的詩藝頗得益於翻譯作品，因爲上乘的譯文能擺脫古典詩好用典故又困於陳腔的壓力，常有新穎活潑的效果。《瘂弦詩集》的第四卷就有 12 首是把場景移去歐美或中東。有趣的是：無論瘂弦如何轉移場景，有一個中國的座標常駐其間，那便是他少年時期熟知的蕎麥田，而不時出現在他詩中的鄉愁意象，令我這南方人也爲之悵惘的，還有嗩吶、銅環、陀螺等等。

　　反過來說，瘂弦的「域外」寫作，憑其吸收翻譯作品的敏悟，也真能安排細節，經營意象，造出逼真的臨場感來。諸如「船首神像的盲睛」、「橋牌上孿生國王的眼睛」等，都很傳神。

充滿戲劇感的張力

　　瘂弦詩中的意象結構，也善用各種花草來美化或異化場景而憑空加強了詩意。屈原也很會營造這種 flora 的繽紛感。芳譜開出來，一路不是水葫蘆花、山茱萸、木樨花、苧麻、白山茶、酢漿草、忍冬花、金銀花、迷迭香，便是苦柏樹、酸棗樹、燈草絨、野荸薺。這種手法令人聯想到現代畫的拼貼（collage），以不類為類，以並列對照來異化陳腔濫調，邏輯上未必說得通，美學上未必行不通。

　　另一方面，要說瘂弦的作品都沉溺於陰暗淒迷的低調，也未免失實。從他詩路起點的〈我是一勺靜美的小花朵〉出發，《瘂弦詩集》第八卷裡已經有不少愉悅、積極、美好的少作，例如〈我的靈魂〉、〈葬曲〉、〈藍色的井〉、〈地層吟〉。同時，〈短歌集〉的五首組詩，尤其是〈曬書〉和〈流星〉兩首，不折不扣，都是生動清澈的意象詩，早已超越胡適的淺白，而追上龐德的尖新了。《瘂弦詩集》的前幾卷中，像〈春日〉、〈秋歌〉、〈一九八〇年〉、〈蛇衣〉、〈婦人〉、〈給橋〉諸作，也都溫馨動人，充滿了愛與祝福。而在這一類詩中，堪稱集大成的傑作便是長達 52 行的〈印度〉，也是我早年激賞之作。瘂弦此詩作於 1957 年，直到 1983 年我自己寫出了〈甘地之死〉、〈甘地紡紗〉、〈甘地朝海〉的組詩，才覺得自己像瘂弦一樣，也終於向這位聖雄俯首致敬。

　　瘂弦出身戲劇系，後來成了傑出演員，朗誦高手；他的好詩往往充滿戲劇感的張力，也其來有自。《瘂弦詩集》第五卷十首，都是各行各業人物的速寫，寥寥數筆，就像古人畫像的「頰上三毛」，頓時活動起來。其中〈C 教授〉、〈水夫〉、〈上校〉、〈修女〉、〈坤伶〉、〈故某省長〉六首都屬上品，〈上校〉與〈坤伶〉尤其短小精警；而更可羨的，六首都是同一天寫成。其實卷一的〈三色柱下〉，寫理髮這一行，諧趣充溢，兼有感性與理趣，也不妨納入卷五。

語言不以力取，而以韻勝

　　最後要分析一下瘂弦的語言，及其所承載的詩體。瘂弦的語言有其獨具的魅力，不以力取，而以韻勝。它能夠溫馨柔麗，也能夠陰鬱低沉，更能一詠三嘆，疊句重詞，一波三折。其綜合的音調，兼有苦澀與甘美，即英文所謂的 bitter-sweet。至於語言的成分，則在白話的基調上還融入了文言、方言和譯文語氣：白話中包含了北方的俗語，文言的脈絡來自李金髮，可能還有紀弦、方思，譯文的語氣則取自他廣泛的閱讀。但不論龍脈如何交錯，到了他的筆下，都調成了奇妙的雞尾，成了可口的 cocktail。往往，精美的疊句會間歇地出現在多行的長段之間，像宣敘調之間出現古典的詠嘆調，又像濃重的現實之間忽然一瞥想像的美景。

　　　　輕輕思量，美麗的咸陽

　　　　　　　　　　　　　　　　　　　　　　　　——〈下午〉

　　　　伊在洛陽等著我
　　　　在蕎麥田裡等著我

　　　　　　　　　　　　　　　　　　　　　　　　——〈橋〉

　　　　在簾子的後面奴想你奴想你在青石鋪路的城裡

　　　　　　　　　　　　　　　　　　　　　　　　——〈下午〉

　　第三句以 20 字組成一行，帶點意識流，真要令人斷腸，可是《瘂弦詩集》後面的附錄卻未譯到位：Behind the curtain, your slave is thinking of you, thinking of you in the city of pavements. 此地的 city of pavements 失之於散文化，令人想到柏油鋪路的現代都市。同時，think of 也似乎太平淡。我倒建議不妨譯成：Behind the curtain, how your slave misses you, missing you in the town paved with green stone-slabs.（missing 改成 pining 也行。）〈下午〉的

第一句也是絕妙的名句：

> 我等或將不致太輝煌亦未可知

13 個字一波三折，文意不斷轉折，極盡迂迴之能事，卻令人叫絕。語氣低調之中有自嘲也有自慰；主詞是複數的「我們」，暗示落魄的一代。〈如歌的行板〉有一句可以和此句呼應：

> 君非海明威此一起碼認識之必要

「君」、「非」、「此一」、「之」之文，和「起碼」之白，互相浮雕，也極盡調侃之能事。回到前面的「我等……」一句，「不致」、「亦未」皆否定詞，但是否定得頗溫和；「或將」更是猶豫不定的語氣。三者並列一句，究竟是自得還是自諷，真是難說，何況「輝煌」之前還有個「太」字，分量又有了變數。狡獪的瘂弦竟會如此造句，真虧了他！

直逼濟、何的感官臨場感

說到詩體，一般評論家也許會認為瘂弦的作品，除了北方民謠風的一些以外，都顯然是所謂「自由詩」了。我卻認為不盡如此。他的詩，分段整齊者有〈戰時〉（每段五行）、〈巴黎〉（每段四行）、〈馬戲的小丑〉（每段六行）。〈歌〉乃讀里爾克詩後所寫，每段四行，前三行長，末一行短，結構完全一樣。〈山神〉乃讀濟慈與何其芳後所作，每段六行，四段平均分配給春、夏、秋、冬，直逼濟、何的感官臨場感。〈倫敦〉每段四行，有兩處用了如下的押韻疊句：

> 乞丐在廊下，星星在天外
> 菊在窗口，劍在古代

〈坤伶〉六段，每段雙行，有三段用了韻腳，或近乎用韻：「衛、碎」、「啊、她」、「律、里」。〈如歌的行板〉句法不拘，也不押韻，但「……之必要」的疊詞貫穿了全詩，參參差差，一共出現了 19 次，成了絕唱。再看〈復活節〉一詩：

　　她沿著德惠街向南走

　　九月之後她似乎很不歡喜

　　戰前她愛過一個人

　　其餘的情形就不太熟悉

　　或河或星或夜晚

　　或花束或吉他或春天

　　或不知該誰負責的，不十分確定的某種過錯

　　或別的一些什麼

　　——而這些差不多無法構成一首歌曲

　　雖則她正沿著德惠街向南走

　　且偶然也抬頭

　　看那成排的牙膏廣告一眼

這首詩好像是自由體，但是每段一律四行，首段「喜、悉」互押，中段「晚、天／錯、麼」雙押，末段「走、頭」互押，由於語言自然，一般讀者逕掠過而不察了。

瘂弦的好詩之中，這首〈復活節〉也是凸出的，雖無警句，也無妙喻，卻像藝術電影的一個橋段，女主角有滄桑的美麗，在一條不熱鬧的街上走過，一直在換背景，似有若無，有淡淡的配樂揚起。瘂弦的詩可稱傑作的，至少應該包括下列的這些：〈紅玉米〉、〈土地祠〉、〈印度〉、〈船中之鼠〉、〈馬戲的小丑〉、〈深淵〉、〈坤伶〉、〈上校〉、〈給橋〉、〈如歌的行板〉。

一位詩人留下了如許傑作，對於民族母語的貢獻，也就永不磨滅了。

——選自陳敬佑、陳敬介編《瘂弦學術研討會論文集》

臺北：讀冊文化公司，2011 年 7 月

輯五◎
研究評論資料目錄

作家、作品評論專書與學位論文

專書

1. 蕭　蕭編　　詩儒的創造：瘂弦詩作評論集　臺北　文史哲出版社　1994 年 9 月　480 頁

本書彙集海內外重要論文，以呈現瘂弦的傳奇詩藝。內容共 3 輯：第 1 輯詩人述評，共 10 篇：杜十三〈瘂弦小傳〉、覃子豪〈評介新詩得獎作〉、余光中〈詩話瘂弦〉、王夢鷗〈寫在瘂弦詩稿後面〉、葉珊〈《深淵》後記〉、西西〈片斷瘂弦詩〉、劉紹銘〈瘂弦的〈貓臉的歲月〉〉、李元洛〈清純而雋永的歌〉、葛乃福〈瘂弦印象〉、章亞昕〈深淵裡的存在者〉；第 2 輯詩篇評賞，共 12 篇：張學玄〈釋瘂弦的一首現代詩〈巴黎〉〉、白靈〈舖在菩提樹下的袍影——〈印度〉賞析〉、黃維樑〈瘂弦的〈上校〉〉、姚一葦〈論瘂弦的〈坤伶〉〉、張漢良〈導讀瘂弦的〈坤伶〉和〈一般之歌〉〉、鍾玲〈瘂弦筆下的三個人物：坤伶、上校、二嬤嬤〉、周寧〈試釋瘂弦〈如歌的行板〉〉、遊社煖〈瘂弦〈如歌的行板〉與國王的新衣〉、何志恆〈試論瘂弦〈無譜之歌〉〉、張默〈試論瘂弦的〈深淵〉〉、無名氏〈〈荒原〉與〈深淵〉〉、陳義芝〈瘂弦的三組詩〉；第 3 輯詩作評論，共 6 篇：蕭蕭〈瘂弦的情感世界〉、羅葉〈中國現代詩壇的一座熄火山〉、馬德俊〈走向西方，回歸東方——論瘂弦的詩歌創作藝術及其詩論〉、熊國華〈論瘂弦的詩〉、葉維廉〈在記憶離散的文化空間裡唱歌——論瘂弦記憶塑像的藝術〉、沈奇〈對存在的開放和對語言的再造——瘂弦詩歌藝術論〉；第 4 輯詩論評介，共 3 篇：茶陵〈傳薪一脈在筆鋒〉——讀瘂弦的的《中國新詩研究》、古遠清〈既尊重傳統又反叛傳統——評瘂弦的《中國新詩研究》〉、鄒建軍〈瘂弦——縱橫交匯成大江〉。正文後附錄〈瘂弦作品評論引得〉、〈瘂弦年表〉。

2. 龍彼德　　瘂弦評傳　臺北　三民書局　2006 年 7 月　374 頁

本書以瘂弦的詩和人為研究重心，藉此瞭解瘂弦作品和其人所欲傳達的意念。全書共 4 章：1.夢坐在樺樹上——瘂弦的生平；2.從西方到東方——瘂弦的詩；3.回答今日的詩壇——瘂弦的詩論；4.詩意地棲居在這大地上——瘂弦的詩生活。正文後附錄〈瘂弦年表〉、〈瘂弦未結集詩作〉。

3. 黎活仁等編　　瘂弦詩中的神性與魔性　臺北　大安出版社　2007 年 5 月　335 頁

合編者：黎活仁、蕭映、白靈、鄭振偉、葉瑞蓮、方環海、田崇雪、沈玲、戴淑

芳、溫羽貝、史言。本書爲瘂弦詩歌研究之論文集，全書共 8 篇：白靈〈宇宙大腦的一點燐火：瘂弦詩中的神性與魔性〉、沈玲，方環海〈論瘂弦詩歌的語詞建構及其詩意風格〉、田崇雪〈論瘂弦詩歌的悲劇精神〉、葉瑞蓮〈瘂弦〈斷柱集〉中的「超現實主義」〉、戴淑芳〈瘂弦詩歌的想像力〉、謝淼〈瘂弦詩歌中的植物意象研究〉、溫羽貝〈重複與差異：瘂弦詩歌研究〉、葉多梅〈存在與悲憫：論瘂弦的詩歌創作〉。正文前有瘂弦〈寫詩是一輩子的事：一日詩人，一世詩人〉，正文後附錄黃自鴻，戴淑芳，溫羽貝合編〈瘂弦詩歌研究目錄〉。

4. 陳啓佑〔渡也〕，陳敬介主編　瘂弦學術研討會論文集　臺北　讀冊文化公司　2011 年 7 月　357 頁

本書爲「瘂弦學術研討會」會議論文集。全書共收 13 篇文章：余光中〈代序——天鵝上岸・選手改行——淺析瘂弦的詩藝〉、陳芳明〈瘂弦詩中的靈與肉〉、蕭蕭〈歷史文化裡的空間詩學——論《瘂弦詩集》聚焦的鏡頭應用與散置的舞臺效應〉、尹玲〈從「無法透視／完美透明」之「異術／藝術」傾聽「虛無／存在」樂章——試析瘂弦〈如歌的行板〉一詩〉、陳敬介〈知其不可奈何而安之若命——試論瘂弦詩中的幽默與悲憫〉、陳義芝〈詩人批評家：瘂弦詩學初探〉、白靈〈持「序」不斷——瘂弦書序中的虛靜美學〉、孟樊〈瘂弦的敘事詩〉、王潤華〈瘂弦與臺灣文學無國界的新地圖：流動空間的整合——瘂弦做爲副刊與文學作品選集／大系編輯的文化工程分析〉、薑明翰〈從傳播學角度探討瘂弦〉、李瑞騰，盧柏儒〈一代名編王慶麟〉、張春榮〈瘂弦與臺灣極短篇的發展〉、陳耿雄〈《瘂弦詩集》中的女性形象〉。

學位論文

5. 劉正忠　軍旅詩人的異端性格——以五、六十年代的洛夫、商禽、瘂弦爲主　臺灣大學中國文學系　博士論文　柯慶明教授指導　2000 年　276 頁

本論文以洛夫、商禽、瘂弦爲主要對象，扣緊「軍旅」因素，探究其突出於現代詩運動的特質；在論題上明確標出「異端性格」，以彰顯他們在心態上抵抗公共價值，在藝術上違逆傳統典型的傾向。全文共 6 章：1.緒論；2.軍旅詩人的受難意識；3.軍旅詩人的疏離心態；4.軍旅詩人與前衛運動；5.軍旅詩人的語言策略；6.結論。

6. 餘欣娟　一九六〇年代臺灣超現實詩——以洛夫、瘂弦、商禽爲主　東海大學中國文學系　碩士論文　彭錦堂教授指導　2002 年　171 頁

本論文研究範圍以洛夫、商禽與瘂弦在一九六〇年代集結出版的詩集爲主，從臺灣

政治幹預文化，以及詩壇如何回應官方文藝政策角度切入，同時專注於經營個人主
體，以「我」走出國族論述，來瞭解臺灣超現實崛起的背景以及遭受質疑的成因，
釐清臺灣超現實詩與詩論的演成；並探討導致法國超現實主義與臺灣超現實主義不
同之處的背後因素，以及臺籍詩人與大陸來臺詩人對於超現實取徑的差異。全文共 6
章：1.緒論；2.臺灣超現實詩崛起於文壇的背景；3.臺灣超現實詩移植與修正的過
程；4.臺灣超現實詩的母題、形式與經驗；5.臺灣超現實詩的現實性；6.結論。

7. 劉志宏　　一九五〇、六〇臺灣軍旅詩歌的空間書寫——以洛夫、瘂弦、商禽
　　　　　　為考察對象　佛光大學文學系　博士論文　陳鵬翔教授指導　2010
　　　　　　年　232頁

論文選取洛夫、商禽、瘂弦為研究對象，扣緊著「空間」來尋索他們在這方面的特
色與成就，以彰顯其有別於詩史的觀照而忽略了文本空間獨特的美學與研究面向之
形成，以擺脫以往為歷史框架所建構的各種論述。全文共 6 章：1.緒論；2.白／灰地
帶：五、六〇年代三位詩人的空間與想像鳥瞰；3.洛夫的錯位創作與空間的關係；4.
瘂弦詩歌技巧與地方韻律的形式；5.商禽的散文式變形寓言與殼巢意象；6.結論。

8. 賴雅俐　　瘂弦詩的音韻風格研究　彰化師範大學國文學系　碩士論文　張慧
　　　　　　美教授指導　2010 年 8 月　507頁

本論文以瘂弦詩為研究對象，從語言風格學中的「音韻」角度切入，以「量化統
計」法為主，搭配「分析歸納」及「語言描寫」兩種方法，從押韻形式、雙聲疊韻
的運用、頭韻現象這三個面向，找出瘂弦詩的音韻風格。全文共 6 章：1.緒論；2.瘂
弦其人其詩及語言風格研究意義；3.從押韻形式看瘂弦詩的音韻風格；4.從雙聲疊韻
詞看瘂弦詩的音韻風格；5.從頭韻的安排看瘂弦詩的音韻風格；6.結論。

9. 張瑞欣　　瘂弦詩歌書寫策略：鄉愁、異鄉、現實關懷　元智大學中國語文學
　　　　　　系　碩士論文　王潤華教授指導　2011 年 6 月　179頁

本論文探討瘂弦人生詩學歷程，以及各家學者對瘂弦詩歌評價，歸納瘂弦詩歌的書
寫策略。全文共 7 章：1.緒論；2.瘂弦人生詩學歷程；3.「野荸薺」與「戰時」故鄉
情結的母親原型；4.「斷柱集」異國現代城市的反諷場景；5.「側面集」小人物身體
的隱喻意涵；6.「從感覺出發」的存在思索；7.人文與存在思索。

作家生平資料篇目

自述

10. 瘂　弦　　我與新詩　自由青年　第 35 卷第 1 期　1966 年 1 月 1 日　頁 10—
13

11. 瘂　弦　　瘂弦詩觀　創世紀　第 51 期　1980 年 3 月　頁 68

12. 瘂　弦　　瘂弦詩觀　他們怎麼玩詩？：創世紀五十周年精選　臺北　二魚文
化公司　2004 年 10 月　頁 51

13. 瘂　弦　　《瘂弦英文詩集》自序　心靈劄記　臺中　藍燈文化出版公司
1980 年 4 月　頁 45—47

14. 瘂　弦　　自序　中國新詩研究　臺北　洪範書店　1981 年 1 月　頁 1—4

15. 瘂　弦　　《瘂弦詩集》序[1]　創世紀　第 55 期　1981 年 3 月　頁 4—6

16. 瘂　弦　　序　瘂弦詩集　臺北　洪範書店　1981 年 4 月　頁 1—6

17. 瘂　弦　　永遠的詩情——《瘂弦詩集》序　洪範雜誌　第 2 期　1981 年 6 月
3 版

18. 瘂　弦　　《瘂弦詩集》序　洪範雜誌　第 60 期　1998 年 11 月　2 版

19. 瘂　弦　　《瘂弦詩集》自序　聚繖花序 1　臺北　洪範書店　2004 年 6 月
頁 43—47

20. 瘂　弦　　序　瘂弦詩集　臺北　洪範書店　2010 年 9 月　頁 1—5

21. 瘂　弦　　《中國新詩研究》自序　洪範雜誌　第 2 期　1981 年 6 月　3 版

22. 瘂　弦　　我的詩路歷程——從西方到東方　創世紀　第 59 期　1982 年 1 月
頁 27—29

23. 瘂　弦　　瘂弦的經驗——西方文學與早期現代詩　現代詩入門　臺北　故鄉
出版社　1982 年 2 月　頁 180—184

24. 瘂　弦　　後記　青年筆陣——青年的文藝活動　臺北　幼獅文化公司　1983
年 2 月　頁 173—174

25. 瘂　弦　　編選後記　創世紀詩選　臺北　爾雅出版社　1984 年 9 月　頁 621
—623

26. 瘂　弦　　把遠處的星光，化作近處的燈火　聯合文學　第 1 期　1984 年 11

---

[1]本文後改篇名爲〈永遠的詩情——《瘂弦詩集》序〉、〈《瘂弦詩集》自序〉。

月　頁 231—232

27. 瘂　弦　　大地的種植——期待更廣大的參與　聯合文學　第 2 期　1984 年
12 月　頁 252

28. 瘂　弦　　逆流而進　聯合文學　第 3 期　1985 年 1 月　頁 252

29. 瘂　弦　　父親的「下落」　人生船　臺北　爾雅出版社　1985 年 7 月　頁
418—420

30. 瘂　弦　　〈給橋〉　聯合文學　第 12 期　1985 年 10 月　頁 110

31. 瘂　弦　　二十歲時的我　當我 20（下）　臺北　皇冠出版社　1988 年 8 月
頁 165—170

32. 瘂　弦　　燕爾小記　文訊雜誌　第 43 期　1989 年 5 月　頁 90—91

33. 瘂　弦　　燕爾小記　結婚照　臺北　文訊雜誌社　1991 年 5 月　頁 173—
178

34. 瘂　弦　　創世紀的批評性格——代跋[2]　創世紀四十年評論選：一九五四——
九九四・臺灣　臺北　創世紀詩雜誌社　1994 年 9 月　頁 355—
360

35. 瘂　弦　　創世紀的批評性格——《創世紀四十年評論選》跋　聚繖花序 1
臺北　洪範書店　2004 年 6 月　頁 165—171

36. 瘂　弦　　詩人節專輯——今天有一點詩的衝動　中時晚報　1996 年 6 月 20
日　39 版

37. 瘂　弦　　博大與均衡——我的副刊編輯觀　世界中文報紙副刊學綜論　臺北
行政院文建會　1997 年 11 月　頁 567—594

38. 瘂　弦　　為臺灣現代詩織夢《八十六年詩選》　爾雅人　第 107 期　1998 年
8 月　2 版

39. 瘂　弦　　新詩這座殿堂是怎樣建造起來的——從史的回顧到美的巡禮　天下
詩選 1：1923—1999 臺灣　臺北　天下遠見出版公司　1999 年 9 月
頁 1—30

---

[2]本文後改篇名為〈創世紀的批評性格——《創世紀四十年評論選》跋〉。

40. 瘂弦講；陳靜雪記　　拿起筆來，你就是作家　拿起筆來，你就是作家：文學到校園演講集　臺北　中央日報社　1999 年 11 月　頁 10—15

41. 瘂　弦　細數文藝三十年　幼獅文藝　第 604 期　2004 年 4 月　頁 78—87

42. 瘂　弦　傻大個兒　文訊雜誌　第 226 期　2004 年 8 月　頁 114

43. 瘂弦講；高全之記　　詩是一種生命——瘂弦談詩　明道文藝　第 361 期　2006 年 4 月　頁 55—67

44. 瘂　弦　詩是一種生命——瘂弦談詩　香港文學　第 267 期　2007 年 3 月　頁 4—9

45. 〔編輯部〕　　瘂弦小傳　弦外之音：瘂弦詩稿、朗誦、手跡、歲月留影　臺北　聯經出版公司　2006 年 5 月　頁 4

46. 瘂　弦　寫詩是一輩子的事：一日詩人，一世詩人　瘂弦詩中的神性與魔性　臺北　大安出版社　2007 年 5 月　頁 1—3

47. 瘂　弦　瘂弦答客問〈我的詩路歷程〉　乾坤詩刊　第 45 期　2008 年 1 月　頁 22—23

48. 瘂　弦　寫詩是一輩子的事　新地文學　第 7 期　2009 年 3 月　頁 293—295

49. 瘂　弦　楔子　記哈客詩想　臺北　洪範書局　2010 年 9 月　頁 1

50. 瘂　弦　得獎感言　2012 年第四屆星雲真善美新聞傳播獎暨第二屆全球華文文學星雲獎頒獎典禮手冊　臺北　公益信託星雲大師教育基金會　2012 年 12 月　頁 43

51. 瘂　弦　說說〈鹽〉這首詩　創世紀　第 176 期　2013 年 9 月　頁 11—14

他述

52. 張俐璇　外省作家在臺南——旭町小兵〔瘂弦部分〕　經眼‧辨析‧苦行——臺灣文學史料集刊（三）　臺南　國立臺灣文學館　2013 年 7 月　頁 129

53. 姚嘉為　瘂弦主編《華章》，為世界華文文壇添磚加瓦　文訊雜誌　第 336 期　2013 年 10 月　頁 144—145

54. 張　默　　季紅和瘂弦　創世紀　第 11 期　1959 年 4 月　頁 27—28

55. 季　紅　　給瘂弦和張默　創世紀　第 13 期　1959 年 10 月　頁 35—36

56. 商　禽　　詩人書簡——致詩人瘂弦　創世紀　第 13 期　1959 年 10 月　頁
　　　　　　 36

57. 劉偉勳　　青年詩人——瘂弦　新文藝　第 93 期　1963 年 12 月　頁 72—73

58. 劉偉勳　　今日詩壇最亮的一顆星：瘂弦　中國一周　第 766 期　1964 年 12
　　　　　　 月 28 日　頁 25

59. 劉偉勳　　舞臺上的國父——瘂弦　臺灣日報　1965 年 11 月 9 日　6 版

60. 編輯部　　七對佳偶——瘂弦與橋橋　幼獅文藝　第 145 期　1966 年 1 月　頁
　　　　　　 50—51

61. 桑品載　　瘂弦應邀赴美研究——新詩壇中的傑出詩人　青年戰士報　1966 年
　　　　　　 9 月 15 日　3 版

62. 季　紅　　從「深淵」出發——致瘂弦、張默・四十八年十月十六日　現代詩
　　　　　　 人書簡集　臺北　普天出版社　1969 年 12 月　頁 16—17

63. 書評書目資料室　　作家話像——瘂弦　書評書目　第 8 期　1973 年 11 月
　　　　　　 頁 37—38

64. 汪宏圉　　中高詩人瘂弦與出山奧寶島喜相逢　中原文獻　第 6 卷第 6 期
　　　　　　 1974 年 6 月　頁 26—27

65. 朱　陵　　活在詩中的人——瘂弦側影　中華文藝　第 56 期　1975 年 10 月
　　　　　　 頁 62

66. 張　默　　瘂弦小傳　中國當代十大詩人選集　臺北　源成文化圖書供應社
　　　　　　 1977 年 7 月　頁 262

67. 楊雨河　　我們中國的月亮——兼致在美就讀的詩人鄉兄瘂弦　民聲日報
　　　　　　 1977 年 9 月 27 日　11 版

68. 夙千蝶　　《他是誰》？——副刊的主編——瘂弦　愛書人　第 80 期　1978
　　　　　　 年 7 月　4 版

69. 夙千蝶　　未啞之弦是瘂弦　他是誰？　臺北　號角出版社　1979 年 2 月　頁

15—21

70. 蕭　蕭　　瘂弦　現代詩入門　臺北　故鄉出版社　1982 年 2 月　頁 91—92

71. 流沙河　　憂船的鼠　星星　1982 年第 5 期　1982 年 5 月　頁 98

72. 思　兼　　瘂弦養鴿子　臺灣日報　1983 年 8 月 4 日　8 版

73. 林海音　　二弦[3]〔瘂弦部分〕　聯合報　1983 年 8 月 26 日　8 版

74. 林海音　　二弦〔瘂弦部分〕　剪影話文壇　臺北　純文學出版社　1984 年 8
　　　　　　　月　頁 124—126

75. 林海音　　紀弦、瘂弦／二弦　林海音作品集‧剪影話文壇　臺北　遊目族文
　　　　　　　化公司　2000 年 5 月　頁 124—127

76. 王晉民，鄺白曼　　瘂弦　臺灣與海外華人作家小傳　福州　福建人民出版社
　　　　　　　1983 年 9 月　頁 171—172

77. 徐美玲　　書齋生活——瘂弦　自由青年　第 74 卷第 5 期　1985 年 11 月　頁
　　　　　　　23—25

78. 朱沉冬　　新詩史料與瘂弦　論詩小品　高雄　中外圖書公司　1987 年 2 月
　　　　　　　頁 131—132

79. 何寄澎　　瘂弦　中國新詩賞析 3　臺北　長安出版社　1987 年 2 月　頁 1—2

80. 陳義芝　　石痕　文訊雜誌　第 29 期　1987 年 4 月　頁 1

81. 丹　扉　　青春尚有痕——永遠的鐵三角——張默‧洛夫‧瘂弦　文訊雜誌
　　　　　　　第 34 期　1988 年 2 月　頁 36—37

82. 賴素鈴　　文友送別，祈願弦歌不斷　民生報　1988 年 7 月 23 日　19 版

83. 郭玉文　　瘂弦不啞　自立晚報　1990 年 8 月 9 日　14 版

84. 林燿德　　「聯副」四十年〔瘂弦部分〕　聯合文學　第 83 期　1991 年 9 月
　　　　　　　頁 17—19

85. 林燿德　　「聯副」四十年〔瘂弦部分〕　新世代星空　臺北　華文網公司
　　　　　　　2001 年 10 月　頁 46—51

86. 張橋橋；葉文琦記　　瘂弦 vs.張橋橋—繁華道上覓詩情　方格子外的甜蜜戰

---

[3]本文後改篇名為〈紀弦、瘂弦／二弦〉。

爭　臺北　海風出版社　1991 年 11 月　頁 146—152

87. 李啓仁　瘂弦詩歌印象　殷都學刊　1992 年第 1 期　1992 年 1 月　頁 71—76，81

88. 成明進　海外華文詩人評介——斷不了的一條絲在中間〔瘂弦部分〕　淮風季刊　1992 年第 2 期　1992 年夏　頁 42—43

89. 葛乃福　瘂弦印象　文訊雜誌　第 94 期　1993 年 8 月　頁 98—100

90. 葛乃福　瘂弦印象　詩儒的創造：瘂弦詩作評論集　臺北　文史哲出版社　1994 年 9 月　頁 43—47

91. 李元洛　聊寄一枝春——瘂弦印象　臺灣新聞報　1993 年 10 月 6 日　14 版

92. 李元洛　聊寄一枝春——瘂弦印象　文學自由談　1993 年第 3 期　1993 年　頁 152—154

93. 張　泠　幼獅與我——兼記瘂弦師　幼獅文藝　第 480 期　1993 年 12 月　頁 24—28

94. 蕭　蕭　《詩儒的創造》編者導言　詩儒的創造：瘂弦詩作評論集　臺北　文史哲出版社　1994 年 9 月　頁 1—2

95. 蕭　蕭　《詩儒的創造》編者導言　創世紀　第 100 期　1994 年 9 月　頁 232

96. 杜十三　瘂弦小傳[4]　詩儒的創造：瘂弦詩作評論集　臺北　文史哲出版社　1994 年 9 月　頁 1—6

97. 杜十三　詩人瘂弦　臺港文學選刊　2010 年第 5 期　2010 年 10 月　頁 5—6

98. 楊保嬌　瘂弦、橋橋——卿須憐我我憐卿　中華日報　1995 年 3 月 18 日　8 版

99. 〔中華民國新詩學會編〕　瘂弦詩創作觀　中華新詩選　臺北　文史哲出版社　1996 年 3 月　頁 124

100. 邱　婷　瘂弦妙語老編生涯，笑看才子佳人　民生報　1996 年 11 月 14 日　15 版

---

[4]後改篇名為〈詩人瘂弦〉。

101. 封德屏　　園丁頌——側寫聯副四位主編（上、中、下）[5]　聯合報　1996 年
　　　　　　　12 月 17—19 日　37 版

102. 封德屏　　園丁頌——側寫聯副四位主編　眾神的花園‧聯副的歷史記憶
　　　　　　　臺北　聯經出版公司　1997 年 1 月　頁 183—192

103. 吳　浩　　瘂弦榮獲新聞副刊編輯金鼎獎　文訊雜誌　第 134 期　1996 年 12
　　　　　　　月　〔1〕頁

104. 封德屏　　花圃的園丁？還是媒體的英雄？——臺灣報紙副刊主編分析〔瘂
　　　　　　　弦部分〕　世界中文報紙副刊學綜論　臺北　行政院文建會
　　　　　　　1997 年 1 月 10—12 日　頁 356—357

105. 項秋萍　　講義人物——瘂弦　講義　第 20 期　1997 年 1 月　頁 170

106. 吳　浩　　瘂弦：副刊史上的「儒編」　1996 臺灣文學年鑑　臺北　行政院
　　　　　　　文建會　1997 年 6 月　頁 138—139

107. 龍彼德　　西湖聯句記　龍彼德散文選　北京　新華出版社　1998 年 1 月
　　　　　　　頁 147—148

108. 羅任玲　　烽火與鄉愁之必要——瘂弦的閱讀生活（上、下）　聯合報
　　　　　　　1998 年 2 月 9—10 日　41 版

109. 羅任玲　　烽火與鄉愁之必要——瘂弦的閱讀生活　閱讀之旅（下）　臺北
　　　　　　　聯經出版公司　1998 年 5 月　頁 278—291

110. 林麗如　　在眾神的花園裡迎神——瘂弦的編輯歲月　中央日報　1998 年 5
　　　　　　　月 2 日　22 版

111. 林麗如　　在眾神的花園裡迎神——瘂弦的編輯歲月　文訊雜誌　第 151 期
　　　　　　　1998 年 5 月　頁 62—64

112. 丁　果　　詩人之美——瘂弦印象　聯合報　1998 年 8 月 9 日　37 版

113. 王開平　　弦歌的版圖　聯合報　1998 年 8 月 17 日　41 版

114. 東方白　　文學四十年——瘂弦與我（上、中、下）　聯合報　1998 年 8 月
　　　　　　　22—24 日　37 版

---

[5]本文記述聯合報前後任副刊編輯，林海音、平鑫濤、馬各、瘂弦對於副刊的編輯理念。

115. 江中明　瘂弦卸下聯副老編重擔　聯合報　1998 年 8 月 23 日　14 版

116. 曾意芳　瘂弦退休真情告白　中央日報　1998 年 8 月 23 日　14 版

117. 無名氏　瘂弦的批評風度與深度　臺灣新聞報　1998 年 8 月 29 日　13 版

118. 劉　捷　無絃琴　臺灣新聞報　1998 年 9 月 1 日　13 版

119. 吳晶晶整理　聆聽傳揚的弦歌　中央日報　1998 年 9 月 22 日　22 版

120. 黃文記　回到文學啓蒙地，瘂弦文友老少會　民生報　1998 年 9 月 30 日　19 版

121. 席慕蓉　風景——敬呈詩人瘂弦　中國時報　1998 年 9 月 30 日　37 版

122. 舒　蘭　五〇年代詩人詩作——瘂弦　中國新詩史話（三）　臺北　渤海堂文化公司　1998 年 10 月　頁 409—413

123. 洛　夫　瘂弦的幽默　洛夫小品選　臺北　小報文化公司　1998 年 11 月　頁 38—89

124. 黃盈雯　瘂弦赴成大中文系擔任駐校作家　文訊雜誌　第 157 期　1998 年 11 月　頁 70

125. 賴素鈴　瘂弦退休了　民生報　1998 年 12 月 27 日　19 版

126. 楊錦鬱　臺灣文學經典名家特寫——瘂弦／當一名熱心的文學義工　聯合報　1999 年 2 月 5 日　37 版

127. 楊錦鬱　瘂弦特寫——當一名熱心的文學義工　臺灣文學經典研討會論文集　臺北　行政院文建會，聯經出版公司　1999 年 6 月　頁 285

128. 王廣滇　瘂弦在溫哥華種詩　民生報　1999 年 2 月 21 日　4 版

129. 胡衍南　瘂弦——走下編輯檯，做個永遠的詩人　1998 臺灣文學年鑑　臺北　行政院文建會　1999 年 6 月　頁 207—208

130. 張夢瑞　莊因大陸來去，瘂弦異鄉情懷打開話匣　民生報　1999 年 10 月 18 日　7 版

131. 〔薑耕玉選編〕　瘂弦　20 世紀漢語詩選（三）　上海　上海教育出版社　1999 年 12 月　頁 156

132. 郭　楓　行吟深淵的瘂弦　臺灣時報　2000 年 9 月 11 日　31 版

133. 張夢瑞　　詩人瘂弦回來了，東華大學住一陣　民生報　2000 年 11 月 14 日
　　　　　　　A7 版

134. 楊稼生　　見到瘂弦　中州統戰　2000 年 11 期　2000 年　頁 33—34

135. 張夢瑞　　瘂弦之女有乃父之風　民生報　2001 年 1 月 10 日　A7 版

136. 邱上林　　瘂弦書寫邁入資訊新時代　文訊雜誌　第 186 期　2001 年 4 月
　　　　　　　頁 58

137. 邱上林　　瘂弦東華駐校作家任滿返加　文訊雜誌　第 190 期　2001 年 8 月
　　　　　　　頁 73

138. 〔編輯部〕　　瘂弦應《美國之音》邀請至華府訪問　文訊雜誌　第 193 期
　　　　　　　2001 年 11 月　頁 86

139. 〔編輯部〕　　BIOGRAPHICAL SUMMARY OF THE AUTHOR　瘂弦短詩
　　　　　　　選　香港　銀河出版社　2002 年 6 月　頁 7

140. 〔編輯部〕　　作者簡介　瘂弦短詩選　香港　銀河出版社　2002 年 6 月
　　　　　　　頁 6

141. 〔蕭蕭，白靈編〕　　瘂弦簡介　臺灣現代文學教程：新詩讀本　臺北　二
　　　　　　　魚文化公司　2002 年 8 月　頁 205—206

142. 陳祖君　　戲劇詩人瘂弦　呂梁高等師專學校學報　2002 年第 3 期　2002 年
　　　　　　　9 月　頁 10—15

143. 徐道勝　　一身「河南味兒」的瘂弦　中洲統戰　2002 年第 12 期　2002 年
　　　　　　　頁 30—31

144. 王景山　　瘂弦　臺港澳暨海外華文作家辭典　北京　人民文學出版社
　　　　　　　2003 年 7 月　頁 687—689

145. 田新彬　　一世詩人　中央日報　2003 年 9 月 22 日　17 版

146. 余光中　　青春不朽——憶《幼獅文藝》的三位獅媽〔瘂弦部分〕　聯合報
　　　　　　　2004 年 2 月 10 日　E7 版

147. 余光中　　青春不朽——憶《幼獅文藝》的三位獅媽〔瘂弦部分〕　幼獅文
　　　　　　　藝　第 604 期　2004 年 4 月　頁 91—92

148. 余光中　青春不朽——憶《幼獅文藝》的三位獅媽〔瘂弦部分〕　青銅一夢　臺北　九歌出版社　2005 年 2 月　頁 265

149. 陳宛茜　60 年代文壇瘂弦——秀才遇到兵　聯合報　2004 年 4 月 8 日　B6版

150. 劉於蓉　閱讀魯迅‧懷念張秀亞——瘂弦演講「對華語文學前途的展望和思維」　文訊雜誌　第 222 期　2004 年 4 月　頁 102

151. 楊樹清　繁花盛景 50 春——一九五四—二〇〇四：《幼獅文藝》的主編年代——視野開拓——瘂弦主編年代（一九六九——一九八〇）　幼獅文藝　第 604 期　2004 年 4 月　頁 20—22

152. 劉紹銘　漫說瘂弦　文學世紀　第 4 卷第 9 期　2004 年 9 月　頁 13

153. 劉紹銘　代序之二：漫說瘂弦　於無聲處　香港　明報月刊出版社　2011 年 6 月　〔3〕頁

154. 沙　穗　關於瘂弦　臍帶的兩端　屏東　屏東縣文化局　2004 年 10 月　頁 62—66

155. 徐開塵　瘂弦，序文出書，詩想不輟——晚來伴妻病，細讀不少書　民生報　2004 年 11 月 1 日　A6版

156. 蘇　林　《創世紀》出刊了！趕快去買　吾土吾民：「臺灣文學地圖」報導與「故鄉的文學記憶」徵文合集　臺南　國家臺灣文學館　2004 年 12 月　頁 51—63

157. 〔吳東晟，陳昱成，王浩翔編〕　瘂弦　織錦入春闈：現代詩精選讀本　臺中　京城文化公司　2005 年 8 月　頁 75

158. 張橋橋　花非花　明道文藝　第 361 期　2006 年 4 月　頁 68—69

159. 喬忠延　採雲　明道文藝　第 361 期　2006 年 4 月　頁 70—73

160. 張曉風　幸福的事——談瘂弦的聲音　弦外之音：瘂弦詩稿、朗誦、手跡、歲月留影　臺北　聯經出版公司　2006 年 5 月　頁 12—18

161. 白　靈　迂迴於耳渦的詩之流水　弦外之音：瘂弦詩稿、朗誦、手跡、歲月留影　臺北　聯經出版公司　2006 年 5 月　頁 19—20

162. 張香華　人生，偶然歸零　偶然讀幾行好詩　臺北　遠流出版公司　2006
年 6 月　頁 110—114

163. 〔蕭　蕭主編〕　詩人簡介　優遊意象世界　臺北　聯合文學出版社
2006 年 6 月　頁 79，83

164. 〔編輯部〕　瘂弦　高雄文學小百科　高雄　高雄市文化局　2006 年 7 月
頁 122

165. 林麗如　前輩作家映象〔瘂弦部分〕　聯合報　2006 年 11 月 13 日　E7 版

166. 何懷碩　瘂弦趣聞　中國時報　2007 年 3 月 29 日　E7 版

167. 古　劍　三手瘂弦——編輯眼中的編輯　香港文學　第 269 期　2007 年 5
月 1 日　頁 65—67

168. 〔編輯部〕　瘂弦　琦君書信集　臺南　國立臺灣文學館　2007 年 8 月
頁 277

169. 〔乾坤詩刊〕　大師簡介　乾坤詩刊　第 45 期　2008 年 1 月　頁 1

170. 〔鹽分地帶文學〕　前輩作家寫真簿——瘂弦：後來他便拋給我們他吃剩
下來的生活　鹽分地帶文學　第 15 期　2008 年 4 月　頁 20

171. 〔封德屏主編〕　瘂弦　2007 臺灣作家作品目錄　臺南　國立臺灣文學館
2008 年 7 月　頁 1163—1164

172. 〔九彎十八拐〕　瘂弦　九彎十八拐　第 22 期　2008 年 11 月　頁 24

173. 蘇偉貞　瘂弦的臺南　中國時報　2009 年 1 月 4 日　E4 版

174. 杜十三　瘂弦小傳　新地文學　第 7 期　2009 年 3 月　頁 296—298

175. 隱　地　瘂弦與鄭樹森　中華日報　2009 年 12 月 24 日　B4 版

176. 隱　地　瘂弦與鄭樹森——戲劇詩人和諾貝爾獎達人　朋友都還在嗎？
臺北　爾雅出版社　2010 年 3 月　頁 45—48

177. 古遠清　「盜火者」瘂弦和林海音　海峽兩岸文學關係史　福州　福建人
民出版社　2010 年 4 月　頁 63—66

178. 陳康順　詩人瘂弦・愛護聲譽清者自清　難忘的當代藝文人物　臺北　國
立歷史博物館　2010 年 5 月　頁 54—56

179. 辛　鬱　　如歌的行板——速寫瘂弦　文訊雜誌　第 296 期　2010 年 6 月　頁 49—52

180. 辛　鬱　　如歌的行板——速寫瘂弦　我們這一夥人　臺北　文訊雜誌社　2012 年 7 月　頁 171—178

181. 蘇偉貞　　一座校園的人文想像：成大故事——從蘇雪林說起——瘂弦・旭町營房・光復校區　香港文學　第 309 期　2010 年 9 月　頁 70—72

182. 隱　地　　誰寫得最少？〔瘂弦部分〕　朋友都還在嗎？　臺北　爾雅出版社　2010 年 3 月　頁 175—176

183. 潘鬱琦　　我心目中的瘂弦先生　2010 海峽詩會——瘂弦文學之旅國際研討會　武漢　福建省文學藝術界聯合會，海峽文學藝術發展研究中心，臺港文學選刊雜誌社，中南財經政法大學新聞與文化傳播學院主辦　2010 年 10 月 17 日

184. 陳宛茜　　牽手一甲子故事說不完・來看老作家的結婚照〔瘂弦部分〕　聯合報　2010 年 11 月 21 日　A14 版

185. 倪　比　　莫道桑榆晚・微霞尚滿天——記「2010 海峽詩會——瘂弦文學之旅系列活動」　臺港文學選刊　2010 年第 6 期　2010 年 12 月　頁 113—118

186. 潘鬱琦　　青蒼猶吟粉鳳凰的生命歌者——記「海峽詩會——瘂弦的原鄉行」　創世紀　第 166 期　2011 年 3 月　頁 154—157

187. 潘鬱琦　　青蒼猶吟粉鳳凰的生命歌者——記海峽詩會「瘂弦原鄉行」　猶有葵花　臺北　遠景出版公司　2012 年 11 月　頁 66—73

188. 林欣誼　　瘂弦研討會・見證詩人挫折裡藏希望　中國時報　2011 年 4 月 27 日　A10 版

189. 吳　晟　　天才的香味　瘂弦學術研討會　苗栗　育達商業科技大學　2011 年 4 月 29 日

190. 〔國文新天地〕　編輯室報告〔瘂弦部分〕　國文新天地　第 23 期　2011

年 4 月　頁 1

191. 陳正毅　　天鵝上岸，選手改行：瘂弦　人間福報　2011 年 5 月 3 日　15 版

192. 陳正毅　　天鵝上岸，選手改行：瘂弦　用生命書寫：一個新聞人的 40 年心路　臺北　元神館出版社　2013 年 7 月　頁 21—23

193. 林麗如　　瘂弦：探究生命真誠之本質　文訊雜誌　第 307 期　2011 年 5 月頁 68

194. 戴　天　　代序之一：瘂弦的詩和人　於無聲處　香港　明報月刊出版社 2011 年 6 月　〔3〕頁

195. 〔盛達，餘思彤〕　　瘂弦簡歷　於無聲處　香港　明報月刊出版社　2011 年 6 月　〔1〕頁

196. 郭　楓　　歷史形勢劇變・臺灣新詩異化——《臺灣當代新詩史論》緒論〔瘂弦部分〕　新地文學　第 21 期　2012 年 9 月　頁 33，47

197. 〔釋覺元編〕　　貢獻獎：瘂弦　2012 年第四屆星雲真善美新聞傳播獎暨第二屆全球華文文學星雲獎頒獎典禮手冊　臺北　公益信託星雲大師教育基金會　2012 年 12 月　頁 42

198. 鄭樹森口述；熊志琴訪問整理　　《現代文學》與「晨鐘」及「遠景」〔瘂弦部分〕　結緣兩地：臺港文壇瑣憶　臺北　洪範書店　2013 年 2 月　頁 65

199. 鄭樹森口述；熊志琴訪問整理　　一九八〇年代的三地互動——《聯合副刊》　結緣兩地：臺港文壇瑣憶　臺北　洪範書店　2013 年 2 月頁 132—137

200. 〔創世紀〕　　瘂弦回國參加拍製大師系列紀錄片　創世紀　第 175 期 2013 年 6 月　頁 190—191

訪談、對談

201. 劉偉勳　　訪詩人瘂弦談新詩寫作　中國一周　第 790 期　1965 年 6 月 14 日頁 25—26

202. 徐　謙　　現代旗幟下的尖兵——訪現代詩人瘂弦　空中雜誌　第 115 期

1965 年 8 月　頁 8—83

203. 劉　菲　　現代與傳統——瘂弦訪問記　花之聲　臺北　仙人掌出版社
　　　　　　　1970 年 5 月　頁 157—171

204. 劉　菲　　現代與傳統——瘂弦訪問記　從真摯出發　臺中　普天出版社
　　　　　　　1971 年 3 月　頁 169—184

205. 範良琦　　有那麼一個人　臺大青年　第 64 期　1971 年 12 月　頁 66—71

206. 範良琦　　有那麼一個人　瘂弦自選集　臺北　黎明文化公司　1977 年 10 月
　　　　　　　頁 249—260

207. 田新彬　　與詩人瘂弦談戲劇　中國語文　第 31 卷第 4 期　1972 年 10 月
　　　　　　　頁 9

208. 陳希真，張芬馥　　訪作家瘂弦　文化一周　1974 年 4 月 15 日

209. 宋毓英　　和唱組曲——訪詩人瘂弦、張橋橋伉儷　婦女世界　第 33 期
　　　　　　　1974 年 11 月 25 日　頁 21—23

210. 陳　琪　　和瘂弦談新詩　空中雜誌　第 512 期　1976 年 4 月　頁 25

211. 碧　玉　　掙脫模仿‧結合生活——詩人瘂弦談新詩的寫作與欣賞　文藝月
　　　　　　　刊　第 107 期　1978 年 5 月　頁 52—64

212. 林依潔　　絕響亦是覆弦——瘂弦星空卜答客問　逢萊紀事　臺北　鴻蒙文
　　　　　　　學出版公司　1979 年 3 月　頁 77—90

213. 陳銘磻等[6]　　一個概念的兩面觀——人間副刊主編高上秦，聯合副刊主編瘂
　　　　　　　弦　愛書人　第 127 期　1979 年 12 月 11 日　2—3 版

214. 洪雪珍　　報紙副刊的編輯　女性雜誌　第 188 期　1982 年 7 月　頁 24—29

215. 苦　苓　　溫柔之必要，肯定之必要——瘂弦訪談錄　陽光小集　第 12 期
　　　　　　　1983 年 12 月　頁 142—160

216. 苦　苓　　溫柔之必要，肯定之必要——瘂弦訪談錄　文訊雜誌　第 10 期
　　　　　　　1984 年 4 月　頁 125—131

217. 苦　苓　　溫柔之必要，肯定之必要——瘂弦訪談錄　書中書　臺北　希代

[6]採訪人：陳銘磻、吳梅嵩、遊淑靜、林麗貞、羅紃綸。

書版公司　1986 年 9 月　頁 237—246

218. 瘂　弦等[7]　　中國現代詩談話會　文訊雜誌　第 12 期　1984 年 6 月　頁 96
　　　　—139

219. 水　雲　　文藝之必要——訪聯副主編瘂弦　新書月刊　第 10 期　1984 年 7
　　　　月　頁 84—90

220. 瘂　弦等[8]　　「當代劇場發展的方向」座談會　聯合文學　第 41 期　1988
　　　　年 3 月　頁 18—21

221. 瘂　弦等[9]　　「詩歌文學的再發揚」座談會　文訊雜誌　第 81 期　1992 年 7
　　　　月　頁 9—16

222. 金聖華　　妙語如珠　橋畔閒眺　臺北　月房子出版社　1995 年 1 月　頁
　　　　148—149

223. 〔臺灣詩學季刊〕　　靈魂深處永遠有詩意躍動——李瑞騰 V.S 瘂弦　臺灣
　　　　詩學季刊　第 10 期　1995 年 3 月　頁 18—25

224. 賴素玲專訪　　文學老編瘂弦無限出發，準備開創晚霞工程——為文學世界
　　　　燃亮恆星的詩人　民生報　1998 年 8 月 18 日　19 版

225. 陶福媛　　瘂弦談詩勾勒出新意境　民生報　1998 年 8 月 21 日　31 版

226. 瘂　弦等[10]　　小說家的挑戰——座談會紀要　臺灣現代小說史綜論　臺北
　　　　行政院文建會，聯經出版公司　1998 年 12 月　頁 606—616

227. 王偉明　　詩成笑傲凌神州——瘂弦筆訪錄　詩雙月刊　第 43 期　1998 年
　　　　12 月　頁 159—166

228. 王偉明　　詩成笑傲凌神州——瘂弦筆訪錄　詩人密語　香港　瑋業出版社
　　　　2004 年 12 月　頁 145—160

229. 王開平　　春天已經在路上了！——訪詩人瘂弦　聯合報　1999 年 3 月 22 日

---

[7]與會者：羅門、白萩、上官予、胡品清、張默、林亨泰、瘂弦、張健、張法鶴、邱燮友。
[8]主持人：馬森；與會者：瘂弦、楊世彭、姚一葦、黃美序、賴聲川、金士傑、鍾明德；紀錄：陳
平之、胡正之。
[9]與會者：瘂弦、李瑞騰、余光中、向陽、簡政珍、文曉村、趙淑敏、李逸中、劉菲、張默、管
管、周鼎、林繼生、趙天福；紀錄：黃淑貞。
[10]主持人：瘂弦；與會者：王文興、黃春明、李喬、李昂、張啓疆、黃錦樹；紀錄：吳明益。

41 版

230. 瘂　弦等[11]　　從「詩與臺灣」到「詩與科技」——瘂弦 V.S 杜十三　創世紀　第 119 期　1999 年 6 月　頁 35—48

231. 沈　怡　　針對恐詩症，瘂弦有書單　創世紀　第 122 期　2000 年 3 月　頁 6—7

232. 吳婉茹　　願爲持扇人——專訪詩人瘂弦　聯合報　2000 年 8 月 29 日　37 版

233. 林峻楓　　戲劇外的歌子——訪詩人瘂弦　青年日報　2001 年 6 月 20 日　13 版

234. 瘂　弦等[12]　　華文寫作的前景　明報月刊　第 427 期　2001 年 7 月　頁 48 —49

235. 林麗如　　盤旋心底的寫作計劃——專訪瘂弦先生[13]　文訊雜誌　第 189 期　2001 年 7 月　頁 93—97

236. 林麗如　　一部文化史——到處種詩的瘂弦　走訪文學僧：資深作家訪問錄　臺北　文訊雜誌社　2004 年 10 月　頁 281—288

237. 蔡文含，陳若霜，陳心怡記錄　　春天已經在路上——瘂弦先生訪談錄（上、下）[14]　中華日報　2002 年 2 月 17—18 日　19 版

238. 蔡文含，陳若霜，陳心怡記錄　　春天已經在路上了——瘂弦　走訪捕蝶人　臺北　九歌出版社　2002 年 3 月　頁 195—213

239. 林麗如　　擴充華文視野的瘂弦　幼獅文藝　第 604 期　2004 年 4 月　頁 34 —41

240. 楊佳嫻專訪　　2004 年「東元獎」文學創作得主詩人瘂弦——像宇宙大腦的一點磷火　聯合報　2004 年 11 月 9 日　E7 版

---

[11]主持人：張默；與會者：瘂弦、杜十三；紀錄：艾農。
[12]與會者：瘂弦、鄭愁予、劉再復、聶華苓、楊牧；紀錄：周立民。
[13]本文後改題名爲〈一部文化史——到處種詩的瘂弦〉。
[14]本文由廖玉蕙擬定題綱，蔡文含、陳若霜、陳心怡赴約訪問。

241. 瘂　弦等[15]　　歲末　聯合報　2005 年 12 月 21 日　E7 版

242. 白靈，瘂弦講；陳澄州記　　如何「過」一首詩——瘂弦 vs.白靈　文訊雜誌
　　　　　第 249 期　2006 年 7 月　頁 110—116

243. 白靈，瘂弦講；陳澄州記　　如何「過」一首詩——我的創作歷程　遠方的
　　　　　歌詩：十二場臺灣當代詩、散文與兒童文學的心靈饗宴：國家臺
　　　　　灣文學館‧第六季週末文學對談　臺南　國立臺灣文學館　2008
　　　　　年 9 月　頁 162—195

244. 林雅慧採訪　　讀者 10 問瘂弦　講義　第 233 期　2006 年 8 月　頁 49—53

245. 林翠芬　　瘂弦先生談香港文化的傳承　香港作家　第 3 期　2007 年 5 月
　　　　　頁 3—6

246. 瘂　弦等[16]　　「香港文學未來充滿希望！」——章詒和、瘂弦、鄭愁予、陳
　　　　　義芝、張大春等名作家出席香港作聯文學座談會　香港作家
　　　　　2007 年第 3 期　2007 年 7 月　頁 69—70

247. 紫　鵑　　詩人可以聽到落花的尖叫——專訪詩人瘂弦　乾坤詩刊　第 45 期
　　　　　2008 年 1 月　頁 6—21

248. 蘇惠昭　　獅子的八張臉——永遠的總編輯：瘂弦　幼獅文藝　第 658 期
　　　　　2008 年 10 月　頁 8

249. 黃哲斌，林欣誼　　小兵變詩人‧瘂弦見證滄桑　中國時報　2010 年 4 月 1
　　　　　日　A6 版

250. 李懷宇　　瘂弦：編輯事業簡直是一種偉業　世界知識公民——文化名家訪
　　　　　談錄　臺北　允晨文化公司　2010 年 5 月　頁 225—251

251. 瘂　弦等[17]　　文學高峰會議‧臺灣大學——第一場「作家學者講話」　新地
　　　　　文學　第 12 期　2010 年 6 月　頁 22—40

252. 瘂弦，宋裕，吳文雄　　中學國文課本裡的瘂弦　瘂弦學術研討會　苗栗
　　　　　育達商業科技大學　2011 年 4 月 29 日

---

[15]與會者：瘂弦、彭鏡禧、鍾怡雯；紀錄：宇文正。
[16]與會者：瘂弦、章詒和、鄭愁予、陳義芝、潘耀明、張詩劍、張大春；紀錄：小林。
[17]主持人：郭楓；與會者：王蒙、高行健、劉再復、鄭培凱、瘂弦、李歐梵、陳若曦。

253. 瘂　弦等[18]　　聶華苓與愛荷華國記寫作計畫　文訊雜誌　第 309 期　2011
　　　　年 7 月　頁 82—87

254. 瘂弦等；馬翊航記錄整理　　聶華苓與愛荷華國際寫作計畫　百年小說研討
　　　　會論文集　臺北　文訊雜誌社　2012 年 10 月　頁 303—311

255. 瘂弦，阿九　　瘂弦訪談　香港文學　第 322 期　2011 年 10 月　頁 14—30

256. 陳智弘，宋裕　　弦歌不絕訪瘂弦　幼獅文藝　第 698 期　2012 年 2 月　頁
　　　　44—49

年表

257. 〔編輯部〕　　作品年表　深淵　臺北　眾人出版社　1968 年 12 月　頁 189
　　　　—193

258. 〔編輯部〕　　作品年表　深淵　臺北　晨鐘出版社公司　1970 年 10 月　頁
　　　　251—256

259. 〔編輯部〕　　作品年表　深淵　臺北　晨鐘出版社公司　1971 年 4 月　頁
　　　　251—256

260. 〔編輯部〕　　年表　瘂弦自選集　臺北　黎明文化公司　1977 年 10 月　頁
　　　　1—5

261. 蕭　蕭　　瘂弦年表　詩儒的創造：瘂弦詩作評論集　臺北　文史哲出版社
　　　　1994 年 9 月　頁 466—480

262. 〔編輯部〕　　瘂弦年譜　深淵——瘂弦詩集　東京　思潮社　2006 年 3 月
　　　　頁 146—151

263. 龍彼德　　瘂弦年表　瘂弦評傳　臺北　三民書局　2006 年 7 月　頁 351—
　　　　368

264. 瘂　弦　　瘂弦創作年表　於無聲處　香港　明報月刊出版社　2011 年 6 月
　　　　頁 377—385

265. 〔香港文學〕　　瘂弦著作年表　香港文學　第 322 期　2011 年 10 月　頁

---

[18] 主持人：向陽；與談人：聶華苓、Nataša Durovicová、向陽、李瑜、李銳、林懷民、格非、尉天
　　驄、楊青矗、瘂弦、董啓章、管管、蔣韻、鄭愁予、駱以軍。

　　　　　　　31

其他

266. 黃盈雰　　文友送別，弦歌不絕　文訊雜誌　第 156 期　1998 年 10 月　頁
　　　　　　　82

267. 王景山　　待圓的夢──關於編撰《文學副刊主編辭典》和瘂弦的通信及說
　　　　　　　明　中國現代文學研究叢刊　2000 年第 1 期　2000 年 2 月　頁
　　　　　　　252─270

268. 悟　廣　　瘂弦蒞彰化演講　文訊雜誌　第 297 期　2010 年 7 月　頁 118

269.〔創世紀〕　　瘂弦應邀在福建省立圖書館專題演講，精彩動人　創世紀
　　　　　　　第 165 期　2010 年 12 月　頁 257

270.〔創世紀〕　　瘂弦榮獲「第二屆全球華文文學星雲獎貢獻獎　創世紀　第
　　　　　　　173 期　2012 年 12 月　頁 185

作品評論篇目

綜論

271. 余光中　　簡介四位詩人〔瘂弦部分〕[19]　文學雜誌　第 4 卷第 4 期　1958
　　　　　　　年 6 月 20 日　頁 59─61

272. 余光中　　簡介四位詩人〔瘂弦部分〕　左手的繆思　臺北　文星書店
　　　　　　　1963 年 9 月　頁 63─66

273. 余光中　　簡介四位詩人〔瘂弦部分〕　左手的繆思　臺北　大林出版社
　　　　　　　1978 年 12 月　頁 63─66

274. 余光中　　簡介四位詩人〔瘂弦部分〕　左手的繆思　臺北　時報文化出版
　　　　　　　公司　1980 年 4 月　頁 72─75

275. 余光中　　詩話瘂弦　詩儒的創造：瘂弦詩作評論集　臺北　文史哲出版社
　　　　　　　1994 年 9 月　頁 9─11

276. 覃子豪　　三詩人評介──瘂弦的歌謠風格和現代趣味　幼獅月刊　第 99 期

---

[19]本文後摘錄為〈詩話瘂弦〉。

1959 年 3 月　頁 39—40

277. 覃子豪　　三詩人作品評——瘂弦的歌謠風格和現代趣味　覃子豪全集 2　臺北　覃子豪全集出版委員會　1968 年 6 月　頁 417—419

278. 〔張默，瘂弦編〕　　瘂弦　六十年代詩選　高雄　大業書店　1961 年 1 月　頁 176

279. 魏子雲　　小論瘂弦的詩　幼獅文藝　第 134 期　1965 年 2 月　頁 21—22

280. 葛賢寧，上官予　　現代詩的興起（中）〔瘂弦部分〕　五十年來的中國詩歌　臺北　中正書局　1965 年 3 月　頁 197—198

281. 〔張默，洛夫，瘂弦編〕　　瘂弦小評——基督溫柔古昔的溫柔　七十年代詩選　高雄　大業書局　1967 年 9 月　頁 284—285

282. 王夢鷗　　寫在瘂弦詩稿後面　深淵　臺北　眾人出版社　1968 年 12 月　頁 177—181

283. 王夢鷗　　寫在瘂弦詩稿後面　深淵　臺北　晨鐘出版社公司　1971 年 4 月　頁 257—261

284. 王夢鷗　　寫在瘂弦詩稿後面　瘂弦詩集　臺北　洪範書店　1981 年 4 月　頁 309—314

285. 王夢鷗　　附錄一——寫在瘂弦詩稿後面　瘂弦詩集　臺北　洪範書店　2010 年 9 月　頁 291—295

286. 趙天儀　　笠下影——瘂弦　笠　第 29 期　1969 年 2 月　頁 12—15

287. 黃　用　　略談瘂弦的詩　現代詩人書簡集　臺中　普天出版社　1969 年 12 月　頁 180—181

288. 林煥彰　　從《瘂弦詩抄》到《深淵》　臺塑企業　第 2 卷第 3 期　1971 年 3 月　頁 69—73

289. 林煥彰　　從《瘂弦詩抄》到《深淵》　詩・評介和解說　宜蘭　宜蘭文化中心　1992 年 6 月　頁 43—52

290. 覃子豪等[20]　　瘂弦作品回顧特展　水星詩刊　第 7 期　1972 年 1 月　頁 2

---

[20]作者：覃子豪、余光中、黃用、張學玄、李英豪、葉珊、林亨泰、趙天儀、洛夫、張默、葉維

291. 程榕寧　　瘂弦泛論新詩　大華晚報　1972 年 5 月 29 日　10 版

292. 羅　青　　理論與態度——瘂弦論　書評書目　第 26 期　1975 年 6 月　頁 25—39

293. 羅　青　　理論與態度　瘂弦自選集　臺北　黎明文化公司　1977 年 10 月　頁 227—248

294. 上官予　　五十年代詩潮〔瘂弦部分〕　傳統與現代之間　臺北　眾成出版社　1975 年 12 月　頁 70—73

295. 于還素　　論上官予及其詩〔瘂弦部分〕　傳統與現代之間　臺北　眾成出版社　1975 年 12 月　頁 295

296. 溫任平　　致瘂弦書——談詩的詮釋　詩學　第 2 期　1976 年 10 月　頁 393—398

297. 旅　人　　中國新詩論史（七）——瘂弦與張默　笠　第 77 期　1977 年 2 月　頁 38—39

298. 旅　人　　瘂弦與張默　中國新詩論史　臺中　臺中縣立文化中心　1991 年 11 月　頁 158—161

299. 陳芳明　　七位詩人素描——瘂弦　詩和現實　臺北　洪範書店　1977 年 2 月　頁 191—193

300. 楊昌年　　瘂弦　新詩品賞　臺北　牧童出版社　1978 年 9 月　頁 335—355

301. 蕭　蕭　　瘂弦的情感世界[21]　中外文學　第 8 卷第 4 期　1979 年 9 月　頁 136—146

302. 白楊〔蕭蕭〕　　瘂弦的感情世界　北市青年　第 119 期　1979 年 10 月　頁 8—11

303. 蕭　蕭　　瘂弦的感情世界　現代詩導讀（批評篇）　1979 年 11 月　頁 171—184

304. 蕭　蕭　　瘂弦的情感世界　燈下燈　臺北　東大圖書公司　1980 年 4 月

廉。

[21]本文後改篇名爲〈感覺之必要——談瘂弦〉，內容略有增修。

頁 149—161

305. 蕭　蕭　感覺之必要——談瘂弦　自由青年　第 78 卷第 1 期　1987 年 7 月
頁 56—58

306. 蕭　蕭　感覺之必要——談瘂弦　現代詩縱橫觀　臺北　文史哲出版社
1991 年 6 月　頁 173—180

307. 蕭　蕭　瘂弦的情感世界　詩儒的創造：瘂弦詩作評論集　臺北　文史哲
出版社　1994 年 9 月　頁 225—244

308. 楊子澗　揉和戲劇性與嘲諷味的行吟者——瘂弦　中學白話詩選　臺北
故鄉出版社　1980 年 4 月　頁 224—225

309. 蕭　蕭　詩人與詩風——瘂弦　臺灣日報　1982 年 6 月 24 日　8 版

310. 蕭　蕭　詩人與詩風——瘂弦　現代詩縱橫觀　臺北　文史哲出版社
1991 年 6 月　頁 73

311. 苦　苓　誰是大詩人——青年詩人心目中的十大詩人[22]　陽光小集　第 10
期　1982 年 10 月　頁 79—91

312. 苦　苓　誰是大詩人？青年詩人心目中的十大詩人　書中書　臺北　希代
書版公司　1986 年 9 月　頁 211

313. 張　健　自由中國時期〔瘂弦部分〕　中國現代詩　臺北　五南圖書公司
1984 年 1 月　頁 94—95

314. 陳千武　光復前後臺灣新詩的演變〔瘂弦部分〕　笠　第 130 期　1985 年
12 月　頁 21

315. 段建安　中國文學的使徒——詩人洛夫與瘂弦所走的路　青年戰士報
1986 年 5 月 4 日　9 版

316. 張　默　現代詩壇鈎沉錄〔瘂弦部分〕　文訊雜誌　第 26 期　1986 年 10
月　頁 288—290

317. 高　準　關於瘂弦——摘自〈現代詩的歧途與應行方向〉　瘂弦詩選　成

---

[22]本文為「陽光小集」所舉辦「青年詩人心目中的十大詩人」的票選活動紀錄。十位詩人分別為：
瘂弦、白萩、楊牧、鄭愁予、洛夫、余光中、周夢蝶、商禽、羅門、羊令野，並略述十人作品風
格及技巧。

都 四川文藝出版社 1987 年 2 月 頁 93—99

318. 周沛良 集後 瘂弦詩選 成都 四川文藝出版社 1987 年 2 月 頁 111
—120

319. 〔張 錯編〕 瘂弦詩選——瘂弦（1932—） 千曲之島 臺北 爾雅出
版社 1987 年 7 月 頁 91—92

320. 宋田水 要死不活的臺灣文學——透視臺灣作家的良心——洛夫、瘂弦
臺灣新文化 第 14 期 1987 年 11 月 頁 42

321. 馬德俊 瘂弦的詩 現代臺灣文學史 瀋陽 遼寧大學出版社 1987 年 12
月 頁 534—542

322. 古繼堂 瘂弦詩歌的特色 文學世界 第 1 期 1987 年 12 月 頁 182—
183

323. 葉含秋等[23] 瘂弦談詩 幼獅文藝 第 410 期 1988 年 2 月 頁 72—78

324. 葉含秋等 瘂弦談詩 文藝天地任遨遊 臺北 光復書局 1988 年 4 月
頁 245—258

325. 鄭明娳 中國新詩概說〔瘂弦部分〕 當代文學氣象 臺北 光復書局
1988 年 4 月 頁 175

326. 古繼堂 詩的和絃——論瘂弦的詩 靜聽那心底的旋律——臺灣文學論
北京 國際文化出版公司 1989 年 1 月 頁 169—178

327. 李元洛 清純而雋永的歌——瘂弦詩作欣賞 創世紀 第 75 期 1989 年 4
月 頁 103—107

328. 李元洛 清純而雋永的歌——臺灣詩人瘂弦詩作欣賞 朔方 1989 年第 5
期 1989 年 5 月 頁 55—56

329. 李元洛 清純而雋永的歌——臺灣詩人瘂弦詩作欣賞 詩儒的創造：瘂弦
詩作評論集 臺北 文史哲出版社 1994 年 9 月 頁 37—42

330. 古繼堂 創世紀詩社和臺灣的軍中詩人〔瘂弦部分〕 臺灣新詩發展史
臺北 文史哲出版社 1989 年 7 月 頁 273—284

---

[23]合著者：葉含秋、陳湘玲、徐僑曼、蔡星婷。

331. 〔公仲，汪義生編〕　　50 年代後期及 60 年代臺灣文學——瘂弦、商禽、羅門、周夢蝶等軍旅詩人的詩　臺灣新文學史初編　南昌　江西人民出版社　1989 年 8 月　頁 129—136

332. 子　敏　我最喜愛的當代中國詩人——我喜歡瘂弦所選擇的跑道　洪範雜誌　第 41 期　1989 年 10 月　4 版

333. 林貞羊　我最喜愛的當代中國詩人——瘂弦的詩是從血液中流盪出來的樂曲　洪範雜誌　第 41 期　1989 年 10 月　4 版

334. 高大鵬　我最喜愛的當代中國詩人——瘂弦的詩帶有咒語一般感人的魅力　洪範雜誌　第 41 期　1989 年 10 月　4 版

335. 鄒建軍　論瘂弦的詩學觀　理論與創作　1991 年第 3 期　1991 年 3 月　頁 71—75

336. 朱雙一　瘂弦　臺灣新文學概觀（下）　廈門　鷺江出版社　1991 年 6 月　頁 128—131

337. 劉登翰　臺灣詩人論劄（三）—瘂弦論[24]　創世紀　第 85、86 期合刊　1991 年 10 月　頁 82—84

338. 劉登翰　臺灣詩人十八家論劄——瘂弦論　臺灣文學隔海觀：文學香火的傳承與變異　臺北　風雲時代出版公司　1995 年 3 月　頁 288—294

339. 劉登翰　沒有什麼今天的雲抄襲昨天的雲——瘂弦論　彼岸的繆斯——臺灣詩歌論　南昌　百花洲文藝出版社　1996 年 12 月　頁 246—252

340. 杜榮根　試論《創世紀》的詩　復旦學報　1991 年第 6 期　1991 年 11 月　頁 99—103

341. 高大鵬　《深淵》裡的「現代」洗禮　青年日報　1992 年 4 月 8 日　14 版

342. 高大鵬　《深淵》裡的「現代」洗禮——瘂弦詩說　吹不散的人影　臺北

---

[24]本文後改篇名爲〈沒有什麼今天的雲抄襲昨天的雲——瘂弦論〉、〈臺灣詩人十八家論札——瘂弦論〉。

三民書局　1995 年 3 月　頁 163—165

343. 張俊山　　甜的是語言，苦的是精神——瘂弦詩簡評　開封教育學院學報　1993 年第 1 期　1993 年 1 月　頁 20—23

344. 劉登翰　　洛夫、瘂弦與《創世紀》詩人群　臺灣文學史（下）　福州　海峽文藝出版社　1993 年 1 月　頁 176—181

345. 徐　學　　文學批評（下）——葉維廉等的詩學理論〔瘂弦部分〕　臺灣文學史（下）　福州　海峽文藝出版社　1993 年 1 月　頁 887—890

346. 李豐楙　　中國純粹性詩學與現代詩學、詩作的關係——以七十年代葉維廉、洛夫、瘂弦為主的考察　現代詩學研討會　彰化　彰化師範大學國文學系，臺中縣立文化中心　1993 年 5 月 15 日

347. 李豐楙　　中國純粹性詩學與現代詩學、詩作的關係——以七十年代葉維廉、洛夫、瘂弦為主的考察　現代詩學研討會論文集　臺中　臺中縣立文化中心，彰化師範大學國文學系　1993 年 5 月　頁 33—66

348. 李豐楙　　中國純粹性詩學與現代詩學、詩作的關係——以七十年代葉維廉、洛夫、瘂弦為主的考察　臺灣詩學季刊　第 3 期　1993 年 6 月　頁 33—66

349. 李豐楙　　中國純粹性詩學與現代詩學、詩作的關係——以七十年代葉維廉、洛夫、瘂弦為主的考察　人文風景的鐫刻者：葉維廉作品評論集　臺北　文史哲出版社　1997 年 11 月　頁 435—469

350. 王志健　　摘星的與提燈的——瘂弦　中國新詩淵藪（中）　臺北　正中書局　1993 年 7 月　頁 1756—1788

351. 古遠清　　瘂弦對現代詩問題的反思——《臺灣當代文學理論批評史》之一節　南都學壇　1993 年第 3 期　1993 年 7 月　頁 93—94

352. 古遠清　　瘂弦對現代詩的反思　臺灣當代文學理論批評史　武漢　武漢出版社　1994 年 8 月　頁 229—232

353. 無名氏　　現代詩語藝術——略論瘂弦詩語　中華日報　1993 年 11 月 17 日

11 版

354. 無名氏　　　與姚一葦教授論瘂弦詩　國魂　第 577 期　1993 年 12 月　頁 78
　　　　　　　　—79

355. 熊國華　　　論瘂弦的詩[25]　中外詩歌研究　1994 年第 1 期　1994 年 1 月　頁
　　　　　　　　46—49

356. 熊國華　　　論瘂弦的詩　詩儒的創造：瘂弦詩作評論集　臺北　文史哲出版
　　　　　　　　社　1994 年 9 月　頁 317—329

357. 熊國華　　　論瘂弦的詩　走向新世紀：第六屆世界文學國際研討會論文集
　　　　　　　　北京　人民文學出版社　1994 年 11 月　頁 293—301

358. 熊國華　　　論瘂弦的詩　廣東教育學院學報　1994 年第 4 期　1994 年 12 月
　　　　　　　　頁 68—72

359. 萬登學　　　論瘂弦的詩　南都學壇　1994 年第 2 期　1994 年 2 月　頁 83—88

360. 無名氏　　　詩藝與品鑑——瘂弦論　幼獅文藝　第 486 期　1994 年 6 月　頁
　　　　　　　　82—90

361. 鄭明娳　　　當代臺灣文藝政策的發展、影響與檢討〔瘂弦部分〕　當代臺灣
　　　　　　　　政治文學論　臺北　時報文化出版公司　1994 年 7 月　頁 51—54

362. 葉維廉　　　在記憶離散的文化空間裡歌唱——論瘂弦記憶塑像的藝術　中外
　　　　　　　　文學　第 23 卷第 2 期　1994 年 8 月　頁 74—104

363. 葉維廉　　　在記憶離散的文化空間裡歌唱——論瘂弦記憶塑像的藝術[26]　詩儒
　　　　　　　　的創造：瘂弦詩作評論集　臺北　文史哲出版社　1994 年 9 月
　　　　　　　　頁 331—378

364. 西　西　　　片斷瘂弦詩　詩儒的創造：瘂弦詩作評論集　臺北　文史哲出版
　　　　　　　　社　1994 年 9 月　頁 23—24

365. 陳義芝　　　瘂弦的三組詩——爲《古今文選》賞析所寫[27]　詩儒的創造：瘂弦

---

[25] 本文論述瘂弦詩的特色，及其對於詩壇的影響。

[26] 本文探討瘂弦詩作中對於歷史記憶呈現，及其文字技巧。全文共 3 小節：1.記憶、書寫與歷史的
　　印記；2.記憶：歷史文化的囚禁與釋放；3.記憶：馳騁於想像中的文化空間。

[27] 本文列舉瘂弦〈乞丐〉等詩，標舉其作品對生命的三種觀照：「北方家園」、「外國城邦」、「人生

　　　　　　詩作評論集　臺北　文史哲出版社　1994 年 9 月　頁 212—224

366. 羅　葉　中國現代詩壇的一座熄火山——從瘂弦的詩出發，他是上一代詩

　　　　　　人中掙騰激烈過的一個[28]　詩儒的創造：瘂弦詩作評論集　臺北

　　　　　　文史哲出版社　1994 年 9 月　頁 245—305

367. 馬德俊　走向西方，回歸東方——論瘂弦的詩歌創作藝術及其詩論　詩儒

　　　　　　的創造：瘂弦詩作評論集　臺北　文史哲出版社　1994 年 9 月

　　　　　　頁 305—316

368. 沈　奇　對存在的開放和對詞人的再創造——瘂弦詩歌藝術論[29]　詩儒的創

　　　　　　造：瘂弦詩作評論集　臺北　文史哲出版社　1994 年 9 月　頁

　　　　　　379—410

369. 沈　奇　對存在的開放和對語言的再造——瘂弦詩歌藝術論〔上、中、

　　　　　　下〕　幼獅文藝　第 490—492 期　1994 年 10—12 月　頁 82—

　　　　　　85，62—67，87—96

370. 沈　奇　瘂弦詩歌的語言藝術　文學評論　1995 年第 4 期　1995 年 7 月

　　　　　　頁 116—121

371. 沈　奇　對存在的開放和對語言的再造——瘂弦詩歌藝術論　評論十家

　　　　　　（第二集）　臺北　爾雅出版社　1995 年 11 月　頁 3—42

372. 沈　奇　對存在的開放和對語言的再造——瘂弦詩歌藝術論　臺灣詩人散

　　　　　　論　臺北　爾雅出版社　1996 年 11 月　頁 84—122

373. 沈　奇　瘂弦詩歌藝術論　沈奇詩學論集——臺灣詩人論評　北京　中國

　　　　　　社會科學出版社　2005 年 8 月　頁 52—77

374. 沈　奇　瘂弦詩歌藝術論　2010 海峽詩會——瘂弦文學之旅國際研討會

　　　　　　武漢　福建省文學藝術界聯合會，海峽文學藝術發展研究中心，

　情懷」。

[28]本文以年代為順序，論述瘂弦詩作。全文共 6 小節：1.一九五三；2.一九五五~一九五六；3.一九
　五七；4.一九五八；5.一九五九・二月~五月；6.一九五九・六月~一九六五。

[29]本文探討瘂弦詩作，並且為其價值重新定位。全文共 2 小節：1.上篇；2 下篇。本文後改題名為
　〈瘂弦詩歌的語言藝術〉。

臺港文學選刊雜誌社，中南財經政法大學新聞與文化傳播學院主
辦　2010 年 10 月 17 日

375. 沈　奇　　瘂弦詩歌藝術論　華文文學　2011 年第 3 期　2011 年 6 月　頁 52
　　　　　　　—62

376. 鄒建軍　　瘂弦——縱橫交匯成大江　詩儒的創造：瘂弦詩作評論集　臺北
　　　　　　　文史哲出版社　1994 年 9 月　頁 445—457

377. 白　靈　　為激流的倒影造像——瘂弦詩風的背景及影響　臺灣新聞報
　　　　　　　1995 年 1 月 18 日　19 版

378. 陳義芝　　現代詩中的「故園」母題——以瘂弦作品為例　第二屆現代詩學
　　　　　　　術會議　彰化　彰化師範大學國文學系　1995 年 4 月 29 日　頁
　　　　　　　201—223

379. 萬登學　　瘂弦詩探　四海——港臺與海外華文文學　第 34 期　1995 年 7 月
　　　　　　　頁 123—127

380. 廖麗鳳　　從感覺出發——略論瘂弦詩歌　華夏學報　第 29 期　1995 年 12
　　　　　　　月　頁 11813—11839

381. 無名氏　　間接反應與生命整體——瘂弦論（上、下）　幼獅文藝　第 506—
　　　　　　　507 期　1996 年 2—3 月　頁 94—97，91—95

382. 劉紀蕙　　故宮博物院 VS.超現實拼貼：臺灣現代讀畫詩中兩種文化認同之建
　　　　　　　構模式——瘂弦與超現實拼貼模式　中外文學　第 25 卷第 7 期
　　　　　　　1996 年 12 月　頁 80—84

383. 王常新　　瘂弦不「啞」——瘂弦詩的音樂美　高等函授學報　1996 年第 3
　　　　　　　期　1996 年　頁 29—32

384. 張　默　　夢從樺樹上跌下來——瘂弦的詩生活探微　聯合文學　第 148 期
　　　　　　　1997 年 2 月　頁 112—120

385. 張　默　　夢從樺樹上跌下來——瘂弦的詩生活　夢從樺樹上跌下來：詩壇
　　　　　　　鈎沉筆記　臺北　爾雅出版社　1998 年 6 月　頁 185—203

386. 萬登學　　深入的科學的省思——試論瘂弦的「中國新詩研究」　創世紀

第 110 期　1997 年 3 月　頁 81—95

387. 章亞昕　詩與真——瘂弦的體驗　孝感師專學報　1998 年第 3 期　1998 年
8 月　頁 33—37

388. 章亞昕　詩與真——瘂弦的體驗　情繫伊甸園：創世紀詩人論　臺北　文
史哲出版社　2004 年 10 月　頁 107—118

389. 無名氏　第一流的評論家——惜別瘂弦　臺灣新生報　1998 年 9 月 7 日
13 版

390. 無名氏　黯然消魂者別而已——淺談瘂弦的詩論（上、中、下）　青年日
報　1998 年 10 月 19—21 日　15 版

391. 陶保璽　進入瘂弦詩歌中的黃鐘世界——兼論瘂弦詩創作的語言結構策略[30]
詩雙月刊　第 43 期　1998 年 12 月　頁 125—158

392. 陶保璽　進入瘂弦詩歌中的黃鐘世界——兼論瘂弦詩創作的語言結構策略
臺灣新詩十家論　臺北　二魚文化公司　2003 年 8 月　頁 90—
130

393. 潘麗珠　瘂弦　臺灣現代詩教學研究　臺北　五南圖書公司　1999 年 3 月
頁 140—142

394. 黎活仁　瘂弦詩所見春天的時間意識[31]　方法論於中國古典和現代文學的應
用　香港　香港大學亞洲研究中心　1999 年 4 月　頁 235—262

395. 謝雅雯　瘂弦研究　臺北市立師範學院語文教育學系畢業論文集第二輯
臺北　臺北市立師院語文教育學系　1999 年 6 月　頁 265—307

396. 方娥真　博大與均衡[32]　文訊雜誌　第 168 期　1999 年 10 月　頁 10—15

397. 方娥真　博大與均衡——瘂弦身體力行的副刊編輯觀　明報月刊　第 406

[30]本文以歷史文化與西方思想探討瘂弦的詩作。全文 2 小節：在「憂憤深廣」而又凝重的歷史文化
氛圍中瘂弦不瘂，他演奏的恰恰是黃鐘大呂般的樂章；2.借得西方三昧真火，燭照並透視東方社
會的幽微，在錘擊人們靈魂的同時，鍛打出現代詩的藝術精品。

[31]本文從春天的時間意識，考察瘂弦詩歌創作。全文共 8 小節：1.引言；2.春的時間意識：《詩經》
到宋詞的演變；3.瘂弦詩所見春天的時間意識；4.瘂弦詩於《詩經》婚戀與性的傳承；5.「春歸
（來）」、「春歸（去）」與女性的死；6.瘂弦筆下春天的流浪漢；7.流浪漢的樂園春色：瘂弦詩中
的樂春表現；8.結論：「影響即誤讀」。

[32]本文後改篇名為〈博大與均衡——瘂弦身體力行的副刊編輯觀〉。

期　1999 年 10 月　頁 86—89

398. 方娥珍　博大與均衡　香港文學　第 322 期　2011 年 10 月　頁 9—13

399. 陳去非　反諷（上、下）[33]　勁報　2000 年 3 月 16—17 日　24 版

400. 耕　雨　現代派點燃瘂弦的詩慾　臺灣新聞報　2000 年 7 月 3 日　B8 版

401. 方　忠　八十年代新詩——洛夫、瘂弦　二十世紀中國文學史（下）　臺
北　文史哲出版社　2000 年 9 月　頁 937—939

402. 朱文華　瘂弦——融入戲劇技巧的現代詩人　臺港澳文學教程　上海　漢
語大辭典出版社　2000 年 10 月　頁 84—85

403. 周　熠　萬裏歸家爲尋根——小記詩人瘂弦的鄉土情節　尋根　2000 年第
6 期　2000 年 12 月　頁 90—92

404. 劉正忠　軍旅詩人的疏離心態——以五六十年代的洛夫、商禽、瘂弦爲主[34]
臺灣文學學報　第 2 期　2001 年 2 月　頁 113—156

405. 楊　澤　天使、罌粟及蕩娃惡少——試論瘂弦的詩　現代主義與臺灣文學
學術研討會　臺北　政治大學中國文學系主辦　2001 年 6 月 2—3
日　〔13〕頁

406. 黃書田　論瘂弦詩歌的意象世界　世界華文文學論壇　2001 年第 4 期
2001 年 12 月　頁 58—61

407. 黃書田　瘂弦詩歌意象論　華文文學　2003 年第 1 期　2003 年　頁 31，76
—77

408. 徐一林　簡論臺灣詩人瘂弦　社會科學家　2002 年第 3 期　2002 年 5 月
頁 87—90

409. 古繼堂　臺灣的創世紀詩社——瘂弦　簡明臺灣文學史　北京　時事出版
社　2002 年 6 月　頁 310—312

---

[33] 本文論述「反諷」作爲文學創作技巧的定義，並藉以討論瘂弦詩作的創作手法及特色。

[34] 本文以「疏離」傾向爲核心，重構軍旅詩人與現實社會互動的狀況，及其精神的歸趨。全文共 3
小節：1.戰鬥與反戰鬥：考察官方文藝政策的干擾，並分析軍旅詩人如何由依附到疏離，甚至抗
逆的歷程；2.寧爲異鄉人：探討作爲外來族群的軍旅詩人，以怎樣的眼光看待當下的時空環境；
3.詩人角色的定位：審視軍旅詩人如何在「被排拒」的想像下，把自己從世界區隔出來，突出於
現代詩運動的潮流。

410. 趙衛民　　瘂弦的浮世繪與異國情調　新詩啓蒙　臺北　業強出版社　2003
　　　年 2 月　頁 148—155

411. 周登宇，李建東　　多色調的回眸——談瘂弦詩中的過去時空　連雲港師範
　　　高等專科學校學報　2003 年第 2 期　2003 年 6 月　頁 20—23

412. 李標晶　　瘂弦　20 世紀中國文學通史　上海　東方出版中心　2003 年 9 月
　　　頁 566—568

413. 陳金木　　橫看成嶺側成峰——瘂弦詩論[35]　臺灣前行代詩家論——第六屆現
　　　代詩學研討會論文集　臺北　萬卷樓圖書公司　2003 年 11 月　頁
　　　170—183

414. 陳仲義　　反諷：語境對陳述語的明顯歪曲[36]　現代詩技藝透析　臺北　文史
　　　哲出版社　2003 年 12 月　頁 29—34

415. 陳仲義　　戲劇性：衝突・情境・懸念・動作　現代詩技藝透析　臺北　文
　　　史哲出版社　2003 年 12 月　頁 35—42

416. 蕭　蕭　　創世紀：超現實主義的化合性美學——以瘂弦、張默、洛夫爲例[37]
　　　臺灣新詩美學　臺北　爾雅出版社　2004 年 2 月　頁 380—409

417. 蕭　蕭　　創世紀的超現實主義的化合性美學——以瘂弦、張默、洛夫爲例
　　　創世紀　第 138 期　2004 年 3 月　頁 127—141

418. 王　靜　　搜尋苦難的意義——簡論瘂弦的詩歌創作　世界華文文學論壇
　　　2004 年第 1 期　2004 年 3 月　頁 45—48

419. 方　忠　　瘂弦的詩　二十世紀臺灣文學史論　南昌　百花文藝出版社
　　　2004 年 10 月　頁 93—94

---

[35] 本文探討瘂弦創作歷程，及其各時期詩作的特色。全文共 6 小節：1.前言；2.記憶的中國：紅玉
　　米、鹽、土地祠；3.閱讀的世界：印度、巴黎、芝加哥；4.戲劇的人物：坤伶、上校、C 教授；5.
　　生存的必要：深淵、如歌的行板、一般之歌；6.詩唯有自己解釋。

[36] 本文討論瘂弦詩作中的 4 種反諷類型：誇大性反諷、克制性反諷、悖論性反諷、正話反說（反話
　　正說）。

[37] 本文探討瘂弦、張默以及洛夫詩作，以了解其如何在其詩作完成化合性超現實主義美學。全文共
　　小節：1.前言：現實與超現實的辨證；2.自動書寫的魔力空間；3.任意連結的異想世界；4.故意誤
　　接的新穎禪意；5.夢境巡禮與意識潛航；6.矛盾共構與歧義雙關；7.黑色幽默的立體舞台；8.魔力
　　化的美學世界。

420. 古添洪　臺灣現代詩的「外來影響」面向——歐美現代詩潮的接受／挪用／與本土化〔瘂弦部分〕　不廢中西萬古流：中西抒情詩類及影響研究　臺北　臺灣學生書局　2005 年 4 月　頁 301—302

421. 江少川　臺灣詩壇三駕車——讀紀弦、鄭愁予、瘂弦的詩　臺港澳文學論稿　北京　北京大學出版社　2005 年 4 月　頁 47—53

422. 古遠清　極為前衛的現代派作家——瘂弦　分裂的臺灣文學　臺北　海峽學術出版社　2005 年 7 月　頁 78—79

423. 呂怡菁　荒謬生命劇場與無譜可循的生命樂章——瘂弦詩歌「小說化」的美學特徵　清雲學報　第 25 卷第 2 期　2005 年 9 月　頁 197—211

424. 田崇雪　論瘂弦詩歌的悲劇精神[38]　創世紀　第 144 期　2005 年 9 月　頁 167—182

425. 田崇雪　論瘂弦詩歌的悲劇精神　瘂弦詩中的神性與魔性　臺北　大安出版社　2007 年 5 月　頁 75—103

426. 白　靈　宇宙大腦的一點燐火——瘂弦詩中的神性與魔性[39]　乾坤詩刊　第 36 期　2005 年 10 月　頁 82—93

427. 白　靈　宇宙大腦的一點燐火——瘂弦詩中的神性與魔性　瘂弦詩中的神性與魔性　臺北　大安出版社　2007 年 5 月　頁 1—46

428. 白　靈　宇宙大腦的一點燐火——瘂弦詩中的神性與魔性　桂冠與荊棘——白靈詩論集　北京　作家出版社　2008 年 11 月　頁 45—82

429. 吳韶純　瘂弦——透視海洋之心　臺灣現代海洋文學研究　高雄師範大學國文學系國文教學碩士班　碩士論文　杜明德教授指導　2005 年 12 月　頁 129—135

---

[38]本文從人生履歷、詩歌觀念以及詩歌創作探討瘂弦詩歌的悲劇精神，繼而給瘂弦詩歌新的評估。全文共 4 小節：1.前言；2.悲劇精神；3.瘂弦詩歌的悲劇精神；4.結語。

[39]本文由愛因斯坦狹義相對論之質能方程式出發，透過現象學的澄清與互動，眺望瘂弦詩中追尋的哲學高度。全文共 6 小節：1.引言；2.秩序與混沌、神性與魔性；3.逃逸、不安、互動；4.同一與神性；5.差異與魔性；6.結語。

430. 張索時　　瘂弦研究[40]　新詩八家論　臺北　爾雅出版社　2006 年 3 月　頁
　　　　　　　161—187

431. 黃萬華　　臺灣文學──詩歌（下）〔瘂弦部分〕　中國現當代文學‧第 1
　　　　　　　卷（五四—1960 年代）　濟南　山東文藝出版社　2006 年 3 月
　　　　　　　頁 448—450

432. 陳義芝　　1980 年代詩學的新生狀態──現代詩學的四個標記〔瘂弦部分〕
　　　　　　　聲納：臺灣現代主義詩學流變　臺北　九歌出版社　2006 年 3 月
　　　　　　　頁 158—159

433. 羅振亞　　臺灣現代詩人抽樣透析──紀弦、鄭愁予、余光中、洛夫、瘂弦
　　　　　　　臺灣研究集刊　2006 年第 1 期　2006 年 3 月　頁 94—96

434. 松浦恆雄　　訳者後記　深淵──瘂弦詩集　東京　思潮社　2006 年 3 月
　　　　　　　頁 152—159

435. 龍彼德　　瘂弦──現代詩壇的一座睡火山（代前言）　瘂弦評傳　臺北
　　　　　　　三民書局　2006 年 7 月　頁 1—24

436. 劉正忠　　主知‧超現實‧現代派運動〔瘂弦部分〕　20 世紀臺灣文學專題
　　　　　　　1：文學思潮與論戰　臺北　萬卷樓圖書公司　2006 年 9 月　頁
　　　　　　　193—220

437. 劉正忠　　暴力與音樂與身體：瘂弦受難記[41]　當代詩學年刊　第 2 期　2006
　　　　　　　年 9 月　頁 100—115

438. 郭　楓　　從瀟灑喜樂到深沉憂鬱──析論瘂弦人和詩的複疊心影[42]　鹽分地
　　　　　　　帶文學　第 8 期　2007 年 2 月　頁 157—180

439. 李　銀　　解讀瘂弦詩歌世界中的「痛苦」　世界華文文學論壇　2007 年第
　　　　　　　1 期　2007 年 3 月　頁 38—42

---

[40]本文探討瘂弦人生歷程，及其詩作藝術技巧與精神。
[41]本文探討瘂弦詩中傷害主題。全文共 2 小節：1.犧牲謨；2.止痛劑。
[42]本文探討瘂弦生活歷程，以及詩作題材。全文共 3 小節：1.人生觀念與行為的多重變化；2.詩歌
　題材的突破性取向；3.詩學建構中藝術和政治的角力。

440. 沈玲，方環海　　論瘂弦詩歌的語詞建構及其詩意風格[43]　瘂弦詩中的神性與
　　　　　　　　　　魔性　臺北　大安出版社　2007 年 5 月　頁 47—74

441. 戴淑芳　　瘂弦詩歌的想像力[44]　瘂弦詩中的神性與魔性　臺北　大安出版社
　　　　　　　2007 年 5 月　頁 139—184

442. 謝　淼　　瘂弦詩歌中的植物意象研究[45]　瘂弦詩中的神性與魔性　臺北　大
　　　　　　　安出版社　2007 年 5 月　頁 185—232

443. 溫羽貝　　重複與差異：瘂弦詩歌研究[46]　瘂弦詩中的神性與魔性　臺北　大
　　　　　　　安出版社　2007 年 5 月　頁 233—274

444. 葉多梅　　存在與悲憫：論瘂弦的詩歌創作[47]　瘂弦詩中的神性與魔性　臺北
　　　　　　　大安出版社　2007 年 5 月　頁 275—312

445. 李桂媚　　瘂弦詩作的色彩美學[48]　臺灣詩學學刊　第 9 期　2007 年 6 月　頁
　　　　　　　157—186

446. 李家欣　　各創作類型之表現：現代詩創作的搖籃之一——瘂弦　夏濟安與
　　　　　　　《文學雜誌》研究　中央大學中國文學系　碩士論文　李瑞騰教
　　　　　　　授指導　2007 年 7 月　頁 65—66

447. 鄭樹森　　五、六〇年代的香港新詩〔瘂弦部分〕　從諾貝爾到張愛玲　臺
　　　　　　　北　印刻出版公司　2007 年 11 月　頁 207—208

448. 古遠清　　瘂弦：甜言語苦精神　臺灣當代新詩史　臺北　文津出版社
　　　　　　　2008 年 1 月　頁 154—158

---

[43] 本文從語言學的角度探討瘂弦的詩歌意象，語詞的表達與建構，以及語詞的內在精神。全文共 4 小節：1.引言；2.意象的現代架構；3.意象的語詞建構；4.意象的內在精神。

[44] 本文以瘂弦〈深淵〉的意象，追溯其詩歌意象的發展過程，並以「深度想像力」為主綱，以了解中國傳統與現代詩歌想像力的演變。全文共 5 小節：1.引言；2.東西文化、想像世界；3.深度想像、內在空間；4.搖落；5.活·道。

[45] 本文藉由瘂弦詩歌中植物意象的分類與探源，探討瘂弦詩歌植物意象的審美追求，以探求詩人的精神世界與藝術世界。全文共 5 小節：1.引言；2.瘂弦詩歌中植物意象類型；3.瘂弦詩歌中植物意象探源；5.結論。

[46] 本文以重複相關理論，探討瘂弦詩歌重複情形及其帶來的深層意思，兼及差異與重複的關係。全文共 5 小節：1.引言；2.形式的重複；3.意象的重複；4.差異與重複；5.總結。

[47] 本文探討在臺灣經濟與政治不確定的年代下，詩人瘂弦如何在詩作中回應時代及展現出悲憫的情懷。全文共 5 小節：1.前言；2.存在的困境；3.悲憫的情懷；4.存在與悲憫的表現手法；5.結語。

[48] 本文以色彩相關理論，探討《瘂弦詩集》色彩意涵。全文共 5 小節：1.前言；2.瘂弦詩作的黑色美學；3.瘂弦詩作的白色美學；4.瘂弦詩作的紅色美學；5.結語。

449. 彭瑞金　戰後高雄市文學的融合、衝突與蛻變——國民政府遷臺後的高雄新移民作家〔瘂弦部分〕　高雄市文學史——現代篇　高雄　高雄市立圖書館　2008年5月　頁136—137

450. 曾萍萍　知識分子的失望與徘徊：《筆匯》內容分析——烏鴉像箭一般刺穿天空：文學創作〔瘂弦部分〕　「文季」文學集團研究——以系列刊物爲觀察對象　中央大學中國文學系　博士論文　李瑞騰教授指導　2008年7月　頁47—48

451. 向衛國　中西兩大詩歌傳統的交匯——瘂弦論　中西詩歌（澳門）　第26期　2008年8月　頁53—65

452. 落　蒂　靜觀詩海拍天浪——瘂弦研究[49]　文學人　第15期　2008年8月　頁77—81

453. 落蒂〔楊顯榮〕　靜觀詩海拍天浪——瘂弦論　靜觀詩海拍天浪　臺北　文史哲出版社　2012年9月　頁122—130

454. 郭　楓　春寒早秀瘂弦詩　新地文學　第7期　2009年3月　頁231—241

455. 陳義芝　實體，夢想與形上——故園母題論瘂弦　新地文學　第7期　2009年3月　頁242—254

456. 陳義芝　實體，夢想與形上——故園母題論瘂弦（1）　香港文學　第322期　2011年10月　頁34—39

457. 白　靈　初極與終極——瘂弦詩論的形成、意涵、和應用　新地文學　第7期　2009年3月　頁255—268

458. 阮美慧　抒情的瘂弦　新地文學　第7期　2009年3月　頁269—282

459. 應鳳凰　書話瘂弦　新地文學　第7期　2009年3月　頁283—295

460. 應鳳凰　瘂弦傳奇：他以「一部詩集」名滿天下　書香兩岸　第7期　2009年5月　頁70—73

461. 劉正忠　臺灣軍旅詩人作品的連鎖式閱讀——〔瘂弦〕部分　中文創意教學示例　臺北　裏仁書局　2009年6月　頁219—237

---

[49]本文後改篇名爲〈靜觀詩海拍天浪——瘂弦論〉。

462. 郭　楓　　隱喻的詩和現實批判——翠樓文學片論之三〔瘂弦部分〕　新地
文學　第 9 期　2009 年 9 月　頁 71—72

463. 張瑋儀　　近海與遠洋——論鄭愁予、瘂弦的海洋詩　多重視野的人文海
洋：海洋文化學術研討會　高雄　中山大學文學院主辦　2009 年
10 月 23 日

464. 陳杏芬　　臺灣海洋詩與海洋詩人述要——海洋詩人：覃子豪、鄭愁予、瘂
弦、汪啓疆[50]　余光中海洋詩研究（1948—2008）　臺灣海洋大學
海洋文化研究所　碩士論文　吳智雄教授指導　2010 年 1 月　頁
34—54

465. 陳祖君　　「沒有肩膀的城市」與「不為什麼」活著的人——瘂弦詩歌對於
都市日常生活的批判　華文文學　2010 年第 1 期　2010 年 2 月
頁 55—62

466. 吉廣輿　　當代文壇的序跋家瘂弦及其詳目　全國新書資訊月刊　第 138 期
2010 年 6 月　頁 28—34

467. 吉廣輿，李幸長　　瘂弦的詩夢歷程[51]　人文與社會學報　第 2 卷第 6 期
2010 年 6 月　頁 79—93

468. 陳義芝　　瘂弦：故園情結，心靈歸向[52]　現代詩人結構　臺北　聯合文學出
版社　2010 年 9 月　頁 79—97 469. 莊偉傑　　孤寂絕響迴旋語
言的魅力——瘂弦詩歌中的歷史意識管窺　2010 海峽詩會——瘂
弦文學之旅國際研討會　武漢　福建省文學藝術界聯合會，海峽
文學藝術發展研究中心，臺港文學選刊雜誌社，中南財經政法大
學新聞與文化傳播學院主辦　2010 年 10 月 17 日

[50]本論文以余光中的海洋詩為研究範疇，藉由作家的創作歷程，看到時代潮流的浮沉。全文共 6
章：1.緒論；2.臺灣海洋詩與海洋詩人述要；3.余光中寫作歷程；4.余光中海洋詩：1948—1974；
5.余光中海洋詩：1974—2008；6.結論。
[51]本文探究瘂弦詩歌的創作背景及原創情思，以體驗他當年「寫詩就像擲標槍比賽」的歲月斑痕，
並詮解一代詩宗封筆的真相，還原他無可如何的詩夢。全文共 5 小節：1.前言；2.月桂冠；3.為
倒影造像；4.詩筆輟耕；5.結論。
[52]全文共 5 小節：1.瘂弦詩的母題；2.瘂弦的現實經驗；3.瘂弦深描「故園」的詞語；4.瘂弦詩中的
故園情結；5.小結。

470. 白　楊　政治文化語境中的人性訴求——瘂弦詩歌論　2010 海峽詩會——
瘂弦文學之旅國際研討會　武漢　福建省文學藝術界聯合會，海
峽文學藝術發展研究中心，臺港文學選刊雜誌社，中南財經政法
大學新聞與文化傳播學院主辦　2010 年 10 月 17 日

471. 江少川　重讀瘂弦現代詩論的思考　2010 海峽詩會——瘂弦文學之旅國際
研討會　武漢　福建省文學藝術界聯合會，海峽文學藝術發展研
究中心，臺港文學選刊雜誌社，中南財經政法大學新聞與文化傳
播學院主辦　2010 年 10 月 17 日

472. 淩　逾　論瘂弦的詩歌　2010 海峽詩會——瘂弦文學之旅國際研討會　武
漢　福建省文學藝術界聯合會，海峽文學藝術發展研究中心，臺
港文學選刊雜誌社，中南財經政法大學新聞與文化傳播學院主辦
2010 年 10 月 17 日

473. 鄒建軍　瘂弦域外地理詩篇的創新　2010 海峽詩會——瘂弦文學之旅國際
研討會　武漢　福建省文學藝術界聯合會，海峽文學藝術發展研
究中心，臺港文學選刊雜誌社，中南財經政法大學新聞與文化傳
播學院主辦　2010 年 10 月 17 日

474. 梁燕麗　瘂弦詩歌中的異質文化想像　2010 海峽詩會——瘂弦文學之旅國
際研討會　武漢　福建省文學藝術界聯合會，海峽文學藝術發展
研究中心，臺港文學選刊雜誌社，中南財經政法大學新聞與文化
傳播學院主辦　2010 年 10 月 17 日

475. 王宗法　瘂弦詩歌的獨創性　2010 海峽詩會——瘂弦文學之旅國際研討會
武漢　福建省文學藝術界聯合會，海峽文學藝術發展研究中心，
臺港文學選刊雜誌社，中南財經政法大學新聞與文化傳播學院主
辦　2010 年 10 月 17 日

476. 陶德宗　瘂弦與大陸遷臺詩人　2010 海峽詩會——瘂弦文學之旅國際研討
會　武漢　福建省文學藝術界聯合會，海峽文學藝術發展研究中
心，臺港文學選刊雜誌社，中南財經政法大學新聞與文化傳播學

　　　　　　　院主辦　2010 年 10 月 17 日

477. 馬衛華　　　三足鼎立的現代派詩社〔瘂弦部分〕　20 世紀臺灣文學史略　北
　　　　　　　京　民族出版社　2010 年 10 月　頁 159—160

478. 陳芳明　　　現代詩藝的追求與成熟——詩的高速現代化〔瘂弦部分〕　臺灣
　　　　　　　新文學史　臺北　聯經出版社　2011 年 10 月　頁 418—423

479. 陳世驤等[53]　作家學者論瘂弦　臺港文學選刊　2010 年第 5 期　2010 年 10
　　　　　　　月　頁 14—15

480. 陳世驤等　　作家學者論瘂弦　香港文學　第 322 期　2011 年 10 月　頁 40
　　　　　　　—41

481. 陳智德　　　冷戰局勢下的臺、港現代詩運動：商禽、洛夫、瘂弦、白萩與戴
　　　　　　　天、馬覺、崑南、蔡炎培[54]　跨國的殖民記憶與冷戰經驗：臺灣文
　　　　　　　學的比較文學研究國際學術研討會　新竹　清華大學臺灣文學研
　　　　　　　究所主辦　2010 年 11 月 19—20

482. 陳智德　　　冷戰局勢下的臺、港現代詩運動：以商禽、洛夫、瘂弦、白萩與
　　　　　　　戴天、馬覺、崑南、蔡炎培為例　跨國的殖民記憶與冷戰經驗：
　　　　　　　臺灣文學的比較文學研究　新竹　清華大學臺灣文學研究所
　　　　　　　2011 年 5 月　頁 409—434

483. 趙衛民　　　五十年代：西方與中國——瘂弦的浮世繪與異國情調　新詩啟蒙
　　　　　　　臺北　裏仁書局　2011 年 2 月　頁 223—230

484. 黃維樑　　　瘂弦「弦音不絕」　中華日報　2011 年 4 月 27 日　B7 版

485. 余光中　　　天鵝上岸，選手改行[55]　瘂弦學術研討會　苗栗　育達商業科技大
　　　　　　　學　2011 年 4 月 29 日

486. 余光中　　　天鵝上岸，選手改行——淺析瘂弦的詩藝　聯合報　2011 年 5 月

---

[53]陳世驤、Paul Engle、覃子豪、余光中、陽牧、西西、劉紹銘、葉維廉、沈奇。
[54]本文探討在冷戰時代背景下，詩人商禽、洛夫、瘂弦、白萩與戴天、馬覺、崑南、蔡炎培如何以
　　現代主義策略回應時代，以創造出新的詩歌語言與理念。全文共小節：1.引論；2.「禁錮」和
　　「孤絕」；3.抗衡的聲音；4.語言的創建；5.結論。
[55]本文探討瘂弦詩作的特色。全文共 4 小節：1.他的魅力多元而玄秘；2.充滿戲劇感的張力；3.語言
　　不以力取，而以韻勝；4.直逼濟、何的感官臨場感。

21 日　D3 版

487. 余光中　代序——天鵝上岸・選手改行——淺析瘂弦的詩藝　瘂弦學術研
討會論文集　臺北　讀冊文化公司　2011 年 7 月　頁 4—11

488. 余光中　天鵝上岸，選手改行——淺析瘂弦詩藝　臺港文學選刊　2011 年
第 5 期　2011 年 10 月　頁 61—63

489. 陳芳明　瘂弦詩中的靈與肉[56]　瘂弦學術研討會　苗栗　育達商業科技大學
2011 年 4 月 29 日

490. 陳芳明　瘂弦詩中的靈與肉　瘂弦學術研討會論文集　臺北　讀冊文化公
司　2011 年 7 月　頁 13—29

491. 陳敬介　知其不可奈何而安之若命——試論瘂弦詩中的悲憫與幽默[57]　瘂弦
學術研討會　苗栗　育達商業科技大學　2011 年 4 月 29 日

492. 陳敬介　知其不可奈何而安之若命——試論瘂弦詩中的幽默與悲憫　瘂弦
學術研討會論文集　臺北　讀冊文化公司　2011 年 7 月　頁 103
—134

493. 陳義芝　詩人批評家：瘂弦詩學初探[58]　瘂弦學術研討會　苗栗　育達商業
科技大學　2011 年 4 月 29 日

494. 陳義芝　詩人批評家：瘂弦詩學初探　瘂弦學術研討會論文集　臺北　讀
冊文化公司　2011 年 7 月　頁 135—153

495. 莊祖煌〔白靈〕　持「序」不斷——瘂弦大序中的虛靜美學[59]　瘂弦學術研
討會　苗栗　育達商業科技大學　2011 年 4 月 29 日

496. 莊祖煌〔白靈〕　持「序」不斷——瘂弦大序中的虛靜美學　瘂弦學術研

---

[56] 本文探討瘂弦詩作各時期的特色，及其詩作在文學史上的定位。

[57] 本文探討瘂弦詩創作的背景與精神特質，以了解其詩中蘊涵悲憫之情與創作內容中的現實精神。
全文共 5 小節：1.前言；2.莫可奈何的世界表象；3.幽默——生命苦難的消解之方；4.悲憫——知
識份子的終極價值；5.結語。

[58] 本文以「詩人批評家」的特質，探討瘂弦詩學，以呈現其學養。全文共 5 小節：1.序論；2.詩的
批評要義；3.瘂弦的史識先見；4.瘂弦的美學觀照；5.學院心靈與詩人興感。

[59] 本文由《聚繖花序》探討瘂弦「在一切引力中保持一個真我」的可能及其涵義。全文共 5 小節：
1.引言；2.狂放型、謙沖型、與練人；3.真我、悲壯、與虛靜美學；4.動態平衡、虛靜說、與三層
界說；5.結語。

　　　　討會論文集　臺北　讀冊文化公司　2011 年 7 月　頁 155—186

497. 陳俊榮〔孟樊〕　　瘂弦的敘事詩[60]　瘂弦學術研討會　苗栗　育達商業科技
　　　大學　2011 年 4 月 29 日

498. 陳俊榮〔孟樊〕　　瘂弦的敘事詩　瘂弦學術研討會論文集　臺北　讀冊文
　　　化公司　2011 年 7 月　頁 187—226

499. 王潤華　　瘂弦與臺灣文學無國界的新地圖：流動空間的整合[61]　瘂弦學術研
　　　討會　苗栗　育達商業科技大學　2011 年 4 月 29 日

500. 王潤華　　瘂弦與臺灣文學無國界的新地圖：流動空間的整合——瘂弦做爲
　　　副刊與文學作品選集／大系編輯的文化工程分析　瘂弦學術研討
　　　會論文集　臺北　讀冊文化公司　2011 年 7 月　頁 227—254

501. 薑明翰　　從傳播學角度探討瘂弦[62]　瘂弦學術研討會　苗栗　育達商業科技
　　　大學　2011 年 4 月 29 日

502. 薑明翰　　從傳播學角度探討瘂弦　瘂弦學術研討會論文集　臺北　讀冊文
　　　化公司　2011 年 7 月　頁 255—293

503. 李瑞騰　　一代名編王慶麟[63]　瘂弦學術研討會　苗栗　育達商業科技大學
　　　2011 年 4 月 29 日

504. 李瑞騰，盧柏儒　　一代名編王慶麟　瘂弦學術研討會論文集　臺北　讀冊
　　　文化公司　2011 年 7 月　頁 295—320

---

[60]本文以簡奈特敘事學探討瘂弦敘事詩，以了解其敘事詩表現手法。全文共 5 小節：1.前言；2.敘
述觀點；3.敘述時間；4.敘述話語；5.結語。

[61]本文以華文世界作家個案小敘述，探討瘂弦所建構臺灣文學無國界的資訊網路系統。全文共 6 小
節：1 瘂弦的副刊與文學作品選集／大系編輯的文化工程；2.瘂弦的臺灣文學新版圖：整合四個
華文文壇的文化工程；3.搶救了被遺忘的後半部五四運動新詩史；4.盧飛白（李經）在臺灣的接
受與傳播；5.臺灣文學的多元化的、國際性的結構：從聯副諾貝爾文學獎特輯出發；6.結論：真
實虛擬的世界華文文壇／漢語系文學的建構。

[62]本文從瘂弦文字與大眾傳播兩方面，兼及其所處的環境與時代，以了解其在文字與大眾傳播兩方
面的貢獻。全文共 5 小節：1.前言；2.瘂弦所處的傳播時代與環境；3.瘂弦做爲傳播者的定位及
素養；4.瘂弦的傳播理念和技巧；5.結語。

[63]本文從編輯角度探討瘂弦以編輯人的身分對於媒體的把關與篩選。全文共 5 小節：1.前言；2.從
傳媒守門人談起；3.瘂弦的編輯理念；4.瘂弦的圖書編輯；5.結論。正文後附錄〈瘂弦編輯年
表〉。

505. 張春榮　瘂弦與臺灣極短篇的發展[64]　瘂弦學術研討會　苗栗　育達商業科技大學　2011 年 4 月 29 日

506. 張春榮　瘂弦與臺灣極短篇的發展　瘂弦學術研討會論文集　臺北　讀冊文化公司　2011 年 7 月　頁 321—332

507. 蔡明諺　論瘂弦的詩——以及何其芳和裏爾克對其影響　國文新天地　第 23 期　2011 年 4 月　頁 71—82

508. 顧蕙倩　如歌的行板——瘂弦詩作小論　國文新天地　第 23 期　2011 年 4 月　頁 83—94

509. 梁燕雨　瘂弦詩歌的異國想像　華文文學　2011 年第 3 期　2011 年 6 月　頁 63—67

510. 陳義芝編　瘂弦　Contemporary Taiwanese Literature and Art Series——Poetry（當代臺灣文學藝術系列——詩歌卷）　臺北　中華民國筆會　2011 年 7 月　頁 38

511. 謝冬冰　臺灣現代詩〔瘂弦部分〕　多元文化與臺灣當代文學　北京　文化藝術出版社　2011 年 12 月　頁 203—205

512. 陳純潔　記憶的詩學——論瘂弦詩歌時空記憶的藝術張力　華文文學　2012 年第 2 期　2012 年 4 月　頁 93—97

513. 吳建榮　瘂弦詩的環形結構　2012 年東海大學中文系與浸會大學中文系研究生學術研討會　臺中　東海大學中國文學系主辦　2012 年 5 月 25 日

514. 丁威仁　典律的生成（上）——論「十大詩人票選」〔瘂弦部分〕　戰後臺灣現代詩的演變與特質（1949—2010）　臺北　秀威資訊科技公司　2012 年 5 月　頁 253—263

515. 方環海，沈玲　語詞建構與詩意風格——瘂弦詩歌論[65]　詩意的視界　上海

---

[64]本文探討臺灣極短篇的發展，以及瘂弦擔任聯副時推動極短篇的貢獻。全文共 3 小節：1.前言；2.瘂弦與極短篇；3.影響與流變。

[65]本文以語言學的角度，探究瘂弦詩歌意象語詞的表達、建構與內在精神。全文共 5 小節：1.引言；2.意象的現代架構；3.意象的語詞建構；4.意象的內在精神；5.結語。

　　　　　　學林出版社　2012 年 5 月　頁 90—112

516. 饒博榮著；余淑慧，蔡永琪譯　　蕎麥田之景——論瘂弦詩歌裡的戰爭[66]　異
　　　　地繁花——海外臺灣文論選譯（下）　臺北　臺灣大學出版中心
　　　　2012 年 8 月　頁 45—74

517. 陳政彥　　現代詩運動成熟期（1959—1964）——詩人群像——瘂弦　跨越
　　　　時代的青春之歌——五、六〇年代臺灣現代詩運動　臺南　國立
　　　　臺灣文學館　2012 年 10 月　頁 155—159

分論
◆單行本作品
論述
《中國新詩研究》

518. 茶陵〔周玉山〕　　傳薪一脈在筆鋒——讀瘂弦的《中國新詩研究》（上、
　　　　　　　　下）　中國論壇　第 13 卷第 10—11 期　1982 年 2—3 月　頁 44
　　　　　　　　—48，56—60

519. 周玉山　　傳薪一脈在筆鋒——瘂弦先生的《中國新詩研究》　文學邊緣
　　　　臺北　東大圖書公司　1983 年 1 月　頁 208—234

520. 茶　陵　　傳薪一脈在筆鋒——讀瘂弦的《中國新詩研究》　詩儒的創造：
　　　　瘂弦詩作評論集　臺北　文史哲出版社　1994 年 9 月　頁 411—
　　　　437

521. 應鳳凰　　詩人的歷史癖——讀瘂弦的《中國新詩研究》　洪範雜誌　第 7
　　　　期　1982 年 4 月　4 版

522. 周天平　　瘂弦的《中國新詩研究》　洪範雜誌　第 12 期　1983 年 4 月　2
　　　　版

523. 古遠清　　既尊重傳統又反叛傳統——評瘂弦的《中國新詩研究》　詩儒的
　　　　創造：瘂弦詩作評論集　臺北　文史哲出版社　1994 年 9 月　頁
　　　　439—444

---

[66]本文從時代意義、戰爭的代價，以及心理狀態的面向，探討瘂弦詩作中的戰爭意象。

《記哈客詩想》

524. Turin Album Leaf 　　《記哈客詩想》瘂弦著，洪範書店出版　自由時報
　　　　2010 年 10 月 10 日　D9 版

525. 林婉瑜　　霧中星圖——推薦書：瘂弦《記哈客詩想》（洪範出版）　聯合
　　　　報　2010 年 12 月 11 日　D3 版

526. 鳳　　凰　　瘂弦常年累積的「詩想」　明報月刊　第 540 期　2010 年 12 月
　　　　頁 103

527. 老　　叟　　《記哈克詩想》、《昨日之肉》與《五行詩及其手稿》、《2011
　　　　臺灣詩選》　詩報　復刊第 8 期　2011 年 6 月　頁 21—22

詩

《瘂弦詩抄》

528. 趙天儀　　從《瘂弦詩抄》說起——論瘂弦的詩　中國一周　第 822 期
　　　　1966 年 1 月 24 日　頁 25—26

529. 趙天儀　　從《瘂弦詩抄》說起——論瘂弦的詩　美學與批評　臺北　有志
　　　　圖書出版公司　1972 年 3 月　頁 150—159

530. 王　　幻　　《瘂弦詩抄》讀後　盲吟集　臺北　巨人出版社　1969 年 5 月
　　　　頁 89—92

531. 王　　幻　　《瘂弦詩抄》讀後　時光之旅　臺北　雅典出版社　1993 年 2 月
　　　　頁 149—151

532. 林少雯　　作家的第一本書——《瘂弦詩抄》(《《苦苓林的一夜》)　中央日
　　　　報　1999 年 12 月 17 日　22 版

533. 應鳳凰　　瘂弦——《瘂弦詩抄》　人間福報　2012 年 7 月 30 日　15 版

《深淵》

534. 葉珊〔楊牧〕　　《深淵》後記[67]　深淵　臺北　眾人出版社　1968 年 12 月
　　　　頁 182—188

535. 楊　　牧　　瘂弦的《深淵》　傳統的與現代的　臺北　志文出版社　1974 年

---

[67]本文後改篇名爲〈瘂弦的《深淵》〉。

3 月　頁 159—165

536. 葉　珊　　《深淵》後記　深淵　臺北　晨鐘出版社　1979 年 4 月　頁 263
　　　　　　　—269

537. 葉　珊　　《深淵》後記　心靈劄記　臺中　藍燈文化出版公司　1980 年 4
　　　　　　　月　頁 50—56

538. 葉　珊　　《深淵》後記　瘂弦詩集　臺北　洪範書店　1981 年 4 月　頁
　　　　　　　315—324

539. 楊　牧　　瘂弦的《深淵》　傳統的與現代的　臺北　洪範出版社　1982 年
　　　　　　　2 月　頁 159—165

540. 葉　珊　　《深淵》後記　瘂弦詩選　成都　四川文藝出版社　1987 年 2 月
　　　　　　　頁 100—110

541. 葉　珊　　《深淵》後記　詩儒的創造：瘂弦詩作評論集　臺北　文史哲出
　　　　　　　版社　1994 年 9 月　頁 17—22

542. 楊　牧　　瘂弦的《深淵》　掠影急流　臺北　洪範書店　2005 年 12 月　頁
　　　　　　　109—112

543. 葉　珊　　附錄二——《深淵》後記　瘂弦詩集　臺北　洪範書店　2010 年
　　　　　　　9 月　頁 296—302

544. 王夢鷗　《深淵》　笠　第 31 期　1969 年 6 月　頁 62—63

545. 周伯乃　從《深淵》中躍出來的瘂弦　自由青年　第 43 卷第 3 期　1970 年
　　　　　　　3 月 1 日　頁 104—110

546. 蘇其康　評瘂弦的《深淵》　現代文學　第 40 期　1970 年 3 月　頁 259—
　　　　　　　268

547. 蘇其康　評瘂弦的《深淵》　中國文學新詮　臺北　讀書出版社　1971 年
　　　　　　　2 月　頁 157—174

548. 陳義芝　很多聲音傷逝在風中——論瘂弦的詩集《深淵》　創世紀　第 46
　　　　　　　期　1977 年 12 月　頁 63—68

549. 蕭　蕭　詩集與詩運（上）——瘂弦《深淵》　中央日報　1982 年 7 月 16

日　10 版

550. 蕭　蕭　詩集與詩運——瘂弦《深淵》　現代詩縱橫觀　臺北　文史哲出版社　1991 年 6 月　頁 93—94

551. 穆　欣　瘂弦從《深淵》到彼岸　臺灣新聞報　1994 年 4 月 14 日　15 版

552. 蕭　蕭　跌落在深淵裡的樺樹夢——論瘂弦《深淵》　臺灣文學經典研討會　臺北　行政院文建會　1999 年 3 月 19—21 日

553. 蕭　蕭　跌落在深淵裡的樺樹夢——論瘂弦的《深淵》　創世紀　第 119 期　1999 年 6 月　頁 4—13

554. 蕭　蕭　跌落在深淵裡的樺樹夢——論瘂弦《深淵》　臺灣文學經典研討會論文集　臺北　行政院文建會，聯經出版公司　1999 年 6 月　頁 264—282

555. 蕭　蕭　跌在《深淵》裡的樺樹夢　詩人的幽默策略　臺北　健行文化出版公司　2000 年 3 月　頁 94—96

556. 應鳳凰　瘂弦的《深淵》　臺灣文學花園　臺北　玉山社出版公司　2003 年 1 月　頁 199—205

557. 陳芳明　哀麗的深淵曲　聯合文學　第 288 期　2008 年 10 月　頁 7—11

《瘂弦自選集》

558. 張　默　肯定之必要——讀《瘂弦自選集》小感　中華日報　1977 年 12 月 31 日　11 版

559. 張　默　肯定之必要——讀《瘂弦自選集》小感　無塵的鏡子　臺北　東大圖書公司　1981 年 9 月　頁 120—123

《瘂弦詩集》

560. 雪　韻　《瘂弦詩集》　洪範雜誌　第 5 期　1981 年 12 月　2 版

561. 周昭翡　《瘂弦詩集》　洪範雜誌　第 26 期　1986 年 4 月 5 日　3 版

562. 林燿德　《瘂弦詩集》　錦囊開卷　臺北　國家文藝基金管理委員會　1993 年 6 月　頁 131—134

563. 林燿德　評介《瘂弦詩集》　將軍的版圖　臺北　華文網　2001 年 12 月

頁 41—43

564. 章亞昕　　深淵的存在者——我讀《瘂弦詩集》　創世紀　第 97、98 期合刊
　　　　　　　1994 年 3 月　頁 108—111

565. 章亞昕　　深淵裡的存在者——我讀《瘂弦詩集》　創世紀四十年評論選：
　　　　　　　一九五四——一九九四・臺灣　臺北　創世紀詩雜誌社　1994 年 9
　　　　　　　月　頁 173—179

566. 章亞昕　　深淵裡的存活者——我讀《瘂弦詩集》　詩儒的創造：瘂弦詩作
　　　　　　　評論集　臺北　文史哲出版社　1994 年 9 月　頁 49—57

567. 羅　門　　詩眼看臺灣經典文學——例舉《瘂弦詩集》談定位話題　臺灣新
　　　　　　　聞報　1999 年 4 月 13 日　13 版

568. 楊　照　　彗星式的絢爛精品　中國時報　1999 年 5 月 11 日　37 版

569. 楊　照　　彗星式的絢爛精品——瘂弦的《瘂弦詩集》　洪範雜誌　第 64 期
　　　　　　　2001 年 4 月　3 版

570. 簡文志　　存在形式的荒謬與辯證——析論瘂弦《瘂弦詩集》[68]　中國現代文
　　　　　　　學　第 4 期　2004 年 12 月　頁 53—90

571. 楊毓絢　　《瘂弦詩集》之戲劇性研究　青春詩會——臺灣現代詩人詩作研
　　　　　　　討會　桃園　中央大學中國文學系現代文學教學研究室主辦
　　　　　　　2006 年 6 月 12 日

572. 無名氏（卜乃夫）　　探索深淵——讀《瘂弦詩集》（上、下）[69]　香港文學
　　　　　　　第 302—303 期　2010 年 2—3 月　頁 52—66，62—73

573. 應鳳凰，傅月庵　　瘂弦——《瘂弦詩集》　冊頁流轉——臺灣文學書入門
　　　　　　　108　臺北　印刻文學生活雜誌出版公司　2011 年 3 月　頁 44—
　　　　　　　45

574. 蕭水順〔蕭蕭〕　　歷史文化裡的空間詩學——論《瘂弦詩集》聚焦與散置

---

[68]本從存在形式的荒謬與辯證一途，窺探瘂弦作品中的脈絡與肌理。全文共 6 小節：1.前言；2.離
　散的萎頓主體；3.荒謬與冷澀的存在眾相；4.歷史意識的發揚；5.死亡、神秘、荒蕪；6.結語。
[69]全文共 9 小節：1.一泓姻緣；2.民族靈魂大地震與詩人；3.詩觀及間接反應；4.「生命的整體」—
　—「自足的存在」；5.詩藝與品鑑；6.「深淵」與「荒原」；7.文字語言的特色；8.〈坤伶〉插論；
　9.尾聲。

的鏡頭應用與舞臺效應[70]　瘂弦學術研討會　苗栗　育達商業科技
大學　2011 年 4 月 29 日

575. 蕭水順〔蕭蕭〕　　歷史文化裡的空間詩學——論《瘂弦詩集》聚焦的鏡頭
應用與散置的舞臺效應　瘂弦學術研討會論文集　臺北　讀冊文
化公司　2011 年 7 月　頁 31—65

576. 蕭水順〔蕭蕭〕　　歷史文化裡的空間詩學——論《瘂弦詩集》聚焦與散置
的鏡頭應用與舞臺效應　創世紀　第 171 期　2012 年 6 月　頁
144—163

文集

《聚繖花序》

577. 楊　牧　　序《聚繖花序》　聚繖花序 1　臺北　洪範書店　2004 年 6 月
頁 1—9

578. 李奭學　　見證文學　聯合報　2004 年 8 月 15 日　B5 版

579. 隱　地　　《聚繖花序》　身體一艘船　臺北　爾雅出版社　2005 年 2 月
頁 81—84

580. 朱雙一　　瘂弦與 80 年代臺灣文學思潮——《聚繖花序》一窺　2010 海峽詩
會——瘂弦文學之旅國際研討會　武漢　福建省文學藝術界聯合
會，海峽文學藝術發展研究中心，臺港文學選刊雜誌社，中南財
經政法大學新聞與文化傳播學院主辦　2010 年 10 月 17 日

《弦外之音》

581. 陳宛茜　　《弦外之音》，聽瘂弦讀瘂弦　聯合報　2006 年 5 月 17 日　C6
版

582. 劉鬱青　　瘂弦《弦外之音》——文學留聲，詩人寫真　民生報　2006 年 5
月 17 日　A9 版

---

[70]本文以空間詩學的角度，探討瘂弦的詩作，以呈現其詩作中的空間設計，及其在詩史上的地位。
全文共 6 小節：1.前言：瘂弦鍾一生之愛於一本詩集；2.聚焦於物的鏡頭應用；3.鋪展其鏡的舞
臺設計；4.凸顯人物的戲劇企圖；5.十字架說的文化效應；6.結語：瘂弦的空間開啟與文化承
載。

583. 陳希林　瘂弦朗誦詩，聲動迷人　中國時報　2006 年 5 月 17 日　E8 版

584. 蘇　林　瘂弦出版有聲書，詩人齊聚一堂　人間福報　2006 年 6 月 3 日　6 版

585. 高大威　詩音的琢磨——我讀瘂弦《弦外之音：瘂弦》　文訊雜誌　第 251 期　2006 年 9 月　頁 98—99

單篇作品

586. 夏　菁　好詩選介——〈三色柱下〉　藍星詩頁　第 10 期　1959 年 9 月 10 日　〔1〕頁

587. 夏　菁　好詩選介——瘂弦：〈三色柱下〉　窺豹集——夏菁談詩憶往　臺北　秀威資訊科技公司　2013 年 1 月　頁 87—90

588. 向　明　詩人的頂上功夫〔〈三色柱下〉部分〕　我為詩狂　臺北　三民書局　2005 年 1 月　頁 70—71

589. 張學玄　釋瘂弦的一首現代詩——〈巴黎〉　創世紀　第 16 期　1961 年 1 月　頁 44—46

590. 張學玄　釋瘂弦的一首現代詩——〈巴黎〉　詩儒的創造：瘂弦詩作評論集　臺北　文史哲出版社　1994 年 9 月　頁 59—68

591. 楊　蔚　不落言詮的答覆——談瘂弦的〈巴黎〉　聯合報　1965 年 12 月 4 日　12 版

592. 王柳敏　圓環裡的詩與畫〔〈巴黎〉部分〕　臺灣日報　1966 年 3 月 30 日　3 版

593. 掌　杉　暗示與說明〔〈巴黎〉〕　詩人季刊　第 6 期　1976 年 01 月　頁 9—10

594. 周伯乃　詩的語言〔〈巴黎〉部分〕　現代詩的欣賞（一）　臺北　三民書局　1985 年 2 月　頁 21—22

595. 高　準　二九八〇——讀瘂弦〈一九八〇〉有感　文星　第 47 期　1961 年 9 月　頁 34

596. 余光中　沒有人是一個島——想起了瘂弦的〈一九八〇〉　全國散文特展

　　　　　　　臺北　中華日報社　1981 年 1 月　頁 7—14

597. 李元洛　　童話詩的幻想世界——讀瘂弦〈一九八○年〉　創世紀　第 78 期
　　　　　　　1990 年 3 月　頁 90—92

598. 余光中　　沒有人是一個島——想起了瘂弦的〈一九八○年〉　余光中集
　　　　　　　（第六卷）　天津　百花文藝出版社　2004 年 1 月　頁 23—29

599. 葛賢寧，上官予　反共詩歌的極盛〔〈火把火把喲〉部分〕　五十年來的
　　　　　　　中國詩歌　臺北　中正書局　1965 年 3 月　頁 149—152

600. 李英豪　　奧秘的真境——談瘂弦的〈下午〉　批評的視覺　臺北　文星書
　　　　　　　店　1966 年 1 月　頁 83—87

601. 張　默　　從繁富到清明——六十年代的新詩〔〈下午〉部分〕　文訊雜誌
　　　　　　　第 13 期　1984 年 8 月　頁 97—98

602. 劉階耳　　賞析〈下午〉　臺灣新詩鑑賞辭典　太原　北嶽文藝出版社
　　　　　　　1991 年 12 月　頁 470—471

603. 張　默　　試釋瘂弦、管管的詩〔〈非策劃性的夜曲〉部分〕　創世紀　第
　　　　　　　23 期　1966 年 1 月　頁 9—11

604. 張　默　　瘂弦及其〈非策劃性的夜曲〉　現代詩的投影　臺北　商務印書
　　　　　　　館　1967 年 10 月　頁 179—184

605. 覃子豪　　瘂弦及其〈印度〉[71]　覃子豪全集 2　臺北　覃子豪全集出版委員
　　　　　　　會　1968 年 6 月　頁 403—404

606. 覃子豪　　評介新詩得獎作（節選）〔〈印度〉〕　詩儒的創造：瘂弦詩作
　　　　　　　評論集　臺北　文史哲出版社　1994 年 9 月　頁 7—8

607. 譚國棟　　〈印度〉賞析　世界華人詩歌鑑賞大辭典　太原　書海出版社
　　　　　　　1993 年 3 月　頁 284—287

608. 白　靈　　舖在菩提樹下的袍影——〈印度〉賞析　詩儒的創造：瘂弦詩作
　　　　　　　評論集　臺北　文史哲出版社　1994 年 9 月　頁 69—80

609. 季　紅　　詩人書簡——給瘂弦和張默〔〈深淵〉〕　創世紀　第 13 期

---

[71] 本文後改篇名為〈評介新詩得獎作〉。

1959 年 10 月　頁 35—36

610. 張　　默　〈深淵〉論　新文藝　第 161 期　1969 年 8 月　頁 129—142

611. 張　　默　試論瘂弦的〈深淵〉　從變調出發　臺中　普天出版社　1972 年
1 月　頁 83—103

612. 張　　默　試論瘂弦的〈深淵〉　飛騰的象徵　臺北　水芙蓉出版社　1976
年 9 月　頁 163—180

613. 張　　默　試論瘂弦的〈深淵〉　詩儒的創造：瘂弦詩作評論集　臺北　文
史哲出版社　1994 年 9 月　頁 177—196

614. 林亨泰　現實觀的探求〔〈深淵〉部分〕　詩學 3　臺北　成文出版社
1980 年 4 月　頁 25—26

615. 林亨泰　現實觀的探求〔〈深淵〉部分〕　找尋現代詩的原點　彰化　彰
化縣立文化中心　1994 年 6 月　頁 124—126

616. 林亨泰　現實觀的探求〔〈深淵〉部分〕　林亨泰全集・文學論述卷 1　彰
化　彰化縣立文化中心　1998 年 9 月　頁 208—212

617. 張　　默　單一與豐繁——談現代詩的意象〔〈深淵〉部分〕　無塵的鏡子
臺北　東大圖書公司　1981 年 9 月　頁 59—60

618. 何寄澎　〈深淵〉評析　中國新詩賞析 3　臺北　長安出版社　1987 年 2
月　頁 34—37

619. 劉階耳　賞析〈深淵〉　臺灣新詩鑒賞辭典　太原　北嶽文藝出版社
1991 年 12 月　頁 476—477

620. 金汝平　〈深淵〉賞析　世界華人詩歌鑑賞大辭典　太原　書海出版社
1993 年 3 月　頁 292—297

621. 蕭　　蕭　現代詩的情色美學與性愛描寫〔〈深淵〉部分〕　評論十家　臺
北　爾雅出版社　1993 年 12 月　頁 129—131

622. 蕭　　蕭　現代詩的情色美學與性愛描寫〔〈深淵〉部分〕　臺灣詩學季刊
第 9 期　1994 年 12 月　頁 12—13

623. 蕭　　蕭　現代詩的情色美學與性愛描寫〔〈深淵〉部分〕　雲端之美・人

間之真　臺北　駱駝出版社　1997 年 3 月　頁 217—219

624. 蕭　蕭　現代詩的情色美學與性愛描寫〔〈深淵〉部分〕　臺灣文學二十
　　　　　年集 1978—1998：評論二十家　臺北　九歌出版社　1998 年 3 月
　　　　　頁 52—53

625. 無名氏　〈荒原〉與〈深淵〉　詩儒的創造：瘂弦詩作評論集　臺北　文
　　　　　史哲出版社　1994 年 9 月　頁 197—212

626. 鴻　鴻　家園與世界——試論五十年代臺灣詩語言環境——語言的信念
　　　　　〔〈深淵〉部分〕　臺灣現代詩史論：臺灣現代詩史研討會實錄
　　　　　臺北　文訊雜誌社　1996 年 3 月　頁 168

627. 焦　桐　身體爭霸戰——試論情色詩的話語策略〔〈深淵〉部分〕　臺灣
　　　　　當代情色文學論：蕾絲與鞭子的交歡　臺北　時報文化出版公司
　　　　　1997 年 3 月　頁 207

628. 焦　桐　身體爭霸戰——試論情色詩的話語策略〔〈深淵〉部分〕　20 世
　　　　　紀臺灣文學專題 2：創作類型與主題　臺北　萬卷樓圖書公司
　　　　　2006 年 9 月　頁 30

629. 曾貴海　殖民戒嚴體制下的詩樂園〔〈深淵〉部分〕　戰後臺灣反殖民與
　　　　　後殖民詩學　臺北　前衛出版社　2006 年 6 月　頁 62—64

630. 金　劍　甚麼是朗誦詩〔〈深淵〉部分〕　葡萄園詩刊　第 182 期　2009
　　　　　年 5 月 15 日　頁 44—45

631. 周伯乃　現代詩的廣度和深度——談瘂弦的〈芝加哥〉　現代詩的欣賞
　　　　　臺北　三民書局　1970 年 4 月　頁 267—284

632. 落　蒂　〈修女〉賞析　中國新詩選讀　雲林　青草地雜誌社　1971 年 4
　　　　　月　頁 71—75

633. 落　蒂　瘂弦〈修女〉賞析　青青草原　雲林　青草地雜誌出版社　1981
　　　　　年 4 月　頁 72—75

634. 周　寧　試釋瘂弦〈如歌的行板〉　幼獅月刊　第 230 期　1972 年 2 月
　　　　　頁 48—51

635. 周　　寧　　試釋瘂弦〈如歌的行板〉　橄欖樹　臺北　書評書目出版社　1976 年 2 月　頁 5—16

636. 周　　寧　　試釋瘂弦〈如歌的行板〉　詩儒的創造：瘂弦詩作評論集　臺北　文史哲出版社　1994 年 9 月　頁 123—134

637. 張　　默　　淺談現代詩的欣賞〔〈如歌的行板〉部分〕　文藝月刊　第 99 期　1977 年 9 月　頁 78—80

638. 張　　默　　淺談現代詩的欣賞〔〈如歌的行板〉部分〕　無塵的鏡子　臺北　東大圖書公司　1981 年 9 月　頁 19—21

639. 楊昌年　　現代名家名作抽象析介——瘂弦的〈如歌的行板〉　新詩品賞　臺北　牧童出版社　1978 年 9 月　頁 345—355

640. 蕭　　蕭　　瘂弦〈如歌的行板〉　掌門詩刊　第 3 期　1979 年 7 月　頁 25—29

641. 何寄澎　　〈如歌的行板〉評析　中國新詩賞析 3　臺北　長安出版社　1987 年 2 月　頁 25—27

642. 于慈江　　〈如歌的行板〉賞析　中外現代抒情名詩鑑賞辭典　北京　學苑出版社　1989 年 8 月　頁 688

643. 林煥彰　　廣告與現代詩——由廣告想起，談瘂弦的〈如歌的行板〉　亞洲華文作家雜誌　第 30 期　1991 年 9 月　頁 175—179

644. 林煥彰　　廣告與現代詩——由廣告想起，談瘂弦的〈如歌的行板〉　詩・評介和解說　宜蘭　宜蘭文化中心　1992 年 6 月　頁 167—172

645. 六　　聳　　賞析〈如歌的行板〉　臺灣新詩鑑賞辭典　太原　北嶽文藝出版社　1991 年 12 月　頁 433—434

646. 遊社媛　　瘂弦〈如歌的行板〉與國王的新衣　詩儒的創造：瘂弦詩作評論集　臺北　文史哲出版社　1994 年 9 月　頁 135—154

647. 〔遊喚，張鴻聲，徐華中編著〕　　〈如歌的行板〉賞析　現代詩精讀　臺北　五南圖書公司　1998 年 9 月　頁 155—156

648. 陳義芝　　〈如歌的行板〉　繁花盛景：臺灣當代文學精選　臺北　正中書

局　2003 年 8 月　頁 25—29

649. 向　陽　　〈如歌的行板〉賞析　臺灣現代文選　臺北　三民書局　2004 年
　　　　　　　6 月　頁 187

650.〔吳東晟，陳昱成，王浩翔編〕　　〈如歌的行板〉導讀賞析　織錦入春
　　　　　　　闈：現代詩精選讀本　臺中　京城文化公司　2005 年 8 月　頁 76
　　　　　　　—79

651. 陳義芝　　流雲迎面撞擊的飛行——詩的美感體驗〔〈如歌的行板〉部分〕
　　　　　　　文字結巢　臺北　三民書局　2007 年 1 月　頁 241

652. 陳德翰　　瘂弦〈如歌的行板〉賞析　明道文藝　第 383 期　2008 年 2 月
　　　　　　　頁 72—80

653. 賴芳伶　　與遼闊繽紛的世界詩壇比肩——當代臺灣新詩——五、六〇年
　　　　　　　代，新詩的現代化與內外在探索〔〈如歌的行板〉部分〕　文學
　　　　　　　臺灣：11 位新銳臺灣文學研究者帶你認識臺灣文學　臺南　國立
　　　　　　　臺灣文學館　2008 年 9 月　頁 238—240

654. 隱　地　　讀瘂弦詩之必要〔〈如歌的行板〉〕　人人都有困境——讀一首
　　　　　　　詩吧！　臺北　爾雅出版社　2010 年 9 月　頁 72—77

655. 何金蘭〔尹玲〕　　從「無法透視／完美透明」之「異術／藝術」傾聽「虛
　　　　　　　無／存在」樂章——試析瘂弦〈如歌的行板〉一詩[72]　瘂弦學術研
　　　　　　　討會　苗栗　育達商業科技大學　2011 年 4 月 29 日

656. 何金蘭〔尹玲〕　　從「無法透視／完美透明」之「異術／藝術」傾聽「虛
　　　　　　　無／存在」樂章——試析瘂弦〈如歌的行板〉一詩　瘂弦學術研
　　　　　　　討會論文集　臺北　讀冊文化公司　2011 年 7 月　頁 67—101

657. 葉　櫓　　瘂弦〈如歌的行板〉　大海洋詩刊　第 84 期　2012 年 1 月　頁
　　　　　　　17

658. 尹　玲　　虛／實探索詩話〔〈如歌的行板〉部分〕　臺灣詩學吹鼓吹論壇
　　　　　　　第 15 期　2012 年 9 月　頁 25

---

[72] 本文以高曼德「發生結構主義」剖析〈如歌的行板〉，以了解本書的意涵和結構。

659. 高　準　論中國新詩的風格發展與前途方向（下）〔〈山神〉部分〕　大
學雜誌　第 62 期　1973 年 2 月　頁 61—62

660. 高　準　論中國現代詩的流變與前途方向——結合抒情性與現代技巧的現
代抒情派〔〈山神〉部分〕　文學與社會——一九七二——一九八
一　臺北　文史哲出版社　1986 年 10 月　頁 92—95

661. 羅　青　瘂弦的〈山神〉　大華晚報　1978 年 3 月 26 日　7 版

662. 羅　青　瘂弦的〈山神〉　從徐志摩到余光中　臺北　爾雅出版社　1978
年 12 月　頁 159—168

663. 羅　青　瘂弦的〈山神〉　從徐志摩到余光中　臺北　爾雅出版社　2003
年 3 月　頁 159—168

664. 落　蒂　現代詩中常見的寫作技巧〔〈山神〉部分〕　中學新詩選讀　雲
林　青草地雜誌社　1982 年 2 月　頁 12

665. 李元洛　山靈與秋神——瘂弦〈山神〉與何其芳〈秋天〉對讀　名作欣賞
1987 年第 3 期　1987 年 5 月　頁 39

666. 鄒建軍　〈山神〉賞析　世界華人詩歌鑑賞大辭典　太原　書海出版社
1993 年 3 月　頁 290—292

667. 劉益州　瘂弦〈山神〉與楊牧〈林沖夜奔〉中「山神」形象與敘事策略研
究　東華大學中國語文學系第一次研究生論文研討會　花蓮　東
華大學中國語文學系　2001 年 5 月 29 日

668. 劉益州　瘂弦〈山神〉與楊牧〈林沖夜奔〉中「山神」形象與敘事策略研
究　創世紀　第 134 期　2003 年 3 月　頁 151—159

669. 姚一葦　論瘂弦的〈坤伶〉兼及現代詩與傳統詩間的一個問題　中外文學
第 3 卷第 1 期　1974 年 6 月　頁 186—198

670. 姚一葦　論瘂弦的〈坤伶〉——兼及現代詩與傳統詩間的一個問題　文學
論集　臺北　書評書目社　1974 年 11 月　頁 107—122

671. 姚一葦　論瘂弦的〈坤伶〉——兼及現代詩與傳統詩間的一個問題　中華
現代文學大系（臺灣 1970—1989）評論卷（貳）　臺北　九歌出

版社　1989 年 5 月　頁 949—964

672. 姚一葦　　論瘂弦的〈坤伶〉——兼及現代詩與傳統詩間的一個問題　欣賞
　　　　　　　與批評　臺北　聯經出版公司　1989 年 7 月　頁 163—181

673. 姚一葦　　論瘂弦的〈坤伶〉——兼及現代詩與傳統詩間的一個問題　詩儒
　　　　　　　的創造：瘂弦詩作評論集　臺北　文史哲出版社　1994 年 9 月
　　　　　　　頁 85—100

674. 文曉村　　新詩評析——〈坤伶〉　臺灣新生報　1979 年 11 月 27 日　12 版

675. 文曉村　　〈坤伶〉評析　寫給青少年的新詩評析一百首（上）　臺北　布
　　　　　　　穀出版社　1980 年 4 月　頁 145—146

676. 文曉村　　〈坤伶〉評析　新詩評析一百首（上）　臺北　黎明文化公司
　　　　　　　1981 年 3 月　頁 159—161

677. 張漢良　　〈坤伶〉賞析　現代詩導讀（導讀篇一）　臺北　故鄉出版社
　　　　　　　1979 年 11 月　頁 188—190

678. 張漢良　　〈坤伶〉導讀　詩儒的創造：瘂弦詩作評論集　臺北　文史哲出
　　　　　　　版社　1994 年 9 月　頁 102—103

679. 何寄澎　　〈坤伶〉評析　中國新詩賞析 3　臺北　長安出版社　1987 年 2
　　　　　　　月　頁 21—23

680. 張索時　　〈坤伶〉——一種淒然的美　中央日報　1994 年 12 月 27 日　18
　　　　　　　版

681. 唐　捐　　一種淒然的韻律——瘂弦〈坤伶〉導讀　幼獅文藝　第 599 期
　　　　　　　2003 年 11 月　頁 94—97

682. 丁旭輝　　瘂弦〈坤伶〉解析[73]　臺灣詩學吹鼓吹詩論壇　第 2 期　2006 年 3
　　　　　　　月　頁 80—83

683. 丁旭輝　　瘂弦的悲慘〈坤伶〉　淺出深入話新詩　臺北　爾雅出版社
　　　　　　　2006 年 9 月　頁 91—98

684. 羊　牧　　詩中有戲——瘂弦的〈坤伶〉　明道文藝　第 378 期　2007 年 9

---

[73]本文後改篇名為〈瘂弦的悲慘〈坤伶〉〉。

月　頁 76—78

685. 落　蒂　　一種淒然的韻律——析瘂弦〈坤伶〉　大家來讀詩——臺灣新詩
品賞　臺北　文史哲出版社　2012 年 2 月　頁 34—36

686. 辛　鬱　　瘂弦的〈一般之歌〉　青年戰士報　1976 年 7 月 12 日　8 版

687. 辛　鬱　　瘂弦的〈一般之歌〉　藍星詩刊　第 15 期　1988 年 4 月　頁 62
—63

688. 辛　鬱　　〈一般之歌〉賞析　中國新詩鑑賞大辭典　南京　江蘇文藝出版
社　1988 年 12 月　頁 1128—1129

689. 張漢良　　〈一般之歌〉賞析　現代詩導讀（導讀篇一）　臺北　故鄉出版
社　1979 年 11 月　頁 193—194

690. 張漢良　　〈一般之歌〉導讀　詩儒的創造：瘂弦詩作評論集　臺北　文史
哲出版社　1994 年 9 月　頁 106—108

691. 何寄澎　　〈一般之歌〉評析　中國新詩賞析 3　臺北　長安出版社　1987
年 2 月　頁 39—41

692. 李敏勇　　〈一般之歌〉作品導讀　青少年臺灣文庫 2——新詩讀本 4：我有
一個夢　臺北　國立編譯館　2008 年 12 月　頁 48

693. 劉紹銘　　瘂弦的〈貓臉的歲月〉（上、中、下）　中華日報　1977 年 3 月
18—20 日　12 版

694. 劉紹銘　　瘂弦的〈貓臉的歲月〉——望湖居書簡　傳香火　臺北　大地出
版社　1979 年 5 月　頁 104—114

695. 劉紹銘　　〈貓臉的歲月〉　詩儒的創造：瘂弦詩作評論集　臺北　文史哲
出版社　1994 年 9 月　頁 25—36

696. 林　廣　　現代詩欣賞舉隅之二——瘂弦的〈鹽〉　臺灣日報　1979 年 5 月
3 日　12 版

697. 林　廣　　評瘂弦的〈鹽〉　陽光小集　第 6 期　1981 年 7 月　頁 80—82

698. 張　放　　憤懣・挽歌・苦笑——瘂弦詩〈鹽〉賞析　名作欣賞　1984 年第
5 期　1984 年 9 月　頁 79

699. 何寄澎　〈鹽〉評析　中國新詩賞析 3　臺北　長安出版社　1987 年 2 月
　　　頁 16—17

700. 莫　渝　臺灣散文詩六十年——六篇散文詩作品簡評〔〈鹽〉部分〕　閱
　　　讀臺灣散文詩　苗栗　苗栗縣立文化中心　1997 年 12 月　頁 37
　　　—40

701. 陳巍仁　臺灣現代散文詩文類析論〔〈鹽〉部分〕　一九九九竹塹文學獎
　　　得獎作品集　新竹　新竹市立文化中心　1999 年 6 月　頁 310—
　　　311

702. 陳巍仁　臺灣現代散文詩藝術論〔〈鹽〉部分〕　臺灣現代散文詩新論
　　　臺北　萬卷樓圖書公司　2001 年 11 月　頁 163—165

703. 唐　捐　〈鹽〉評析　臺灣現代文學教程：當代文學讀本　臺北　二魚文
　　　化公司　2002 年 8 月　頁 52—53

704. 仇小屏　瘂弦〈鹽〉賞析　放歌星輝下——中學生新詩閱讀指引　臺北
　　　三民書局　2002 年 8 月　頁 98—99

705. 陳素英　〈鹽〉的創作與音樂呈現　創世紀　第 135 期　2003 年 6 月　頁
　　　140—144

706. 葉維廉　雙重的錯位：臺灣五六十年代的詩思〔〈鹽〉部分〕　創世紀
　　　第 140、141 期合刊　2004 年 10 月　頁 63

707. 劉康凱　苦難命運的悲愴奏鳴曲——細讀瘂弦名作〈鹽〉　名作欣賞
　　　2005 年第 13 期　2005 年 7 月　頁 60—63

708. 〔吳東晟，陳昱成，王浩翔編〕　〈鹽〉導讀賞析　織錦入春闈：現代詩
　　　精選讀本　臺中　京城文化公司　2005 年 8 月　頁 79—82

709. 〔蕭　蕭主編〕　〈鹽〉詩作賞析　優遊意象世界　臺北　聯合文學出版
　　　社　2006 年 6 月　頁 80

710. 陳君慧　〈鹽〉的蒙太奇——淺探瘂弦詩作的電影感　香港文學　第 269
　　　期　2007 年 5 月 1 日　頁 68—71

711. 蕭　蕭　〈在中國街上〉賞析　現代詩導讀（導讀篇一）　臺北　故鄉出

版社　1979 年 11 月　頁 198—201

712. 黃維樑　新詩欣賞舉隅——瘂弦的〈上校〉[74]　臺灣日報　1980 年 8 月 31

日　12 版

713. 黃維樑　〈上校〉賞析　中國新詩鑑賞大辭典　南京　江蘇文藝出版社

1988 年 12 月　頁 1125—1127

714. 黃維樑　就詩論詩——瘂弦的〈上校〉　藍星詩刊　第 21 號　1989 年 10

月　頁 84—85

715. 黃維樑　瘂弦的〈上校〉　怎樣讀新詩　香港　學津書店　2002 年 2 月

頁 179—183

716. 流沙河　兩類反諷〔〈上校〉部分〕　文譚　1983 年第 2 期　1983 年 2 月

頁 46

717. 流沙河　兩類反諷〔〈上校〉部分〕　隔海說詩　北京　三聯書店　1985

年 2 月　頁 126—136

718. 何寄澎　〈上校〉評析　中國新詩賞析 3　臺北　長安出版社　1987 年 2

月　頁 17—19

719. 張　默　瘂弦——〈上校〉　小詩選讀　臺北　爾雅出版社　1987 年 5 月

頁 73—76

720. 于慈江　〈上校〉賞析　中外現代抒情名詩鑑賞辭典　北京　學苑出版社

1989 年 8 月　頁 688—689

721. 劉階耳　賞析〈上校〉　臺灣新詩鑒賞辭典　太原　北嶽文藝出版社

1991 年 12 月　頁 441—443

722. 向　明　舊詩一讀一番新〔〈上校〉〕　客子光陰詩卷裡　臺北　耀文圖

書公司　1993 年 5 月　頁 21—23

723. 向　明　舊詩一讀一番新〔〈上校〉〕　和你輕鬆談詩：向明新詩話　臺

北　新藝文出版社　2004 年 12 月　頁 140—142

---

[74]本文後改篇名為〈〈上校〉賞析〉、〈就詩論詩——瘂弦的〈上校〉〉、〈瘂弦的〈上校〉〉，內容略有
增刪修改。

724. 王宗法　滿目青山歸落照──讀〈上校〉　臺港文學觀察　合肥　安徽教育出版社　2000 年 8 月　頁 121—126

725. 落　蒂　火燄中的玫瑰──析瘂弦〈上校〉　詩的播種者　臺北　爾雅出版社　2003 年 2 月　頁 71—74

726.〔蕭　蕭主編〕　〈上校〉詩作賞析　優遊意象世界　臺北　聯合文學出版社　2006 年 6 月　頁 84

727. 蔡炎培　「迎送生涯」話瘂弦〔〈上校〉部分〕　香港作家　第 3 期 2007 年 5 月　頁 8

728. 許輝妮　歷史中的玫瑰──賞析瘂弦〈上校〉一詩　名作欣賞　2007 年第 12 期　2007 年 12 月　頁 28—30

729. 沈　奇　另一種玫瑰──讀瘂弦〈上校〉　誰永遠居住在詩歌的體內──兩岸詩論　臺北　唐山出版社　2009 年 8 月　頁 216—218

730. 羅　青　詩與政治〔〈赫魯雪夫〉部分〕　陽光小集　第 10 期　1982 年 10 月　頁 63

731. 落　蒂　諷刺詩的極品──讀瘂弦的〈赫魯雪夫〉　文學人　第 11 期 2006 年 5 月　頁 24

732. 蕭　蕭　詩〔〈新詩運動一甲子〉部分〕　中華民國文學年鑑 1980　臺北時報文化出版公司　1982 年 11 月　頁 12

733. 王煥之　從瘂弦的〈婦人〉說起　洪範雜誌　第 10 期　1982 年 12 月　3 版

734. 李魁賢　詩的意識和想像〔〈婦人〉部分〕　聯合報　1995 年 11 月 6 日 37 版

735. 李魁賢　詩的意識和想像〔〈婦人〉部分〕　笠　第 190 期　1995 年 12 月 頁 108

736. 李魁賢　詩的意識和想像〔〈婦人〉部分〕　李魁賢文集 7　臺北　行政院文建會　2002 年 10 月　頁 71—72

737. 流沙河　氣氛是賓不是主──瘂弦的〈傘〉　文譚　1983 年第 3 期　1983

年 3 月　頁 38

738. 匡艷陽　一曲貧窮與苦難的哀歌──瘂弦〈傘〉賞析　語文月刊　1997 年
第 3 期　1997 年 3 月　頁 6─7

739. 流沙河　詭怪的意象〔〈短歌集〉〕　文譚　1983 年第 5 期　1983 年 5 月
頁 38

740. 吳　當　生命的寂寞與創意──試析瘂弦的〈短歌集〉　中國語文　第 77
卷第 3 期　1995 年 9 月　頁 100─104

741. 吳　當　生命的寂寞與創意──試析瘂弦〈短歌集〉　新詩的智慧　臺北
爾雅出版社　1997 年 2 月　頁 125─131

742. 何志恆　試論瘂弦〈無譜之歌〉　創世紀　第 67 期　1985 年 12 月　頁 64
─73

743. 何志恆　試論瘂弦〈無譜之歌〉　詩儒的創造：瘂弦詩作評論集　臺北
文史哲出版社　1994 年 9 月　頁 155─176

744. 何寄澎　〈乞丐〉評析　中國新詩賞析 3　臺北　長安出版社　1987 年 2
月　頁 8─10

745. 古遠清　〈乞丐〉賞析　臺港現代詩賞析　鄭州　河南人民出版社　1991
年 3 月　頁 103─105

746. 劉階耳　賞析〈乞丐〉　臺灣新詩鑒賞辭典　太原　北嶽文藝出版社
1991 年 12 月　頁 438─439

747. 徐　敏　〈乞丐〉作品賞析　星光燦爛的文學花園：現代文學知識精華：
散文·詩歌　臺北　雅書堂文化公司　2005 年 5 月　頁 500─505

748. 李翠瑛　生命的悲歌──瘂弦〈乞丐〉一詩的人物相　細讀新詩的掌紋
臺北　萬卷樓圖書公司　2006 年 3 月　頁 167─179

749. 羊　牧　望呀望春風──瘂弦〈乞丐〉一詩賞析　明道文藝　第 379 期
2007 年 10 月　頁 113─115

750. 陳幸蕙　〈文人與異行──懷念沙牧〉編者註　七十五年散文選　臺北
九歌出版社　1987 年 2 月　頁 247

751. 何寄澎　〈秋歌──給暖暖〉評析　中國新詩賞析3　臺北　長安出版社　1987年2月　頁4─5

752. 孫芙蓉　瘂弦的〈秋歌〉賞析　創世紀　第70期　1987年4月　頁83─85

753. 曉　愉　〈秋歌──給暖暖〉賞析　愛情新詩鑑賞辭典　西安　陝西師範大學出版社　1990年3月　頁841─843

754. 古遠清　〈秋歌〉賞析　臺港現代詩賞析　鄭州　河南人民出版社　1991年3月　頁105─106

755. 洪　燭　〈秋歌〉賞析　世界華人詩歌鑑賞大辭典　太原　書海出版社　1993年3月　頁298─299

756. 劉再復　瘂弦的「暖暖」〔〈秋歌──給暖暖〉部分〕　中國時報　1997年10月31日　27版

757. 蕭　蕭　〈秋歌──給暖暖〉解析　天下詩選1：1923─1999臺灣　臺北　天下遠見出版公司　1999年9月　頁157─160

758. 陳義芝　〈秋歌──給暖暖〉賞讀　為了測量愛　臺北　聯合文學出版公司　2006年6月　頁86

759. 向　陽　〈秋歌──給暖暖〉作品導讀　青少年臺灣文庫2──新詩讀本1：春天在我的血管裡歌唱　臺北　國立編譯館　2008年12月　頁52

760. 何寄澎　〈紅玉米〉評析　中國新詩賞析3　臺北　長安出版社　1987年2月　頁12─14

761. 劉階耳　賞析〈紅玉米〉　臺灣新詩鑑賞辭典　太原　北嶽文藝出版社　1991年12月　頁457─458

762. 薑耕玉　臺灣現代詩的「母語情節」──意象語言與東方韻味〔〈紅玉米〉部分〕　創世紀　第117期　1998年12月　頁107

763. 陳幸蕙　〈待續的鐘乳石──序白靈《大黃河》〉編者按語　七十五年文學批評選　臺北　爾雅出版社　1987年3月　頁36─37

764. 陳幸蕙　〈大眾傳播時代的詩——有聲詩集《地球筆記》的聯想〉編者按
　　　　　　語　七十五年文學批評選　臺北　爾雅出版社　1987 年 3 月　頁
　　　　　　48—49

765. 鄭明娳　論中國現代寓言文學〔〈船中之鼠〉部分〕　中外文學　第 16 卷
　　　　　　第 6 期　1987 年 11 月　頁 132

766. 鄭明娳　論中國現代寓言文學——中國現代寓言的特色——現代精神世界
　　　　　　的反映〔〈船中之鼠〉部分〕　當代文學氣象　臺北　光復書局
　　　　　　1988 年 4 月　頁 22—23

767. 劉階耳　賞析〈船中之鼠〉　臺灣新詩鑒賞辭典　太原　北嶽文藝出版社
　　　　　　1991 年 12 月　頁 436—437

768. 周登宇　多彩的情境反諷——讀瘂弦的詩〈船中之鼠〉　無錫教育學院學
　　　　　　報　2002 年第 2 期　2002 年 6 月　頁 14—15，35

769. 周登宇　多彩的情境反諷——讀瘂弦的詩〈船中之鼠〉　楚雄獅專學院學
　　　　　　報　2002 年第 5 期　2002 年 10 月　頁 38—39

770. 山　子　〈懷人〉　中外愛情施鑑賞辭典　臺北　國文天地雜誌社　1990
　　　　　　年 1 月　頁 697—699

771. 山　子　賞析〈懷人〉　臺灣新詩鑒賞辭典　太原　北嶽文藝出版社
　　　　　　1991 年 12 月　頁 480—481

772. 高　巍　〈懷人〉賞析　世界華人詩歌鑑賞大辭典　太原　書海出版社
　　　　　　1993 年 3 月　頁 281—284

773. 陳仲義　空白：佈局章法中的「活眼」〔〈懷人〉部分〕　現代詩技藝透
　　　　　　析　臺北　文史哲出版社　2003 年 12 月　頁 216

774. 古遠清　〈棄婦〉賞析　臺港現代詩賞析　鄭州　河南人民出版社　1991
　　　　　　年 3 月　頁 101—103

775. 劉階耳　賞析〈棄婦〉　臺灣新詩鑒賞辭典　太原　北嶽文藝出版社
　　　　　　1991 年 12 月　頁 447—449

776. 李瑞騰　耐心‧細心‧同情心〔〈棄婦〉部分〕　新詩學　臺北　駱駝出

版社　1997 年 3 月　頁 30—32

777. 劉階耳　賞析〈水夫〉　臺灣新詩鑒賞辭典　太原　北嶽文藝出版社
　　　1991 年 12 月　頁 451—452

778. 易　水　「而地球是圓的」——讀瘂弦的〈水夫〉　創世紀　第 90、91 期
　　　合刊　1992 年 1 月　頁 119—121

779. 無名氏　賞析〈C 教授〉　臺灣新詩鑒賞辭典　太原　北嶽文藝出版社
　　　1991 年 12 月　頁 453—454

780. 簡政珍　概念化與超現實經驗——五、六〇年代詩的物象觀照〔〈C 教
　　　授〉部分〕　臺灣現代詩美學　臺北　揚智出版社　2004 年 7 月
　　　頁 57—58

781. 耳　順　賞析〈野荸薺〉　臺灣新詩鑒賞辭典　太原　北嶽文藝出版社
　　　1991 年 12 月　頁 445—446

782. 劉階耳　賞析〈瓶〉　臺灣新詩鑒賞辭典　太原　北嶽文藝出版社　1991
　　　年 12 月　頁 459—463

783. 劉階耳　賞析〈唇——紀念 Y.H〉　臺灣新詩鑒賞辭典　太原　北嶽文藝
　　　出版社　1991 年 12 月　頁 465—466

784. 夏雨清　〈希臘〉賞析　世界華人詩歌鑑賞大辭典　太原　書海出版社
　　　1993 年 3 月　頁 297—298

785. 木　芝　〈羅馬〉賞析　世界華人詩歌鑑賞大辭典　太原　書海出版社
　　　1993 年 3 月　頁 287—290

786. 孫維民　在蒼老的死神面前——關於瘂弦的〈殯儀館〉　中華日報　1995
　　　年 5 月 1 日　9 版

787. 孫維民　在蒼老的死神面前——關於瘂弦的〈殯儀館〉　創世紀　第 104
　　　期　1995 年 9 月　頁 99—100

788. 高全之　請繼續用餐——瘂弦〈殯儀館〉的虛擬與真實　香港文學　第 234
　　　期　2004 年 6 月　頁 91—93

789. 張索時　可紀念的〈出發〉　中華日報　1996 年 8 月 14 日　14 版

790. 黃　梁　　新詩點評（十一）——〈乞丐〉　國文天地　第 141 期　1997 年
　　　　　　　2 月　頁 93—94

791. 余光中　　被誘於那一泓魔幻的藍〔〈遠洋感覺〉部分〕　聯合文學　第 210
　　　　　　　期　2002 年 4 月　頁 16—17

792. 李魁賢　　現代詩的欣賞〔〈歌〉部分〕　李魁賢文集 3　臺北　行政院文建
　　　　　　　會　2002 年 10 月　頁 137—139

793. 仇小屏　　從主謂句的角度看以句構篇的幾首新詩〔〈短歌集——曬書〉部
　　　　　　　分〕　國文天地　第 213 期　2003 年 1 月　頁 86—87

794. 張　默　　從〈疑問〉到〈窺〉——「二行詩」讀後筆記〔〈短歌集——曬
　　　　　　　書〉部分〕　小詩‧牀頭書　臺北　爾雅出版社　2007 年 3 月
　　　　　　　頁 56

795. 向　明　　把詩寫在大海上〔〈水手哲學〉部分〕　詩來詩往　臺北　三民
　　　　　　　書局　2003 年 6 月　頁 111—113

796. 〔辛　鬱編〕　　關於〈劇場素描〉　他們怎麼玩詩？：創世紀五十周年精
　　　　　　　選　臺北　二魚文化公司　2004 年 10 月　頁 52

797. 楊宗翰　　穿不穿燈草絨的衣服——閱讀瘂弦〈在中國街上〉　國文天地
　　　　　　　第 248 期　2006 年 1 月　頁 10—12

798. 王正良　　盤點時間，論瘂弦〈復活節〉　臺灣詩學學刊　第 7 期　2006 年
　　　　　　　5 月　頁 7—29

799. 孫維民　　瘂弦〈復活節〉的宗教意識　臺灣詩學學刊　第 8 期　2006 年 11
　　　　　　　月　頁 291—296

800. 曾琮琇　　詩的戲法／法則的遊戲〔〈短歌集——寂寞〉部分〕　嬉遊記：
　　　　　　　八○年代以降臺灣「遊戲」詩論　成功大學中國文學系　碩士論
　　　　　　　文　陳昌明教授指導　2006 年 7 月　頁 65

801. 曾琮琇　　詩的戲法／法則的遊戲〔〈短歌集——寂寞〉部分〕　臺灣當代
　　　　　　　遊戲詩論　臺北　爾雅出版社　2009 年 1 月　頁 50—51，67—68

802. 曾琮琇　　遊戲，不只是遊戲〔〈詩是一種生活方式〉部分〕　嬉遊記：八

○年代以降臺灣「遊戲」詩論　成功大學中國文學系　碩士論文　陳昌明教授指導　2006 年 7 月　頁 159

803. 曾琮琇　遊戲，不只是遊戲〔〈詩是一種生活方式〉部分〕　臺灣當代遊戲詩論　臺北　爾雅出版社　2009 年 1 月　頁 176—178

804. 蕭　蕭　蕭蕭按語：〈飛白的趣味〉　活著就是愛　臺北　幼獅文化公司　2007 年 10 月　頁 60—62

805. 張曼娟　致普通讀者〔〈我、聯副、人間與高信疆〉部分〕　九十八年散文選　臺北　九歌出版社　2010 年 3 月　頁 13

806. 夏　菁　詩的經驗與表達——簡介瘂弦〈馬戲的小丑〉　窺豹集——夏菁談詩憶往　臺北　秀威資訊科技公司　2013 年 1 月　頁 82—86

807. 陳素英　洛陽記憶——讀瘂弦〈戰時〉　創世紀　第 176 期　2013 年 9 月　頁 21—26

多篇作品

808. 林亨泰　攸西裏斯的弓〔〈巴黎〉、〈另一種的理由〉部分〕　現代詩的基本精神　彰化　笠詩社　1968 年 1 月　頁 29—44

809. 覃子豪　現代中國新詩的特質〔〈巴黎〉、〈倫敦〉、〈那不勒斯〉部分〕　論現代詩　臺中　普天出版社　1976 年 9 月　頁 207—208

810. 瘂　弦等[75]　既被目為一條河總得繼續流下去——剖析瘂弦作品〔〈酒巴的午後〉、〈如歌的行板〉、〈一般之歌〉〕　現代名詩品賞集　臺北　聯亞出版社　1979 年 5 月　頁 197—232

811. 蕭　蕭等　既被目為一條河總得繼續流下去〔〈酒巴的午後〉、〈如歌的行板〉、〈一般之歌〉〕　感人的詩　臺北　希代書版公司　1984 年 12 月　頁 252—255

812. 楊子澗　〈修女〉、〈赫魯雪夫〉解說　中學白話詩選　臺北　故鄉出版社　1980 年 4 月　頁 226—237

---

[75] 與會者：蕭蕭、張文宗、辛鬱、渡也、吳德亮、菡萏、羅門、管管、周鼎、張默、大荒、向明、瘂弦。

813. 蕭　蕭　　詩的各種面貌〔〈鹽〉、〈坤伶〉、〈如歌的行板〉部分〕　燈
　　　　　　　下燈　臺北　東大圖書公司　1980 年 4 月　頁 199—209

814. 蕭　蕭　　瘂弦詩選註〔〈鹽〉、〈坤伶〉〕　創世紀　第 52 期　1980 年 6
　　　　　　　月　頁 10—13

815. 流沙河　　懷船的鼠〔〈深淵〉、〈船中之鼠〉〕　臺灣詩人十二家　重慶
　　　　　　　重慶出版社　1983 年 8 月　頁 103—108

816.〔紀璧華編〕　　瘂弦詩選〔〈一九八〇〉、〈三色柱下〉、〈土地祠〉、
　　　　　　　〈山神〉、〈乞丐〉、〈鹽〉、〈如歌的行板〉〕　臺灣抒情詩
　　　　　　　賞析　香港　南粵出版社　1983 年 9 月　頁 51—62

817. 鍾　玲　　瘂弦筆下的三個人物——〈坤伶〉‧〈上校〉‧二嬤嬤
　　　　　　　〔〈鹽〉〕　現代文學　復刊第 22 期　1984 年 1 月　頁 35—47

818. 鍾　玲　　瘂弦筆下的三個人物——〈坤伶〉‧〈上校〉‧二嬤嬤
　　　　　　　〔〈鹽〉〕　73 年文學批評選　臺北　爾雅出版社　1985 年 3 月
　　　　　　　頁 73—91

819. 鍾　玲　　瘂弦筆下的三個人物——〈坤伶〉‧〈上校〉‧二嬤嬤
　　　　　　　〔〈鹽〉〕　詩儒的創造：瘂弦詩作評論集　臺北　文史哲出版
　　　　　　　社　1994 年 9 月　頁 109—122

820. 吳奔星　　〈傘〉、〈上校〉賞析　古今中外朦朧詩鑑賞辭典　鄭州　中州
　　　　　　　古籍出版社　1990 年 11 月　頁 497—501

821. 蕭　蕭　　老中國的文化鄉愁〔〈如歌的行板〉、〈坤伶〉部分〕　現代詩
　　　　　　　創作演練　臺北　爾雅出版社　1991 年 7 月　頁 197—201

822. 蕭　蕭　　老中國的文化鄉愁〔〈如歌的行板〉、〈坤伶〉部分〕　現代詩
　　　　　　　創作演練　臺北　爾雅出版社　2010 年 9 月　頁 178—182

823. 黃建國　　〈坤伶〉、〈如歌的行板〉賞析　古今中外朦朧詩鑑賞辭典　鄭
　　　　　　　州　中州古籍出版社　1990 年 11 月　頁 494—497

824. 楊昌年　　詩人與詩作——五十、六十年代名家名作析介——瘂弦〔〈巴
　　　　　　　黎〉、〈上校〉〕　現代詩的創作與欣賞　臺北　文史哲出版社

1991 年 9 月　頁 328—329

825. 莫　渝　　〈鹽〉、〈廟〉解說　情願讓雨淋著　臺北　業強出版社　1991
年 9 月　頁 179—180，182

826. 陳義芝　　五十年代名家詩選注——瘂弦詩選〔〈紅玉米〉、〈鹽〉、〈印
度〉、〈巴黎〉、〈給橋〉、〈如歌的行板〉〕　不盡長江滾滾
來：中國新詩選注　臺北　幼獅文化公司　1993 年 6 月　頁 207
—239

827. 張默，蕭蕭　　鑑評瘂弦詩〔〈坤伶〉、〈鹽〉、〈如歌的行板〉、〈給
橋〉、〈印度〉〕　新詩三百首（一九一七—一九九五）（上）
臺北　九歌出版社　1995 年 9 月　頁 471—473

828. 奚　密　　邊緣，前衛，超現實：對臺灣五、六十年代現代主義的反思
〔〈深淵〉、〈給超現實主義者——紀念與商禽在一起的日
子〉、〈憂鬱〉部分〕　臺灣現代詩史論：臺灣現代詩史研討會
實錄　臺北　文訊雜誌社　1996 年 3 月　頁 254—255，259—260

829. 黎活仁　　可怕的母親——瘂弦〈山神〉、〈深淵〉諸作的分析　當代作家
專論　香港　嶺南學院現代中文文學研究中心　1996 年 8 月　頁
49—64

830. 黎活仁　　可怕的母親——瘂弦〈山神〉、〈深淵〉諸作的分析　林語堂、
瘂弦和簡媜筆下的男性和女性　臺北　大安出版社　1998 年 12 月
頁 21—50

831. 白　靈　　逐兔的獵犬人生——瘂弦六首「人物詩」導讀〔〈教授〉、〈水
夫〉、〈上校〉、〈修女〉、〈坤伶〉、〈故某省長〉〕　臺灣
詩學季刊　第 21 期　1997 年 12 月　頁 34—42

832. 李桂芳　　冥界的深淵：論戰後臺灣現代主義詩潮的變異符號（上）〔〈深
淵〉、〈戰神〉部分〕　藍星詩學　第 3 期　1999 年 9 月　頁
154—155，170—171

833. 蕭　蕭　　臺灣海洋詩的美學特質——以海為美感經驗之寄託〔〈遠洋感

覺〉、〈船中之鼠〉部分〕　臺灣詩學季刊　第 22 期　1999 年
12 月　頁 34—35

834. 〔文鵬，姜凌主編〕　　瘂弦——〈秋歌——給暖暖〉、〈坤伶〉　中國現
　　　代名詩三百首　北京　北京出版社　2000 年 1 月　頁 522—525

835. 浦基維，塗玉萍，林聆慈　　辭章創作與時代背景——社會背景——關懷社
　　　會的弱勢〔〈坤伶〉、〈乞丐〉部分〕　散文・新詩義旨古今談
　　　臺北　萬卷樓圖書公司　2002 年 1 月　頁 18

836. 鄭慧如　　新詩的音樂性——臺灣詩例〔〈乞丐〉、〈坤伶〉部分〕　兩岸
　　　現代詩學國際學術研討會　臺北　佛光人文社會學院文學研究
　　　所，當代詩學研究中心　2003 年 12 月 6—7 日　頁 7—8

837. 吳開晉　　感覺的變形，時空的交錯——瘂弦〈遠洋感覺〉、〈出發〉賞析
　　　中國海洋文學大系：二十世紀海洋詩精品賞析選集　臺北　詩藝
　　　文出版社　2002 年 4 月　頁 285—287

838. 萬登學　　讀瘂弦的「記哈客詩想」〔〈神話復興〉、〈飛白的趣味〉、
　　　〈從造園到想詩〉、〈從穿衣服到寫詩〉、〈詩是一種製作，一
　　　個未知〉、〈重讀高爾基〉、〈想起聞一多〉〕　創世紀　第 131
　　　期　2002 年 6 月　頁 165—169

839. 林貞吟　　為城市塑像——論瘂弦詩〈在中國街上〉、〈巴黎〉、〈芝加
　　　歌〉之藝術技巧（上、下）　中國語文　第 91 卷第 2—3 期
　　　2002 年 8—9 月　頁 66—72，55—65

840. 鄭慧如　　隱喻的身體觀——以一九七〇年代臺灣新詩作品為例——一九七
　　　〇年代以前臺灣新詩作品中的身體書寫特色〔〈巴黎〉、〈深
　　　淵〉部分〕　臺灣詩學季刊　第 40 期　2002 年 12 月　頁 112—
　　　113

841. 紀　弦　　關於瘂弦的三首詩〔〈鹽〉、〈紅玉米〉、〈如歌的行板〉〕
　　　創世紀　第 133 期　2002 年 12 月　頁 119—120

842. 紀　弦　　關於瘂弦的三首詩〔〈鹽〉、〈紅玉米〉、〈如歌的行板〉〕

香港文學　第 322 期　2011 年 10 月　頁 32—33

843. 陳幸蕙　〈曬書〉、〈流星〉芬多精小棧　小詩森林：現代小詩選 1　臺北　幼獅文化公司　2003 年 11 月　頁 90

844. 陳幸蕙　小詩悅讀（二）──〈曬書〉、〈流星〉　明道文藝　第 336 期　2004 年 3 月　頁 36

845. 林瑞明　〈秋歌──給暖暖〉、〈斑鳩〉、〈如歌的行板〉賞析　國民文選‧現代詩卷 2　臺北　玉山社出版公司　2005 年 2 月　頁 51

846. 向　陽　〈鹽〉、〈一般之歌〉賞析　臺灣現代文選‧新詩卷　臺北　三民書局　2005 年 6 月　頁 99—101

847. 李敏勇　〈上校〉、〈某故省長〉作品導讀　青少年臺灣文庫──新詩讀本 3：花與果實　臺北　五南圖書出版公司　2006 年 1 月　頁 26

848. 葉瑞蓮　瘂弦「斷柱集」中的「超現實主義」[76]　瘂弦詩中的神性與魔性　臺北　大安出版社　2007 年 5 月　頁 105—138

849. 陳芳明　夢的消亡〔〈焚寄 T.H〉、〈殯儀館〉部分〕　聯合文學　第 281 期　2008 年 3 月　頁 13

850. 林明理　如歌之徜徉──讀瘂弦〈歌〉、〈瓶〉　新詩的意象與內涵──當代詩家作品賞析　臺北　文津出版社　2010 年 2 月　頁 151—156

851. 林明理　如歌之徜徉──讀瘂弦〈歌〉、〈瓶〉　新文壇（革新版）　第 19 期　2010 年 7 月　頁 8—16

852. 張瑞欣　論瘂弦「側面集」小人物身體的隱喻意涵　文學人　第 22 期　2010 年 12 月　頁 96—110

853. 張瑞欣　論瘂弦「斷柱集」異國風情的反諷場景[77]　「有鳳初鳴──漢學多

---

[76]本文以瘂弦「斷柱集」13 首詩為研究對象，探討他怎樣對超現實主義作出保留、修正，又怎樣和它背道而馳。全文分 7 小節：1.前言；2.超現實主義；3.超現實主義在臺灣；4.〈斷柱集〉；5.為什麼要「超現實」？；6.為什麼要制約「超現實」？；7.總結。

[77]本文從「反諷」角度切入，分析瘂弦「斷柱集」所呈現的社會議題。全文共 6 小節：1.前言；2.工業城市的沉淪；3.文藝復興的城市沒落；4.在中國街上：中華精神消滅；5.精神領袖的馬額馬；6.結論。

元化領域之探索」學術研討會　臺北　元智大學中國語文學系，臺北大學中國文學系，臺北教育大學華語文中心，東吳大學中國文學系，東海大學　中國文學系，東華大學中國語文學系主辦　2011 年 5 月 31 日

854. 張瑞欣　論瘂弦「斷柱集」異國風情的反諷場景　有鳳初鳴年刊　第 7 期　2011 年 7 月　頁 323—353

作品評論目錄、索引

855. 〔中華文藝社編輯〕　瘂弦批評集錦　中華文藝　第 59 期　1976 年 1 月　頁 56—60

856. 羅　青　瘂弦資料研究初編　書評書目　第 33 期　1976 年 1 月　頁 70—77

857. 張　默　〈瘂弦研究資料初編〉補遺　書評書目　第 34 期　1976 年 2 月　頁 89—95

858. 〔編輯部〕　作品評論　瘂弦自選集　臺北　黎明文化公司　1977 年 10 月　頁 261—264

859. 蕭　蕭　瘂弦作品評論索引　詩儒的創造：瘂弦詩作評論集　臺北　文史哲出版社　1994 年 9 月　頁 459—465

860. 〔張　默編〕　作品評論引得　現代百家詩選　臺北　爾雅出版社　2003 年 6 月　頁 176—177

861. 黃自鴻，戴淑芳，溫羽貝合編　瘂弦詩歌研究目錄　瘂弦詩中的神性與魔性　臺北　大安出版社　2007 年 5 月　頁 313—322

862. 〔封德屏主編〕　瘂弦　臺灣現當代作家評論資料目錄（六）　臺南　國立臺灣文學館　2010 年 11 月　頁 3716—3751

863. 王爲萱，陳姵穎，陳恬逸　「《文訊》300 期資料庫」作家學者群像——瘂弦　文訊雜誌　第 334 期　2013 年 8 月　頁 74

其他

864. 高　準　《七十年代詩選》批判　大學雜誌　第 68 期　1973 年 9 月　頁

59—62

865. 趙豫生　談《幼獅文藝廿周年目錄索引》　中華文藝　第 59 期　1976 年 1
　　　月　頁 132—133

866. 觀哲〔高準〕　《八十年代詩選》的「奧秘」　詩潮　第 1 期　1977 年 5
　　　月　頁 40—45

867. 高　準　《八十年代詩選》的奧秘（一九七七）　異議的聲音：文學與政
　　　治社會評論　臺北　問津堂書局　2007 年 8 月　頁 243—250

868. 徐公超　朱湘與《朱湘文選》　書評書目　第 56 期　1977 年 12 月　頁 87
　　　—91

869. 李漢呈　評瘂弦《戴望舒卷》　臺灣新聞報　1978 年 1 月 4 日　12 版

870. 陳芳明　記憶與災難——讀瘂弦編《戴望舒卷》　書評書目　第 62 期
　　　1978 年 6 月　頁 101—121

871. 陳芳明　記憶與災難——讀瘂弦編《戴望舒卷》　典範的追求　臺北　聯
　　　合文學出版社　1994 年 2 月　頁 86—117

872. 陳芳明　記憶與災難——讀瘂弦編《戴望舒卷》　典範的追求　臺北　聯
　　　合文學出版社　2008 年 4 月　頁 86—117

873. 蕭　蕭　《創世紀》風雲——爲文學史作證，爲現代詩傳燈　臺灣時報
　　　1981 年 8 月 19 日　12 版

874. 姜　穆　卅年歲月・一貫精神〔《創世紀》〕　臺灣新聞報　1984 年 10 月
　　　6 日　8 版

875. 夏　楚　爲詩路更創歷史〔《創世紀》〕　臺灣新聞報　1984 年 10 月 6 日
　　　8 版

876. 許世旭　《創世紀》詩刊在臺灣詩壇之地位　新詩論　臺北　三民書局
　　　1998 年 8 月　頁 53—60

877. 白　楊　臺灣現代詩風潮中的《創世紀》詩社研究　臺港文學：文化生態
　　　與寫作範式考察　長春　吉林大學出版社　2009 年 9 月　頁 107
　　　—116

878. 解昆樺　　旅行的繆思：創世紀詩社的高雄建制與臺北播遷　我在我不在的
地方：文學現場踏查記　臺南　國立臺灣文學館　2010 年 12 月
頁 430—441

879. 蕭　蕭　　超現實的大膽試探〔《創世紀》部分〕　現代詩創作演練　臺北
爾雅出版社　2010 年 9 月　頁 165—170

880. 陳政彥　　現代詩運動醞釀期（1950—1956）——三大詩社的次第成立
〔《創世紀》部分〕　跨越時代的青春之歌——五、六〇年代臺
灣現代詩運動　臺南　國立臺灣文學館　2012 年 10 月　頁 45—
47

881. 陳政彥　　現代詩運動成熟期（1959—1964）——創世紀詩社轉向提倡超現
實主義　跨越時代的青春之歌——五、六〇年代臺灣現代詩運動
臺南　國立臺灣文學館　2012 年 10 月　頁 124—132

882. 高大鵬　　志在千里的里程碑——《創世紀詩選》　聯合文學　第 4 期
1985 年 2 月　頁 205

883. 林燿德　　《中國現代文學大系》　錦囊開卷　臺北　國家文藝基金管理委
員會　1993 年 6 月　頁 103—105

884. 楊稼生　　秋日慧語——讀《散文的創造》（上、下）　聯合報　1995 年 2
月 13—14 日　37 版

885. 羅　奇　　《天下詩選》向閱讀新鮮人招手　聯合報　1999 年 10 月 4 日　41
版

886. 徐開塵　　《天下詩選》呈現 101 首精彩詩作　民生報　1999 年 10 月 9 日
4 版

887. 顏瑞芳　　瘂弦主編《天下詩選 1923—1999 臺灣》　文訊雜誌　第 180 期
2000 年 1 月　頁 33—34

888. 張誦聖　　臺灣七、八〇年代以副刊為核心的文學生態與中產階級文類——
副刊與以副刊為核心的文學生態〔《聯合報・副刊》部分〕　臺
灣小說史論　臺北　麥田出版公司　2007 年 3 月　頁 291—294

國家圖書館出版品預行編目資料

瘂弦／陳義芝編選. -- 初版. -- 臺南市：臺灣文學館,
2013.12
面；　公分. -- (臺灣現當代作家研究資料彙編；37)
ISBN 978-986-03-9125-1 (平裝)

1.瘂弦 2.作家 3.文學評論

783.3886　　　　　　　　　　　　　102024084

【臺灣現當代作家研究資料彙編】37

瘂弦

發 行 人／　李瑞騰
指導單位／　文化部
出版單位／　國立台灣文學館
　　　　　　地址／70041 台南市中西區中正路 1 號
　　　　　　電話／06-2217201　　　　傳真／06-2218952
　　　　　　網址／www.nmtl.gov.tw　　電子信箱／pba@nmtl.gov.tw

總 策 畫／　封德屏
顧　　問／　林淇瀁　張恆豪　許俊雅　陳信元　陳義芝　須文蔚　應鳳凰
工作小組／　王雅嫻　杜秀卿　汪黛妏　張純昌　張傳欣　莊雅晴　陳欣怡
　　　　　　黃建婷　練麗敏　蘇琬鈞
編　　選／　陳義芝
責任編輯／　陳欣怡
校　　對／　林英勳　張傳欣　莊雅晴　陳欣怡　黃敏琪　趙慶華　潘佳君
　　　　　　練麗敏　蘇琬鈞
計畫團隊／　財團法人台灣文學發展基金會
美術設計／　翁國鈞‧不倒翁視覺創意
印　　刷／　松霖彩色印刷事業有限公司

著作財產權人／國立台灣文學館

經銷展售／　國家書店松江門市（02-25180207）
　　　　　　國立台灣文學館—雪芙瑞文學咖啡坊（06-2214632）
　　　　　　南天書局（02-23620190）　　　唐山出版社（02-23633072）
　　　　　　府城舊冊店（06-2763093）　　　台灣的店（02-23625799）
　　　　　　啟發文化（02-29586713）　　　三民書局（02-23617511）
　　　　　　草祭二手書店（06-2216872）　　五南文化廣場（04-22260330）
網路書店／　國家書店網路書店 www.govbooks.com.tw
　　　　　　五南文化廣場網路書店 www.wunanbooks.com.tw
　　　　　　三民書局網路書店 www.sanmin.com.tw

初版一刷／2013 年 12 月
定　　價／新臺幣 430 元整
　　　　　　第一階段 15 冊新臺幣 5500 元整　第二階段 12 冊新臺幣 4500 元整
　　　　　　第三階段 23 冊新臺幣 8500 元整　全套 50 冊新臺幣 18500 元整
　　　　　　全套 50 冊合購特惠新臺幣 16500 元整

GPN／1010202811（單本）　　ISBN／978-986-03-9125-1（單本）
　　　1010000407（套）　　　　　　　978-986-02-7266-6（套）